U0650753

21世纪高等职业教育财经类规划教材
基础课系列

管理理论与实务（第2版）

The Theory and Practice of Management (2nd Edition)

◎ 万佳丽 韩磊 主编　◎ 王保庆 刘娟 惠建国 副主编　◎ 唐林炜 主审　◎ 杨桂玲 顾问

人民邮电出版社

北　京

图书在版编目（CIP）数据

管理理论与实务 / 万佳丽，韩磊主编. -- 2版. --
北京 : 人民邮电出版社，2014.9（2016.8 重印）
21世纪高等职业教育财经类规划教材基础课系列
ISBN 978-7-115-36567-5

Ⅰ. ①管… Ⅱ. ①万… ②韩… Ⅲ. ①管理学－高等
职业教育－教材 Ⅳ. ①C93

中国版本图书馆CIP数据核字(2014)第186266号

内 容 提 要

本教材遵循"理论够用，重在实践"的原则；以实用性、应用性为准则；突出课程教学的职业性、开放
性和综合性，以"激发兴趣，打好基础，提高素质，倡导创新"为宗旨；根据社会组织管理的基本原则、技
术和方法，以管理的职能为主线，将全书的内容设置为 8 个模块：管理概述模块、决策模块、计划模块、
组织模块、领导模块、控制模块、创新模块、现代管理中的热点问题模块。每个模块都由目标与要求、导
入案例、理论与背景知识、实务与实训任务及情景模拟实训组成。

本书不仅适用于高职高专经济、管理类学生，也是高职高专各专业了解管理学知识的通用教材，并且
也适用于各类企事业单位管理人员的培训，以及社会自学者作为必读参考书。

◆ 主　编　万佳丽　韩　磊
　　副主编　王保庆　刘　娟　惠建国
　　主　审　唐林炜
　　顾　问　杨桂玲
　　责任编辑　刘　琦
　　责任印制　杨林杰

◆ 人民邮电出版社出版发行　　北京市丰台区成寿寺路 11 号
　　邮编　100164　电子邮件　315@ptpress.com.cn
　　网址　http://www.ptpress.com.cn
　　北京中新伟业印刷有限公司印刷

◆ 开本：787×1092　1/16
　　印张：16　　　　　　　　　　2014 年 9 月第 2 版
　　字数：359 千字　　　　　　　2016 年 8 月北京第 4 次印刷

定价：35.00 元

读者服务热线：(010)81055256　印装质量热线：(010)81055316
反盗版热线：(010)81055315
广告经营许可证：京东工商广字第 8052 号

2011 年 9 月,《管理理论与实务》第一版正式出版,距今已有 3 年时间。在这 3 年中,本书得到了来自同行的认可,同时也给编者反馈了很多宝贵建议,在此基础上,我们组织工商教研室全体教师及支持我们的广大友人,对第一版教材进行了修订。

本次修订,主要结合近几年企业管理及高等财经职业教育的需要,对部分内容进行了修改、更新。每个模块增加了一个情景模拟,情景模拟由第一版的 9 个增加到 18 个,为开展情景模拟教学提供了大量素材,同时所有情景模拟都配套了视频资源。另外,每个模块的测试题单独以试卷形式呈现,以便教师每次测试后学生可以拆分上交,教师可以针对知识点讲解。每个模块测试题设 A、B 卷,便于强化测试,以增强学生对基本知识的掌握。以上视频、试卷资源可在人民邮电出版社教学服务与资源网 www.ptpedu.com.cn 上下载。

本教材由山东外国语职业学院万佳丽和韩磊任主编;北京云湖度假村有限公司综合办公室主任王保庆、山东外国语职业学院刘娟和惠建国任副主编;山东外国语职业学院唐林炜教授任主审;山东外国语职业学院杨桂玲教授任顾问。山东外国语职业学院郑伟、郭昕、许艳辉、许翠、郭广师、马春艳、牟斌、辛科参与了修订工作。其中,惠建国、郭昕、王慧娟、路嫚嫚修订模块一、模块二;许艳辉修订模块三;潘燕修订模块四;许翠、王淑明修订模块五;郭广师修订模块六;郑伟、牟斌、辛科、马春艳修订模块七、模块八。全书由万佳丽、韩磊统一修改、定稿,由唐林炜对教材内容构成、模块形式、实训模式等作通盘规划,杨桂玲教授为本教材的修订提供了建设性意见。

本书在修订过程中得到了山东外国语职业学院、北京云湖度假村有限公司和日照广大建筑材料有限公司的大力支持和帮助。同时本书在编写中还参考了国内外专家、学者的许多著作,在此一并向他们表示由衷的感谢和敬意。

本书难免存在不足之处,望各位同仁不吝赐教。

编者

2014 年 6 月

随着我国经济的持续快速发展和全面融入世界经济体系，人们越来越深刻地认识到经济发展所需要的人才是复合型人才，而对复合型人才而言，具备一定的经济管理知识是必要的。管理学是一门理论性和实践性都很强的学科，是经济类、管理类专业必修的专业基础课。这门学科的基本任务是通过本课程教学使学生掌握管理学基本知识与技能，为提高综合素质打下一定的管理理论和实践技能的基础。

随着科学发展观的深入贯彻，我国对高素质人才培养的数量和质量都提出了新的要求；同时，我国高等教育要求大学生具有良好而全面的知能结构，管理知识与技能成为一项基本要求。而大多数本科院校和高职高专院校在教授本门课程时更应注重实践教学，除了配备校内外实训场所、"双师型"师资外，教材的选择成为重中之重。从编者从事高校教学近十年的经历来看，能够全面系统地掌握管理学知识对于在校生和参加工作的人来说，都十分重要。基于上述情况，我们组织编写了本教材。本教材的内容设置本着"理论够用，重在实践"的原则，以实用性、应用性为准则，突出课程教学的职业性、开放性和综合性。本教材编写组由两部分成员组成：一部分是从事教学多年，教学经验丰富，具有较高学历和职称的教师；另一部分是企业中从事中高层管理的管理人员。教师拥有多年工作经验，参照了多种版本的教材作为借鉴；企业管理人员提供企业管理的实际问题和案例。企业人员的参与使本教材的实践性更强，更能促进教、学、做、训的有机融合。

本书的编写遵循由浅入深、删繁就简的指导思想，以"激发兴趣，打好基础，提高素质，倡导创新"为宗旨，根据社会组织管理的基本原则、技术和方法，以管理的职能为主线，将全书的内容设置为 8 个模块：管理概述模块、决策模块、计划模块、组织模块、领导模块、控制模块、创新模块、现代管理中的热点问题模块。每个模块都由目标与要求、导入案例、理论与背景知识、实务与实训任务（任务一　思考与讨论、任务二　案例分析、任务三　情景模拟实训）组成。本教材的创新之处是：整个教材采用模块化设计，每个模块都通过社会剧的形式展现一个场景，便于教师开展课堂情景模拟教学；实训中融入了对社会热点问题的讨论，能有效提高学生应用管理理论解决现实问题的能力；为了拓展读者的知识范围和阅读范围，在理论部分增加了启发问题、趣味案例、扩展阅读等内容，使理论通俗易懂、趣味横生，同时，在书后列举了一些参考文献，以备选择和使用。

本书由山东外国语职业学院万佳丽担任主编；中国联通日照市分公司总经理张玉、山东外国语职业学院刘娟、山东英才学院董萍担任副主编；山东外国语职业学院李玉梅教授担任主审；汇丰银行（中国）有限公司 AVP（助理副总裁）刘燕担任顾问；日照广大建筑材料有限公司副总经理成昌丽，山东外国语职业学院潘燕、丁明华、孔磊、冯蓉、咸国丽参加编写。具体编写分工如下：万佳丽编写第一模块，张玉、咸国丽编写第二模块，潘燕编写第三模块，董萍编写第四模块，孔磊、冯蓉编写第五模块，成昌丽编写第六模块，刘娟编写第七模块，丁明华编写第八模块。其中，模块二、模块三、模块七、模块八的情景模拟实训剧由张玉提供。全书由万佳丽统一修改、定稿，由李玉梅对教材内容构成、模块形式、实训模式等作通盘规划。

第一版前言

本书在编写过程中得到了山东外国语职业学院、山东英才学院、山东省联通公司日照分公司和日照广大建筑材料有限公司的大力支持和帮助，同时还参考了国内外专家、学者的许多著作，在此，一并向他们表示由衷的感谢和敬意。

本书难免存在不足之处，望各位同仁不吝赐教。

编　者

2011年5月

目 录

目 录

管 理 概 述

> 管理的第一目标是使较高的工资与较低的劳动成本结合起来。
>
> ——泰勒

▶ 目标与要求

本模块主要阐述管理的概念与作用、管理的主要思想及其演变过程、管理的基本原理与管理者的分类等问题。本模块的学习目标是，要求学生了解管理的基本理论知识，能结合市场经济新环境，熟练运用现代管理思想解决组织实际问题；在认识企业客观存在的基础上，掌握管理的含义，理解并掌握管理思想的演变过程，能正确分析管理者的分类与各自具备的主要技能，了解管理的基本原理，从而为企业管理实践服务。

▶ 导入案例

尼西奇公司的管理对象

提到婴儿，我们自然而然地会想到尿布，而说起尿布，我们不能不提起日本尼西奇公司的多川博。多川博刚出道时，就创办了生产销售雨衣、游泳帽、防雨斗篷、尿布等日用橡胶制品的综合性企业——尼西奇公司。当时，尼西奇公司没有自己的主导产品，市场上什么好卖，它就生产什么。由于这种泛泛的经营形不成自己的特色，尼西奇的知名度不高，再加上多川博年轻气盛、好大喜功，因而，尼西奇不可避免地陷入了"贪多嚼不烂"的境地。

由于没有具有特色的拳头产品，企业经营不是很稳定，经常订单不多，开工不足，这使得刚成立不久的尼西奇公司面临着倒闭的危险。但多川博并没有手足无措、自乱阵脚，而是仔细地分析了自己在经营中存在的问题，努力地寻觅起死回生的捷径。多川博从日本政府的人口普查资料中发现，日本每年都要出生 250 万名左右的婴儿。这个数字给了他很大的启示，若每个婴儿每天只用 2 块尿布，就是 500 万条。尿布潜在的市场需求很大，多川博预料尿布的需求肯定会随着婴儿出生率的增长而扩大。就这样，尼西奇尿垫专业公司应运而生，它专门产销婴儿尿垫，并集中全力形成独具一格的产品特色，创造名牌产品"尼西奇"尿垫。专业公司创立后，不断采用新材料、新技术和新设备，不断推出深受孩子妈妈们喜爱的各种"尼西奇"尿垫，在市场竞争中站稳了脚跟。其产品不但垄断了日本的国内市场，还远销 70 多个国家和地区。企业取得的成就离不开成功的经营管理，正如其独特的产品一样，尼西奇公司的经营和管理也是颇具特色的。

尼西奇公司转向专门生产尿布是成功的，现在日本婴儿使用的尿布中每三条就有一条是他们生产的。尼西奇公司被日本政府评为"出口有功企业"，多川博并被誉为"尿布大王"。

注：管理对象包括人、财、物、时间、信息五要素。

【分析提示】

1. 尼西奇公司的管理对象主要指什么？
2. 尼西奇公司之所以能够成功，其管理对象的转变起到了多大的作用？

第一部分　理论与背景知识

第一节　管理的概念与作用

提到管理者，我们会想到比尔·盖茨、李嘉诚等著名企业家。除此之外，在日常生活中，我们会经常谈到管理，也会时不时从事管理工作。那么，到底什么是管理？每个初学者在探讨问题的同时，必须明确管理的概念，这也是对管理者的最基本要求。

管理活动自有人类出现便有之，与此同时，管理思想也就逐步产生。无论古代还是现代，东方还是西方，我们均可以找到对管理的精彩论述。如果我们以泰勒（F.W.Taylor）的名著《科学管理原理》（1911 年）以及法约尔（H.Fayol）的名著《工业管理和一般管理》（1916 年）为管理学诞生的标志，那么，现代意义上的管理学至今不过经历了一百年。近一个世纪，管理学发展迅速，成果层出不穷。然而，伴随着新世纪的新要求，管理学仍需进一步发展，新的文明更需要管理学。

一、管理的概念

管理这个词，有管辖、处理、管人、理事等意，即对一定范围内的人员与事务进行安排和处理。然而，这只是对管理的一种简单的字面解释，不可能完整表达出管理本身所具有的意义。

由于管理行为的多样性和复杂性，要对管理下一个准确的定义非常困难，究其原因，主要在于每个人都侧重管理的一部分，没有涵盖管理的全部环节。古今中外，不同的人对管理有不同的理解，包括一些管理学大家的表述也有不同。

1911 年，"科学管理之父"泰勒出版了《科学管理原理》一书，他认为："管理就是确切地知道你要别人去干什么，并使他用最好的方法去干。"泰勒强调的是从个人认识角度出发的概念。

在这个定义中，他谈到了管理的目的、效率和方法，但没有涉及具体的组织行为，这只是一般意义上对管理最粗浅的认识。

1916年，"经营管理之父"法约尔指出："管理是所有人类组织（不论是家庭、企业或政府）共有的一种活动，这种活动主要由五项要素组成，即计划、组织、指挥、协调和控制。所以，管理就是实行计划、组织、指挥、协调和控制。"法约尔从管理的组织过程出发，谈到了管理的五项职能，然而，他只是将管理的职能组合在了一起，并没有给管理的本质确定一个定义。计划、组织、指挥、协调和控制是管理的一般职能，不能说明管理的本质和具体的功能。

集管理之大成的管理学家孔茨说："管理就是由一个或更多的人来协调他人的活动，以便收到个人单独活动所不能收到的效果而进行的各种活动。所以，管理就是设计一种良好的环境，使人在群体里高效率地完成既定目标。"孔茨的这段论述强调了协调的重要性以及人在管理中的重要性。这个定义的重要性在于，他指出了管理的体系问题，而不是就管理而管理。

"现代管理之父"德鲁克结合他的管理实践活动说："归根结底，管理就是一种实践，其本质不在于'知'，而在于'行'，其验证不在于逻辑，而在于成果。所以，管理的唯一权威就是成就。"德鲁克强调的是管理的实践特性和实用效果。从严格意义上说，德鲁克的这一认识把人们对管理的虚无化拉回到了现实之中，避免了那种为了管理而管理的行为的发生。但是，过于强调管理的实效性也可能会形成不注重客观规律、急功近利的效果，在现实之中会适得其反。

另外，各国不同时期的不同管理学家也各有不同的认识。在本教材中，我们倾向于管理学的研究对象为管理，包括管理活动和管理过程，引申孔茨对于管理的定义，认为管理是一个协调工作活动的过程，以便能够有效率和有效果地同别人一起或通过别人实现组织的目标。

效率是指以尽可能少的投入获得尽可能多的产出。尽可能少的投入，如生产管理中减少原材料用量、减少工时、减少工资支出，物流管理中降低库存水平、降低运输油耗等。效率通常指"正确地做事"，是做事的方式。

效果是指所从事的工作和活动有助于组织达到其目标，是对工作结果状况的表达。如原材料用量减少，使产品不合格率提高了；减少工资支出，使员工积极性降低；降低库存，减少油耗，使顾客满意度降低。这些高效率的做法却产生了不良的效果，对企业影响是负面的。效果通常指"做正确的事"，是做事的结果。

管理的效率和效果之间的关系，如图1-1所示。

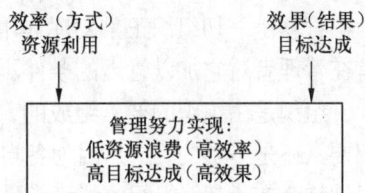

图1-1　管理的效率和效果

┤问题思考├

参考相关书籍，查阅相关网站，试回答管理学的研究对象和管理的对象有什么不同。

┤管理故事├

新西兰的某个动物园得到两只袋鼠。为了好好照顾袋鼠，动物园领导专门咨询了动物专家，并根据专家的建议，为袋鼠兴建了一个既舒适又宽敞的围场。同时，动物园领导还别出心裁地筑了1米多高的篱笆，以免袋鼠跳出去逃走。

可是，第二天一大早，动物管理员惊奇地发现两只袋鼠在围场外吃着青草。动物园领导认定是篱笆的高度过低，所以，他们将篱笆又加高了0.5米。但是，同样的事情在第3天又发生了，袋鼠又跑到了篱笆外面。

　　动物园领导又下令将篱笆增至2米，心想这下总该没什么问题了吧。尽管如此，管理员还是发现，袋鼠仍旧不在围场内而是在篱笆外悠闲地吃着青草。

　　动物园领导百思不得其解。被围场围住的长颈鹿忍不住问其中的一只袋鼠："你是怎么跳出那么高的篱笆的？你到底能够跳多高啊？"

　　"唉！我真是弄不明白，他们为什么一直在加高篱笆的高度！"袋鼠笑着回答说，"事实上，我从来都不曾跳过篱笆，而是走出围场的，因为他们一直没把围场的门给关上过。"

　　结合管理的五项职能，思考这一管理案例对你有何启示。

二、管理的作用

　　有人群活动的地方就有管理。有了管理，企业和其他社会组织才能有效地运行，简而言之，管理是保证组织有效地运行所不可缺少的条件。管理是组织中协调各部分活动，并使之与环境相适应的主要力量。所有的管理活动都是在组织中进行的，有组织，就有管理；反之，有了管理，组织才能进行正常的活动。当组织规模比较小的时候，管理对组织的影响也小，组织中的管理活动比较简单，并未形成独立的管理职能，因而也就显现不出管理的重要性。对于小企业来说，可以凭借经验维持自身的发展。但是，随着人类的进步和组织的发展壮大，包含的管理要素越来越多，关系错综复杂，管理所起的作用也越来越大。

　　综合来看，管理的作用主要表现在以下两个方面。

（一）管理可以维持组织的存在

　　社会系统学派认为组织包含三个基本要素，即信息系统、做贡献的意愿、共同的目的。而系统管理学派认为组织要素就是组成组织系统的五个子系统，即目标与价值子系统、技术子系统、社会心理学子系统、组织结构子系统、组织管理子系统。本节中的组织采用系统管理学派的子系统论。

　　管理是一切组织正常发挥作用的前提，任何一个有组织的集体活动，不论其性质如何，都只有在管理者对它加以管理的条件下，才能按照所要求的方向进行。

　　组织是由组织的要素组成的，组织的要素互相作用产生组织的整体功能。然而，仅仅有了组织要素还是不够的，这是因为各自独立的组织要素不会完成组织的目标，只有通过管理，使之有机地结合在一起，组织才能正常地运行与活动。组织要素的作用依赖于管理。管理在组织中协调各部分的活动，并使组织与环境相适应。在一个组织中，没有管理，就无法彼此协作地进行工作，就无法达到既定的目的，甚至连这个组织的存在都是不可能的。集体活动发挥作用的效果大多取决于组织的管理水平。

　　组织对管理的要求和对管理的依赖性与组织的规模是密切相关的，共同劳动的规模越大，劳动分工和协作越精细、复杂，管理工作也就越重要。

　　总而言之，生产社会化程度越高，劳动分工和协作越细，就越要有严密的科学的管理。组织系统越庞大，管理问题也就越复杂，庞大的现代化生产系统要求有相当高度的管理水平，否则就无法正常运转。

（二）管理可以提高组织的效率

　　效率就是投入和产出的比值，企业最高的目标就是以最小的投入获得最大的产出。管理使企业内部每个部门、每个层次的员工的行为协调起来，保证整个企业以最低成本、最快的速度获得最大的利益。

　　在现实生活中，我们常常可以看到这种情况。有的亏损企业仅仅由于换了一个精明强干、善于管理的厂长，很快扭亏为盈；有些企业尽管拥有较为先进的设备和技术，却没有发挥其应有的作用；而有些企业尽管物质技术条件较差，却能够凭借科学的管理，充分发挥其潜力，反而能更胜一筹，从而在激烈的社会竞争中取得优势。有效的管理，可以放大组织系统的整体功能。因为有效的管理，会使组织系统的整体功能大于组织因素各自功能的简单相加，起到放大组织系统的整体功能的作用。在相同的物质条件和技术条件下，由于管理水平的不同而产生效益、效率或速度的差别，这就是管理所产生的作用。

　　在组织活动中，需要考虑到多种要素，如目标与价值、技术、社会心理学、组织结构、组织管理学等，它们都是组织活动不可缺少的要素，每一要素能否发挥其潜能，发挥到什么程度，都会对管理活动产生不同的影响。高效率的管理，正在于寻求各组织要素、各环节、各项管理措施、各项政策以及各种手段的最佳组合。这种合理组合，会产生一种新的效能，可以充分发挥这些要素的最大潜能，使人尽其才、物尽其用。例如，对于人员来说，每个人都具有一定的能力，但是有很大的弹性。如能积极开发人力资源，采取有效的管理措施，使每个人的聪明才智得到充分的发挥，就会产生一种巨大的力量，从而有助于实现组织的目标。

> ▌问题思考▌
> 结合自身每月生活费用或每学期课程学习的情况，试归纳管理在其中的作用有哪些。

三、管理的职能

　　管理职能是指管理作为一种社会活动具有的功能和作用，能帮助组织充分利用其资源以实现组织的目标，它确定的是"管理者是做什么的"问题。管理的职能可以分为以下两类。

（一）管理的专门职能

　　管理的专门职能是从不同企业或社会组织的具体管理内容出发，对管理活动所做的分解与综合，如生产管理、销售管理、供应管理、运输管理、财务管理、人事管理等。

（二）管理的基本职能

　　确定管理的基本职能对任何组织而言都至关重要，但作为合理组织活动的一般职能，管理的基本职能究竟应该包括哪些内容，管理学者至今仍众说不一，如表1-1所示。

表 1-1 　　　　　　　　　　　　　管理的职能

代 表 人 物	法约尔	古利克、厄威克	孔茨
职能	计划	计划	计划
	组织	组织	组织
	指挥	人事	人事
	协调	指挥	领导
	控制	协调	控制
		报告	
		预算	

　　20世纪60年代以来，随着系统论、控制论和信息论的产生以及现代技术手段的发展，决策

问题在管理中的作用日益突出。西蒙等人在解释管理职能时，突出了决策职能。他认为，决策贯穿于管理过程的各个方面，管理的核心是决策。

美国学者米和希克斯在总结前人对管理职能分析的基础上，提出了创新职能，突出了创新可以使组织的管理不断适应时代发展的论点。

本教材综合不同学者的提法，根据实践需要，倾向于以下职能划分，即决策、计划、组织、领导、控制、创新，并在模块二到模块七中详细论述。

第二节 管理的主要思想及其演变

随着管理实践的日益丰富，管理思想也逐渐形成，对管理思想进行系统化归纳、总结，又形成了管理理论。管理理论在实践中不断发展完善，又反过来指导管理实践。当人们把对管理活动规律性的认识上升为系统化、条理化的知识体系时，管理作为一门科学才真正诞生。

作为一名管理者，应从管理思想的演变规律中，吸取前人的管理理论精华；同时，挖掘古今中外丰富的管理思想，与现代管理理论与管理实践有机结合，进而对管理实践中出现的问题进行思考，形成与需求、实践相一致的管理学，而不是一味盲目模仿。

一、中国古代管理思想

我国古代管理思想大致可分为三个部分，即治国、治生和治身。治国，是处理整个社会、国家管理关系的活动，是治理整个国家、社会的基本思路和指导思想，主要是对行政、军事、货币、财赋、市场等方面进行管理的学问；治生是在生产发展和经济运行的基础上通过各方面的实践逐步积累起来的，主要包括工农牧渔业、手工业、交通运输、建筑工程、市场经营等方面的管理学问；治身主要是研究谋略、用人、激励、公关、博弈等方面的学问。综合起来，中国古代管理思想可归纳为以下几方面。

（一）"以人为本"的管理思想

"以人为本"思想最早是由春秋时期的政治家管仲提出的，他主张只有解决好人的问题，才能达到"本理国固"的目的，中国传统的民本思想基本上就是由此传承下来的。

（二）"正人必先正己"的管理思想

中国古代管理特别强调领导者道德素质的重要性，崇尚"道德教化"和"正己正人"的管理方式。从管理学的角度来说，最佳的管理行为应是以双向约束为基本要求的，不仅约束他人行为使之端正，同时也使自己的行为得以规范。

（三）富有辩证法思想的"经权观"管理思想

我国古代管理思想普遍贯穿着经权观，"经"指管理中普遍的稳定的原则，"权"指根据时空和势态变化而不断改变着的方法和策略。经权观要求根据普遍的管理原则和事物运动的客观规律来选择和确定合适的管理策略和方法，最后达到管理目标；同时，要求根据不断变化的情势而随时调整自己的管理方式。

（四）经世实用的战略管理思想

我国古代的军事典籍中蕴藏着大量的战略管理思想，这已成为今天军事乃至企业经营战略管理的重要思想宝藏。《孙子兵法》着重指出了战略谋划的重要性。

（五）"天人合一"的整体和谐观管理思想

古代管理思想是以整体和谐观为基础的，也就是把管理作为一个统一的整体的过程，促使社会与自然、管理系统与外部环境以及管理组织内各种组成之间达到最佳和谐，把管理的各个要素和功能组成一个统一的有序结构。

中国古代的管理思想把人作为管理的重心；把组织与分工作为管理的基础；强调了农本商末的固国思想；突出了义与情在管理中的价值；赞赏用计谋实现管理目标；把中庸作为管理行为的基准；把求同视为管理的重要价值。中国古代的管理思想是经过漫长的历史积累起来的管理知识宝库，为我们今天的科学管理打下了坚实的基础。

> **问题思考**
>
> 观察周围的企业，调查以上思想在企业中的运用。

二、国外早期管理思想

在国外古代管理思想中，最具有代表性的管理思想是苏美尔人的管理思想、古埃及人的管理思想、古巴比伦人的管理思想、希伯来人的管理思想、古希腊人的管理思想、古罗马人的管理思想。早期的管理对象是国家、军队、部落、教会和家庭，也有对小规模、初级的经济活动的管理，早期的管理思想主要表现在以下几方面。

（一）法律成为国家管理的重要工具

古巴比伦人的《汉谟拉比法典》是古代历史上著名的法典。它涉及社会及商业管理的许多方面，对各种职业、各个层面上的人员的责、权、利关系给予明确的规定，提出了民事控制、事故责任、生产控制与激励以及最低工资的规定。巴比伦人首先认识到责任不能推诿给下级这一原则。希伯来人同样注重依法管理，其法典要比《汉谟拉比法典》开明进步一些。罗马的立法和司法的分权制则为后来的立宪政府的制约和平衡体制树立了一个典范。

（二）中央集权的专制政权是早期国家管理的基本特征

古埃及人建立起以法老为最高统治者的中央集权的专制政权。法老是全国土地的最高所有者，拥有对埃及国家财产的全部支配权，法老政权制定了土地制度、税收制度、档案制度，把权利和财富都集中在自己手上。古罗马人建立并实行一种连续授权的组织制度。这是一种行政授权与军事控制相结合的集权型等级制度。在税收上体现了管理智慧，苏美尔人庙宇中的祭司通过庞大的赋税制度积累了大量财物，如畜群、钱财和房地产等。为了管理这些财物，他们在泥板上用文字记载账目、文件等。

（三）在工程和军事管理方面表现出高超的组织管理能力

古埃及人在建造金字塔的过程中，精心计划、组织和控制，安排和解决食物、住房、运输问题，表现出了非凡的管理和组织能力。在工程管理中，每个监工大约管理 10 名奴仆，反映出他们已知道每个管理者所能监督人数的管理跨度是"以 10 为限"。罗马军队实行"10 人编队制"。古希腊人的管理思想中充满着知识和思维的力量，他们崇尚民主管理，建立了有一定民主成分的政府；认识到了专业化与合理分工的原则以及管理的普遍性原则，提出管理是一种独特的技艺。他们用音乐来调节艰苦、单调、重复性的工作，把财富是否得到增加作为检验管理水平高低的标准，认为加强人的管理是管理的中心任务。

三、古典管理理论

古典管理理论主要包括韦伯的科层管理、泰勒的科学管理和法约尔的一般管理原理。韦伯、泰勒与法约尔是西方古典管理理论的三位先驱。其贡献在于突出了管理中采用科学方法的重要性；指出坚持学习会不断地改善工作方法；确定了在组织有效运作中的许多重要原则；强调了薪金作为激励因素的潜在重要性。

（一）泰勒科学管理理论

1. 泰勒科学管理产生的背景

泰勒科学管理的倡导者是美国著名管理学家、经济学家泰勒，被后世称为"科学管理之父"，其代表作是《科学管理原理》。泰勒科学管理的产生和形成有其深刻的历史背景。19 世纪末，美国南北战争结束，资本主义处于蓬勃发展时期，生产力的发展对管理提出新的要求。在当时美国的企业中，普遍实行经验管理，由此造成一个突出的矛盾。即资本家不知道工人一天能干多少活，但总嫌工人干活少、拿工资多，于是就通过延长劳动时间、增加劳动强度来加重对工人的剥削；而工人也不知道自己一天到底能干多少活，但总认为自己干活多、拿工资少，当资本家加重对工人的剥削时，工人就用"磨洋工"消极对抗，这样，企业的劳动生产率就不高。在这种背景下，泰勒提出科学管理来解决这种劳资矛盾。

2. 泰勒科学管理研究的三大实验

（1）金属切削实验。1881 年，在米德韦尔公司，为了解决工人的怠工问题，泰勒进行了金属切削实验。他对车床的效率问题进行了研究，开始了预期 6 个月的实验，在用车床、钻床、刨床等工作时，要决定用什么样的刀具、多大的速度等来获得最佳的加工效率。

（2）搬运生铁块实验。这一实验是在伯利恒钢铁公司的五座高炉的产品搬运班组大约 75 名工人中进行的。这一研究改进了操作方法，训练了工人，结果使生铁块的搬运量提高了 3 倍。

（3）铁锹实验。这一实验是系统地研究使各种材料能够达到标准负载的锹的形状、规格，以及各种原料装锹的最好方法的问题。此外，泰勒还对每一套动作的精确时间做了研究，其方法是选择合适且技术熟练的工人；研究这些人在工作中使用的基本操作或动作的精确序列，以及每个人所使用的工具；用秒表记录每一基本动作所需时间，加上必要的休息时间和延误时间，找出做每一步工作的最快方法；消除所有错误动作、缓慢动作和无效动作；将最快最好的动作和最佳工具组合在一起，成为一个序列，从而确定工人"合理的日工作量"，即劳动定额。通过实验，泰勒得出了一个"一流工人"每天应该完成的工作量。这一研究的结果是非常杰出的，堆料场的劳动力从 400～600 人减少为 140 人，平均每人每天的操作量从 16 吨提高到 59 吨，每个工人的日工资从 1.15 美元提高到 1.88 美元。

3. 泰勒科学管理理论的主要内容

科学管理理论是围绕提高工作效率这一中心问题展开的。其内容可归纳为以下几方面。

（1）工作定额原理。泰勒认为，要提高效率，就必须制定出有科学依据的工人的"合理的日工作量"，因此必须进行工时和动作研究。合理的动作不仅会提高作业的效率，还能大大节省工人的体力消耗及避免身体的损害。

（2）挑选一流工人。泰勒指出，健全的人事管理的基本原则是使工人的能力同工作相适应，企业管理当局的责任在于为雇员找到最合适的工作，培训他们成为第一流的工人，激励他们尽最大的力量来工作。为了挖掘人的最大潜力，还必须做到人尽其才。因为每个人都具有不同的才能，不是每个人都适合于做某项工作的，这和人的性格特点、个人特长有着密切的关系。为了最大限度地提高生产率，对某一项工作，必须找出最适宜干这项工作的人，同时还要最大限度地挖掘最适宜于这项工作的人的最大潜力，才有可能达到最高效率。因此，任何一项工作都必须要挑选出"第一流的工人"，即头等工人；然后再对第一流的工人利用作业原理和时间原理进行动作优化，以使其达到最高效率。

（3）标准化原理。劳动定额的制定是科学管理的基础，实际上也是劳动时间、操作方法和使用工具的标准化。泰勒认为，在工作中有必要建立各种标准的操作方法、规定和条例，使用标准化的机器、工具和材料，"要为人们工作的每一个环节制定一种科学方法，以代替旧有的只凭经验的工作方法"。标准化能大幅度地提高生产效率和工作效率，是泰勒科学管理研究中的一个重要方面。

（4）计件工资制。为了鼓励工人努力工作、完成定额，泰勒提出实行激励性的计件工资报酬制度。

（5）劳资双方密切合作。泰勒认为："在科学管理中，劳资双方在思想上要发生的大革命就是双方不再把注意力放在盈余分配上，不再把盈余分配看作最重要的事情。他们将注意力转向增加盈余的数量上，使盈余增加到使如何分配盈余的争论成为不必要。他们将会明白，当他们停止互相对抗，转为向一个方面并肩前进时，他们的共同努力所创造出来的赢利会大得惊人。他们会懂得，当他们用友谊合作、互相帮助来代替敌对情绪时，通过共同努力，就能创造出比过去大得多的盈余。"如果劳资双方都把注意力放在提高劳动生产率上，劳动生产率提高了，不仅工人可以多拿工资，而且资本家也可以多拿利润，从而可以实现双方"最大限度的富裕"。

（6）管理职能专业化原理。在组织管理方面，泰勒认为，劳动生产率不仅受工人的劳动态度、工作定额、作业方法和工资制度等因素的影响，同时还受管理人员的组织、指挥的影响。为此，泰勒主张，首先把计划管理工作与执行工作（工人的实际操作）相分离，建立专门的管理部门，配备专门的管理人员，其职能是进行时间和动作研究、制定劳动定额、选用标准工具和操作方法等，以实行科学管理。其次，实行职能工长制。每个管理人员的管理工作专门化，并在自己的工作范围内直接指挥调度工人。再次，考虑到企业的机构和规模，较大的企业要实行例外原则。高层管理人员把日常管理的权限下放，只保留企业重大事项的决策、指挥权，如投资决策、重大人事任免等。泰勒认为，摆脱日常事务，减轻负担，可以使高层管理高效化。

4. 对泰勒科学管理的评价

（1）泰勒科学管理的贡献。泰勒在历史上第一次使管理从经验上升为科学。泰勒科学管理的最大贡献在于泰勒所提倡的在管理中运用科学方法和他本人的科学实践精神。

科学管理之所以重要，是因为它在当时的推广，极大地促进了企业生产效率的提高，甚至能够提高整个社会的生活水平。因而其意义是历史性的，科学管理是管理发展史上的一次伟大的革命，它的提出也标志着管理学作为一门科学开始形成。泰勒也被称为"科学管理之父"。

（2）泰勒科学管理的局限性。科学管理最明显的局限性是认为工人是"经济人"；其局限性还表现为只重视物质技术因素，忽视人及社会因素。

（二）法约尔的一般管理理论

与泰勒在美国倡导科学管理的同时期，法约尔在法国研究和宣传整个组织的科学管理的理论，被后人称为"一般管理理论"。

法约尔与泰勒都力主科学管理，但两人研究的范围和思考问题的角度是有差别的。法约尔是带着对管理人员进行管理教育这一具体目的去研究管理的。与泰勒管理理论具有很强的操作性这一特色不同，法约尔的管理理论带有明显的理论色彩。此外，法约尔一再强调，他的管理理论不仅适用于企业，也适用于政府、教会、慈善机构、军队等各类社会组织。

法约尔一般管理理论的内容主要是对管理职能的揭示和管理原则的归纳。

1. 区别经营和管理

法约尔区别了经营和管理，他认为这是两个不同的概念，管理包括在经营之中。法约尔把工业企业的各种活动划分为六方面，即技术活动（生产、制造、加工）、商业活动（购买、销售、交换）、财务活动（筹集和最适当地利用资本）、会计活动（财产清点、资产负债表、成本、统计等）、安全活动（保护财产和人员）和管理活动（计划、组织、指挥、协调和控制）。法约尔先将企业的共性摆出来，然后指出前五种活动都不负责制定企业的总经营计划，不负责组织，不负责协调各方面的力量和行动，而这些至关重要的职能应属于管理。不论企业大还是小、复杂还是简单，这六种活动总是存在的。法约尔指出，这些职能并不是相互割裂的，它们之间实际上相互联系、相互配合，共同组成一个有机系统来达成企业生存与发展的目的。由于上述六种职能都需要具有相关方面的才能，而企业员工作为各个职能的具体执行者，则必须具备这些能力才能胜任上述职能。

法约尔定义管理就是实行计划、组织、指挥、协调和控制。这是最早对管理的概念和管理职能的界定，对以后管理思想的发展起着重要的作用。今天，我们将其简述为计划、组织、领导和控制。

2. 提出管理的十四项原则

法约尔根据他长期的管理经验提出了一般管理的十四项原则，即劳动分工原则、权力与责任原则、纪律原则、统一指挥原则、统一领导原则、个人利益服从集体利益原则、人员报酬合理原则、集中原则、等级制度原则、秩序原则、公平原则、人员的稳定原则、首创精神原则以及人员的团结原则。

3. 对一般管理理论的评价

（1）它提出了管理的"普遍性"。法约尔强调所有的机构都需要实行管理。这种对管理"普遍性"的认识和实践，在当时是一个重大的贡献。他克服了狭隘的观点，不再把管理限于某一个范围、看成某一方面的活动；同时，他把管理活动从经营中单独列出来，作为一个独立的职能和研究项目，这一切都是非常有见地的。泰勒看到了企业中科学管理法和哲学思想的普遍性，但他没有像法约尔那样，在更广泛的视野里看到管理活动的普遍性。

（2）管理理论更具"一般性"。法约尔的管理理论是概括性的，所涉及的是带普遍性的管理理论问题，其形式、对象均是在极其普遍条件下有关管理的一般理论，所以更具理论性和一般性。由于它是能适用于各种事业的共同原理，人们便称之为"一般管理理论"。从理论角度来讲，它对管理理论发展的影响，也许比科学管理法的影响还要大些。

（3）它为管理过程学派奠定了理论基础。法约尔的一般管理理论最先将经营与管理区别开来，最先归纳了管理的五大职能，在管理学史上是一个重要的里程碑。它所开创的一般管理理论，后来成了管理过程学派的基础理论。

（三）韦伯的行政组织理论

韦伯与泰勒、法约尔是同一时代人，是德国古典管理理论代表人物之一。他在管理思想方面的贡献是在《社会组织与经济组织理论》一书中提出了理想行政组织体系理论，由此被人们称为"行政组织理论之父"。这个理论的核心是对组织中三种合法权力的精辟分析和关于理想官僚组织的六项特征。

1. 组织中三种合法权力

韦伯认为，任何组织都必须以某种形式的权力作为基础，没有这种权力，任何组织都不能达到自己的目标。人类社会存在三种为社会所接受的合法权力。

（1）传统权力：由传统惯例或世袭得来。对于传统权力，韦伯认为，人们对其服从是因为领袖人物占据着传统所支持的权力地位；同时，领袖人物也受着传统的制约。但是，人们对传统权力的服从并不是以与个人无关的秩序为依据，而是习惯于义务领域内的个人忠诚。领导人的作用似乎只为了维护传统，因而这种权力形式效率较低，不宜作为行政组织体系的基础。

（2）超凡权力：来源于别人的崇拜与追随。超凡权力的合法性，完全依靠对于领袖人物的信仰，他必须以不断的奇迹和英雄之举赢得追随者。超凡权力过于带有感情色彩并且是非理性的，不是依据规章制度而是依据神秘的启示。所以，超凡权力也不宜作为行政组织体系的基础。

（3）法定权力：由理性——法律规定的权力。韦伯认为，只有法定权力才能作为行政组织体系的基础，其最根本的特征在于它提供了慎重的公正。原因是：①管理的连续性使管理活动必须有秩序地进行；②以"能"为本的择人方式提供了理性基础；③领导者的权力受到约束，并非无限。

2. 韦伯管理思想的主要内容

（1）明确的职位分工。它对每个职位上的组织成员的权力和责任都有明确的规定，并作为正式职责使之合法化。

（2）自上而下的权力等级系统。官员们按职务等级系列和权力等级进行安排，在组织内，按照地位的高低规定成员间命令与服从的关系，形成一个自上而下的等级严密的指挥体系，每一职务均有明确的职权范围。

（3）规范录用。人员的任用完全根据职务的要求，通过正式的考评和教育、训练来实现。每个职位上的人员必须称职；同时，不能随意免职。

（4）管理职业化。管理人员有固定的薪金和明文规定的晋升制度，是一种职业管理人员，而不是组织的所有者。

（5）建立理性化的行动准则，工作中人与人之间只有职位关系，不受个人情感和喜好的影响。管理人员在组织中的职务活动应当与私人事务区别开来，公私事务之间应有明确的界限。管理人员没有组织财产的所有权，并且不能滥用职权。

（6）遵守规则和纪律。组织中包括管理人员在内的所有成员必须严格遵守组织的规则和纪律，以确保统一性。

韦伯认为，理想的行政组织体系最符合理性原则，效率最高，能适用于各种管理工作和各种大型组织，如教会、国家机构、军队和各种团体。

以上三个代表人物的管理理论，尽管研究的侧重点不同，但他们都是对传统管理的突破，致力于管理的科学化，故都属于古典的科学管理理论。古典管理理论的共同点是比较注重组织机构、正式的权力关系、规章程序和经济利益等"物"的因素，都主张一种理性化、规范化、标准化的管理。他们共同的缺点，就是"见物不见人"，忽视人的因素，忽视人的多方面需要，不注意充分调动人的积极性。这些缺点由后面介绍的行为管理理论所克服。

四、行为管理理论

20世纪20年代后期产生的人群关系学说和行为科学管理理论，开始重视古典管理理论所忽视的内容——人的因素。从此，管理的中心开始由"物"向"人"转移。

（一）霍桑实验与人群关系理论

梅奥（E.Mayo，1880—1949年），原籍澳大利亚，后移居美国，是人群关系理论及行为科学的代表人物，从事心理学和行为科学研究。他的代表作为《工业文明中人的问题》。该书总结了他亲身参与和指导的霍桑实验及其他几个实验的研究成果，详细地论述了人群关系理论的主要思想。梅奥是继泰勒和法约尔之后，对近代管理思想和理论的发展做出重大贡献的学者之一。

霍桑实验，是于1924—1932年间在美国芝加哥郊外的西方电器公司的霍桑工厂进行的。这是一个制造电话交换机的工厂，具有较完善的娱乐设施、医疗制度和养老金制度等，但工人们仍愤愤不平，生产成绩也不理想。为探求原因，1924年11月，美国国家研究委员会组织了一个由心理学家等多方面专家参加的研究小组，在该厂开展实验研究。这个实验研究的中心课题是生产效率与工作物质条件间的相互关系。为了开展这方面的研究，他们挑选了一批女工，分别编成两个小组，一个组为控制组，另一个组为实验组，前者生产条件始终不变，后者则做种种变化，然后比较两个组的实验结果，以便得出相应的结论。

1. 霍桑实验的主要内容

霍桑实验包括以下四个方面的主要内容。

（1）照明实验。梅奥等人的这个实验是研究照明条件的变化对生产效率的影响。在实验开始时，研究小组设想，增加照明会使产量提高。但实验结果表明两个组的产量几乎等量上升，看不出增加照明对生产量有什么影响。后来，他们又采取相反的措施，逐渐降低实验组的照明度。按研究小组的设想，实验组的产量必然会下降。可是事实上，尽管照明度一再下降，甚至降到相当于月光的程度，产量并没有显著下降。因此，尽管这一实验进行了两年半的时间，却得不出相应的结论。生产条件的改变并没有按人们预期的那样导致生产效率的相应改变。相反，与平常情况相比较，在整个实验过程中，不论何种情况下，生产率均有大幅度上升。这个结果使研究小组感到茫然，致使这项实验难以继续进行。就在这时，梅奥等哈佛大学的心理研究人员来到了霍桑工厂，重新组成了新的研究实验小组，继续进行实验工作。经过对前阶段实验的认真分析并进一步进行深入的实验，他们终于明白了整个实验过程中两组产量都有提高的原因。如果让工人们在特定条件下进行实验，参加人员认为这是管理当局对他们格外重视；同时，在实验中管理人员与工人之间以及工人与工人之间形成了融洽的关系，促使实验中两组产量提高。这充分表明，良好的心理状态与人群关系比照明条件更为重要，更有利于提高工效。

（2）福利实验。梅奥等人的这个实验是确定改善福利条件与工作时间等其他条件对生产的影响。梅奥选出6名女工在单独的房间里从事装配继电器的工作，在实验过程中逐步增加一些福利措施，如缩短工作日、延长休息时间、免费供应茶点等。实验研究者原来设想，这些福利措施会刺激人们的生产积极性，一旦取消这些福利措施，生产一定会下降，于是在实验进行了两个月之后取消了各种福利措施。而实验的结果仍与学者们的设想相反，产量不仅没有下降，反而继续上升。经过深入的了解分析发现，这依然是融洽的人群关系在起作用。这个实验表明，人群关系在调动积极性、提高产量方面，是比福利措施更重要的一个因素。

（3）群众实验。梅奥等人在这个实验中选择 14 名男工在单独的房间里从事绕线、焊接和检验工作，对这个班级实行特殊的计件工资制度。实验者原来设想，实行这套奖励办法会使工人更加努力工作，以便得到更多的报酬。但观察的结果发现，产量只保持在中等水平，每个工人的平均日产量都差不多，而且他们出于群体的利益，自发地形成了一些规范。他们约定，谁也不能干得太多，突出自己，谁也不能干得太少，影响全组的产量，并且约法三章，不准向管理当局告密，如有人违反这些规定，轻则挖苦谩骂，重则拳打脚踢。进一步调查发现，工人们之所以维护中等水平的产量，是担心产量提高，管理当局会改变现行奖励制度，或裁减人员，使部分工人失业，或者会使干得慢的伙伴受到惩罚。这一实验结果表明，工人为了维护班组内部的团结，可以放弃物质利益的引诱。梅奥由此提出"非正式群体"的概念，认为在正式的组织中存在自发形成的非正式群体，这种群体有自己的特殊规范。它不仅对人们的行为起着调节和控制作用，而且同时会加强内部的协作关系。

（4）谈话实验。梅奥等人在霍桑工厂组织了大规模的态度调查，用了两年多时间，找工人个别谈话 2 万余人次。他们规定，在谈话过程中，调查人员要耐心倾听工人对厂方的各种意见和不满，并做详细记录，对工人的不满意见不准反驳和训斥。这项谈话实验收到了意想不到的效果，霍桑工厂的产量大幅度提高。这是由于工人长期以来对工厂的各项管理制度和方法有许多不满，无处发泄，调查者使他们这些不满都发泄出来，因而使人感到心情舒畅，从而大幅度地提高了产量。

2. 霍桑实验的结论

通过霍桑实验，梅奥等人提出了人群关系学说，其主要论点如下。

（1）工人是"社会人"，而不是"经济人"。古典管理理论的基础是把人设想为"经济人"，即认为工人工作都是为了追求高的经济收入，金钱是刺激人们工作积极性的唯一动力。霍桑实验证明人是社会人，影响人的工作积极性的因素，除了物质利益之外，还有社会的、心理的因素，如人们追求人与人之间的友情、安全感、归属感，渴望受人尊重等，因此，不能忽视社会心理因素对劳动积极性的影响。

（2）决定生产效率的首要因素是职工的"士气"，而不是物质条件。古典管理理论认为，生产效率主要取决于良好的物质条件。而霍桑实验证明，良好的物质条件未必带来生产效率的提高。生产效率的提高主要取决于工人的"士气"。职工的"士气"又取决于他们的满足度，特别是对人际关系等社会因素的满足度。

（3）企业中存在着"非正式组织"。古典管理理论只看到正式组织及其作用，并把正式组织看作达到最高效率的唯一保证。而霍桑实验发现，工人在企业内部共同劳动的过程中，必然产生共同的感情、态度和倾向，形成一些共同的行为规范和惯例，支配着成员的行为。这就构成了一个体系，即"非正式组织"。

（4）霍桑实验还提出了新型领导能力问题。它提出领导在了解人们合乎逻辑的行为时，还须了解不合乎逻辑的行为，要善于倾听职工的意见和与职工沟通，使正式组织的经济需要与非正式组织的社会需要取得平衡。实验的结果证明：新型的领导能力在于，通过提高职工心理需求的满足度来达到提高劳动生产率和工作效率的目的；新型的领导艺术在于，使正式组织满足职工经济需求的功能与非正式组织满足职工社会心理性需求的功能保持平衡。

霍桑实验的结论及在此基础上所总结出来的人群关系论，在企业管理领域有着重要的意义与深远的影响。它第一次正式地把心理学、社会学引入企业管理领域中来，因而有力地冲击了传统的管理理论。梅奥通过霍桑实验提出的"人际关系"理论，为管理心理学的形成奠定了实验的理论基础。在西方心理学界，梅奥被公认为工业社会心理学的创始人和管理心理学的先驱。

问题思考

你的生活中存在非正式组织吗？你能区分正式组织和非正式组织吗？

（二）马斯洛需要层次理论

需要层次理论是美国心理学家马斯洛（A.H.Maslow）1943 年提出的一种关于人的需要结构的理论。该理论几十年来流行甚广，是国外心理学家试图揭示需要规律的主要理论。

马斯洛理论把需要分成生理需要、安全需要、社交需要、尊重需要和自我实现的需要五种。人都潜藏着这五种不同层次的需要，但在不同的时期表现出来的各种需要的迫切程度是不同的。人的最迫切的需要才是激励人行动的主要原因和动力。人的需要是从外部得来的满足逐渐向内在得到的满足转化。

1. 马斯洛的需要层次理论的基本假设

（1）人主要是受满足某种需要的欲望所驱使的需求动物。人类的需要是无止境的，当个人满足一种需要之后，就会产生另一种需要。

（2）人类所追求的需要具有普遍性，这些需要有层次之分。

2. 马斯洛的需要层次理论的基本内容

（1）生理需要。这是人类维持自身生存的最基本要求，包括水、食物、衣服、住房、睡眠等方面的要求。如果这些需要得不到满足，人类的生存就成了问题。在这个意义上，生理需要是推动人们行动的最强大的动力。马斯洛认为，只有这些最基本的需要满足到维持生存所必需的程度后，其他的需要才能成为新的激励因素，而到了此时，这些已相对满足的需要也就不再成为激励因素了。

（2）安全需要。这是人类要求保障人身安全、健康和家庭安全等方面的需要。马斯洛认为，整个有机体是一个追求安全的机制，人的感受器官、效应器官、智能和其他能量主要是寻求安全的工具，甚至可以把科学和人生观都看成满足安全需要的一部分。这种需要一旦相对满足后，也就不再成为激励因素了。

（3）社交需要。这一层次的需要包括两个方面的内容。一是友爱的需要，即人人都需要伙伴之间、同事之间的关系融洽或保持友谊和忠诚；人人都希望得到爱情，希望爱别人，也渴望接受别人的爱。二是归属的需要，即人都有一种归属于一个群体的感情，希望成为群体中的一员，并相互关心和照顾。感情上的需要比生理上的需要来得细致，它和一个人的生理特性、经历、教育、宗教信仰都有关系。

（4）尊重需要。人人都希望自己有稳定的社会地位，要求个人的能力和成就得到社会的承认。尊重的需要又可分为内部尊重和外部尊重。内部尊重是指一个人希望在各种不同情境中有实力、能胜任、充满信心、能独立自主。总之，内部尊重就是人的自尊。外部尊重是指一个人希望有地位、有威信，受到别人的尊重、信赖和高度评价。马斯洛认为，尊重需要得到满足，能使人对自己充满信心，对社会满腔热情，体验到自己活着的用处和价值。

（5）自我实现的需要。这是最高层次的需要，它是指实现个人理想、抱负，最大程度地发挥个人的能力，完成与自己的能力相称的一切事情的需要。也就是说，人必须干称职的工作，这样才会感到最大的快乐。马斯洛提出，为满足自我实现的需要所采取的途径是因人而异的。自我实现的需要是在努力实现自己的潜力，使自己越来越成为自己所期望的人物。

低层次的需要基本得到满足以后，它的激励作用就会降低，其优势地位将不再保持下去，高层次的需要会取代它成为推动行为的主要原因。有的需要一经满足，便不能成为激发人们行为的起因，于是被其他需要取而代之。

高层次的需要比低层次的需要具有更大的价值。热情是由高层次的需要激发的。人的最高需要即自我实现就是以最有效和最完整的方式表现自己的潜力，唯此才能使人得到高峰体验。

人的五种基本需要在一般人身上往往是无意识的。对于个体来说，无意识的动机比有意识的动机更重要。有丰富经验的人，通过适当的技巧可以把无意识的需要转变为有意识的需要。

马斯洛理论依次由较低层次到较高层次，如图 1-2 所示。

3. 马斯洛的需要层次理论的基本观点

（1）五种需要像阶梯一样从低到高，按层次逐级递升，但这种次序不是完全固定的，可以变化，也有种种例外情况。

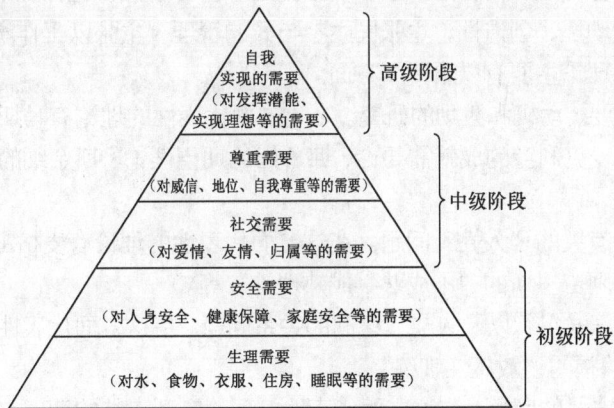

图 1-2 马斯洛需要层次理论图

（2）一般来说，某一层次的需要相对满足了，就会向高一层次发展，追求更高层次的需要就成为驱使行为的动力。相应地，获得基本满足的需要就不再是一股激励力量。

（3）五种需要可以分为三级。其中，生理需要、安全需要属于初级需要，这些需要通过外部条件就可以满足；社交需要和尊重需要是中级需要，它们是通过内部因素才能满足的；而自我实现的需要是高级需要，是无止境的。同一时期，一个人可能有几种需要，但每一时期总有一种需要占支配地位，对行为起决定作用。任何一种需要都不会因为更高层次需要的发展而消失。各层次的需要相互依赖和重叠，高层次的需要发展后，低层次的需要仍然存在，只是对行为影响的程度大大降低。

（4）马斯洛和其他的行为科学家都认为，一个国家多数人的需要层次结构，是同这个国家的经济发展水平、科技发展水平、文化和人民受教育的程度直接相关的。在不发达国家，生理需要和安全需要占主导的人数比例较大，而高级需要占主导的人数比例较小；而在发达国家，则刚好相反。在同一国家不同时期，人们的需要层次会随着生产水平的变化而变化。

4. 需要层次论在管理中的应用

马斯洛把人的需要划分为五个层次，即生理需要、安全需要、社交需要、尊重需要、自我实现的需要。了解员工的需要是应用需要层次论对员工进行激励的一个重要前提。在不同组织、不同时期的员工以及组织中不同员工的需要充满差异性，而且经常变化。因此，管理者应该经常性地用各种方式进行调研，弄清员工未得到满足的需要是什么，然后有针对性地进行激励。

（三）行为科学管理理论

梅奥和他的同事们进行的霍桑实验和提出的人群关系学说，开创了运用科学方法研究工作环境中的人之先河。后来的研究者，主要是一些受过专业训练的心理学家、社会学家和人类学家，他们纷纷运用专业知识和更复杂的方法，深入研究组织中人的行为规律。这些学者被称为"行为科学家"，而不是"人群关系理论家"。行为科学学派的理论与人群关系理论一脉相承，同属一个学派，但与人群关系理论比较，行为科学管理学派具有以下特点。

（1）由单纯强调感情因素，搞好人与人之间的关系转向探索人的行为规律，进行人力资源的开发。

（2）强调个人目标与组织目标的一致性，主张组织目标要更多地体现个人目标。

（3）重视人的主动性、创造性，主张民主参与式的管理，主张以工作本身满足人的需要。

行为科学学派的理论主要有以下四个方面。

（1）关于人的需要、动机和激励的研究。在这方面代表性的理论有马斯洛的需要层次论、赫兹伯格的双因素论、麦克利兰的成就需要论、弗鲁姆的期望理论、斯金纳的强化理论，以及亚当斯的公平理论等。

（2）同企业管理有关的"人性"问题。在这方面代表性的理论有麦格雷戈的 X-Y 理论、沙因的人性假设理论、阿吉里斯的"不成熟—成熟理论"等。

（3）企业中的非正式组织以及人与人之间的关系问题。在这方面代表性的理论有卢因的"团体力学理论"、布雷德福的"敏感性训练"等。

（4）企业中领导方式的问题。在这方面代表性的理论有利克特的管理方式理论、布莱克和穆顿的"管理方格图理论"、坦南鲍姆和施米特的"领导方式连续统一体理论"、菲德勒的"有效领导的权变模式"等。

行为科学学派的贡献是，提供了有关组织中人的行为方面的知识，强调一种以人为中心的管理，对于推动管理由科学管理思想阶段僵化的专制式管理向灵活的、激励式的管理的转变起了重要的作用。

五、现代管理理论

（一）管理科学学派

管理科学学派，也称定量科学学派，还被视为运筹学的同义语，它是泰勒科学管理理论的继续和发展。该学派最早起源于第二次世界大战期间。

管理科学学派注重于在制定决策时使用定量技术和方法。其解决问题的一般方法步骤是：首先，由专家组或小组来分析问题，提出尝试性的解决方案；然后，由科学小组用数学方法编制一个能反映与问题相关的因素和它们之间关系的模型，用计算机分析改变模型中的任何一个变量值时所产生的影响；最后，管理科学小组将模型和计算结果提交给决策层，作为决策的客观依据。

该方法完全靠数字来说话，完全排除决策过程的个人主观因素和艺术成分。

管理科学学派的贡献主要是为决策提供一个定量思维的框架，使决策有可能建立在比较客观可靠的基础上，决策有可能做到精确化。但批评者认为，管理和决策是非常复杂的过程，恐怕不是严格地按照某一模式就能解决得了的问题。

> **问题思考**
>
> 目前，我们能否广泛地应用定量分析法做决策？

（二）系统管理学派

系统管理学派盛行于 20 世纪 60 年代。系统管理理论，就是把一般系统理论应用于企业管理，对企业和其他组织的结构、管理活动和过程进行系统的分析。该学派主要代表人物有卡斯特（F.E.Kast）、罗森茨韦克（J.E.Rosenzweig）等人。他们两人的代表作有《系统理论与管理》、《组织与管理》等。

其理论要点如下。

（1）组织是一个开放系统，是更为广阔的环境超系统中的一个子系统。组织在一定的环境中生存和发展，与环境不断地进行着物质、能量、信息的交流和变换，组织在"投入—转换—产出"的过程中不断进行自我调节，与环境保持动态的平衡。这一系统观点要求组织的管理者了解外部环境的变化，并要考虑这种变化将对组织内部环境所产生的影响。

（2）组织内部是一个由许多相互联系的要素（分系统）构成的复杂系统。这些要素是目标和价值、结构、技术、社会心理、管理，其中任何一个要素的变化都会影响到其他要素。以往的各个管理学派都是孤立地研究组织的某一个分系统，只强调某一分系统的重要性，没有把它看作整体的一部分，更没有看到它对其他部分和整个组织的影响。卡斯特和罗森茨韦克对组织所做的系统分析，试图给人们提供一个从整体出发思考组织管理问题的理论框架。

（三）权变学派

权变理论是一种较新的管理思想，代表人物为伍德沃德，其代表作为《工业组织：理论和实践》。权变理论认为，组织和组织成员的行为是复杂的，加上环境的复杂性和不断变化，使得普遍适用的有效管理方法实质上是不可能存在的。没有一种理论和一种方法适用于所有的情况，那么就应该根据具体情况来选用合适的管理方法，为此，要进行大量的调查研究，然后把组织的情况进行分类，建立不同的模式，再选用合适的管理方式。

在建立模式时要考虑到，组织的规模越大，所需的协调工作量就越大；不同模式的组织，有不同的目标，采用不同的工艺技术；管理者位置的高低直接影响到他所采用的管理方式；不同的职位要求不同的权力；由于人与人之间的差异，管理者对每个下级的影响是不同的；管理者要考虑到环境因素的稳定性，来采取不同的管理方法。

权变理论可以说继承了各种管理思想，只是强调了在各种不同情况下要找到适用的理论和方法。

六、当代管理理论新进展

进入 20 世纪 80 年代以后，世界经济环境的发展变化，科学技术的突破性发展和广泛的应用，市场竞争日益激烈和国际化，促使人们对管理和组织进行了多种角度、多种形式的探索，形成了一些新的管理理论。

（一）竞争战略理论

迈克尔·波特是哈佛大学商学院著名教授，是当今世界最有影响力的管理学家之一，开创了企业竞争战略理论。他认为行业竞争中决定规模的五种力量模型为供应商力量、替代品威胁、购买者力量、潜在竞争加入者威胁、竞争对手。在分析五种战略力量的基础上，波特提出只有两种达到突出业绩的途径：一是成为行业中成本最低的生产者；二是产品和服务在某些方面与众不同，形成消费者偏好。这一理论体现了波特杰出的三类成功战略思想。

1. 成本领先战略

成本领先战略是指企业通过在内部加强成本控制，在研究开发、生产、销售、服务和广告等领域内把成本降到最低限度，成为行业中的成本领先者的战略。企业凭借其成本优势，可以在激烈的市场竞争中获得有力的竞争优势。

企业采用成本领先战略的动因主要有形成进入障碍、增强企业讨价还价的能力、降低替代品的威胁、保持领先的竞争地位。企业采用成本领先战略可以使企业有效地面对行业中的五种竞争力量，以低成本的优势获得高于行业平均水平的利润。

2. 差异化战略

差异化战略是指通过提供与众不同的产品和服务，满足顾客特殊的需求，形成竞争优势的战略。企业形成这种战略主要是依靠产品和服务的特色，而不是产品和服务的成本。但是应该注意，差异化战略不是讲企业可以忽略成本，只是强调这时的战略目标不是成本问题。

差异化战略对于企业的益处主要表现在形成进入障碍、降低顾客的价格敏感程度、增强讨价还价的能力、防止替代品的威胁。要实行差异化战略，企业通常需要具备特殊的管理技能和组织结构。

3. 专业化战略

专业化战略是指把经营战略的重点放在一个特定的目标市场上，为特定的地区或特定的消费群体提供特定的产品或服务。公司的专业化能够以更高的效率、更好的效果为某一战略对象服务。

波特认为，对这三种战略，公司必须明确要采用哪一种，而徘徊其间公司将会处于极差的战略地位，不利于公司的发展。

（二）全面质量管理

质量管理诞生于 20 世纪以前。那时，质量管理作为企业管理不是很重要的一个组成部分，是简单的操作检验，依附于基层管理人员。自 20 世纪初泰勒提出科学管理原理以后，质量管理开始成为高层管理中的重要组成部分。

1946 年国际标准化组织（ISO）在日内瓦成立，并制定出了 ISO9000 族标准，这标志着在全球范围内质量管理的标准化和统一化的开始。现如今，ISO 成员已经达到 170 多个国家和地区，而 ISO9000 族标准也已经扩展到了 ISO9001、ISO9002、ISO9003、ISO9004、ISO2000、ISO40000、ISO4000 等体系和内容。国际质量管理认证体系开始在全球推广，并真正成为全球质量的统一标准。

从 20 世纪 80 年开始，西方发达国家的企业普遍进行了一场质量革命，这场革命被称为"全面质量管理"。

所谓"全面质量管理"（Total Quality Management，TQM），就是指一个组织以质量为中心，以全员参与为基础，目的在于通过顾客满意和本组织所有成员及社会受益而达到长期成功途径。在全面质量管理中，质量这个概念和全部管理目标的实现有关，如图 1-3 所示。

人们对质量问题的重视可以追溯到第二次世界大战以后的日本。在日本战后重建工业的过程中，一些美国人去日本帮助建造现代化的生产设备。在这批美国人当中，爱德华·戴明（W.Edwards Deming）是一位有突出贡献的质量专家。他在日本大力推广和运用被他发展了的统计过程控制技术，获得较大的成功，他本人享有盛名。但直到20世纪80年代初，他的理论才得到西方世界的认真对待。

另一位著名的质量管理专家是美国的约瑟夫·朱兰（Joseph Juran）。他所倡导的质量管理理念和方法始终影响着世界企业界以及世界质量管理的发展。他的"质量计划、质量控制和质量改进"被称为"朱兰三步曲"。他的《质量管理手册》被称为当今世界质量控制的名著，为奠定全面质量管理（TQM）的理论基础和基本方法做出了卓越的贡献。

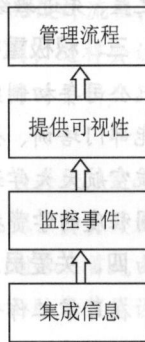

图 1-3　全面质量管理

在全面质量管理中，有四个十分重要的因素：一是员工参与；二是顾客导向；三是标杆管理；四是持续改进。

案例解读

科学管理绽放质量之花

——北京云湖度假村有限公司管理特色

北京云湖度假村有限公司是中国航空工业集团公司旗下的培训基地和对外交流的平台。自1988年开始营业以来，公司始终坚持以"宾客至上、服务一流、与时俱进、持续创新"的质量方针为原则，每年成功接待各种会议、培训、商务洽谈10余万人次，得到了国内外宾客的一致好评。

公司之所以能在目前酒店行业特殊的"气候"条件下站稳脚跟，并且管理水平和服务质量每年都处于稳步上升的态势，科学的管理占有决定性的作用。

一、利用科学的管理工具指导公司稳步健康发展

公司于2001年年底，依照国际标准化组织发布的ISO9001质量管理体系标准，结合公司实际情况建立了质量认证体系，编制了6万余字的《质量管理手册》和6万余字的《程序文件汇编》，确定了公司的质量方针和目标以及相应的工作流程，各部室专设体系认证内审员编制各部门共50余万字的作业文件12册。2002年12月公司首次通过了方圆标志北京认证中心的质量管理体系审核。通过12年的规范运行，公司目前已经形成了P（策划）、D（实施）、C（检查）、A（改进）的有效循环系统。

在全面实施质量管理体系的基础上，公司还分别开发了6S、市场、安全、平衡计分卡等管理体系。在日常的工作中，由质量检查员和各部门体系审核员不定期通过暗访、现场观察等不同形式对公司各项质量运行情况进行标准化检查；每季度公司的体系审核员对各部门质量体系运行情况进行内部审核；每年的11月公司还会邀请第三方体系认证的权威机构进行外部审核，以确保质量不断提升。

二、建立健全各种奖励制度，全方面开展正能量引导

公司非常重视正能量引导效果，及时起草完善了《公司奖励制度》，制定了各种奖励形式，如服务感动奖、服务创新奖、技术创新奖、拾金不昧奖、排除隐患奖等10余种奖励形式，针对中层管理以上人员制定了《公司绩效考核办法》。公司每周整理发放日常奖励；每月组织各部门评选服务明星；每季度对中层以上人员进行绩效考核，并组织评选服务大使；每年组织云

（四）学习型组织

20 世纪 80 年代以来，随着信息技术的发展，知识经济时代进程的加快，企业面临着前所未有的激烈竞争，使企业生存的风险大为增加。传统的企业组织已越来越不适应环境，其突出表现就是许多曾名噪一时的大公司纷纷退出历史舞台。因此，提高企业适应外部环境的能力，延长组织寿命是管理理论的又一重点。在这样的大背景下，1990 年，美国麻省理工学院教授彼得·圣吉（Peter M.Senge）撰写的《第五项修炼——学习型组织的艺术和实务》，吸收东西方管理文化的精髓，提出了以"五项修炼"为基础的学习型组织理念。从此，建立学习型组织成为管理理论和实践的热点。学习型组织是指通过营造整个组织的学习气氛，充分发挥员工的创造性思维能力而建立起来的一种有机的、高度柔性的、横向网格式的、符合人性的、能持续发展的组织。学习型组织的出现奠定了未来的企业模式。

所谓学习型组织，就是通过不断的学习来改革组织本身。善于不断地学习是它的本质特征。彼得·圣吉认为，企业的领导者和全体职工都要进行五项修炼。

1．锻炼系统思考能力

系统思考是五项修炼的核心，通过信息搜集，掌握事件的全貌，以避免见树不见林，培养综观全局的思考能力，看清楚问题的本质，有助于清楚地了解因果关系。

2．追求自我超越

自我超越是五项修炼的基础，强调要认识真实世界，关注于创造自己的最理想境界，并由这两者之间的差距产生不断学习的意愿，不断自我创造与自我超越。

3．改善心智模式

组织的障碍，多来自于个人的旧思维，如固执己见、本位主义，唯有透过团队学习以及标杆学习，才能改变心智模式，有所创新。

4．建立共同愿景目标

所谓共同愿景，是指能鼓舞组织成员共同努力的愿望和远景，或者说是共同的目标和理想。愿景可以凝聚公司上下的意志力，透过组织共识，大家努力的方向一致，个人也乐于奉献，为组织目标奋斗。

5．开展团队学习

团队智慧应大于个人智慧的平均值，通过集体思考和分析，找出个人弱点，强化团队向心力，有助于做出正确的组织决策。

要进行这五项修炼，必须建立学习型组织。彼得·圣吉认为，判断一个组织是否是学习型的组织，有以下四条基本标准：①人们能不能不断检验自己的经验；②人们有没有生产知识；③大家能否分享组织中的知识；④组织中的学习是否和组织的目标息息相关。

人们对于学习型组织存在不少误解，有人认为其艰涩难懂，其实它的基本精神及主要内容和我们的观念差距并不是很远，只不过是用一种新的思想把我们已经做的工作加以整合和改造而已。

> **案例解读：联想——中国第一个学习型组织**
>
> 联想集团创建于 1984 年，现已发展成为拥有 19 家国内分公司，21 家海外分支机构，近千个销售网点，职工 6 000 余人，净资产 16 亿元，以联想计算机、计算机主板、系统集成、代理销售、工业投资和科技园区六大支柱产业为主的技工贸一体、多元化发展的大型信息产业

集团。1997 年，其销售总额达 125 亿元人民币，并在各主要业务领域都取得了显著成绩，其中联想计算机闯入亚太十强排名第五，联想 QDI 主板跻身世界板卡供应第三位，联想系统集成公司成为国内优秀系统集成企业之一，1995—1997 年连续三年在全国电子百强企业中排名第二、全国高新技术百强企业排名第一。

联想的成功原因是多方面的，但不可忽视的一点是，联想具有极富特色的组织学习实践，使得联想能顺应环境的变化，及时调整组织结构、管理方式，从而健康成长。

早期，联想从与惠普（HP）的合作中学习到了市场运作、渠道建设与管理方法，学到了企业管理经验，这对于联想成功地跨越成长中的管理障碍大有裨益；现在，联想积极开展国际、国内技术合作，与计算机界众多知名公司，如英特尔（Intel）、微软、惠普、东芝等，保持着良好的合作关系，并从与众多国际大公司的合作中受益匪浅。

除了能从合作伙伴那里学到东西之外，联想还是一个非常有心的"学习者"，善于通过竞争对手、本行业或其他行业优秀企业以及顾客等各种途径学习。

柳传志有句名言："要想着打，不能蒙着打。"这句话的意思是说，要善于总结，善于思考，不能光干不总结。

分析：

1. 联想是一个什么样的公司？
2. 联想有几种学习方式？

（五）文化管理

20 世纪 80 年代以后，整个国际经济形势发生了巨大的变化。比较典型的是日本，在短短的 20 多年时间，由一个战败国一跃成为世界第二位发达的资本主义国家，成为美国的主要市场竞争对手。这使得西方的管理学者对传统的管理理论进行了深入的思考。由此，西方企业界兴起企业文化风潮。

1981 年，威廉·大内发表了轰动美国管理界的名著《Z 理论》。这本书系统地比较了美国企业管理同日本企业管理的差别，指出了如何从采用美国式管理的组织向采用日本式管理的组织——Z 型组织转变的许多措施，其核心就是要信任和关心职工。

经过实地考察和对比研究，美国人得出了一个共同的结论，日本的经济奇迹来自日本式的经营管理，而在日本经营管理最成功的企业里，居第一位的不是严格的规章制度，更不是计算机或任何一种管理技术，而是企业文化。当美国人反过来总结美国杰出企业的成功经验时，他们惊奇地发现，许多一流的日本公司遵循的法则，在美国杰出的企业中也被认真地执行着。所有这些成功的企业，都有一个共同的特点，就是都有一个有力的"企业文化"。企业文化是杰出企业成功的关键。

文化管理是企业管理的软件构成部分，比相当于硬件的企业制度有更重要的作用。

其一是文化管理的导向作用。企业不仅要赢利，更要凝聚人心，这就需要企业文化。

其二是激励作用。企业激励应考虑物质激励和精神激励相结合，精神激励中的情感和对自尊的满足属于文化管理的范围。

其三是凝聚作用。通过好的企业文化，可以增强员工的凝聚力。

其四是文化管理的塑造作用。企业员工不仅要具备好的技术，更应有好的精神风貌，企业文化强调员工应有团队意识、合作精神，企业竞争力也会加强。

其五是对资源的整合作用。企业经营形成经营理念、经营哲学，对物质资源和精神资源具有整合作用。

其六是辐射作用。一个公司的成功，离不开成功的品牌战略，而品牌的背后就是文化，企业品牌是企业文化在社会上的一种印象、一种辐射。企业文化一经社会公众、顾客、供应商、政府等部门了解，经新闻媒体报道，传遍世界，也就树立了企业的形象。所以，拥有良好的企业文化，就会树立好的企业形象，好的企业形象不断积累的结果就能变成好的品牌。

文化管理是对科学管理的新发展，是管理适应现代社会经济发展大趋势的必然选择，管理实践应当充分体现文化管理的基本精神。文化管理就是从文化的高度来管理企业，以文化为基础，强调人的能动作用，强调团队精神和情感管理，管理的重点在于人的思想和观念。

除了上面介绍的五种理论之外，还有管理信息化、虚拟企业等先进理论，请读者结合学习和工作实践深入体会。

第三节　管理者的分类与技能

一、管理者的定义

管理人员是那些在组织中行使管理职能，指挥或协调他人完成具体任务的人。管理者的这一定义区别于作业人员，作业人员是指在组织中直接从事具体的业务且不承担对他人工作监督职责的人。

二、管理人员的分类

（一）管理人员按层次分类

1. 高层管理人员

高层管理人员是指对整个组织的管理负有全面责任的人，他们的主要职责是制定组织的总目标、总战略，掌握组织的大政方针并评价整个组织的绩效。

2. 中层管理人员

他们的主要职责是贯彻执行高层管理人员所制定的重大决策，监督和协调基层管理人员的工作。与高层管理人员相比，中层管理人员特别注意日常的管理工作。

3. 基层管理人员

他们的主要职责是给下属作业人员分派具体工作任务，直接指挥和监督现场作业活动，保证各项任务的有效完成。

管理者的层次分类，如图1-4所示。

（二）管理人员按领域分类

1. 综合管理人员

综合管理人员是负责管理整个组织或组织中某个事业部的全部活动的管理者。

2. 专业管理人员

专业管理人员是只负责管理组织中某一类活动的管理者。

管理者的领域分类，如图1-5所示。

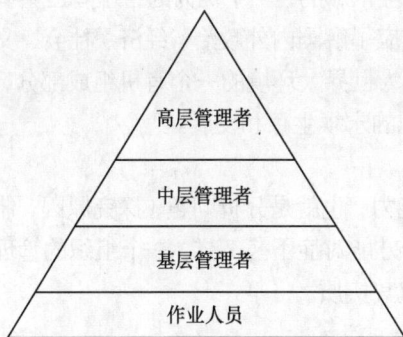

图 1-4　管理者的层次分类　　　　图 1-5　管理者的领域分类

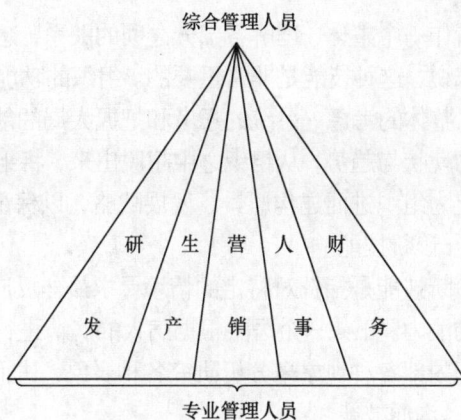

三、管理人员的技能

（一）管理人员的一般技能要求

1. 技术性技能

技术性技能是指对某项活动，尤其是对涉及方法、流程、程序或技巧的特定活动的理解程度。它包括专门知识、在专业范围内的分析能力以及灵活地运用该专业的工具和技巧的能力。相对来说，管理层次越低的管理者越需要具有技术、技能，特别是一线的管理者，技术、技能是最重要的。

> **问题思考**
>
> 结合自己的专业与阶段性职业发展目标，谈谈技术性技能对自己的重要性。

2. 人际关系技能

人际关系技能是指与处理人事关系有关的技能，即理解、激励他人并与他人共事的能力。许多研究表明，人际关系技能是管理者必须具备的技能中最重要的技能。这种技能对各层次的管理人员都具有同等重要的意义。在相同条件下，一个具备这方面技能的管理者肯定可以在管理中取得更大的成功。

> **管理故事**
>
> 　　小王和小李是大学同学，两人同时应聘到一家外企工作，试用期三个月过后只能留下一人。企业的经理是一位叫乔治的外国人。到公司一个多月后的一天，小李看到小王在记东西，但小王看到小李后慌张地将本子收起，小李好奇，觉得两人关系不错，非让小王说个究竟。小王没办法，将本子给小李看，小李一看傻眼了，上面是小王记录的每天小李在干什么，包括小李的私人生活。在小李的追问下，小王说了原因，进公司第一天，乔治就给小王一个本子，让小王记录小李的一举一动，试用期结束交给乔治。小李听后也拿出了自己收到的乔治给的本子，但上面什么也没写。
>
> 　　你认为乔治的做法对吗？为什么？

3. 概念化技能

概念化技能是指管理者对复杂情况进行抽象和概念化的技能。运用这种技能，管理者能够将组织看作一个整体，理解各部分之间的关系，想象组织如何适应它所处的广泛的环境。对高层管理者来说，这种技能是非常重要的。组织的功能是相互依赖的，一个优秀的管理者应具有宏观的视野、整体的考虑、系统的思考和把握大局的能力，应了解国内外政治、经济、社会、文化发展变化的现状与趋势，从组织之中超脱出来，将组织视为世界大环境的一个有机组成部分，从大的背景上为组织进而建构愿景、发展战略，以保证组织的永续生存和发展。

4. 诊断技能

诊断技能是指针对特定的情境寻求最佳反应的能力，也就是分析问题、探究原因、制定应对策略的能力。正如一个医生根据病人的病情进行诊断方能对症下药一样，一个组织的管理者应根据组织内部各种现象来分析研究各种表象，进而探究其实质。

5. 沟通技能

沟通技能是指管理者具有收集和发送信息的能力，能通过书写、口头与肢体语言的媒介，有效与明确地向他人表达自己的想法、感受与态度，也能较快、正确地解读他人的信息，从而了解他人的想法、感受与态度。管理者需要沟通的技能。沟通的技能涉及许多方面，如简化运用语言、积极倾听、重视反馈、控制情绪等。虽然拥有沟通技能并不意味着成为一个有效的管理者，但缺乏沟通技能则会使管理者遇到许多麻烦和障碍。

（二）各层次管理人员对技能的要求

1. 高层管理人员的技能要求

高层管理人员更需具备的是统筹规划技能、分析与思维能力、目标导向能力、成就动机、影响力。

2. 中层管理人员的技能要求

中层管理人员需具备沟通能力、计划能力、组织能力、督导能力（控制能力）、时间管理能力等。

3.基层管理人员的技能要求

基层管理人员需具备计划与分配任务的能力、解决实际问题的操作能力、督促能力、时间管理能力。

管理技能一般是指统筹规划、组织计划、控制、督导、目标管理、培养下属的能力、成本意识等。

管理层次与管理技能的要求，如图1-6所示。

基层管理	中层管理	高层管理
概	念　技	能
人	际　技	能
技	术　技	能

图1-6　管理层次与管理技能要求

第四节　管理的基本原理

原理是指某种客观事物的实质及其运动的基本规律。管理原理是对包含各种复杂因素和关系的管理活动客观规律的描述，是在总结了大量管理活动经验的基础上，撇开各种社会组织之间的差异，经过高度综合概括出的具有普遍性、规律性的结论。管理原理具有客观性、概括性、稳定性、系统性的特征。

在管理活动中，大家普遍认同的基本原理可以概括为系统原理、人本原理、责任原理、效益原理，这些原理对管理活动具有普遍的指导意义。

一、系统原理

（一）系统的含义

系统是指由若干相互联系、相互作用的部分组成，在一定环境中具有特定功能的有机整体，是过程的复合体。它包含以下内涵：第一，系统的组成部分有两个或两个以上，单个部分构不成系统；第二，系统的各要素之间存在着一定的联系，不是各自独立存在；第三，系统整体具有不同于各个部分的新的属性和功能，且系统整体要优于部分，即 $1+1 > 2$。

（二）系统的特征

1. 目的性

系统的存在有明确的目的，并且目的往往是多重的。例如，教育系统的主要目的是教书育人，而聋哑儿童教育还可治病救人；医疗系统的主要目的是救死扶伤，疗养型的医院还可以疗养；企业的根本目的是获得利润，同时还可以满足社会的多种需求。

2. 集合性

一个系统至少要由两个相互区别、相互联系的要素构成，且强调整体的功能大于部分的功能。例如，物流中公铁联运的背驮式运输系统优于单纯的公路运输和单纯的铁路运输，既节省成本又减小货损。

3. 相关性

系统是由相互联系的子系统形成，其中某一子系统发生改变，就意味着系统的功能发生改变，或者说要保持原有的功能，其他子系统也要相应地改变或调整。

4. 适应性

适应性是指系统要实现原有的目标或功能，必须能够适应外部环境的变化。不能适应外部环境变化的系统是不可取的。

5. 整体性

组成系统的各部分不是简单加和，而是组成一个有机整体。每个子系统都要服从整体系统要求，以求达到整体最优。

6. 有序性

由于系统的结构、功能和层次的动态演变有某种方向性，因而使系统具有有序性的特点。有序能使系统趋于稳定，有目的才能使系统走向期望的稳定系统结构。

运用系统原理分析和处理管理问题，就是把管理活动涉及的相关要素看作系统的有机组成部分，按照系统管理的基本要求，组合各种资源，组织管理过程，按照管理目标要求，优化部分与整体之间的关系，以实现总体效益最大化。

二、人市原理

人本原理，就是指组织的各项管理活动，都应以调动和激发人的积极性、主动性和创造性为根本，追求人的全面发展的一项管理原理。具体来讲，人本原理强调依靠人的力量，开发人的智能，尊重人的人格，塑造人的品质，凝聚人的心灵，即尊重人、依靠人、发展人、为了人。

（一）人本管理实现的方式

人本原理是现代管理发展的必然趋势和客观要求，任何一个组织的管理者在管理实践中都必须以人本原理作为管理的主导思想，在管理的全过程中实行以人为中心的管理，在最大的限度内激发组织成员的积极性、主动性和创造性，有效地实现组织目标。人本管理的实现有以下几方面。

1. 动力管理

动力是推动组织事业向前发展的力量。当组织出现生产无序、效率低下、人员懈怠时，管理者首先要注意的是推动工作进步的动力是否充足。没有动力，管理就不可能进行有序运动。

一般来讲，管理的基本动力有三种类型，即物质动力、精神动力、信息动力。

第一，物质动力，不仅包括对个人的物质刺激，更重要的还有组织的经济效益。只有把对组织的贡献与从组织得到的物质利益紧密结合起来，才能形成动力。

第二，精神动力是指组织及其成员的观念、理想、信仰等精神方面的追求所形成的管理动力，它包括理想教育、日常的思想政治工作、精神奖励等。精神动力是客观存在的，它能弥补物质动力的缺陷，而且本身就有巨大的威力，在某些特定的情况下，还可以成为决定性的力量。

第三，信息动力是指信息的传递所构成的反馈对组织活动发展的推动作用。从管理的角度来看，信息作为一种动力，有超越物质和精神的相对独立性。在信息化社会，信息冲击产生的压力会转变成你追我赶的竞争动力，它对组织活动起着直接的、整体的、全面的促进作用。

管理者要有效地实现动力管理，就必须从根本上重视人的需要。

> **趣味案例**
>
> 一位 60 岁的独身老太太，感觉年事已高，就让其侄子照顾其生活，并且写下遗嘱，待其去世后侄子就可以获得她的全部财产。此后，老太太发现，他的侄子好像总盼望她去世。请问问题出在什么地方？你认为老太太应如何进行激励？

2. 柔性管理

柔性管理是相对刚性管理而言的。在刚性管理中，组织管理者是以制度和职权为条件，利用约束、监督、强制和惩罚等手段对组织成员进行管理。而柔性管理是以情感和文化为基础，运用尊重、激励、引导和启迪等方式进行管理。从本质上说，柔性管理是一种"以人为本"的管理，它是组织管理者依据组织成员的心理和行为规律，以人性化的工作方式和管理思维，在组织成员中形成一种潜在的说服力，从而把组织的意志变为组织成员的自觉行动。因此，实行柔性管理应从情感管理入手，实行民主管理、自我管理和文化管理。

3. 人才管理

人才管理的根本是善于发现人才、培养人才和合理使用人才。将人本原理的思想落实到人才管理中去，就要求管理者在工作中实现人岗匹配、人尽其才、才尽其用的目标。实现这一目标，须做好以下工作。

（1）人才测评。人才测评主要是通过心理测试、行为观察分析、情景模拟演练等，对人才的素质、结构和兴趣等方面得出一个比较客观的认识，这种认识为管理者认识人才价值、挖掘人才潜能提供帮助和指导。人才测评能够为组织提供整体的人力资源状况和水平的相关信息，为组织做好人力资源规划打下基础，以便在人员的招聘和员工的培养和使用等方面进行有针对性的管理。

（2）能级管理。在组织管理中，机构、人员等都有一个能量的问题，能量大，作用大。现代管理的任务就是建立一种使组织中的每个人都能"各尽其能"的运作机制，为组织合理地配备人才和使用人才打下坚实的基础。实行能级管理，就可以达到这个目的。

随着知识经济的发展和市场经济的完善，组织对人的能力要求日益提高。能力的内在结构不仅包含知识、智力和技能，更为重要的是包含人的创新能力，这意味着以人为本必须以人的能力为本。因此，管理者在实施能级管理的过程中，要突出发现能力、使用能力和开发能力三大环节，将具有不同能力的组织成员配置到不同的岗位上，实现组织成员的能力的优化组合，使能力与能级相符。而处在不同能级的组织成员，则享受不同的待遇，组织成员的能力越高，结构越合理，得到的待遇就越好。能力开发是管理者按照组织长远发展的需要，采取各种有效的激励措施促使组织成员将潜在能力转化为现实能力，促使组织成员不断提高已有的能力。只有这样，才能做到人尽其才，发挥组织的最佳管理效能。

（3）工作丰富化。工作丰富化是指通过改进工作设计，丰富工作内容，赋予职工更多的尝试机会，来增加工作本身的刺激性和挑战性，使职工获得发挥聪明才智和取得个人成就的机会。

在企业中，可通过以下措施促进工作丰富化：①在工作方式、工作次序和作业速度方面给职工以更大的自由，使每个职工对自己的工作负有明确的责任；②安排和鼓励职工定期轮换工作岗位和工种；③扩大职工的工作范围，让职工参与某项业务活动的全过程，使职工明确认识到自己的工作对企业整体发展的意义及所做出的贡献等。工作丰富化，使工作不再是一种烦琐的、冗长的、沉重的劳作，而是一种具有丰富意义和乐趣、讲究质量的生活方式。它能够在提高工作效率的同时，起到增进员工满足感的作用。

（二）应用人本原理的要求

人本原理强调管理中人的工作的重要性，主张一切活动都应以关心人，尊重人，发挥人的积极性、主动性、创造性和创新性为基点，一切工作都要以做好人的工作为根本。其一，管理者应从顾客和员工两方面建立广泛的激励机制，给员工适当授权，为企业创造良好的内外环境。其二，建立行为监督机制，不但要有企业的监督，还要有员工的自我监督，以体现尊重的价值。其三，量才授职，使员工真正做到人尽其才。其四，恰当运用动力，处理好各种激励方式的运用，保证组织目标实现。

> **问题思考**
> 怎样理解现在招聘中要求专业对口与人本原理中工作丰富化的矛盾与联系？

三、责任原理

（一）责任原理的含义

责任原理是在合理分工的基础上明确各部门与个人必须完成的工作任务和必须承担的相应责任，从而提高人的潜能的有效办法。责任原理的本质是保证及提高组织的效益和效率。

（二）责任原理的内容

（1）明确每个人的职责是挖掘人的潜能的最好办法（明确每个人的责任）。

（2）职位设计和权限委授要合理，权力可以授予，但责任不能授予。

（3）奖惩要分明、公正而及时。

四、效益原理

（一）效益原理的含义

效益原理，是指组织的各项管理活动都要以实现有效性、追求高效益为目标的一项管理原理，即一切管理工作都要力图以最小的投入和消耗，获取最大的效益。向管理要效益，管理出效率，已成为人们的共识。

（二）管理者运用效益原理应注意的问题

管理者在实际工作中运用效益原理，应做到以下四点。

1. 两种效益相统一

在任何管理活动中都必须坚持两种效益相统一的观点。社会效益是前提，经济效益是根本，两个效益一起抓。

2. 坚持整体性原则

坚持整体性原则，既要从全局效益出发，又要从局部的效益着眼，以获得最佳的整体效益。

3. 讲实效

作为管理者，在思想上必须明确，工作中不能只讲动机，更重要的是要讲实效，不能当一名忙忙碌碌的事务主义者。

4. 长远目标与当前任务相结合

要善于把长远目标与当前任务相结合，增强工作的预见性、计划性，减少盲目性、随意性，达到事半功倍的效果。

> **知识介绍：效果、效率和效益的区别与联系**
>
> 效果指人们或组织通过某种行为、力量、手段、方式而产生的结果。这种结果中有的是有效益的，有的是无效益的。例如，有的企业生产的产品虽然质量合格，但产销不对路，在市场上卖不出去，积压在仓库里，最后甚至会变成废弃的物质。这些产品是不具有效益的。所以，只有那些为社会所接受的效果，才是有效益的。
>
> 效率是指特定的系统在单位时间内的投入与所取得的效果之间的比率。这个比率是一个经常用来衡量管理水平的标准。例如，要衡量企业管理的水平，就必须考察企业投入的资金、技术、人力、物力等因素与所获得的利润之间的比率。在一定的时间内，如果消耗的物资、能量等因素越少，而产生的效果越大，就意味着效率越高；反之，如果消耗的物资、能量等因素越多，而产生的效果越小，就意味着效率越低。
>
> 效益是某种活动所要产生的有益效果及其所达到的程度，是效果和利益的总称。它可分为经济效益和社会效益两类，其中，经济效益是人们在社会经济活动中所取得的收益性成果；社会效益则是在经济效益之外的对社会生活有益的效果。经济效益和社会效益，两者既有联系又有区别。经济效益是讲求社会效益的基础，而追求社会效益又是促进经济效益提高的重要条件。两者的区别主要表现在，经济效益比社会效益更加直接一些，易于衡量，可以运用若干经济指标来计算；而社会效益则难以计量，必须借助于其他形式来间接考核。
>
> 一般而言，企业组织所开展的诸多管理活动就是为取得经济效益而服务的，企业追求良好的经济效益，不仅是企业出于积累资金自我发展的需要，而且更为重要的是能够促进社会进步、

国民经济的发展以及社会生产力的提高,因此,经济效益与社会效益从根本上说应该是一致的。但是,当有的企业只从局部考虑问题,或者采取不合理、不合法的手段获得经济效益时,二者就会产生矛盾,而管理的作用就在于要消除这种矛盾,力求将经济效益与社会效益有机地结合起来。

第二部分　实务与实训任务

任务一　思考与讨论

一、简答题

1. 管理的概念是什么?管理有什么作用?

2. 根据自己的理解简述管理的职能。

3. 管理理论的演变可分为哪几个阶段?说说每个阶段有哪些主要的理论和特点。

4. 试分析比较泰勒科学管理理论与梅奥人群关系理论的差别,并对两种管理思想做简要的评价。

5. 马斯洛需要层次理论的内容有哪些?它对领导做好激励有什么作用?

6. 你认为法约尔的管理原则哪些在今天仍然适用?

7. 管理科学学派的主要贡献是什么?该学派有一个观点认为,决策必须排除决策过程中的艺术成分,你同意吗?

8. 简述管理人员与作业人员的区别或者管理工作与作业工作的区别。

9. 处于不同层次的管理人员在管理技能要求上有何区别?

10. 什么是管理原理?管理的原理有哪些?简述系统原理的主要观点。

二、讨论题

1. 运用管理学的思想,从管理的角度出发分析近两年出现的"企业用工荒"问题与"大学生就业难"问题。

2. 请结合管理学相关知识,剖析 2013 年发生的山东"夺命快递"事件中,管理对企业的重要性。你认为好的管理应该注重什么?

3. 有人说,"当代管理的趋势是逐步由以物为中心的刚性管理,走向以人为中心的柔性管理"。作为管理者应该怎样理解这句话?

4. 人本原理在现实生活中有何指导作用?

任务二　案例分析

案例一　殊途同归的管理方式

A 公司和 B 公司是同一行业规模、业绩相当的两家公司,近两年,这两家公司的发展都很迅速。但是,这两家企业高层对于管理理念的认识截然不同。

A 公司管理理念："我认为企业最重要的资产是员工，只有员工们都把企业当成自己的家，都把个人的命运与企业的命运紧密联系在一起，才能充分发挥他们的智慧和力量为企业服务。因此，管理者有什么问题，都应该征求员工的意见；平时要注重对不同员工的需求进行分析，有针对性地给员工们满足他们需求的机会和条件；每月在网站上公布当月过生日的员工的姓名，并祝愿他们生日快乐；最大限度挖掘员工的潜力，适当的时候创造条件帮员工实现他们的理想。"在 A 公司里，员工们都普遍地把企业当作自己的家，全心全意地为企业服务，企业日益兴旺发达。

B 公司管理理念："我认为只有实行严格的管理才能保证为实现企业目标开展的各项活动顺利进行。因此，企业要制定严格的规章制度和岗位责任，建立严密的监控体系；对员工进行上下班签到管理，实行严格的考勤制度；实行计件工资制等。"在 B 公司里，员工们都非常注意遵守规章制度，努力工作以完成任务，企业发展迅速。

问题：

1. 简述 A、B 两公司的管理理念分别反映的是哪个管理基本原理。
2. 假如你是企业的管理者，你更倾向于哪种管理？说明原因。

案例二　用"芝麻"代替"西瓜"的奖励

一家很大的食品公司刚刚通过了一项评审极其严格的产品认证。在准备评审期间，广大员工加班加点，废寝忘食，牺牲了个人时间，通过一年多的努力，评审终于获得通过。

当宣读这个好消息的时候，大家都兴奋不已。公司领导决定召集全体员工开庆祝会并对员工进行嘉奖。时间确定好了，公司把员工召集到自助餐厅，由董事长表达对每位员工的感谢，宣布这个评审通过对公司的意义。董事长说："这个成功是一次伟大的胜利，是大家共同努力的结果。为了庆祝这次巨大的成功，公司为大家每人准备了一份很有意义的礼物。"此时，从后面传来一句："现在就发吧！"大家都笑了，心情就像过节一样。董事长点了点头，示意公关部经理揭开罩在神秘礼物上的帷幕。啊！竟是由很多包好的蛋糕搭建起来的金字塔造型，上面还有不同颜色蛋糕包装显示的"共创辉煌"几个大字。会场上先是死一般的寂静，接着爆发出震耳欲聋的喊声。员工们几乎被这个场面惊呆了，每个人都不敢相信这是真的。

后来，大家排着队，陆续领走公司为大家准备的礼物——蛋糕。在员工摇着头，苦笑着领走奖品时，可怜的 CEO 好像只剩下最后一点呼吸了。其他员工的表情也让他心凉。随后的时间里，"蛋糕"就成了公司里使用频率最高的词语了，也是大家彼此戏谑的代名词。

问题：

1. 用马斯洛的需要层次理论解释这家公司在此次激励中存在的问题。
2. 评价这家食品公司管理的效率和效果如何？

任务三　情景模拟实训

情景模拟一

人物：经理段成峰、职工李杰、职工王晓飞。

旁白：段成峰是嘉泰物流公司配送部门经理，李杰与王晓飞是其管辖下的两名员工，李杰负责给客户送货，王晓飞负责给李杰等送货人员配货。所有配送给客户的单据均经由配货和送货人员签字，如出现货缺货损由送货人员填货损单，由王晓飞确认签字报经理段成峰审批予以补货。

近几日，出现了一些让经理段成峰头疼的问题，场景如下。

场景一

旁　白：配货中心，时针指向 9:00。

李　杰：老王，给城西宜家经理办公室配送的货物清单，给分拣一下。

王晓飞：（瞅一眼李杰）不是 8:20 配货吗？现在都 9:00 了。

李　杰：你不说谁知道，我晚去一会儿就说堵车给耽误了，公司还有啥脾气？

王晓飞：（看了一眼清单，将货物准备齐全，由工人装上配送车，小声）那么多人看着呢，以后早点儿。

李　杰：（递过一支笔和一张单据）老王，昨天送货的货损单，签个字吧。

王晓飞：李哥，那批货的货损哪有这么多？经理一看就会露馅的。你不能再这么干了，这不拖老弟下水吗？到此为止吧！

李　杰：老弟就给签了吧，别那么死心眼儿，到时请老弟吃饭。这公家的东西，经理也没那么上心，就算查出来，最坏另谋高就呗。你还指望公司给养老啊，一月挣那么一点儿，多少年能混个洋车开开。

王晓飞：最后一次啊（然后在货损单上签了字）。

场景二

旁　白：经理办公室，段成峰拿着一叠王晓飞送来的货损单，皱着眉头。

段成峰：小王，上个月的货损怎么这么多？

王晓飞：这……

段成峰：小王，你的工作可是个关键工作，出了这么多货损，你说说吧。

王晓飞：第一，天气的原因，有一些货物不好储存；第二，工人原因，新招的搬运工人对工作不熟练造成货损；第三，道路原因，送货的主干道修路比较颠簸……

段成峰：（打断了王晓飞的话）就没别的原因，我怎么听说还有人为原因呢？有人反映说个别人通过将完好的货物签货损单的方法将货物套走从中获利呢。对此，你一无所知吗？你如实反映，有什么问题我给你担待着。如果照章办事了，问题就复杂多了。

旁　白：经过一番逼问，王晓飞将李杰的问题如实反映给经理，并将李杰贿赂的物品一并交给经理。

场景三

旁　白：配货中心，几天后的早晨，一上班，李杰怒冲冲走近王晓飞，一拳打在王晓飞脸上。

李　杰：老王，你害我。我上个月的工资一分没发，还被罚了 600 元，都是你小子告密。

王晓飞：李哥，你听我说。

李　杰：有什么好说的？你把老哥害了，你也别想好过（说着，用手指着王晓飞，嘴里嘟囔着）。

王晓飞：真不是我故意的，经理早就知道了。

李　杰：我不管，反正这会儿就是你说的，我跟你没完（说完扬长而去）。

王晓飞：唉……

旁　白：段经理知道了这些事，决定想办法好好处理一下。

问题：

1. 如果你是信奉泰勒科学管理理论的段经理，管理方法如何改进？将段经理对小李的谈话进行整理。

2. 如果你是信奉梅奥人群关系论的段经理，管理方法是怎样的？将段经理对小李的谈话进行整理。

3. 你认为要处理好此事，经理应该具备哪些技能？

情景模拟二

人物：

生产部副部长郑中天（三年前毕业的大学生，现任生产部副部长）、监督长（负责生产车间的管理监督工作）、生产部部长（负责生产部的一切工作）。

旁　白：一家著名的家电制造公司的生产车间，在工资偏低和工作环境压抑的双重压力下，不少应届毕业生报到不久就选择了离职。而毕业于某211院校工商管理专业的郑中天，却是"不可思议"地坚持了下来。

场景一　初出茅庐

监督长：各位线长（生产线的负责人），先过来一下，我给大家介绍咱们新到的一位同事，郑中天助理。他是大学毕业的高材生，工商管理专业，目前来咱们部门任监督长助理职务。以后，希望大家多和郑助理沟通。

郑中天：大家好，我是郑中天。刚刚毕业，难免会有很多工作做不到位，希望大家多多指导和帮助，我也会尽心尽力为大家服务，帮助大家把咱们的工作做好。

旁　白：各位线长面面相觑，偷偷一笑，随即鼓掌表示欢迎。

场景二　第一次下车间

旁　白：昨天跟着监督长了解了车间的情况后，郑中天自信满满，觉得完全可以胜任这个工作。今天，跟监督长打招呼后，他特地来到车间查看。

线长们自觉不自觉地都围过来打招呼寒暄。

线长一：郑助理，你一个高材生怎么到车间来工作了？多屈才啊？！

郑中天：到车间也不仅仅是为了工作啊，也可以学习啊。再说，如果连车间的情况都不了解的话，我该怎么做好自己的工作呢？呵呵，你以后得多多帮助啊。

线长一：看你说的，客气了，我可谈不上帮你，你是高材生，我仅仅是初中毕业。对了，郑助理，您来这边，一个月多少钱啊？随口一问，别介意哈。

郑中天：试用期一个月1 500元，转正后，一个月2 000元，还有绩效工资。

线长一：唉……太少了。连吃饭的都不够，毕竟咱们这生活成本在这摆着……

旁　白：郑中天微微一笑，走开了。

来到第二生产线，看到工人们都在紧张地劳作着，郑中天也不敢怠慢，仔细查看着线上的每一个环节。此时线长二过来了。

郑中天：线长，你看看咱能把塑料泡沫的那个架子摆放到工人身后吗？与生产线平行，虽然摆放的架子数量少，但是，方便了工人们拿材料，同时，也避免了那些来回运送材料的工人们偷懒（说着，郑中天指着一排架子和在不远处坐着玩的那些运输工人）。

线长二：郑助理，玩的那些都是领导的亲戚，不敢管啊。

郑中天：那我去给说说试试看。

旁白：他们来到玩耍的工人面前说了一会，工人们走开了，把货架摆放整齐，节省了空间，提高了生产工人们的生产效率。

场景三 开启晋升之路

旁白：部长办公室，生产部部长和郑中天谈话。

生产部部长：小郑啊，来这三年了，工作非常出色啊。以你现在的实力，都可以当部门经理了。

郑中天：谢谢部长夸奖！其实，三年时间不长，只要投入进去了，就是一瞬间的事情。谢谢大家在这三年里都这么照顾我，帮助我成长。

生产部部长：嗯，懂得感恩，不错。和你一起来的那五个大学生，有学历比你高的，也有比你低的，但是，都埋怨工资低，都走了。你为什么不走呢？

郑中天：部长，不瞒您说，我也有过想走的念头。但是，去哪儿呢？无论到哪儿，工资会多高呢？现在本科生到处都是，1 500 元的工资足以保证我一个月的生活了，在刚刚毕业的时候，能保证基本生活就好了，毕竟还不具备太强的竞争力不是？

生产部部长：说得非常好。那你是因为迫不得已才留下了？

郑中天：部长，刚入职的那三个月吧，说句实话，还真是这么感觉。但是，在转正前的一个星期，监督长和我谈了一次话，我也就不再这么想了。因为那次谈话，让我觉得，一个大学毕业生，过于用金钱来衡量，实在是有点贬低；同时，我在三个月里从事的最基层的管理工作，与我的专业完全对口啊，检验了自己的理论，同时，也学到了非常多的实际管理知识。

生产部部长：呵呵，用心学就对了，学中用、用中学嘛！其实，大学生掌握的不仅仅是那些课本知识，更多的应该是学习的能力。

郑中天：部长，您说得太好了。我会继续学习和成长的。

生产部部长：呵呵，小郑，今天让你来，不仅仅是和你谈这些啊，还有很多事情和你谈呢。

郑中天：好的，部长。有什么事情，您尽管吩咐就是。

生产部部长：你现在的月工资基本上在 3 500 元左右，保证基本的生活是绰绰有余的。但是，想学习，光停留在这层次上还不行啊，还得往上走啊，从基层走向高层，到那里去展示你的才华。

郑中天：谢谢部长指点，我会更加努力力地学习的。

生产部部长：上个月咱们的副部长辞职了，这个月就离开。我已经向公司申请了，让你来坐这个位子。有没有信心啊？.

郑中天：（兴奋之情溢于言表）真的啊？如果真的让我来做，我有信心做好这个工作的。只是……监督长那边……会不会有意见呢？

生产部部长：放心吧，是他向我推荐的。虽然他工作年限比较长，但是，他只是高中毕业，很多方面还是欠缺的。他也知道这个情况。再说，不论他怎么样，你都得积极面对和处理啊，中层管理人员的人际协调能力是少不了的。

郑中天：好的，我知道怎么做了。

生产部部长：别急，由于你的工作年限短，所以，你的试用期基本工资是 4 000 元，不包括绩效工资，仅仅上涨了 500 元。

郑中天：啊？就 500 元啊？不过，您说得对，我的年限还是短了点，而且，我相信通过自己的努力，以后肯定会涨的，而且是大涨。呵呵。

生产部部长：呵呵，看得开就好，年轻人不能仅仅盯着工资不放啊，工资以外的很多东西是值得去学习和追求的。对吧？

（两人都笑了起来。）

郑中天：部长，副部长离职了，我不知道有哪些工作需要我做好？哪些工作需要做得更好呢？

旁白：部长哈哈大笑，满意地点点头，便开始和郑中天谈了起来……

场景四　上任副部长

旁白：郑中天终于上任副部长了，得到了大家的掌声和鲜花后，郑中天开始思考如何按照公司和部长的安排开展工作……

虽然他每天都会到车间去转转看看，但是，他不再管理车间具体的工作，发现了问题后，他会直接找到各个负责人。

他开始从工作手册、员工管理手册、线长管理守则等规章制度方面入手，让管理更具人性化、更具弹性和严肃性。同时，纠正以前月度计划、季度计划同年度计划一样不明确具体问题的做法，让每一个计划都具有非常明确的可操作性和可控性，明确了计划、明确了分工、明确了责任。

从此，生产部、车间里，人们的脸上更加洋溢着幸福和满足，都在夸奖来了一个优秀的副部长……

问题：

1. 高层管理者是怎样炼成的？
2. 在企业管理中，以管人为主，还是以管事为主？

模块二

决 策

管理就是决策。

——美国著名管理学家赫伯特·西蒙

目标与要求

本模块主要阐述管理决策的概念与过程、决策的一般原理、决策的类型和方法问题。本模块的学习，要求学生了解管理决策的基本理论知识，结合企业管理实际，认识现代管理决策的重要性；在认识企业客观存在的基础上，掌握管理决策的含义，理解并掌握决策的一般方法，能正确分析企业现状，面临重要问题做出正确决策，为企业管理实践服务。

导入案例

大华贸易公司是一家大集团公司控股的下属公司，专门从事通信电缆的进出口业务。为了扩大该公司业务领域，某业务部欲通过投标方式参与某重点工程的光纤进口采购工作。经过艰苦努力，该业务部和另外几家公司的招标方案同时中标，分配给该公司的大致是 1 000 万元人民币的光纤供应任务，所用资金可通过银行贷款解决（银行贷款年利率为 5.6%），这一业务可使公司获利 40 万元。方案提交董事会讨论时被否决，原因是资金需要量大，收回投资周期长、风险大（待工程验收合格期满后才能收回货款）。

方案被否决后，从事这项工作的员工积极性受挫，情绪低落；公司因中标而不做，其信誉在这一领域中受到损害；此外，还损失了参与投标而交的 20 万元押金（这 20 万元押金最后以研发费入账）。

【分析提示】
1. 该董事会的决策是否正确？为什么？
2. 假如你是该公司的参谋，该如何建议？该案例给你什么启示？

第一部分　理论与背景知识

❖❖❖

第一节　决策的概念和过程

管理是由一系列决策组成的，决策是管理的心脏。决策问题关系组织兴衰成败。对于大事的正确决策不仅能凝聚人心，推动发展，而且能造福百姓，增强后劲；反之，错误的决策不仅会贻误发展，而且会损害组织的形象。

调查显示，85%破产倒闭的大企业是由企业管理者的决策不慎造成的。决策对于领导者的重要性由此可见一斑。在组织中，无论是中高层领导还是基层人员，每天都在参与、制定和执行各类决策。这些决策，有些关系组织存亡，有些关系职工利益。因此，明确决策的概念，掌握决策的过程很有必要。

一、决策的概念

决策，是组织或个人为了实现某种目标，从两个或两个以上可行性方案中选择一个合理方案的分析判断过程，也是对未来一定时期内有关活动的方向、内容及方式的选择或调整过程。这个概念表明，决策的主体既可以是组织，也可以是个人；决策要解决的问题，既可以是组织或个人活动的选择，也可以是对这种活动的调整；选择或调整的对象，既可以是活动的方向和内容，也可以是在特定方向下从事某种活动的方式；决策涉及的时限，既可以是未来较长的时期，也可以仅仅是某个较短的时段。

二、决策的过程

决策的过程是一个有序的过程，它不是瞬时完成的，决策过程包含一系列的步骤。了解这些步骤可以提高个人的分析和决策能力。决策是一门技术，更是一种管理工具。形成这门技术的一个途径就是运用一种模式，这种模式提供了包括决策基本规则的体系。成功的决策人员已经总结出一系列规则并开始执行。

决策过程所包括的步骤如下。

（一）识别和定义问题

识别问题对于解决问题至关重要。大多数情况下，决策不力通常是没有真正认识问题，把决策的焦点聚集到错误的或者并非重要的问题上去。所以，识别问题要求决策者必须能够区分问题的症状与问题的实质。识别问题需要进行大量的考察和思考。

当问题得到识别之后，必须根据一定的参量来定义问题。如何定义问题呢？必须搞清以下四点，即问题是何时发生的？问题是如何发生的？问题为何会发生？问题已经造成哪些影响？在多数决策情况下，问题被清楚定义后，找到答案不是一件难事。在定义问题的时候，决策者应考虑这样一些问题：我是否有权自行做这件事情？我具备所需的专业知识吗？我是否有时间？假如我不做任何事，结果又会怎么样？调查应进行到何种程度？解决问题将会产生哪些益处？这些益处的重要程度如何？定义问题，可以确定一系列的目标。为了确保有效性，目标应该符合一定的标准。它们应该是可以实现的，而且是由相关的参与人员制定的。目标在员工心目中应该是可实现的并且是合理的，对它们还应该通过定期检查进行更新或补充。另外，目标既要考虑到组织是一个整体，同时又要考虑到执行目标时所涉及的行为活动。通过定义问题，我们能够确定它的范围，接下来就能将搜寻信息的范围缩小为与之相关的内容。

（二）收集信息，分析问题

问题被定义之后，决策者就可以开始对问题进行系统的分析。分析问题的前提条件是收集资料。在这个步骤里，我们积累所有我们认为解决问题所需的数据资料。在真实的问题被定义之前，决策者并不知道他真正需要什么实际资料和信息。良好的决策需要有可得到的最好的实际资料来支持。为此，在收集实际资料时，必须以书面的形式将它们记载下来。所需资料的数量和收集信息的范围主要取决于问题的性质和复杂程度。

一个人可以从哪里获得他所需要的数据资料和信息呢？经验就是一个好的来源。对过去解决问题的方法进行客观的考察将提供大量的信息，也可以通过往日的记录来获得信息和资料。这些记录可能包括销售、财务、生产、人事等方面的资料。此外，其他人和其他组织的观点、建议和想法也是一些好的来源。

一旦收集到所需的信息，下一步工作就是理解和解释这些信息。我们必须采取有序的方法来组织整理这些信息，将信息按成本项目、程序时间、领导能力、质量产出等进行归类是很有用的。它会使我们清楚某些数据资料是否比另外一些更重要。一些标准，如可靠性、重要性、时间、原因和结果、人力因素以及技术因素等都可以用于对信息进行划分和归类。在检查整理完数据之后，决策者就可以说明他要解决的真实问题是什么。分析问题有助于决策者把握问题。

（三）确定决策标准

美国通用电气公司 CEO 说过："无能的管理者是企业的杀手，而且是职业杀手，在讨论一项决策时，你要清楚地约定足够的限制条件，因为通用电气是一个全球企业，任何一个小的失误都有可能造成严重的后果，甚至让你扮演杀手角色。"这里的限制条件，即决策的标准，就是用一套合适的标准分析和评价每一个方案。首先确定出若干与决策相关的因素，然后规定出各种方案评比、估价、衡量的标准。例如，在决定新产品的行销与销售策略之前，必须先想清楚希望达成什么样的目标，是由这项产品提升公司的营业额；还是改善获利的模式；还是提高市场占有率；还是打响公司的品牌知名度；或是建立良好的企业形象？公司不可能同时达成所有的目标，管理者必须设定优先顺序，有所取舍。这一步最容易犯的错误是设定了几个本身就互相矛盾的目标，如果是这样，那么这种决策是没有理性的。另外，决策虽然一开始是正确的，但是后续过程中前提条件发生了改变，如果不随之调整决策，就必然会导致失败。因此，决策者必须牢记决策所要实现的标准，一旦现实情况发生大的变化，就应该马上寻找新的办法。

（四）拟定可供选择的方案

明确了真实问题的所在之后，接下来的步骤是寻求解决问题的可供选择的方案。到目前为止，我们所收集的信息也可能表明一些可供选择的解决办法。决策者应该尽可能多地考察可供选择的方案，可供选择的方案越多，解决办法越完善。过去的经验、创造性以及关注管理方面的最新实践都有助于拟定备选方案。寻求解决问题的备选方案的过程是一个具有创造性的过程。

在这一阶段，决策者必须开拓思维，充分发挥自由想象力。寻求更多备选方案的方法之一是"头脑风暴法"。在头脑风暴法中，一群具有解决问题所需的知识和专长的人聚集在一起，讨论出尽可能多的潜在解决方案。由这种方法激起的热情常常创造出新的和具有价值的想法。产生备选方案的另一种方法是"集思广益法"。这种方法是几个具有不同背景和受过不同训练的人聚集在一起，相互讨论，直到得出一个新的备选方案。由于备选方案通常不是显而易见的，决策者不得不去寻找它们，使其明晰化。对于管理人员来说，一个简单易行的办法就是声称他只能做一件或两件事情，而不是参与寻找更多方案的事项中去。

（五）分析评价备选方案

备选方案拟定之后，决策者应从内心对每一个方案的可应用性和有效性进行检验。他必须想象如果这些方案正在实施的话将会怎样，必须对每一个备选方案所希望的结果和不希望的结果出现的可能性进行检验，可运用一些标准来对这些备选方案进行比较。在这些标准中可用到的因素有，每个备选方案涉及的风险、可以利用的时间和需要时间、可利用的设施和资源以及费用效益分析。评价备选方案时可以采用下面的指标来进行对比，即要求的时间、包括的成本、涉及的风险、收益或优点和局限性。

如果所有的备选方案都不令人满意，决策者还必须进一步寻找新的备选方案。决策者必须根据工作的目标来评价每一个备选方案的效用。

（六）选择最佳方案

供评价备选方案而设立的方案比较表将清楚地表明其中哪一个备选方案更优越。不过决策者不能总是只顾及备选方案的优越性，还必须在选择最佳方案时考虑到可利用的资源。在选择最佳方案时，一个有用的规则是使执行方案过程中可能出现的问题数量减少到最小，而执行方案对实现目标的贡献达到最大。

选择方案时可以考虑以下因素。

（1）经验。在选择最佳方案时，将过去的经验作为指南。

（2）直觉。直觉与经验有关，它包括唤起决策者过去的记忆，并将其应用于对未来的预测。

（3）他人的建议。决策者必须从同事、上级和下级那里寻求帮助和指导。

（4）实验。如果可能的话，采用这种方法来检验备选方案。这类实验不应过多地消耗成本和时间。

在选择最佳方案时，考虑上面所述的一个或多个因素将会提高决策的效果，这些因素的相对重要程度取决于所要解决的问题的性质、受问题影响的人员、为解决问题需要的时间等。

管理故事：如何选择最佳方案

一条街上有两家医院甲和乙，当地人喜欢去乙医院看病，因为那里的医生医术高明。一天，一个外地人来这条街上看病，不知哪家好，于是咨询当地人"哪家好"，当地人建议他去乙医院。外地人犹豫了一下又问："哪家医院治坏的人多？"当地人说："乙医院去年治死了50人，甲医院治死了5人。"最后，外地人去了甲医院，结果病情加重了，出来责怪当地人。当地人说："我还没说完呢，乙医院去年诊治了1万人，死了50人；甲医院诊治了200人，死了5人。"

这个故事给我们的启示是，确定决策标准的重要性。

（七）实施方案

选择出最佳方案，决策过程还没有结束。决策者还必须使方案付诸实施，他必须设计所选方案的实施方法。一些决策者善于分析、确定备选方案和选择最佳方案，但不善于将他们的想法付诸实施。一个优秀的决策者必须具备这两种能力，既能做出决策，又能化决策为有效的行动。有些方案能很快付诸实施，如关于纪律的执行，而有些方案，如公司政策和工会合同的启用却需要花费一些时间。在执行阶段，决策者必须对存在的一些抵制情绪有所预见，尤其是来自受决策影响的员工的抵制，必须制定计划来应付处理这类意外情形。一个可能成功地实施决策的有效方法是参与，决策者在实施方案时必须行使领导权力。不恰当的沟通也可能阻碍所选方案的实施。

管理故事

一群老鼠吃尽了猫的苦头，它们召开全体大会，号召大家贡献智慧，商量对付那些猫的万全之策，争取一劳永逸地解决事关大家生死存亡的大问题。

众老鼠冥思苦想，有的提议培养猫吃鱼吃鸡的新习惯，有的建议加紧研制毒猫药，最后还是一只老奸巨猾的老鼠出的主意让大家佩服得五体投地，连呼高明。那就是给猫的脖子上挂个铃铛，只要猫一动，就有响声，大家就可事先得到警报，躲起来。

这一决议终于被高票通过，但决策的执行者却始终产生不出来。高薪奖励、荣誉证书等办法又被一个一个提议出来，无论什么高招，好像都无法将这一决策执行下去。至今，老鼠们还在自己的各种媒体上为此争论不休，也经常举行会议。

故事给我们的启示是，再好的决策，如果不能够去执行，那么都是没有意义的，决策与想法不在于多么英明，而在于能否实行，管理者不仅是个决策者，还是个不折不扣的执行者。

（八）检验决策效果

决策者最后的职责是定期检查计划的执行情况，并将实际情形与计划结果进行对比。决策者必须根据已建立的目标来衡量效益，通过定期检查来评价方案的效果。检查方案的效果也有助于提高决策者的决策技能与水平。决策是一种技术，而且和所有的技术一样，它也是可以提高的。人们可以通过实践以及反复的决策实践来提高决策水平。为了提高决策质量，一些信息的反馈是必要的，如对以前决策的效果的检查就可以提供所需要的一些反馈。通过检查，决策者可以从中知道他的错误是什么、错误出在什么地方以及如何改善。

第二节　决策的影响因素与原则

一个好的决策能救活一个企业，一个差的决策会损害一个企业，一个坏的决策能够毁掉一个企业。决策对于管理而言，其作用可见一斑。决策是决定组织管理工作成败的关键，是实施各项管理职能的保证。

一、决策的影响因素

（一）环境因素

首先，环境的特点影响着组织的活动选择；其次，对环境的习惯反应模式也影响着组织的活动选择。

（二）过去决策因素

多数情况下，决策是对初始决策的完善、调整或改革。过去的决策是目前决策的起点；过去方案的实施，给组织内部状况和外部环境带来了某种程度的变化，进而给"非零起点"的目前决策带来影响。过去决策对目前决策的影响程度取决于过去决策与现在决策的关系。

（三）决策者对风险的态度

喜好风险的人通常会选取风险程度较高但收益也较高的行动方案，而厌恶风险的人通常会选取较安全同时收益水平也较低的行动方案。

（四）伦理因素

决策者是否重视伦理及采用何种伦理标准会影响其对待行为或事物的态度，进而影响其决策。

（五）组织文化

组织文化影响组织成员对待变化的态度，进而影响到决策者及组织成员对方案的选择与实施。在决策过程中，任何方案的选择都意味着对过去某种程度的否定，任何方案的实施都意味着组织要发生某种程度的变化。

（六）时间因素

美国学者威廉·R.金和大卫·I.克里兰把决策划分为时间敏感型决策和知识敏感型决策。时间敏感型决策需要迅速做出决策，而知识敏感型决策通常有较充裕的时间来决策。

二、决策的基本原则

（一）满意原则

满意原则是针对"最优化"原则提出来的。什么是"最优化"原则呢？"最优化"是1951年由美国数学家 R.Bellman 等人提出的，"一个过程的最优决策具有这样的性质，即无论其初始状态和初始决策如何，其今后诸策略对以第一个决策所形成的状态作为初始状态的过程而言，必须构成最优策略"。简言之，一个最优策略的子策略，对于它的初态和终态而言也必是最优的。"最优化"理论假设，决策者是完全理性的人，以"绝对的理性"为指导，按最优化准则行事。但是，处于复杂多变环境中企业的决策者，要对未来做出"绝对理性"的判断是不可能的。因为决策者不可能完全掌握与决策相关的全部信息，不可能完全知晓可供选择的方案及其后果，不可能对未来的外部环境及内部条件都准确预测等。因此，决策者不可能做出"最优化"的决策，只能做到相对满意决策。

"满意"决策，就是能够满足合理目标要求的决策，它包括以下内容。

（1）决策目标追求的不是使企业及其期望值达到理想的要求，而是使它们能够得到切实的改善，实力得到增强。

（2）决策备选方案不是越多越好、越复杂越好，而是要达到能够满足分析对比和实现决策目标的要求，能够较充分利用外部环境提供的机会，并能较好地利用内部资源。

（3）决策方案选择不是要避免一切风险，而是对可实现决策目标的方案进行权衡，做到"两利相权取其重"、"两弊相权取其轻"。

问题思考

假如你是一名学生，去一个旅游景点旅游，该景点门票是 60 元。根据旅游景点的规定，学生证可以享受门票半价优惠。等到了车站，你发现学生证忘记带了，回学校取，只能赶上一小时后的下一班车，且来回打车费用需要 20 元。你是回去取学生证，还是放弃半价优惠呢？

（二）分级原则

决策在组织内部分级进行，是组织业务活动的客观要求。这是因为：①组织需要的决策一般都非常广泛、复杂，是高层管理者难以全部胜任的，必须按其难度和重要程度分级进行。②组织管理的重要原则是责权对等、分权管理。实现分级决策，把部分重复进行的、程序化的决策权下放给下属，有利于分权管理。当然，无论决策分几级进行，在每一级中只能有一个决策机构，以免政出多门。实行层级决策，既有利于组织高层决策者集中精力抓好战略决策、例外决策，同时又可增强下级单位和领导者的主动性和责任心。

（三）集体和个人相结合原则

这一原则反映出决策科学化和民主化的客观要求。集体和个人相结合的原则是指决策的主体不能单一，必须根据不同的决策问题和环境酌情选择。这是因为：①决策要减小风险，就要充分利用机会，关键时刻有人敢于负责，当机立断；否则，就会错失良机。因此，既不能事事集体决策，大家参与，又不能事事个人决策，一人拍板，要坚持集体决策与个人决策相结合的原则，根据决策事物的轻重缓急，对那些带有战略性、非程序化、非确定性的事关组织全局的决策，应由集体制定，对其他的应酌情选择个人决策或集体决策。②决策作为决策者的意志反映，由少数人进行，意见最易统一；而决策要得到顺利实施，就需要有较多的人参与。因此，组织在建立决策体系时，要吸收各方面人士参加，把不同看法、意见解决在决策过程之中，应注意发挥个人的和集体的智慧，把决策的制定和执行紧密地衔接起来。决策要有效地进行，必须做到科学化和民主化，实事求是，按客观规律办事。

（四）定性分析与定量分析相结合原则

将定性分析与定量分析相结合，是进行科学决策的基本原则和基本思路。科学的决策要求把以经验判断为主的定性分析与以现代科学方法为主的定量论证结合起来。

（五）整体效用原则

整体效用原则指的是决策者在做决策时，应正确处理组织内部各个单元之间、组织与社会、组织与其他组织之间的关系，在充分考虑局部利益的基础上，把提高整体效用放在首位，实现决策方案的整体满意。组织作为独立个体，它内部有许多单元，这些单元同组织之间存在着局部和整体的关系。组织作为社会的一环，又是社会的一个单元，同社会存在着局部与整体的关系。局部与整体，无论在组织内部还是社会内部，利益不总是一致的。

管理故事

西汉文帝时有个将军叫周亚夫，是个治军作战的高手，汉文帝视察细柳营时，正是看到了这一点，故称其为"真将军"。文帝在临终前给他的儿子景帝交代，将来万一打仗，这个人用得上，"即有缓急，周亚夫真可任将兵"。

不久，吴楚七国之乱爆发。周亚夫统兵上阵，与吴楚乱军对峙，充分发挥了他的军事才能。然而，周亚夫也面临着一个两难选择的决策。吴楚乱军剽悍凶猛，利在速决。周亚夫屯兵中原，以逸待劳。乱军打不过周亚夫，就去猛攻"居膏腴之地"的梁孝王。梁孝王吃紧，十万火急地向周亚夫求救。景帝也下达诏令让周亚夫救梁孝王。周亚夫为难了，如果救梁，就等于放弃了起初制定的基本战略，这正是吴楚乱军所希望的；而如果不救梁，梁孝王是汉景帝的亲兄弟，万一有个闪失自己也吃罪不起。经再三抉择，周亚夫选择抗诏不救梁，坚持原来的坚壁清野、固守不出战略。最后，这一战略果然取得了成功。吴楚乱军的粮道一断，军需匮乏，兵败如山倒。梁孝王死守睢阳，虽然万分危急，但总算挺了三个月，迎来了胜利。周亚夫的选择是没有问题的，他的这一选择保住了汉室江山，却得罪了梁孝王。

启示：决策选择的难处就在这里，用现代的话说，这就是长远利益和眼前利益、国家利益和个人利益的冲突。如果没有这种冲突，任何人都能做决策。按道义讲，一旦发生了决策选择的冲突，就应当牺牲眼前利益来保证长远利益，牺牲个人利益来保证国家利益。周亚夫正是这样做的，而恰恰是这种"正确"的选择，让自己陷入了窘境。

如何在这种两难决策中，设计出不损害决策当事人利益（最起码不要损害到不可承受的地步）的方案？如果实在找不出这种方案，那么，在保证长远利益的同时对受损的眼前利益做出适当补偿，在保证国家利益的同时努力把受损的个人利益控制在最低限，是决策具有可行性的一个重要方面。

决策人员除了遵守上述原则外，还要坚持经济效益与社会效益相结合、可能性与现实性相结合、领导者与专家相结合、局部与全局相结合、近期利益与远期利益相结合、决策工作的规范性与灵活性相结合。

第三节 决策的类型和方法

一、决策的类型

决策主要从以下几个角度进行分类。

（一）按照决策的重要程度，可分为战略决策和战术决策

战略决策是有关组织全局利益和长远利益的决策。这类决策对组织的生存与发展将产生决定性影响，并作用于一个较长的时期。企业的产品立项、技术革新、巨额投资等，都是战略决策的内容。战术决策是有关实现战略目标的方式、途径、措施等的决策，它比战略性决策更为具体，其作用范围比较小，影响的时间也要短一些。企业原材料采购数量的确定、产品库存量的控制等，都是战术决策的对象。

（二）按照决策的重复程度，可分为程序化决策和非程序化决策

西蒙把组织的全部事务分为两类：①例行问题，即那些重复出现的、日常的管理问题。处理例行问题，无需每次都做决策，只要建立某些制度、规则或政策，按照例行程序处理即可。管理者遇到的大量管理问题都是例行问题，如产品质量、设备故障、现金短缺等。②例外问题，即那些偶然发生的、很少重复出现的问题。这类问题不能用对待例行事务的办法来处理，如新产品的开发、组织结构变革、重要的人事任免等问题的处理。

对例行问题和例外问题的决策，无论从决策的性质看还是从决策的方法看，都是两种不同类型的决策。例行问题的决策属于程序化决策，它一般有先例可循，有现存的政策和规则可依；例

外问题的决策属于非程序化决策，它往往缺乏信息资料，无先例可循，无固定模式，需要开拓与创新。

（三）按照决策条件的确定性，可分为确定型决策、风险型决策和非确定型决策

1. 确定型决策

首先，确定型决策是指在可供选择的方案中只有一种自然状态的决策，也就是说，决策的条件是确定的，可供选择的方案之间的优劣比较和预期结果是明确的，决策选优是显而易见的。然而，确定型决策是抽象掉许多具体条件的结果。由于决策的客观条件是很复杂的，条件考虑得越充分，决策就越符合实际；条件被抽象得越多，决策就越有可能脱离实际，造成失误。其次，确定型决策中各方案之间优劣比较明显，往往表现为一种静态的状况，即此时此刻是如此，因而决策时要把握时机，不能拖延。再次，有些确定型决策所面临的可选方案数量会相当大，要获得每一个方案的确切结果，有相当大的难度。

2. 风险型决策

风险型决策，即决策事件未来的各种自然状态的出现概率是可以测出的，在这种情况下所做的决策具有一定的风险性。风险型决策有五个主要特点：①存在着决策者希望达到的一个明确的目标；②存在着决策者可以选择的两个或两个以上的行动方案；③存在着不以决策者主观意志为转移的两种或两种以上的客观状态；④不同的行动方案在不同自然状态下的损失或利益可以计算出来；⑤未来将出现哪种自然状态，决策者不能肯定，但可大致估计出其出现概率。

3. 非确定型决策

非确定型决策即决策事件未来各种自然状态完全是随机的，选中的方案的执行结果是无法预知的。非确定型决策的做出主要依靠决策者的经验和判断能力。

（四）按照决策主体所处的管理层次，可分为高层决策、中层决策和基层决策

高层决策是指组织的高层领导者所做的决策，这类决策事关全局、事关长远。中层决策是由组织的中层管理者所做的决策，其影响范围大多只涉及一个部门。基层决策是指组织的基层管理者所做的决策，这类决策主要解决局部的日常工作中的问题。一般来说，越接近高层的决策，就越具有战略性、非程序性和非确定性，而越接近基层的决策，就越具有战术性、程序性和确定性。

二、决策的方法

决策的基本方法一般分为两大类，即定性方法和定量方法。

（一）定性决策方法

定性决策方法又称主观决策法，是指依靠决策者的知识、经验、智慧，运用社会学、心理学等方面的理论，做出判断与决策的方法，是一种"软技术"。这种方法适用于受社会、经济、政治等非计量因素影响较大、所含因素错综复杂、涉及社会心理因素较多以及难以用准确数量表示的综合性问题。这种方法是组织决策采用的主要方法，定性决策方法与定量决策方法互相配合，才能使决策更为有效。

定性决策方法有很多种，常用的有头脑风暴法、德尔斐法、经理人员决策法、专家会议法等，其中德尔斐法是最具代表性的方法。尤其在长远的战略决策中，由于许多条件的不确定性，德尔斐法特别适用。

1. 头脑风暴法

"头脑风暴"是指在决策的会议上，人们可以无拘无束、自由奔放地思考问题，无所顾忌地畅所欲言，其目的在于产生新观念或激发创新设想。头脑风暴法又可分为直接头脑风暴法（通常简称为头脑风暴法）和质疑头脑风暴法（也称反头脑风暴法）。前者是在专家群体决策时尽可能激发创造性，产生尽可能多的设想的方法；后者则是对前者提出的设想、方案逐一质疑，分析其现实可行性的方法。这一方法是由美国创造学家奥斯本于 1939 年首先提出的。

采用头脑风暴法组织群体决策时，要集中有关专家召开专题会议，主持者以明确的方式向所有参与者阐明问题，说明会议的规则，尽力创造融洽轻松的会议气氛。主持者一般不发表意见，以免影响会议的自由气氛，而由专家们"自由"提出尽可能多的方案。

（1）组织形式。

① 头脑风暴法是通过一种小型会议的形式进行的，参加人数一般为 5~10 人（课堂教学也可以班为单位），最好由不同专业或不同岗位者组成。

② 会议时间控制在 1 小时左右。

③ 设主持人 1 名，只负责主持会议，对设想不做评论。设记录员 1~2 人，要求认真将与会者的每一设想不论好坏都完整地记录下来。

这种会议有其特殊的原则。一是在会议上严格禁止批评和评论，也不要自谦。二是参与会议的人不分尊卑高下，随意自由想象，想法越奇特越新鲜越好。目标集中，追求设想数量，越多越好。三是对所有与会者提出的所有设想均进行记录，但在会上不做判断性结论。四是可以利用别人的想法来激发自己的灵感，或者综合几个人的想法形成新的思想。五是主张独立思考，不允许私下交谈，以免干扰别人思维。六是每一次讨论的题目不能太小、太窄或带有过多的限制条件，但在讨论时必须注意针对性或方向性，以免无的放矢。

（2）头脑风暴法的原则。

① 庭外判决原则。对各种意见、方案的评判必须放到最后阶段，此前不能对别人的意见提出批评和评价。认真对待任何一种设想，而不管其是否适当和可行。

② 欢迎各抒己见，自由发挥。创造一种自由的气氛，激发参加者提出各种荒诞的想法。

③ 追求数量。意见越多，产生好意见的可能性越大。

④ 探索取长补短和改进办法。除提出自己的意见外，鼓励参加者对他人已经提出的设想进行补充、改进和综合。

> **案例解读：头脑风暴法案例**
>
> 楚襄王做太子时，在齐国做人质。他父亲怀王死了，太子便向齐王提出要回楚国去，齐王不许，说："你要给我割让东地 500 里，我才放你回去；否则，不放你回去。"太子说："我有个师傅，让我找他问一问。"太子的师傅慎子说："您答应给齐国割让东地 500 里吧。土地是为了安身的，因为爱地，而不为父亲送葬，这是不道义的。所以，我说献地对你有利。"太子便答复齐王，说："我敬献出东地 500 里。"齐王这才放太子回国。
>
> 太子回到楚国，即位为王。齐国派了使车 50 辆，来楚国索取东地 500 里。楚王告诉慎子，说："齐国派使臣来索取东地，该怎么办呢？"慎子说："大王明天召见群臣，让大家来想办法吧。"
>
> 于是，上柱国子良来拜见楚王。楚王说："我能够回到楚国来办父亲的丧事，又能和群臣

再次见面，使国家恢复正常，是因为我答应了给齐国割让东地 500 里。现在齐国派使臣办理交接手续，这可怎么办呢？”子良说：“大王不能不给，您说话一字千金，既然亲口答应了万乘的强齐，如果不肯割地，就会失去信用，将来您很难和诸侯各国谈判结盟。应该先答应给齐国割让东地，然后再出兵攻打齐国。割地，是守信用；攻齐，是不示弱。所以，我觉得应该割地。”

子良出朝后，昭常拜见楚王。楚王说：“齐国派了使臣来，要求割让东地 500 里，该如何办呢？”昭常说：“不能给。所谓万乘大国，是因为土地的广博才成为万乘大国的。如果要割让东地 500 里，这是割让了东国的一半啊！这样楚国虽有万乘之名，却无万乘之实了。所以，我说不能给，我愿坚守东地。”

昭常出朝后，景鲤拜见楚王。楚王说：“齐国派了使臣来，要求割让东地 500 里，该怎么办呢？”景鲤说：“不能给。不过，楚国不能单独守住东地，大王说话一字千金，既然亲口答应了强齐，如果不给割地，就在诸侯面前违背了大义。楚国既然不能单独守住东地，我愿去求救于秦国。”

景鲤出朝后，太子的师傅慎子进去。楚王把三个大夫出的主意都告诉了慎子，说：“子良说‘不能不给，给了以后再出兵去进攻齐国’；昭常说‘不能给，我愿去守卫东地’；景鲤说‘不能给，既然楚国不能单独守住东地，我愿意去求救于秦国’。我不知道他们三个人出的主意，到底采用谁的好？”慎子回答说：“大王都采用。”楚王怒容满面地说：“这是什么意思？”

慎子说：“请让我说出我的道理，大王将会知道确实如此。大王您先派遣上柱子良带上兵车 50 辆，到齐国去进献东地 500 里；在派遣子良的第二天，任命昭常为大司马，要他去守卫东地；在派遣昭常的第二天，又派景鲤带领战车 50 辆，往西去秦国求救。”楚王说：“好。”于是他派子良到齐国去献地；在派子良的第二天，又立昭常为大司马，要他去守卫东地；还派遣景鲤去秦国求救。

子良到了齐国，齐国派武装来接受东地。昭常回答齐国使臣说：“我是主管东地的大司马，要与东地共存亡，我已动员了从小孩到 60 岁的老人全部入伍，共 30 多万人，虽然我们的铠甲破旧，武器鲁钝，但愿意奉陪到底。”齐王对子良说：“您来献地，昭常却守卫东地，这是怎么回事呢？”子良说：“我是受了敝国大王之命来进献东地的。昭常守卫东地，这是他假传王命，大王可以去进攻他。”齐王于是大举进攻东地，讨伐昭常。当大军还未到达东地边界时，秦国已经派了 50 万大军进逼齐国的西境，说：“你们扣押了楚太子，不让回国，这是不讲仁道；又想抢夺楚国东地 500 里，这是不讲正义。你们如果收兵则罢；不然，我们等着决战一场。”

齐王听了害怕，就请求子良去告诉楚国，两国讲和；又派人出使秦国，声明不进攻楚国，从而解除了齐国的战祸。楚国不用一兵一卒，竟确保了东地的安全。

（3）头脑风暴法的缺点。

① 由于头脑风暴法参与人员过多，层次太杂，一旦意见不能统一往往会出现少数服从多数的现象。由于在头脑风暴中大多数是非专业人才，因此往往会出现多数人的意见是错误意见的情形。

② 如果是在过程中进行头脑风暴法，在运用时容易扰乱设计者和规划者的思路，而且往往在会议中做出的一些决定可能不是经过深思熟虑的，头脑风暴也容易造成头脑发热。

③ 头脑风暴法不适用于一些具有机密性和高技术含量及专业性问题。

2. 德尔斐法

德尔斐法是专家会议法的一种发展，是一种向专家进行调查研究的集体判断法。它是以匿名方式通过几轮函询征求专家们的意见，组织决策小组对每一轮的意见都进行汇总整理，作为参照资料再发给每一个专家，供他们分析判断，提出新的意见。如此反复，专家的意见渐趋一致，最后做出最终结论。

（1）德尔斐法的实施过程。

① 拟定决策提纲。先把决策的项目写成几个提问的问题，问题的含义必须十分明确，不论谁回答，对问题的理解都不应不同，而且最好只能以具体明确的形式回答。

② 选定决策专家。所选择的专家一般是指有名望的或从事该项工作多年的专家，最好包括多方面的有关专家，选定人数一般以 20 ~ 50 人为宜，一些重大问题的决策可选择 100 人以上。

③ 征询专家意见。向专家邮寄第一次征询表，要求每位专家提出自己决策的意见和依据，并说明是否需要补充资料。

④ 修改决策意见。决策的组织者将第一次决策的结果及资料进行综合整理、归纳，使其条理化，发出第二次征询表，同时把汇总的情况一同寄去，让每一位专家看到全体专家的意见倾向，据此对所征询的问题提出修改意见或重新做一次评价。

⑤ 确定决策结果。征询、修改以及汇总反复进行三四轮，专家的意见逐步集中和收敛，从而确定出专家们趋于一致的决策结果。

（2）德尔斐法的特点。

德尔斐法也可理解为组织集体思想交流的过程。这个方法有如下几个特点。

① 匿名性。征询和回答是用书信的形式"背靠背"进行的，应答者彼此不知道具体是谁，这就可以避免相互的消极影响。

② 反馈性。征得的意见经过统计整理，重新反馈给参加应答者。每个人可以知道全体的意见倾向以及持不同意见者的理由。每一个应答者有机会修改自己的见解，而且无损自己的威信。

③ 收敛性。征询意见过程经过几轮（一般为四轮）重复，参加应答者就能够达到大致的共识，甚至比较协调一致。也就是说，统计归纳的结果是收敛的，而不是发散的。

┃案例解读：德尔斐法决策案例┃

瑞丰集团正在考虑一项投资项目，现在需要对该项目的市场吸引力做出评价。同市场吸引力有关的因素包括①市场规模；②市场成长率；③历史毛利率；④竞争强度；⑤技术要求；⑥通货膨胀；⑦对能源的要求；⑧对环境的影响等八个因素。每个因素最高分为 10 分，最低分为 0 分，各个因素所占权重之和等于 1。市场吸引力的这一综合指标就等于上述因素加权求和。每一个因素构成市场吸引力的重要性即权重和该因素的得分，需要由管理人员的主观判断来确定。这时，我们可以采用德尔斐法进行决策，看市场吸引力的大小。

该公司成立专家小组，并聘请业务经理、市场专家和销售人员等八位专家，预测构成市场吸引力时八因素所占的权重。八位专家提出个人判断，经过三次反馈得到的结果，如表 2-1 所示。

表 2-1 　　　　　　　　　　　　德尔斐法决策反馈表　　　　　　　　　　　单位：%

专家编号	第一次判断							
	①	②	③	④	⑤	⑥	⑦	⑧
1	14	18	12	8	16	16	11	5
2	20	20	10	10	10	10	10	10

续表

专家编号	第一次判断							
	①	②	③	④	⑤	⑥	⑦	⑧
3	20	14	8	6	20	18	10	4
4	16	15	12	6	20	8	10	13
5	16	18	8	10	18	8	16	6
6	10	10	20	10	10	10	10	20
7	15	10	10	25	10	15	10	5
8	20	10	10	10	20	15	5	10
平均数	16.375	14.375	11.25	10.625	15.5	12.5	10.25	9.125
第二次判断								
	①	②	③	④	⑤	⑥	⑦	⑧
1	15	16	12	10	16	14	12	5
2	18	16	12	10	14	12	10	8
3	18	14	10	8	16	14	10	10
4	16	14	11	8	16	12	10	13
5	16	14	10	10	18	8	12	12
6	16	15	12	10	12	12	10	13
7	15	10	10	25	10	15	10	5
8	18	12	10	10	16	15	8	11
平均数	16.5	13.875	10.875	11.375	14.75	12.75	10.25	9.625
第三次判断								
	①	②	③	④	⑤	⑥	⑦	⑧
1	16	14	11	11	14	12	10	12
2	17	14	10	11	14	12	10	12
3	18	14	10	8	16	14	10	10
4	16	14	11	10	16	12	10	11
5	16	14	10	11	16	12	10	11
6	16	15	10	11	14	12	10	12
7	18	14	10	12	14	12	10	10
8	16	13	11	11	15	13	11	10
平均数	16.625	14	10.5	10.625	14.75	12.375	10.125	11

通过表 2-1 可知，专家各自独立地进行第一次判断，由主持人将结果进行不记名公示；然后将第一轮结果提供给每位专家，专家以第一轮结果作为参考进行第二轮判断；以同样的程序再进行第三次判断；最后，根据预测结果做决策。预测方法如下。

平均值预测。在预测时，最终一次判断是综合前几次的反馈做出的，因此在预测时一般以最后一次判断为主。如果按照八位专家第三次判断的平均值计算，则预测构成市场吸引力八因素所占的权重分别是 16.625%、14%、10.5%、10.625% 、14.75%、12.375%、10.125%、11%。

运用德尔斐法预测每个因素的得分分别是 8.7、8.3、6.0、9.0、8.5、9.0、9.5、7.0。

加权平均预测。将每个因素的得分按照构成市场吸引力八因素所占的权重加权平均，则预测平均值为 8.7×16.625%+8.3×14%+6.0×10.5%+9.0×10.625%+8.5×14.75%+9.0×12.375%+9.5×10.125%+7.0×11%=8.294，即对投资市场的吸引力评价得分为 8.294 分。若确定高于 8 分可以投资，则瑞丰集团可以考虑投资该项目；若确定低于9分不可以投资，则瑞丰集团不可以投资该项目。

当然，做平均值预测时也可以采用中位数法和众数法，在这里就不一一列举了。

（3）德尔斐法的优缺点。

德尔斐法同常见的召集专家开会，通过集体讨论得出一致预测意见的专家会议法既有联系又有区别。德尔斐法能发挥专家会议法的优点是：能充分发挥各位专家的作用，集思广益，准确性高；能把各位专家意见的分歧点表达出来，取各家之长，避各家之短。同时，德尔斐法又能避免专家会议法的缺点是：权威人士的意见影响他人的意见；有些专家碍于情面，不愿意发表与其他人不同的意见；出于自尊心而不愿意修改自己原来不全面的意见。

德尔斐法的主要缺点是过程比较复杂，花费时间较长。

3．综摄法

综摄法是利用非推理因素，通过召开一种特别会议来激发群体创造力的方法，是由麻省理工学院的哥顿所创造，并经由普休斯加以发展的一种智囊决策方法。这一方法是以心理学中的所谓"垃圾箱理论"为基础的。该理论认为，人脑从客观世界中反映出的知识有两种存在状态：一种是有规则排列的，一旦需要从头脑中寻找这些信息，就可按照系统排列的顺序去查找，这便是合乎逻辑的推理过程；另一类知识由于是偶然反映到人的大脑中去的，无法按一般规律加以系统整理，只能杂乱地堆放在大脑的某一处，像个垃圾箱。想要从垃圾箱中找东西，自然无规律可循，只能靠乱翻，亦即靠心理活动中的非推理因素获得。但这种靠非推理因素统摄起来的知识，往往是带有独特创造性的新奇产品。

综摄法的实施程序包括：①给定并详细介绍问题，使与会者对问题本身及与问题相关的信息资料做到心中有数。②问题的重新表述。这一步的目的和做法是"变陌生为熟悉"，即把问题分解，以便深入了解问题的实质。③分析与排列，即对所有小问题加以分析和比较，然后加以排列，以确定哪些问题属于创新的关键。④远离问题，"变熟悉为陌生"，即运用类比的方法到陌生领域尽量搜寻似乎与问题无关，但实际与问题类似的要素。常用的类比法有直接类比、象征类比、自身类比、幻想类比等。哥顿强调，综摄法的目的是为了避免习惯因素的干扰，要有所创新，因而所类比的对象就应"足够陌生"，即越远离问题越好。⑤强行组合，即把陌生领域中受到启发、类比的成果与原问题强行组合起来，以形成一种创造性的方案。

4．方案前提分析法

这个决策方法的出发点是，每个方案都有几个前提假设为依据，方案正确与否关键在于前提假设能否成立。这个方法不是直接讨论方案本身，而是去分析方案的前提假设。如果前提假设是成立的，那么说明这个方案所选择的目标和途径是站得住脚的。这样做，可以克服决策中的一些不足，如有的方案拟定人总希望在讨论中通过其方案，而参与讨论者为了避免得罪人，也不敢向方案本身提出反对意见。但方案前提分析法因为在讨论中不是直接针对方案本身，而是间接地议论方案的前提，就有可能便于各种反面意见的提出，收到集思广益的效果。

5．特性列举法

这是一种通过对事物提出"缺点"、"希望"或"要求"等特性，并针对这些特性去设计行为方案的决策方法。它包括缺点列举法和希望列举法。

缺点列举法是先把备选方案的所有缺点一一列举出来，然后再针对缺点提出改善的方案。缺点列举法的方法论原则在于任何事物都是不完美的，总是存在不足，列举缺点，就有了改进的方向。事物的缺点往往十分引人注目，人们喜欢也容易谈论缺点，因此缺点列举法能使人们迅速找到问题的症结所在，启发人们寻找完善决策方案的思路。但是这种方法局限于寻找事物已经存在的缺点，因而可以说是一个"后发制人"的方法；而且，缺点列举法的目的在于消除和克服缺点，而在现实条件中，由于受各种主观和客观条件的限制，并非所有被列举出来的缺点都可以克服。由此看来，缺点列举法的局限性也是很明显的。

希望列举法可以说能够一定程度地弥补缺点列举法的不足。希望列举法的操作与缺点列举法相同，不过它是先围绕决策的目标列举出希望点来，然后再研究可行性，这就比缺点列举法更具积极性和主动性。

6. 鱼缸观鱼法

在基本操作上，观鱼决策方法表现为，决策者围坐成一个圆圈，在圆圈中放一把单人椅子，只有坐到椅子上的人才有发言权，因而参与决策的其他成员的注意力都集中到了坐在圆圈中的人身上。发言者在不遭到反对的情况下讲他的观点和问题的解决办法。这种方法杜绝了交叉讲话和无关的讨论。在具体实行中，"鱼缸观鱼"法有以下三种做法。

第一种做法是，请一个在所讨论的问题方面有专长的人坐在"鱼缸"中发言，其他人员可以提问，但不准交头接耳，一旦发言人的观点为大家所理解，他就离开；继而再换一个人，做法照旧。被请到"鱼缸"中的专家数目不限，也不限制人们用前一个发言人提供的资料去询问后面的发言人。经过专家们充分表达各自的意见，某一方案的比较优势会明显地表现出来，而决策参与者在此基础上则易于达成共识。从理论上说，产生这种结果是因为每一个人都是在相同资料背景下进行判断的。

第二种做法是，一组决策者集中在一起，只包括专家，不要助手；一个领导者在当中的椅子上，向大家讲解规则和问题，甚至可以提出一个解决方案，然后回到其他人中间；此后，专家开始到"鱼缸"中去发言。从第二个人开始，每个人都可以提出一个新方案，以修正前面的方案，也可以赞同前面的方案。人们轮流到圆圈中去讲话，直到无人走进圆圈为止。有时候，上述过程的进行可能会由于两个成员想直接交谈而受到阻挠（尽管成员之间的"私下"交流是不符合规则的）。如果发言人因为他的观点没有被众人所接受而不愿离开发言席，情况就会变得更糟（这时其他人会建议他"让位"）。结束全部发言的前提条件是，有人进入"鱼缸"，提出采纳前面发言者的意见。接下来是大多数人举手表决赞成结束会议。虽然看起来使大多数人都同意结束会议似乎不是很困难，但其实不是这样。因为那些倾向于别的方案的人，还有那些仍未做出决定或希望对所有问题进行深入讨论的人都会要求延续会议。

第三种做法是，对决策过程中的讨论加以管理。会议决策往往是不讲效率的，主要是因为听取每种观点的陈述需要花费很多时间，而实际上这些数目众多的观点之间只存在微小差别。为此，这种做法要求，参与决策、献计献策的人可以多一些，但是在会议上陈述观点的人数要严格限定在5～6人。其操作方法是，不同方案的各"派别"指定一个人为代表组成"鱼缸"，并进行发言，其他人员则为各自的代表准备资料，提供思路。因为这些人和他们的代表离得很近，有问题可以随时通过其代表反映出来，因而他们实际上也参与了决策。

（二）定量决策方法

定量决策方法常用于数量化决策，应用数学模型和公式来解决一些决策问题，即运用数学工具，建立反映各种因素及其关系的数学模型，并通过对这种数学模型的计算和求解，选择出最佳的决策方案。决策的"硬技术"由于借助量化分析和精确的计算，从而大大提高了决策的客观性和准确性。定量决策的方法主要包括风险型决策、确定型决策和非确定型决策三种。

1. 确定型决策方法

在比较和选择方案时，如果未来情况只有一种状态并为决策者所知，则必须采用确定型决策方法。常用的确定型决策方法有盈亏平衡分析法和线性规划法。

（1）盈亏平衡分析法。盈亏平衡分析又称量本利分析，即成本—产量（销量）—利润分析，是建立在成本和收入之间关系的基础上，从确定和分析盈亏平衡点（保本点）入手，确定保住总成本产销量的一种利润计划方法。它根据与决策方案相关的产品销售量、成本、利润三者的关系来分析方案对企业盈亏的影响程度，以决定方案的取舍。盈亏平衡点的表达形式有多种。它可以用实物产量、单位产品售价、单位产品可变成本以及年固定成本总量表示，也可以用生产能力利用率（盈亏平衡点率）等相对量表示。其中，产量与生产能力利用率，是进行项目不确定性分析中应用较广的。

总利润、总成本和产量的关系是

利润=总收入−总成本

　　　=销售单价×销售量−（固定成本+变动成本）

　　　=销售单价×销售量−（固定成本+单位变动成本×产量）

假设销售量=产量，则

$$P_{利润}=S-C$$
$$=P \cdot Q-（F+V）$$
$$=P \cdot Q-（F+v \cdot Q）$$
$$=（P-v）\cdot Q-F$$

盈亏平衡点，又称为保本点或盈亏临界点，是指在一定销售量下，企业的销售收入等于总成本，即利润为零，其公式为

$$Q = F /(P - v)$$

销售额减去变动总成本后的余额，补偿了固定成本后剩余的部分即利润。这个余额为边际贡献。因此，边际贡献是对固定成本和利润的贡献。当总的边际贡献与固定成本相当时，恰好盈亏平衡。

企业盈亏相抵时的业务量即保本业务量。

例2-1 某公司生产某产品的固定成本为50万元，单位可变成本为10元，产品单位售价为15元，其盈亏平衡点的产量：

$$Q = F /(P - v) = 500\ 000 /(15 - 10) = 100\ 000 （件）$$

公司生产100 000件产品时恰好保本，高于100 000件产品时才有利可图。

（2）线性规划法。线性规划是在一些线性等式或不等式的约束条件下，求解线性目标函数的最大值或最小值的方法。运用线性规划建立数学模型包括如下步骤：①确定影响目标大小的变量，列出目标函数方程；②找出实现目标的约束条件；③找出使目标函数达到最优的可行解，即该线性规划的最优解。

例2-2 某企业生产两种桌子和椅子产品，每个桌子利润8元，每个椅子利润6元，有关资料如表2-2所示。假设市场状况良好，企业生产出来的产品都能卖出去，选择何种组合的产品使企业利润最大？

表 2-2   某企业的有关资料

	桌子（X_1）	椅子（X_2）	可利用资源
原材料（kg）	2	4	4 800
设备（台时）	4	2	6 000
单位产品利润（元）	8	6	—

第一步，确定影响目标大小的变量。在本例中，目标是利润，影响利润的变量是桌子数量 X_1 和椅子数量 X_2。

第二步，列出目标函数方程 $P=8X_1+6X_2$。

第三步，找出约束条件。在本例中，两种产品在一道工序上的时间不能超过该道工序的可利用时间，即

制造工序 $2X_1+4X_2 \leq 4\,800$

装配工序 $4X_1+2X_2 \leq 6\,000$

除此之外，还有两个约束条件，即非负约束 $X_1 \geq 0$，$X_2 \geq 0$。

于是，线性规划问题成为如何选取 X_1 和 X_2，使 P 在上述四个约束条件下达到最大。

第四步，求出最优解——最优产品组合。通过图解法，如图 2-1 所示，求出上述线性规划问题的解为 $X_1^*=1\,200$，$X_2^*=600$，即生产 1 200 张桌子和 600 把椅子使企业利润最大。

2. 风险型决策方法

在比较和选择活动方案时，如果未来情况不止一种，管理者不知道哪种情况会发生，但知道每种情况的概率，则需采用风险型决策方法。风险型决策的方法很多，最常用的是决策树法、损益矩阵法和博弈法。

（1）决策树法。决策树法是一种应用广泛的定量分析法，是把每一决策方案各种状态的相互关系用树形图表示出来，并且注明对应的概率及其报酬值，从而选择出最优决策方案。由于根据这种方法的基本要素就可以描画出一个树状的图形，因而管理学把这一树状图形称作决策树。

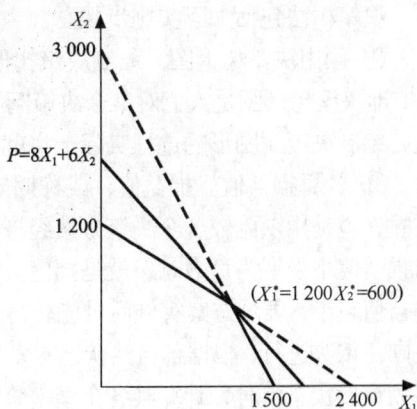

图 2-1 线性规划的图解法

决策树的构成一般有五个要素：一是决策结点，也叫结点；二是方案枝，是从决策结点引出的分支，每条分支代表一个行动方案；三是自然状态点，也叫结点，标出损益期望值；四是概率枝，从自然状态点引出，标明自然状态及其出现的概率；五是概率枝末端。决策树法在决策的定量分析中应用相当广泛，有许多优点。第一，可以明确地比较各种方案的优劣；第二，可以对某一方案有关的状态一目了然；第三，可以表明每个方案实现目标的概率；第四，可以计算出每一方案预期的收益和损失；第五，可以用于某一个问题的多级决策分析。

决策树的使用如下所述。

如图 2-2 所示，使用决策树时，首先需要明确要做的决策，并在左端一个小方框来代表这个决策，而留下右边一大片空白的纸面来进行分析。从这个方框开始向右画线并在延长线写上各解决方案。线与线之间要尽可能分开，这样才可以有足够的空间展开想法。在每条线的终点考虑会发生

的结果，如果执行这个决策得到的结果是不确定的，那就画圆圈表示。如果要得到的这个结果是需要做的另一个决策，就再画一个方框。方框代表决策，圆圈代表不确定的结果，将决策或不确定的结果写在方框和圆圈的上面。如果在线的最后已经完成了整个解决方案，则将纸面剩余部分空白。

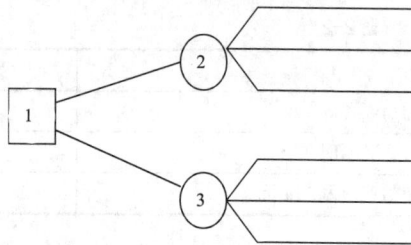

图 2-2　决策树

在图上从一个新的决策方框开始，画线来代表您认为的可能选项。从圆圈画线来代表可能的结果，再在线上写上简要的说明来表示这条线代表什么。一直这样做下去，直到您已经画出从您原来的决定所延伸出来的所有可能的决策和结果。一旦完成了这个，需要重新看一下树图，再审视一下每个方框和圆圈，看看是否还有没考虑到的解决方案或结果，如果有需要则补充完成。如果图杂乱无章，可以重新整理一下树图。现在，我们应该对决策的每个可能的结果都有了充分的了解。

评估决策树。现在需要准备评估决策树，在这里可以看出哪个选择是最有价值的。首先要给每种可能的结果分配相应的现金价值或评分；然后估计出如果达到这种结果可以带来多少价值；接下来看每一个圆圈（代表一个不确定的结点），评估每个结果产生的可能性。如果使用百分比的话，一个圆圈后的各种情况的百分比总和必须是 100%。如果使用分数表示，它们加起来必须等于 1。如果有以往的数据就可以对发生概率做出严谨的估计，否则只能写下您认为最合理的猜测。

决策树法包括如下实施步骤。

① 画出决策树形图。绘制决策树形图的基础，是决策者对未来各种可能情况进行了周密思考，即决策树形图是人们对某个决策问题未来发展情况的可能性所做的预测在图纸上的反映。因此，绘制决策树图形的过程实际上也就是进行预测和决策模拟的认识过程。

② 计算损益值。损益值，或称期望值、损益期望值等，是衡量决策利弊、优劣的数量表示方式，也是用以比较各个决策方案经济效益的一个准则。当损益值大于零为正数时，就是益值；当损益值小于零为负数时，就是损值。损益值越大，表示方案实施后可能获得的利益也就越大；损益值越小，表示方案实施后可能获得的利益也就越小，损失可能越大。损益期望值的计算要从右向左依次进行，根据各自然状态的发生概率和相应的损益值计算各自然状态的损益期望值，当遇到自然状态点时，计算其各个概率分支的损益期望值之和，标于自然状态点上。

③ 比较损益值的大小。比较不同方案的期望损益值大小，将期望值小的（即劣等方案）剪掉，期望值最大的一个方案分支，即选定的最优方案。

例 2-3　2008 年经济危机过后，各企业都在探索新的发展之路。大华集团是一家家电生产企业，在经济危机中销路受到了较大影响。公司召开管理人员会议研究企业 2009 年的市场前景。企业在 2009 年度有甲、乙两种产品方案可供选择。如果经济繁荣，产品就畅销；经济一般，销路就一般；经济萧条，产品就会滞销。各种状态的概率和损益值如表 2-3 所示。

表 2-3　　　　　　　　　　　　　各方案损益值　　　　　　　　　　　　　单位：万元

| | 繁　荣 | | 一　般 | | 萧　条 | |
| | 0.2 | | 0.3 | | 0.5 | |
	投　入	收　益	投　入	收　益	投　入	收　益
甲	100	1 000	100	500	100	100
乙	120	1 500	120	600	120	0

运用决策树法在上述两个方案中进行选择，分析步骤与方法如下。

第一步，绘制决策树，如图 2-3 所示。

第二步，计算期望值，各个方案损益期望值如下。

甲方案的损益期望值=900×0.2+400×0.3+0×0.5=300（万元）

乙方案的损益期望值=1 380×0.2+480×0.3+（-120）×0.5=360（万元）

通过计算分析，乙方案的状况好于甲方案，应选择乙方案。

以上案例是一级决策案例，掌握了决策树法还可以做多级决策案例，会使复杂的问题简单明了。

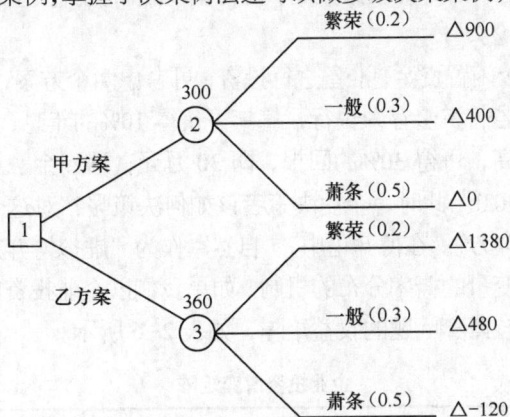

图 2-3　甲、乙方案决策树图

（2）损益矩阵法。这种风险型决策方法是以决策收益矩阵为基础，分别计算各个方案在不同自然状态下的收益；然后按客观概率的大小，加权平均计算各个方案的期望收益值；接下来对收益值进行比较，从中选择出一个最佳方案。

例 2-4　2011 年夏季，风铃制衣厂准备成批生产一种衬衣，经市场调研单件售价为 60 元，单件成本为 40 元，这种衬衣季节性强，需当月生产，当月销售。如果当月卖不出去，则只能按每件 30 元的价格减价处理。工厂有四种生产线可以选择，这四种生产线月产量分别是 10 000 件、15 000 件、20 000 件、25 000 件，这种衬衣每月的市场需求量及其发生的概率如表 2-4 所示。试问工厂领导如何决策？

表 2-4　　　　　　　　　　　市场需求量及其概率表

市场需求量（件）	10 000	15 000	20 000	25 000
发生概率（%）	20	30	40	10

根据条件计算决策收益矩阵，如表 2-5 所示。

表 2-5　　　　　　　　　　不同销售量决策收益矩阵分析表

自然状态 月产量	月市场需求量（件）				期望利润 （元）
	10 000	**15 000**	**20 000**	**25 000**	
	20%	**30%**	**40%**	**10%**	
10 000	200 000	200 000	200 000	200 000	200 000
15 000	150 000	300 000	300 000	300 000	270 000
20 000	100 000	250 000	400 000	400 000	295 000
25 000	50 000	200 000	350 000	500 000	260 000

从计算的结果看，月产量20 000件时期望利润最高，优于其他方案，所以应按月产量20 000件选择生产线。由于自然状态下的概率值是对未来的预期，带有不确定性，而期望利润又是在这种状态下计算出来的，所以选择哪个方案都有一定的风险，对于这一点决策者应根据具体情况加以考虑。

（3）博弈法。目前，博弈论的发展广受关注，尤其是最近几年，博弈论的应用范围不断扩大，成为当今经济管理界和决策理论界的热门话题之一。博弈问题是具有策略依存性（即不同博弈方的策略之间相互影响和相互作用）的决策问题，博弈论就是研究决策主体的行为及其相互决策和这种决策的均衡问题的理论。

例如，某企业现有部分闲置资金，准备进行投资，可考虑两个方案，即存入银行或投资证券。假设现有资金100万元，若将资金存入银行，每年可获得10%的年息，即10万元。投资于证券风险较大，但预期收益较高，可得30%的回报，即30万元；遇到金融风险时，将丧失回报，而且损失本金20%的概率为0.3。此时，企业决策者该如何决策呢？对这个博弈，可引入一个代表随机选择作用的"自然博弈方"。在博弈论中，"自然"作为"虚拟博弈方"来处理，这里的自然博弈方是指决定发生随机变量的概率分布的机制。如果我们以企业投资的收益为正值，以企业投资的损失为负值，则可得该博弈问题的收益矩阵，如表2-6所示。

表2-6 企业投资博弈矩阵

	受损事件发生	受损事件不发生
存入银行	10万元	10万元
投资证券	−20万元	30万元

企业与自然为两博弈方。其中，企业有资金存入银行和证券投资两种策略，自然则有投资损失事件发生与不发生两种可能的选择。在该博弈中，两博弈方可以看作是同时决策的，矩阵中的四个元素分别代表企业在四种可能情况下的收益，而自然是没有收益的。据此，我们可以计算企业将闲置资金进行证券投资时的收益的期望值为$30×0.7+（−20）×0.3=15$万元；存入银行的收益为10万元。显然，该企业选择将闲置资金进行证券投资获得的收益要大于存入银行的收益，应该选择将闲置资金进行证券投资。

值得注意的是，此例只是一个简单的博弈问题，实际上是个体的最优化问题。当博弈方数量达到四五个以上且信息繁杂时，博弈问题会变得极其复杂。

3. 不确定型决策方法

所谓不确定型决策，是指在可供选择的方案中，存在两种或两种以上的自然状态，而且这些自然状态所发生的概率是无法估测的。这种情况在现实的经济活动中常常存在，这时如何决策主要取决于决策者对待风险的态度。例如，某企业就是否为自己的办公楼买火灾险进行决策，这里有两种自然状态，办公楼着火和不着火，但着火发生的概率是无法估测的。决策者进行决策时存在着风险：买保险，后果是着火和不着火；不买保险，后果也是着火和不着火。在这种状况下，决策者一般有如下五种选择。

（1）等可能性法，也称拉普拉斯决策准则。采用这种方法，是假定自然状态中任何一种发生的可能性是相同的，通过比较每个方案的损益平均值来进行方案的选择。在利润最大化目标下选择平均利润最大的方案，在成本最小化目标下选择平均成本最小的方案。

（2）冒险法，也称乐观决策法，大中取大的准则。决策者不知道各种自然状态中任一种可能发生的概率，决策的目标是选最好的自然状态下确保获得最大可能的利润。冒险法在决策中的具体做法是，首先，确定每一可选方案的最大利润值，然后，在这些方案的最大利润中选出一个最大值，与该最大值相对应的那个可选方案便是决策选择的方案。由于根据这种准则决策也可能有最大亏损的结果，因而称之为冒险投机的准则。

（3）保守法，又称瓦尔德决策准则、悲观原则，即最小最大收益值规则，也称小中取大法。决策者不知道各种自然状态中任一种发生的概率，决策目标是避免最坏的结果，力求风险最小。运用保守法进行决策时，首先在于确定的结果，力求风险最小。这种方法的基本思想是，首先要确定每一可选方案的最小收益值，然后从这些方案最小收益值中选出一个最大值，与该最大值相对应的方案就是决策所选择的方案。

（4）折中法，又称赫威斯决策准则、乐观系数法。这种方法是按上述方法在两种极端中求得平衡，通过比较，做出选择。决策者确定一个乐观系数，也称最大系数值 ε（0.5，1），运用乐观系数计算出各方案的乐观期望值，并选择期望值最大的方案。

（5）最小最大后悔值法，也称萨凡奇决策准则、极小极大损益值法，或大中取小法。所谓后悔值，是指在某种状态下因选择某方案却未选取该状态下的最佳方案而少得的收益。如在某种状态下其方案的损益值为 100，而该状态下诸方案中最大损益值为 150，则因选择该方案要比最佳方案收益少 50，即后悔值为 50。这种方法的基本思想是，先找出各个方案的最大后悔值，然后选择这些最大后悔值中最小者所对应的方案作为决策方案。

例 2-5 2010 年，亚太公司计划开发新产品，有三种设计方案可供选择。不同的设计方案制造成本、产品性能各不相同，在不同的市场状态下的损益值也不同。有关资料如表 2-7 所示。试用等可能性法、冒险法、保守法、折中法、后悔值法分别选出最佳方案（假设最大系数值为 0.6）。

表 2-7　　　　　　　　　　亚太公司开发新产品方案损益值表　　　　　　　　　单位：万元

	畅　销	一　般	滞　销
方案 A	150	100	50
方案 B	180	80	25
方案 C	250	50	10

（1）采用等可能性法，其方案选择过程如下。

① 求出每个方案损益平均值。

方案 A：（150+100+50）÷3=300÷3=100（万元）

方案 B：（180+80+25）÷3=285÷3=95（万元）

方案 C：（250+50+10）÷3=310÷3=103.3（万元）

② 求出三个方案中损益平均值的最大值。

Max{100，95，103.3}=103.3（万元）

所以，它对应的方案 C 就是最佳方案。

（2）采用冒险法决策，其方案选择过程如下。

① 求出每个方案的最大损益值。

方案 A：Max{150，100，50}=150（万元）

方案 B：Max{180，80，25}=180（万元）

方案 C：Max{250，50，10}=250（万元）

② 求出三个方案中最大损益值的最大值。

Max{150，180，250}=250（万元）

所以，它对应的方案 C 就是最佳方案。

（3）选择保守法决策，则其方案选择过程如下。

① 求出每个方案的最小损益值。

方案 A：Min{150，100，50}=50（万元）

方案 B：Min{180，80，25}=25（万元）

方案 C：Min{250，50，10}=10（万元）

② 求出三个方案中最小损益值的最大值。

Max{50，25，10}=50（万元）

所以，它对应的方案 A 就是最佳方案。

（4）选择折中法决策，则其方案选择过程如下。

① 计算每个方案的期望收益值（最大值和最小值的加权平均值）。

因为最大值系数为 0.6，所以最小值系数为 0.4。

方案 A：期望收益值=150×0.6+50×0.4=110（万元）

方案 B：期望收益值=180×0.6+25×0.4=118（万元）

方案 C：期望收益值=250×0.6+10×0.4=154（万元）

② 求出三个方案中的最大值。

Max{110，118，154}=154（万元）

所以，它对应的方案 C 就是最佳方案。

（5）用后悔值法决策，其方案选择过程如下。

① 求出每个方案在不同状态下的后悔值。方法是用各状态下的最大损益值分别减去该状态下所有方案的损益值，从而得出对应的后悔值，如表 2-8 所示。

表 2-8　　　　　　　　　　　各方案在不同状态下的后悔值表

市场状态 后悔值 方案	畅销	一般	滞销	Max
方案 A	100	0	0	100
方案 B	70	20	25	70
方案 C	0	50	40	50

② 求出每个方案的最大后悔值。

方案 A：Max{100，0，0}=100（万元）

方案 B：Max{70，20，25}=70（万元）

方案 C：Max{0，50，40}=50（万元）

③ 在三个方案最大后悔值中求出最小值。

Min{100，70，50}=50（万元）

所以，它对应的方案 C 就是最佳方案。

第二部分　实务与实训任务

任务一　思考与讨论

一、计算分析题

1. 大华集团管理层对 2008 年的投资方案存在分歧。有的管理者认为，始于 2005 年 6 月的中国股市"红色风暴"大牛市在北京奥运会前不会结束，建议将 3 000 万元全部投入股票；有的管理者认为，中国股市在两年多的时间里从 1 000 点涨到 6 000 点，涨幅之大实属罕见，2008 年会发生由牛转熊的重大转折，建议将 3 000 万元全部投资基金；也有少数管理者认为，2008 年中国股市进行阶段性平台休整的可能性最大，建议将 3 000 万元一半投资股票，一半投资基金。三种方案在不同情况下的损益值如表 2-9 所示。

表 2-9　　　　　　　　　　三种投资方案的损益值表　　　　　　　　　　单位：万元

方　　案	持 续 牛 市	由 牛 转 熊	平 台 休 整
全部投资股票	2 000	-1 700	-200
全部投资基金	500	100	300
股票基金各半	1 250	-800	50

如果采用最大后悔值最小化准则，大华集团管理层该如何制定决策方案？

2. 甲企业以乙企业为竞争对手，相对于乙企业的三种策略，甲企业拟订四种策略与之抗衡，如表 2-10 所示。要求按照四种准则，遴选甲企业的策略（乐观系数为 0.7）。

表 2-10　　　　　　　　　　　　甲企业损益表　　　　　　　　　　　　单位：万元

甲企业对策 ＼ 乙企业策略	乙₁	乙₂	乙₃
甲₁	13	14	11
甲₂	9	15	18
甲₃	24	21	15
甲₄	18	14	28

3. 东风商场计划购进一批新款男士 T 恤。根据以往经验，新款男士 T 恤的销售量有 50 件、100 件、150 件、200 件四种情况。如果每件 T 恤的订购价为 40 元，销售价为 60 元，剩余 T 恤的打折价为每件 20 元，要求建立损益矩阵并用五种方法决定东风商场应该订购的新款 T 恤数量。

二、讨论题

1. 假如你是一个贸易公司的老总，公司主营有色金属进出口业务，某一天，你看到中央台的即时新闻，智利发生大地震，你该如何做决策？为什么要这样决策？

2. 本地一收视率很高的电视节目曝光某些包子铺使用"血脖肉"做肉馅儿，导致很多包子铺营业额大幅下滑，假如你是本地一知名包子铺老板，你会采取什么措施？

任务二　案例分析

案例一　如何决策

正奇公司是一家经营建筑材料的有限责任公司，公司资产1.5亿元。2008年经济危机过后，公司囤积了20 000吨钢材。经济危机之前每吨钢材的市场价是6 000元，经济危机之后每吨钢材的市场价是3 000元，而这批钢材的采购价是每吨5 000元。这些钢材积压了公司1亿元的资金，这让经济危机之后的公司着实经营艰难。为此，公司总经理张文召集销售经理李方、财务经理王伟、仓储经理房裕开会，商量钢材问题。以下是他们的谈话。

张文：经济危机过后，钢材的销路一直不好，我们的库存钢材占用了公司大量的资金和场地，我想了解一下大家对此事的看法。

李方：我觉得应该以现价尽快将钢材出售，盘活资金可以投资别的项目，使公司尽快解困。

王伟：我觉得现在将钢材出售会使公司亏损，得不偿失。

房裕：钢材卖不出去，占用大量的仓库，使公司的物流效率降低。

王伟：经济危机的影响很快就会过去，等到市场钢材价格涨上去再出售也不迟。

李方：经济学家们说经济危机之后经济会复苏，但是少则需要三年，多则五年甚至十年，我们耽误不起这么长时间。

会议上，大家不停地争论着，各个部门的领导都坚持自己的看法，一时间张文也拿不定主意了，现在做什么决定，将来都有可能后悔。

于是，张文决定让参加会议的每个部门细致地核算现在市价出售钢材的亏损与待期出售的状况，以便做出最合理的决策。

问题：

1. 根据所学知识，你认为做出这个决策应采用什么样的决策方法？
2. 要做出合理的决策，管理人员需要具备哪些最主要的技能？
3. 联系日常生活，谈谈你所遇到的此类决策问题，并试找出最佳的解决方案。

案例二　可口可乐公司"新可乐"的失败

1985年4月23日，可口可乐公司董事长罗伯特·戈伊朱埃塔宣布了一项惊人的决定。他宣布经过99年的发展，可口可乐公司决定放弃它一成不变的传统配方，原因是现在的消费者偏好口味更甜的软饮料，为了迎合这一需要，可口可乐公司决定更改配方调整口味，推出新一代可口可乐。

● 改变口味的原因

可口可乐公司做出改换口味的决定，是希望借此将其饮料王国的强劲对手置于死地。20世纪80年代，可口可乐在饮料市场的领导者地位受到了挑战，销售增长速度从每年递增13%下降到只有2%。其原因是竞争对手百事可乐来势汹汹。百事可乐先是推出了"百事新一代"的系列广告，将促销的锋芒直指饮料市场最大的消费群体——年轻人。

在第一轮广告攻势大获成功之后，百事可乐公司仍紧紧盯着年轻人不放，继续强调百事可乐的"青春形象"，又展开了号称"百事挑战"的第二轮广告攻势。在这轮攻势中，百事可乐公司大胆地对顾客口感试验进行了现场直播，即在不告知参与者在拍广告的情况下，请他们品尝各种没有品牌标志的饮料，然后说出哪一种口感最好，试验过程全部直播。百事可乐公司的这次冒险成功了，几乎每一次试验后，品尝者都认为百事可乐更好喝，"百事挑战"系列广告使百事可乐在美国的饮料市场份额从6%猛升至14%。

可口可乐公司不相信这一事实，也立即组织了口感测试，结果与"百事挑战"中的一样，人们更喜爱百事可乐的口味。市场调查部的研究也表明，可口可乐独霸饮料市场的格局正在转变为可口可乐与百事可乐分庭抗礼。20世纪70年代，18%的饮料消费者只认可口可乐这一品牌，认同百事可乐的只有4%；到了80年代，只有12%的消费者忠于可口可乐，而只喝百事可乐的消费者则上升到11%，与可口可乐持平。在此期间，无论是广告费用的支出还是销售网站的费用支出，可口可乐公司都比百事可乐公司高得多。

● 新可乐的诞生

可口可乐新的领导者戈伊朱埃塔认为，尽管可口可乐公司广告开销巨大、分销手段先进、网点覆盖面广，但市场占有率还是一直在下滑，其重要的原因是可口可乐那曾经神圣不可侵犯的、已经使用了99年的配方，似乎已经不符合今天消费者的口感要求了。

可口可乐公司技术部门决定开发出一种全新口感、让人更惬意的可口可乐，并且最终拿出了样品，这种"新可乐"比可口可乐更甜、气泡更少，因为它采用了比蔗糖含糖量更多的谷物糖浆，它的口感柔和且略带胶黏感。

● 市场调查过程

可口可乐公司在研制新可乐之前，曾秘密进行了代号"堪萨斯工程"的市场调查行动，出动了2 000名市场调查员在10个主要城市调查顾客是否接受一种全新的可口可乐。调查问题包括，可口可乐配方中将增加一种新成分使它喝起来更柔和，你愿意吗？可口可乐将与百事可乐口味相仿，你会感到不安吗？你想试试一种新饮料吗？调查结果显示，只有10%～12%的顾客对新口味可口可乐表示不安，而且其中一半表示会适应新的可口可乐，这表明顾客们愿意尝试新口味的可口可乐。

在新可乐的样品出来后，可口可乐公司组织了品尝测试，在不告知品尝者品牌的情况下，请他们说出哪一种饮料更令人满意。测试的结果令可口可乐公司兴奋不已，顾客对新可乐的满意度超过了百事可乐，市场调查人员认为这种新配方的可乐至少可以将可口可乐的市场占有率提高1%～2%，这就意味着多增加2亿元～4亿元的销售额。

为了确保万无一失，可口可乐公司倾资400万美元再一次进行了规模更大的口味测试，有13个最大城市的超过19万名顾客参加了测试，55%的品尝者认为新可乐的口味胜过了传统配方的可口可乐，而且在这次口感测试中新可乐再次击败了对手百事可乐。

● 失败的结局

新可乐即将投产，当时面临的问题是为"新可乐"增加新的生产线呢，还是彻底地全面取代传统的可口可乐呢？可口可乐的决策层认为，新增加生产线会遭到遍布世界各地的瓶装商的反对，公司最后决定"新可乐"全面取代传统可口可乐，停止传统可口可乐的生产和销售。

在"新可乐"全面上市的初期，市场的反应相当好，1.5亿人在"新可乐"面世的当天就品尝了它，但很快情况有了变化。

在"新可乐"上市后的一个月，可口可乐公司每天接到超过5 000个抗议电话，而且更有雪片般飞来的抗议信件，可口可乐公司不得不开辟了 83 条热线，雇佣了更多的公关人员来处理这些抱怨和批评。有的顾客称可口可乐是美国的象征，有的顾客威胁说将改喝茶水永不再买可口可乐公司的产品，更有忠于传统可口可乐的人们组成了"美国老可乐饮者"的组织在发动全国抵制"新可乐"的运动，而且许多人开始寻找已停产的传统可口可乐，这些"老可乐"的价格一涨再涨。面市后两个月，"新可乐"的销量远远低于公司的预期值，不少瓶装商强烈要求改回销售传统可口可乐。

公司的市场调查部门进行了紧急的市场调查，一个月前还有 53%的消费者声称喜欢"新可乐"，可现在一半以上的人说他们不喜欢"新可乐"，又过了一个月，认可"新可乐"的人只剩下不到 30%。

"新可乐"面市后三个月，其销量仍不见起色，而公众的抗议却愈演愈烈。最终，可口可乐公司决定恢复传统配方的生产，其商标定名为可口可乐古典，同时继续保留和生产"新可乐"，其商标为新可乐。但是，可口可乐公司已经在这次的行动中遭受了巨额的损失。

问题：

1. 可口可乐的决策是否合理？若你是可口可乐公司的决策层，你如何决策？
2. 你认为应该怎样做才能正确分析顾客的心理要求？
3. 此案例对你有何启示？

任务三　情景模拟实训

情景模拟一　过期药品该不该卖

人物：药店销售人员李阳、经理陈靖、药品负责人小王、刘大爷及女儿、群众演员。

场　景

旁白：在一个较偏僻的镇上，维维药店，下午 4:00，销售人员李阳正在整理药品，电话铃声响了起来。

李阳：您好！这里是维维药店……哦，是陈经理，要收起那些过期的药，我已经将这些药封存了，您什么时间派人来取……明天一早，那好的，再见！

旁白：晚上 8:00，药店门开了，走进来一位老大爷和一位年轻的女子，两人十分焦急的样子，李阳看到急忙迎了过去。

李阳：大爷，您好，请问您有什么需要帮忙的吗？

大爷：我老伴儿病得很厉害，需要一种药，我也说不清楚，让我女儿和你说吧。

女儿：是这样的，我妈妈突然心绞痛病发，就在药店门外，我们没带速效救心丸，希望你能帮帮我们！（非常焦急）

李阳：对不起呀，我们这种药目前已经卖完了。如果可以，我马上给市里公司打电话，让他们送一些，你们再等一下，好吗？

女儿：不行了，现在情况很危险，等药拿来，恐怕也来不及了。

旁白：此时，李阳的心里很矛盾，她想起了有过期了两天的这种药，要是卖给大爷，自己就违反了公司的规定；不卖给他们，大娘的病得不到控制，危险会更大，到底该怎么办？

李阳：（看到老人焦急的神色，又想到药只过期两天应该没有问题，于是决定把药卖给他们）小刘同志，你过来一下，有件事要和你商量。我们目前的确没有这种药了，但有一批药才过期两天，如果用上大娘的病可以缓解，你看和大爷商量一下，怎么办？

女儿：那好，我和爸爸商量一下再告诉你。

女儿：爸，这位同志说店里没有这种药了，但有一批这种过期药，只过期两天，用上或许对妈的病情有效。

大爷：是不是没有这种药，你妈就没救了啊？我不能没有你妈呀，怎么也要试试。

女儿：那好，我就和小李说买了。

女儿：小李同志，我和爸爸说了，我们买这药！

李阳：我把情况已和你们说清了，如果一定要买，我去给你们拿。但公司有规定，不能向顾客出售过期药物。这样吧，你给写一个证明，说是你自愿要买的。

旁白：老大爷的女儿写好了证明，签好字。李阳把药拿给了他们，并出门看到两位给大娘服上了药。（老大爷付钱）

大娘的心绞痛得到了缓解。

李阳：大爷，您把地址和姓名告诉我一下。

大爷：我叫刘柱，住在刘王庄。

旁白：李阳目送大爷和他的女儿、老伴离去。到第二天早晨，公司派人来取药。

小王：小李，你好，公司派我来取药，你准备好了吗？

李阳：噢，你好，小王，我都准备好了，我拿给你。

小王：我来清点一下。咦，怎么少了一盒？

李阳：没，没有呀，怎么会呢？（神色慌张）

小王：小李，你再想想，如果对不了账我也没法交代。

李阳：（眉头紧皱，做思考状）

（两人僵持了很久，李阳见蒙混不过去，舒一口气）那盒药让我卖了。

小王：啊？这么重大的事情，我们怎么做得了主，我看还是去告诉陈经理吧。

旁白：李阳和小王一起去了陈经理办公室，陈经理很生气。

陈经理：小李，到底是怎么回事？

李阳：事情是这样的，昨天来了一位老大爷，他的老伴得了心绞痛，情况很危险，我就把药卖给他们了。

陈经理：（拍了一下桌子）小李，你怎么能这样做呢？这不但违反了公司制度，毁坏了公司的形象，还有可能给顾客带来危险。你负得起这个责任吗？（说完拿起电话。）

陈经理：财务部吗？我是陈靖，给我们部门的李阳结算一下工资吧。

李阳：经理，我知道错了，我会尽力去找大爷挽回一切，请你再给我一次机会。

陈经理：不可以，你回去好好想想吧。

旁白：李阳流着眼泪离开了办公室。

以上情景剧中，李阳面临着两难抉择。假如她不卖药给刘大爷，就有可能救不了刘大娘；把药卖给刘大爷，就会违反公司规定，就可能损坏公司形象。

问题：

1. 假如你是李阳，面对这种两难抉择，该如何决策？
2. 请你根据自己的理解，为本剧编一个续集。

情景模拟二

人物：总经理张明、王秘书、营运部王经理、人力资源部黄经理、市场部杨经理、财务部李经理。

场景一

旁白：速达物流公司的总经理张明站在办公室的窗前，凝望着这座城市如蛛网般的街道和川流不息的车辆。夕阳的余晖静静地洒在楼宇间，也洒在张经理坚毅的脸上。

张经理："双十一"又要来了，去年的双十一我们公司发生了很多问题，导致今年的业绩和利润下滑得厉害，今年可不能再犯同样的错误啊！

（他走回办公桌前拿起电话，拨通秘书电话。）

张经理：喂！小王，来我办公室一下。

（王秘书来到张经理办公室门前轻轻地敲了门。）

张经理：请进。

王秘书：张总，有什么事么？

张经理：小王，你马上通知公司的营运、人资、市场、财务这四个部门的部门经理来会议室开会。

王秘书：张总，不是马上就下班吗？

张经理：我知道。是紧急会议。

王秘书：嗯，好的。我马上就联系。（王秘书离开办公室）

旁白：张经理随即下了楼，来到会议室。

场景二

旁白：公司4个部门的经理也匆匆忙忙地来到会议室。

（张经理在会议室主座边站着，看着他们走进会议室。4位部门经理都已经到场。）

张经理：请坐。（张经理张开双手示意。部门经理们坐下。）

张经理：之所以这么急地把大家召集到一起，是因为有很重要的事情跟大家商量，希望能引起大家的高度重视。想必各位还记得去年"双十一"吧！

杨经理：张总，去年"双十一"时期促销，我们业务量大增，但我们在此前没有做好预案和准备，所以包裹的出错率和破损率显著上升，我们也因此损失了几个重要客户。

张经理：是的，没错。今年电商的促销力度会更大，我们物流公司面临的形式很严峻。但这既是挑战又是机遇。如果和去年的表现一样，我们还会失去客户；如果我们进行一些改进，受到业界的肯定，也会增加对客户的吸引力。因此，我希望大家能拿出一个方案来应对这次挑战。

王经理：就我们部门而言，我们会把公司的车辆进行全面的检修，确保能正常、全负荷运转。同时也要对公司的信息系统进行全方位的测试，保证各个部门的信息通畅，希望各个部门都能配合好。

张经理：嗯，你说得很有道理。杨经理，你们市场部有什么消息？

杨经理：据官方预测，此次"双十一"的网上购物的总量和订单量估计会比去年增加3倍以上。我们市场部对我们公司所负责的区域进行了详细的数据分析。对以往五年的订单数进行比较，以及年内的月份波动性进行分析，通过数据统计和分析，最后估算出下个月我们的订单量，如果按3倍于这个估计值的话，我们订单接收量将达到日均4万件。

张经理：以目前我们公司的处理能力，能完成这样的工作量吗？

王经理：我们目前的库存使用率是60%。按往常经验，将这4万件换算成体积和重量的话，我们还需要提升60%的运力和库存。

张经理：嗯，像这种短期需求提高，购买车辆等硬件会提高成本，也是一种浪费。我们可以通过提高运营效率来满足短期需求，比如借助公共仓储，或者与其他物流公司合作都可以。我会负责尽快和同行企业进行联络。我们也可以通过招收一些临时工来应对人手不足吧？黄经理？你觉得呢？

黄经理：是的。如果向外分出25%的量，而我们满负荷运转，则至少需要招收55个分拣人员、15个运输人员。明天我们部门就会发布招聘启事，确保人员到位。

张经理：那好，现在设施和人员问题都解决了。最后是利润问题了，李经理，近期我们的利润率怎么样？

李经理：我认为当务之急是改变我们的客户结构问题。数据显示，如果把所有客户带来的利润率排名，我们前20%的客户占有我们将近80%的利润，而后20%的客户产生不到5%的利润，但这20%的客户占用我们的库存成本却达到了50%。长此以往，对我们的发展十分不利。

张经理：我明白，这也就是帕累托原则。我马上会和这些客户谈判，如果他们不能将利润较高的业务给我们做的话，我们就终止与他们的合作。

李经理：嗯，我们也会努力的。

张经理：好了。每个部门写一份自己部门的方案出来，明天下班之前交给我。我看了你们的方案后，再找时间讨论一下如何去做。今天的会就到这儿吧，大家辛苦了，下班吧。

（张经理和4位经理都站起来）

4位经理：张总，明天见。

（张经理站在原地，并朝部门经理们点了下头。各个经理陆续走出了会议室……）

问题：

1. 假如你是张经理，根据几个部门经理的意见，该如何应对"双十一"业务增长和现有条件的矛盾？

2. 请你根据自己的理解，为本剧编一个续集。

模块三

计 划

孙子曰：兵者，国之大事也。死生之地，存亡之道，不可不察也。故经之以五事，校之以计，而索其情。

——《孙子兵法》

目标与要求

本模块主要阐述计划的类型与制定过程、计划工作的方法和目标管理问题。本模块的学习，要求学生了解计划的理论知识，并能将知识实践化，达到熟练解决企业问题的水平；在结合企业实践中理解计划的含义和作用，了解计划的类型和制定过程，熟练掌握和运用计划工作的制定方法——滚动计划法、甘特图法、网络计划技术等；重点掌握目标管理的特点与目标管理的过程；具有能够运用所学的知识制定合理计划的能力，能够根据目标管理的程序为组织制定并实施一个完整的目标管理。

导入案例

吴越之战中的计划

历史上，战争是国家的大事，关系人民生死、国家存亡，涉及政治、经济、文化、法制等各个方面。

领导者的运筹谋划是决定战争胜负的首要因素和前提条件。春秋末年，越王攻灭吴国之战，就全面体现了谋划的重要性。公元前494年，越国进攻吴国而战败，越王勾践在危急关头决定委曲求全保存国土，以谋东山再起。他根据本国国情和吴国情况，制定了转败为胜的战略，即

"破吴七计"。一是送金钱财物，以取悦吴国君臣；二是高价买进吴国的粟米，以减少吴国的积粮；三是多送美女，以消磨敌人的斗志；四是把能工巧匠和优良的木材送去帮他们多建宫殿，以削弱吴国的财力；五是派能言善辩的人去给夫差拍马屁，并花言巧语扰乱他们的决策；六是设法使规劝夫差仇视提防越国的谏臣自杀，以除掉吴王的臂膀；七是积财练兵，等待敌人露出破绽，乘机进攻。经过长达 13 年之久的谋划，越国终于完成了灭吴计划。

启示：由以上案例可见计划的重要性。计划是有预见性的，计划周密，条件充分，胜利的可能性就大。"多算胜，少算不胜"，"知己知彼，百战不殆"。计划要收集信息，调查对方，考察己方；制定行动方案，明确方案实施的措施，要合理配置资源，符合实际，顺应民心，调动全体人员的积极性，为目标而努力。

【分析提示】

1. 结合案例，阐述计划的重要性。
2. 请同学们结合自身情况，制定一份学习"管理理论与实务"课程的计划。

第一部分　理论与背景知识

第一节　计划的类型与制定过程

一、计划的含义和作用

计划是关于组织未来一段时间内的目标和实现目标的途径与安排。美国管理学家哈罗德·孔茨如是形容计划："计划工作是一座桥梁，它把我们所处的这岸和我们要去的对岸连接起来，以克服这一天堑。"

（一）计划的概念

计划是一个较为宽泛的概念，作为管理者的首要工作，计划是一个包括环境分析、目标设定、方案选择的过程。法约尔认为，计划是管理的一个基本部分，包括预测未来并在此基础上对未来的行动予以安排；西斯认为，计划工作在管理职能中处于首位，是"评价有关信息资料、预估未来的发展、拟定行动方案的建议说明"的过程。简单地说，计划就是一个组织要做什么和怎么做的行动指南。

计划是在科学预测的基础上为实现组织目标而对未来一定时间内的工作做出安排的活动。计划包括拟定组织的目标、为实现这一目标制定总体战略并提出一系列派生计划，以综合和协调各项活动。

计划是一种协调过程，它给管理者和非管理者指明方向。计划设立目标和标准以便于进行控制，如果我们不清楚要达到什么目标，怎么判断我们是否已经达到了目标呢？在计划中，我们设立目标，而在控制职能中，我们将实际的绩效与目标进行比较，发现可能发生的重大偏差，采取必要的校正行动。没有计划，就没有控制。

（二）计划的作用

1. 计划工作是管理活动的依据和方向

计划的目的是促使组织目标的实现。在计划的制定和执行过程中，首先要预测哪些行动有助于最终目标的实现，哪些行动不利于最终目标的实现，哪些行动的结果会相互抵消，哪些行动与最终目标的实现毫不相干，从而针对所要实现的目标设计一种能够自始至终协调一致的工作程序和结构框架，用共同的目标、明确的方向来代替不协调的、分散的活动，使组织所有的行动保持同一方向，保证计划按部就班地顺利进行。在这种工作环境中，主管人员能够摆脱日常事务的干扰，致力于未来不确定因素的研究，随时检查、修订原有计划，保证组织目标的实现。可见，计划是一种协调过程，它给管理者和非管理者指明了行动方向，使他们相互合作、组成团队，共同为组织目标的实现而努力。

> **扩展阅读：高瞻远瞩**
>
> 　　有两个企业都想在某市郊区投资房地产，并各派了专人前去调查那里的情况。结果 A 企业的人在考察之后，向公司报告说："那里人口稀少，房产业发展机会渺茫，房子修好了也没有人来住。"而 B 企业的人则在考察之后，向公司报告说："该地虽然人口稀少，但那里环境优雅，人们厌倦了城市的喧嚣，定会喜欢在那里安置生活。"果然不出 B 企业所料，随着城市的发展，城里人越来越向往农村生活，尤其是一些农家乐，办得更是如火如荼。
>
> 　　**启示**：视角不同，思路不同，应采取不同的计划。

2. 计划工作是降低风险、掌握主动的手段

由于未来是不确定的，计划的期限越长，不确定因素就越多。但是，计划的前瞻性能促使管理者展望未来，及时预见未来可能出现的机会或威胁，考虑未来环境变化的冲击，从而及早制定适应变化的最佳方案或相应的补救措施，消除或降低未来不确定性的影响。

3. 计划工作能促使组织经济合理地进行管理

计划能从多条实现目标的途径中，通过技术经济论证和可行性分析选择最满意方案。这样可以减少不确定性和浪费性的活动，使组织的各项资源得以充分利用，以最低的费用或最高的效率实现预定目标。

4. 计划工作是管理者进行控制的标准

计划和控制是管理的一对孪生子，未经计划的活动是无法控制的。管理者只有通过计划设立组织的目标，在控制过程中才可以将计划的实际执行情况与组织目标进行比较，以发现可能发生的偏差，进而采取必要的校正行动，通过纠正脱离计划的偏差使活动保持既定的方向。

（三）计划的特点

1. 目的性

计划与未来有关，计划的制定旨在实现未来的目标。任何一个组织，总要开展一定的符合社会需求的活动，计划就是确定组织在未来需要达到的状态以及达到状态的制度安排。在一个组织里，计划是管理的基础活动，设立目标是计划的核心，实现目标则是计划的出发点和归宿。计划能够将组织的总目标予以明确，让每位员工理解总目标，并能将组织的总目标和个人目标结合起来，最终使每个人的行动都向组织的总目标集中，保障总目标的实现。例如，某企业希望通过营销策略的变革以及资源的优化组合，实现产品市场占有率提高 2% 的目标，企业就必须围绕该目标进行调研分析，制定详细可行的计划，指导今后组织的行动。

2. 首要性

计划在管理职能中处于首要地位，其他一切工作的开展都源于计划，也最终指向计划。管理中的其他职能只有在计划目标确定之后才能进行。企业的负责人只有在明确目标之后，才能选择最优的组织结构、上下级之间的权力和责任以及怎样控制组织和个人的行为不偏离企业目标，最终确保组织目标实现。即组织、领导、控制、创新等职能都是在计划的基础之上建立起来的，并且是随着计划的改变而变化的。没有计划，其他工作都无从谈起。

3. 普遍性

计划作为管理的一个职能，在组织中的任何管理者，不论其处在什么位置，也不论其在什么部门，都必须做好计划。高层管理人员负责制定战略性的计划，各部门主管负责制定本部门相应的计划，而具体工作计划则可以进一步交给下级制定。总之，所有的管理人员，从经理到一线主管，都需要制定计划。计划决定了本部门工作的成败。

4. 经济性

计划的经济性可以用效率来衡量。所谓计划的经济性，是指计划对于实现目标所获得的利益与执行计划过程中所付出代价的对比。如果一个计划能够达到预期目标，取得预期收益，但是它付出了太高的代价，这个计划的效率就很低；反之则高。在衡量计划付出的代价时，不仅要用时间、金钱来衡量，还要考虑非经济方面的代价，如员工个人的满意程度等。因此，一个有效率的计划，是通过合理的代价实现目标，并且兼顾国家、集体和个人三者的利益。

5. 实践性

计划的实践性主要是指计划的可操作性。制定计划最终是为了实施，是否符合实际，是否易于操作，目标是否可行，是衡量一个计划好坏的重要标准。另外，为了适应环境的变化、减少不确定因素的干扰，要适当增加计划的弹性。

> **┃扩展阅读：好猎者┃**
>
> 　　齐国有一个喜欢打猎的人，花费了许多时间去打猎，结果却一无所获，这让他回家之后觉得愧对家人，出门又觉得对不起邻里好友。他仔细琢磨为何自己老是打不到猎物，最后才明白是因为猎犬不好。可是因为家境贫穷没办法得到好的猎犬，于是他计划先回到自己田里努力耕种，有收获之后便买一只好的猎犬，到时就可以容易地捕获野兽，达成自己成为一个好猎人的心愿。
>
> 　　**启示：** 要想获得成功，必须先制定切实可行的计划，并认真实施，才能达到既定目标。

二、计划的类型

管理实践活动的复杂性，决定了组织计划的多样性。各种组织根据自身面临的不同环境，制定出各个时期、各个领域的计划。为更准确地把握不同计划的特点和作用，需要对计划按照一定的标准分类。最常见的分类有以下几种。

（一）根据计划执行时间的长短，可以将计划分为三种，即长期计划、中期计划和短期计划

一般而言，五年或者五年以上的计划称为长期计划；一年以上五年以下的计划称为中期计划；一年或者一年以下的计划称为短期计划。当然，这种划分也不是绝对的，如对于流行时装公司而言，流行时装生产的中期计划可能至多为半年。长期计划表明组织在较长时期内的发展方向，规定各部门在较长时期内从事某种活动应达到的目标和要求，其内容相对比较笼统。随着企业经营环境的日益不确定，长期计划更加集中于核心战略问题。无数成功企业的实践表明，长期计划应该更侧重目标的"质"，而不一定非要"量化"。中、短期计划的内容比较具体，对在中、短期内组织某项活动的目标、行动方案、实施措施、具体的考核指标等都有明确的规定。短期计划一般还会将工作细分到具体的作业单位，并给出工作日程表、预算等。一般而言，短期计划的完成最终是为长期计划服务的，因此，短期计划就必须依照长期计划所确定的目标和阶段性任务来加以制定。中期计划介于长期和短期计划之间，必须与长期和短期计划相衔接。一个组织应该将长、中、短期计划有机结合，形成科学计划体系，保证组织目标实现。

（二）根据计划制定者的层次，可以将计划分为战略计划与作业计划

1. 战略计划

战略计划是由最高层制定的有关组织整体和全面的计划，是应用于组织整体的、为组织未来较长时期（通常为五年以上）设立总体目标和寻求组织在环境中地位的计划。它包括组织目标的确定、变动以及目标实施政策的制定。战略计划的时间跨度大，涉及的范围广；内容抽象、概括，不要求直接的可操作性；计划方案的使用往往是一次性的；计划的前提条件大多是不确定的，计划执行结果也带有很大的不确定性。因此，战略计划的制定者必须具有较高的风险意识，能在大量的不确定性因素中选定企业未来行动的目标和经营方向。

2. 作业计划

作业计划是由基层管理者制定的规定总体目标如何实现的细节计划，其需要解决的是组织的具体部门在未来较短时间内的行动方案问题。作业计划的主要特点：涉及的时间跨度较短，覆盖的范围较窄；内容具体、明确，并要求具有可操作性。作业计划的任务主要是如何在已知条件下实现企业的各项分目标。作业计划的风险程度比战略计划低。如果说战略计划侧重于确定企业要做什么事，以及为什么要做这些事，那么作业计划就是规定需由何人、在何时、通过何种办法做事，以及使用多少资源来做事。简言之，战略计划是确保企业"做正确的事"，而作业计划则是追求·"正确地做事"。

（三）根据计划的内容，可以将计划分为综合性计划和专业性计划

1. 综合性计划

综合性计划是对经营过程各方面所做的全面的规划和安排。一般在较长一段时期内执行的战略计划往往是综合性计划，但有的短期计划也是综合性的，如企业往往需要编制年度经营计划。

2. 专业性计划

专业性计划是对某一专业领域的工作所做的计划，如企业的产品研发计划、生产计划、销售计划以及财务计划等。这些计划往往涉及企业活动的某一方面，与综合性计划构成整体与局部的关系，通常是对综合性计划某一方面内容的分解和落实。

（四）按照对计划执行者的约束程度，可将计划分为指令性计划和指导性计划

1. 指令性计划

指令性计划是由上级主管部门下达的具有行政约束力的计划。指令性计划一经下达，各级计划执行单位都必须遵照认真执行，而且尽一切努力加以完成。它是一种具有强制性的计划类型。

2. 指导性计划

指导性计划则是一种不带强制性的计划。指导性计划是由上级主管部门下达的具有参考作用

的计划。这种计划下达之后，执行单位不一定完全遵照执行，可根据自己单位的实际情况决定是否按指导性计划工作。

（五）根据计划的表现形式分类

按照计划不同的表现形式，可以将计划分为宗旨、目标、战略、政策、程序、规则、规划和预算等几种类型。

1. 宗旨

各种有组织的集体经营活动，都至少应当有一个目的或使命。这种目的或使命是社会对该组织的基本要求，我们称之为宗旨。宗旨即表明组织是干什么的，应该干什么。例如，一个工商企业的基本宗旨是向社会提供有经济价值的商品或劳务；法院的宗旨是解释和执行法律；大学的宗旨是培养高级人才等。著名的日本索尼公司的宗旨"索尼是开拓者，永远向着那未知的世界探索"，表明了索尼公司绝不步别人后尘的意志。

2. 目标

一定时期的目标或各项具体目标是在宗旨的指导下提出的，它具体规定了组织及其各个部门的经营管理活动在一定时期要达到的具体成果。

3. 战略

战略是为实现组织或企业长远目标所选择的发展方向、所确定的行动方针以及资源分配方案的一个总纲。战略是指导全局和长远发展的方针，它不是要具体地说明企业如何实现目标，而是要指明方向、重点和资源分配的先后次序。对于一个企业来说，制定战略的根本目的，是使公司尽可能有效地比竞争对手占有持久的优势。因此，可以这样说，企业战略就是以最有效的方式，努力提高企业相对于其竞争对手的实力。从实现长远目标的要求来看，选择方向、确定资源分配的优先次序要比其余各种管理工作更加重要。

4. 政策

政策是组织用来指导和沟通思想与行动方针的明文规定。政策有助于将一些问题事先确定下来，避免重复分析，并给其他派生的计划以一个全局性的概貌，从而使主管人员能够控制全局。制定政策还有助于主管人员把职权授予下级。

5. 程序

程序也是一种计划，它规定了如何处理那些重复发生的例行问题的标准方法。程序是指导如何采取行动，而不是指导如何去思考问题。程序的实质是对所要进行的活动规定时间顺序。程序通常还是一种经过优化的计划，它是对大量日常工作过程及工作方法的提炼和规范。

6. 规则

规则也是一种计划，只不过是一种最简单的计划。它是对具体场合和具体情况下，允许或不允许采取某种特定行动的规定。规则常常与政策和程序相混淆，所以要特别注意区分。规则与政策的区别在于，规则在应用中不具有自由处置权；规则与程序的区别在于，规则不规定时间顺序，可以把程序看成一系列规则的总和。规则和程序，就其实质而言，旨在抑制思考。

7. 规划

规划是为了实现既定方针所必需的目标、政策、程序、规则、任务分配、执行步骤、使用的资源等而制定的综合性计划。规划有大有小，大的有国家的科学技术发展规划，小的有企业的质量控制小组的控制规划。规划还有长远和近期两种，如国家的五年经济发展规划和企业的新进员工的培训计划。

三、计划的制定过程

管理人员在编制任何完整计划的时候，实际上都遵循着同样的步骤。这不仅仅指大型的计划，小型的计划亦如此，只是小型计划相对而言较简单，其中的一些步骤很容易完成。一般地，制定计划的过程大致包括如下几个阶段，如图3-1所示。

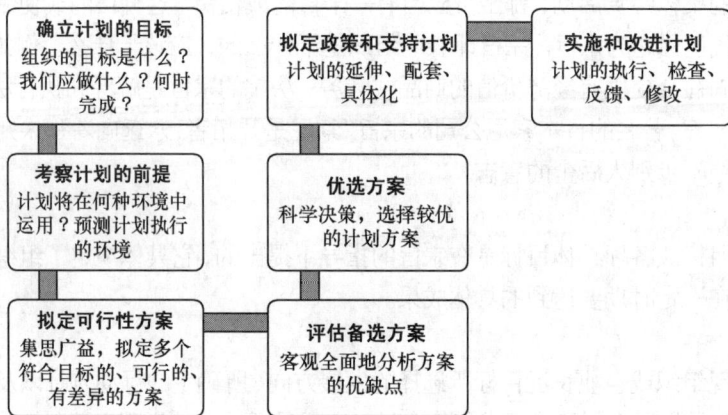

图3-1 计划工作过程

（一）确立计划目标

计划的第一步就是为组织确定总体目标以及所属各个部门的分目标。目标是组织行动的出发点和归宿。组织的整体目标具有支配组织内所有计划的性质。

（二）考察计划的前提

编制计划的第二步是考察计划的前提，即计划是以什么环境为前提的。这个环境是指未来计划实施的环境，为此必须对环境做出正确的预测。预测是计划编制的基础。计划是否合理，能否有效，关键在于对未来计划实施的环境预测是否正确。考察计划的前提并不是对将来环境的每一细节都要预测，而是仅对计划有重大影响的主要内容做出预测。

（三）拟定可行的方案

计划工作的第三步是拟定可供选择的方案。一个目标、一项任务总是有许多方法和途径来实现和完成的，因此，计划工作需要拟定多种方案以供选择。

（四）评估备选方案

评估各种备选方案是计划工作的第四步，即对初步选定的各种备选方案进行评估，分析各个方案的优点和缺点以及组织的实际情况，确定各种方案的优劣次序。

（五）优选方案

计划的第五步是从诸可行方案中选择一个较优方案或综合成一个较理想的方案，也就是做出决策。这是计划的关键步骤。

（六）拟定政策和支持计划

计划工作的第六步是拟定政策和支持计划。拟定政策是贯彻和达到目标的保证。例如，某企业确定了某个产品打入国际市场的目标，也选择了优质优价、创名牌、承包奖励等一系列措施来为目标服务。政策拟定后，仍不能说计划是完整的，还必须拟定支持计划，即各业务部门和下层单位拟定具体的部门计划，以支持总计划得以实现，如企业的生产计划、销售计划和财务计划等。

（七）实施和改进计划

计划工作的第七步是实施和改进计划。编制计划并非计划职能的目的和全部，计划编制完成后还须实施计划。通过实施，进行情况的检查和反馈，如与目标不一致，还需改进计划。

以上是计划工作程序的七个步骤，应该注意的是，它只是一般的行动指南，不可教条理解和对待。在具体情况下，各步骤允许交叉。另外，有的计划中省略某个步骤也是允许的。

第二节　计划工作的方法

一、计划工作的原则

计划工作有很强的针对性，它是在一定的时间内、一定的内外环境条件下，针对具体情况所做出的实施方案。尽管计划工作的性质不同、内容各异，但都应遵循以下原则。

（一）系统性原则

计划工作要从对象系统的整体出发，全面考虑系统中各构成部分的关系以及它们与环境的关系，并依据这些关系的特点，把握它们的必然联系，进行统一筹划，做到小局服从大局，部分服从整体。

（二）重点性原则

在制定计划时，不仅要考虑全局，还要分清主次和轻重缓急，抓住关键要害，着力解决好影响全局的问题，而不要等同对待，眉毛胡子一把抓。

（三）灵活性原则

未来事物的发展变化是难以准确预测的，有时也会出现一些偶然或突发事件。因此，计划工作应坚持动态的、发展变化的观点，在时间、人、财、物等诸方面留有一定余地，以适应各种不确定因素的变化。

（四）效益性原则

计划必须有益于在总体上提高管理的效益，包括经济效益和社会效益两个方面，并使其相互促进。

（五）优选性原则

在制定计划的过程中不能只考虑一种途径，而应尽可能多地设计出多种可供选择的计划，并从中选取一种效果最好的作为执行计划。

（六）群众性原则

计划工作必须依靠群众、发动群众，让大家献计献策、群策群力。

二、计划工作的方法

（一）滚动计划法

滚动计划法是一种动态编制计划的方法。这一方法的基本原理如下。

（1）滚动计划法对距离现在较近时期的计划制定得比较详细和具体，对于距离现在较远时期的计划编制得概括和粗略，以便今后根据计划因素的变化而调整和修正。如图3-2所示，最近的2011年的计划制定得具体，较远的2012年和2013年的计划制定得较细，最远的2014年和2015年的计划制定得较粗。

（2）滚动计划法不像静态编制方法那样，等计划全部执行完了之后再重新编制下一个阶段的计划，而是每过一小段时期就将计划按时间顺序向前推进一小段，即向前滚动一次。如图3-2所示，并不是等2011—2015年的五年计划执行完了，再制定2016—2020年新的五年计划，而是每过一年就将计划推进一年，推出新的2011—2020年的计划。

（3）滚动计划法每向前滚动一次，就需要将原来较细的计划补充得具体，较粗的计划补充得较细，再补进一个新的较粗的计划。如图3-2所示，过了一年之后，原来较细的2012年的计划被补充得具体，原来较粗的2014年计划被补充得较细，其实2013年和2015年的计划也多少有所修订和调整。

（4）计划的修订需要参考外部条件变化和内部条件变化，还要对刚刚过去一段时期进行计划与实际差异的比较分析。

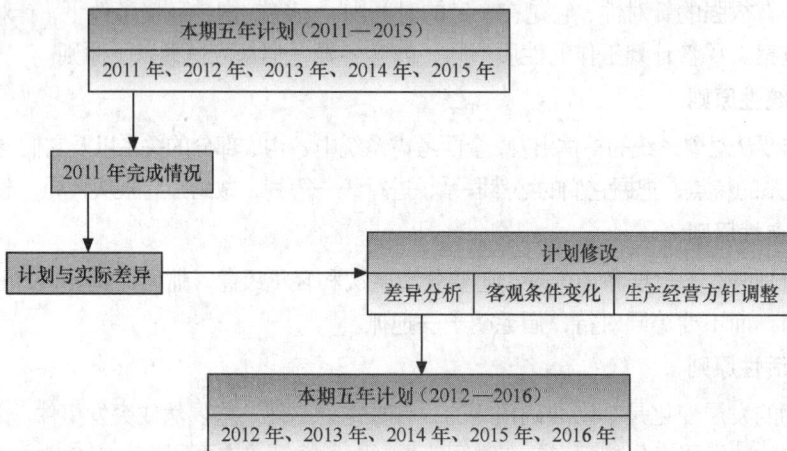

图3-2 应用滚动计划编制五年计划的程序

滚动式计划法不仅可以编制五年计划，还可用于编制年度计划或月度计划。对于年度计划，第一季度的任务比较具体，往后顺次粗略。它的推进一般以季度为单位，而且通常将第二季度排在新计划的首位，下一年第一季度排在新计划的尾部。要根据第一季度计划的执行结果和内外部的变化对原先制定的年度计划进行相应的调整。对于月度计划，原理一样，计划期一般为10天。

（二）甘特图法

甘特图法是以发明人的名字命名的，又名线条图、展开图、横线工作图，实际上是一种常用的日程工作计划进度表。甘特图直观地表明任务计划在什么时候进行，以及实际进展与计划要求的对比。

甘特用图表帮助管理进行计划与控制的做法是当时管理技术上的一次革命。有了它，管理部门就可以从一张事先准备好的图表上看到计划执行的进展情况，并可以采取一切必要行动使计划能按时完成，或使计划在预期的许可延误范围内得以完成，如图3-3和图3-4所示。

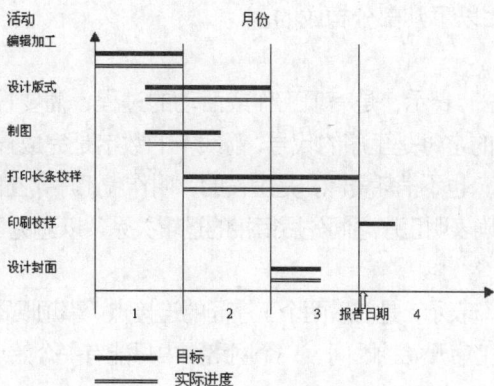

图 3-3　出版计划甘特图

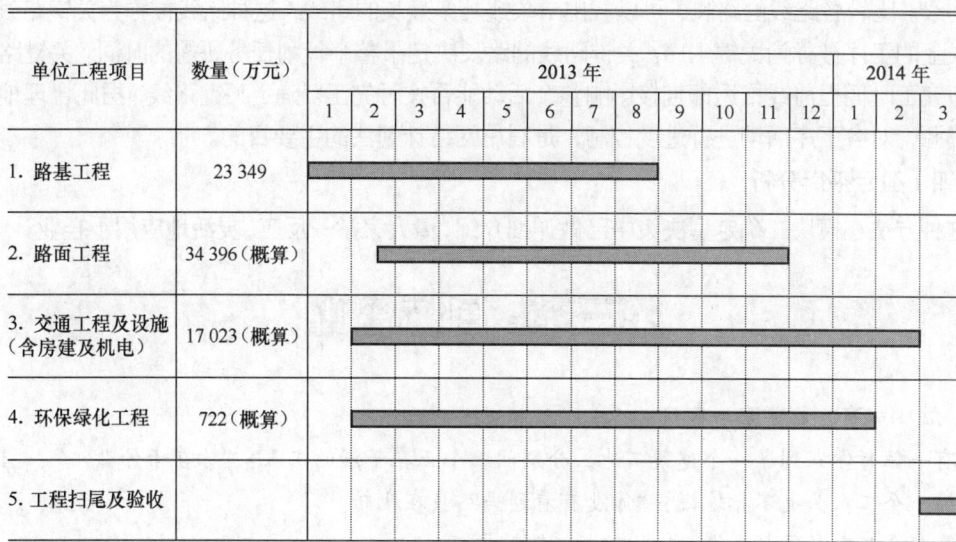

单位工程项目	数量（万元）	2013 年												2014 年		
		1	2	3	4	5	6	7	8	9	10	11	12	1	2	3
1. 路基工程	23 349															
2. 路面工程	34 396（概算）															
3. 交通工程及设施 （含房建及机电）	17 023（概算）															
4. 环保绿化工程	722（概算）															
5. 工程扫尾及验收																

图 3-4　工程施工计划甘特图

（三）网络计划法

网络计划法又称计划评审技术（PERT），我国又称为统筹法，它是 20 世纪 50 年代由美国科学家首先开发的一种系统分析技术。这种技术是以网络图的形式反映管理对象中各工作项目的相互关系，然后通过分析计算，找出完成任务的最优方案，最后以最优方案进行工作安排并控制工作进度，从而获得最好的经济效益。用这种技术进行计划管理和进度控制，能有效地节约人力、物力、财力和时间。工程项目越复杂，网络计划技术的使用效果越明显。

网络图是网络计划技术的基础，任何一项任务都可分解成许多步骤的工作。根据这些工作在时间上的衔接关系，用箭线表示它们的先后顺序，画出一个各项工作相互关联并注明所需时间的箭线图。这个箭线图就叫作网络图。图 3-5 便是一个简单的网络图形。

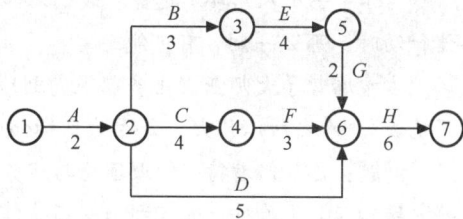

图 3-5　网络图

可以发现，网络图是由以下几部分构成的。

1. 工序

在网络图中工序用"→"表示，是一项工作或活动的过程，需要投入人力和物力，经过一段时间才能完成。图中箭线上的字母是工序的代号，箭线下的数字是完成该项工作所需的时间。另外，还有一些工序既不占用时间，也不消耗资源，是虚设的，叫作虚工序，在图中用"---→"表示。网络图中应用虚工序是为了正确表明工序之间先后衔接的逻辑关系，以避免工序之间的关系含混不清。

2. 事项

在网络图中事项用"○"表示，是前后两个工序间的连接点。事项既不消耗资源，也不占用时间，只表示前道工序结束、后道工序开始的瞬间。一个网络图中只能有一个始点事项和一个终点事项。

3. 路线

网络图中从网络始点事项出发，沿箭线方向前进，连续不断地到达终点事项为止的一条通道就是路线。比较各路线的路长，可以找出一条或几条最长的路线，这种路线被称为关键路线。关键路线上的工序被称为关键工序。关键路线的路长决定了整个计划任务所需的时间。关键路线上各工序完工时间提前或推迟都直接影响整个活动能否按时完工。确定关键路线，据此合理地安排各种资源，对各工序活动进行进度控制，是利用网络计划法的主要目的。

（四）盈亏平衡分析

这种方法在模块二确定型决策中已做详细介绍，请大家举一反三，灵活地应用于企业计划中。

第三节 目标管理

管理故事：哲学家与建筑工人

有一位哲学家到了一个建筑工地，分别问三个正在干活的工人："你在干什么？"

第一个工人头也不抬地说："你没有看到吗？我在砌砖。"

第二个工人抬了抬头说："我在砌一堵墙。"

第三个工人热情洋溢、满怀憧憬地说："我在建一座教堂！"

听完之后，哲学家马上对这三人的未来做出了判断：第一个人心中眼中只有砖，可以肯定他的一辈子能把砖砌好就很不错了；第二个人眼中有墙，心中有墙，好好干或许能当一位工长或技术员；唯有第三位，必有大出息，因为他有"远见"，他的心中有座殿堂。

经过数年之后，哲学家再次来到了工地，看到第一位工人依旧在那里砌砖，而第二位已经成为工长，正在指挥部分工人干活。这时，一位服装整洁的人出现在他的面前，哲学家一眼就认出了他。他就是当年回答他问题的第三位工人，现在已经是这家公司的高层管理者。

启示：一个人需要有远见，我们不能只看眼前的东西，同时当你有远见，并且能够为之付诸行动时，那么一切皆有可能。

古希腊哲学大师亚里士多德很尖刻地区分了两种人，即"吃饭是为了活着"和"活着是为了吃饭"。人之所以伟大，是因为目标伟大。一个人的目标，决定了他的生活和事业。

问题：你如何看待"管理理论与实务"这门课程的学习？是为了获得4学分，或是掌握一些管理知识，还是对一生起到一些指导作用。能否站在三个工人的角度用一句话归纳一下自己在干什么？

一、目标的含义及性质

（一）目标的含义

目标分战略目标和战术目标。战略目标是组织的经营方向，是企业活动要达到的目的所在，它是组织从事某项事业的预期结果，是抽象的组织使命的具体化。战术目标是企业战略目标在阶段上和部门间的分解，它说明了企业在某一阶段期望达到的结果，说明了各个部门的工作任务和工作重点。

无论是战略目标还是战术目标，目标都是期望的成果。所谓目标，就是一个组织在未来一段时间内要实现的目的或要达到的成果。从管理的角度看，组织的目标具有独特的属性，因此，制定目标时必须注意这些性质特征。

（二）目标的性质

1. 多样性

现实告诉我们，不论是组织或个人，所确定的目标往往有多个。即使是组织的主要目标，也可以用不同的指标来全面反映。我们从企业目标不可缺少的内容来加深理解，如图3-6所示。

```
1. 市场地位
2. 获得一定的利润或投资收益
3. 重点研究、连续开发适当的产品
4. 扩大公众持有的股票所有权
5. 在国际市场中销售产品
6. 保证优势产品的竞争价格
7. 员工的工作质量
……
```

图3-6 企业的总目标或目的

考虑到过多的目标会使得执行的组织或个人应接不暇而顾此失彼，因此，应当尽量减少目标的数量，突出主要目标。同时，对各个目标的相对重要性和完成时间序列做出合理的划定是非常有必要的。

2. 层次性

组织的目标是一个层次体系。高层是整个组织的战略目标，中层是各部门的目标，底层是基层单位的目标和个人目标。同层次的管理人员负责相应目标的制定和实现。执行董事和最高层经理班子负责整个组织的战略目标的制定和实现；中层主管如部门经理、分部经理负责各自部门和分部目标的制定和实现；基层主管人员主要关心的是各自单位目标及其下属目标的制定和实现。

3. 网络性目标的网络性

网络性目标的网络性，一方面体现为目标的上下层次之间纵向的密切关联。上层目标需要由下层目标支持，下层目标需要由上层目标指明方向，这样，组织各层次的目标就形成了一个目标网络。另一方面网络性体现的是目标的部门之间横向的密切关联。一个部门制定完全适用于该部门的目标是相对容易的，但这个目标常常会在经营上与另一个部门的目标相矛盾。现实中，组织成员往往会选择对本部门可能有利的目标。因此，组织中的各个部门在制定自己部门的目标时，应当与其他部门的目标相协调。

4. 时间性

目标的时间性一是体现在它的跨度上，根据其跨度不同，可分为短期（一年以内）、中期（一年以上、五年以内）和长期（五年以上）目标；二是体现在时间期限上，任何有效的目标都是有明确的完成期限的；三是体现在目标前后的时间连续上，往往今天的目标会和过去的目标关联，未来的目标会和今天的目标关联。

5. 可考核性

目标考核的途径是将目标量化，这会给组织活动的控制、成员的绩效考评带来方便。目标的可考核性需要将模糊的目标清晰化，如"合理利润"这个目标就很模糊，因为在不同人的思想里，对"合理"的解释是不同的。但是，如果改成"在下一会计年度终了实现销售利润 1 000 万元"就清晰了，因为它有明确的期限，有量化的指标。尽管有时将目标量化会有困难，另外过于量化的指标会成为一种束缚，但是原则上，还是应当以可考核的目标为基准。

6. 难度适中性

难度适中性主要考虑的是对执行者的激励。一个常见的比喻是定目标好比"摘桃子"。一个难度适中的目标应该是跳一跳刚好摘到桃子。如果不跳就能够摘到桃子则说明太容易了；如果怎么跳都摘不到桃子则说明太难了。

为了保证目标适中，一是要做到目标的可实现性；二是做到目标的可挑战性。根据期望理论，人们在工作中的努力程度是效价和期望值的乘积。其中效价是工作人员对目标价值的评价；期望值是工作人员对目标能够实现概率的估计；效价和期望值之间是乘积的关系。对一个工作人员来说，如果目标可实现性很小，那么他对该目标的期望值很小，该目标对他而言激励作用也很小了。同样，对一个工作人员来说，如果目标没有挑战性，那么他对目标价值的评价（效价）很低，该目标对他而言激励作用也很小。因此，一个目标要对其接受者产生激励作用，它的可实现性和挑战性都必须达到一定程度才行，一个难度适中的目标正好符合这样的条件。

7. 两面性

目标的两面性是指目标的真实性和宣称性并存。真实的目标是企业相信并切实追求的。但是，除了真实的目标以外，企业还大量存在着宣称的目标，即只是企业的一种官方陈述，企业并不打算照着做。宣称目标的存在是因为企业存在许多利益相关者，而各方的利益可能存在矛盾。比如，有些不法企业一方面宣称"做个遵纪守法的好企业"，另一方面在利益的驱使下偷税漏税；再比如，企业以"用户是上帝"为宣传口号，而实际上还是以企业自己为大，实行的还是企业导向的经营模式。

二、目标的作用及要求

（一）目标的作用

目标的作用可以概括为以下四个方面。

1. 方针作用

目标为企业的发展指明了方向，也为管理者和员工的日常工作提供了指引。

2. 考核作用

业绩考核的标准是根据有关岗位的目标确定的，因此，岗位目标是制定绩效标准的核心，是考核有关岗位人员绩效的核心标准。

3. 激励作用

目标的激励作用体现在两个方面：一是目标能够使员工有追求，能够赋予员工工作和生命的意义；二是目标的实现能够使员工产生成就感和满足感。

4. 凝聚作用

很多因素制约组织的凝聚力，组织的目标是其中一个很重要的因素。当组织的目标与员工个人的目标相一致、一个集体的员工之间的目标相一致时，就会在整个组织和员工之间产生强大的凝聚力，进而焕发出奉献精神和创造力。

（二）目标的要求

结合对目标性质的分析，一个有效的目标原则上应该符合以下几方面要求。

（1）既要制定主要目标，也要制定辅助目标，目标之间应当统筹兼顾。

（2）上下级目标、同级各部门目标应该相互协调与配合。

（3）目标既要符合组织的共同愿景，也要照顾各单位各层次的实际情况。

（4）既要有远期目标，也要有近期目标。

（5）目标的制定既要遵循惯例，也要有开拓性和创造性。

（6）目标的表述应有明确的期限，一般应该有清楚的量化指标，切忌含糊不清。

（7）目标应当有一定的挑战性，但经努力必须是可以实现的。

（8）目标实现后应有相应的报酬配合。

（9）目标应当统筹兼顾各利益相关者。

> ┃ 课外拓展：目标的重要性 ┃
>
> **道具**
>
> 一条长绳、一根棍子。
>
> **程序**
>
> （1）事先寻找一块空地，空地上有两棵树或杆子，两棵树或杆子之间的距离在4米之内。
>
> （2）根据两棵树或杆子的距离准备一条长绳，另外再找一根棍子。
>
> （3）把全班同学分成若干组，每组4~8人。
>
> （4）找4位同学，两人把长绳的两头分别系在树或杆子上，另外两个人在长绳的两侧分别画起跑线和终点线。
>
> （5）每组同学都要从长绳的一边越到另一边。
>
> （6）秒表计时，每组的用时为从起跑线到终点线所花费的时间。
>
> （7）注意活动过程中学生的安全问题。
>
> （8）总结活动的意义。
>
> **规则**
>
> （1）绳子的高度控制在0.8~1.4米。
>
> （2）在越绳的过程中，任何人不得触及绳子。
>
> （3）小组最后一位同学要把棍子也带走。
>
> （4）不违反规则，且用时最少的小组获胜。

三、目标管理

目标是人们预期活动的方向和要达到的结果。组织的目标是组织在一定时期内通过努力争取达到的理想状态或期望获得的成果，它包括组织的目的、任务、具体的目标项目和指标以及指标的时限。没有一个既定目标，管理就没有努力的方向，无法有效地协调资源。目标是管理部门前进的终点或目的地。

目标管理（MBO），是美国管理学者彼得·德鲁克于 1954 年首先提出来的，现已被世界各国广泛应用。目标管理应用最为广泛的是在企业管理领域。企业目标可分为战略性目标、策略性目标以及方案、任务等。一般来说，经营战略目标和高级策略目标由高级管理者制定，中级目标由中层管理者制定，初级目标由基层管理者制定，方案和任务由职工制定，并与每一个成员的应有成果相联系。基本做法是"自上而下层层展开，自下而上层层保证"，首先由最高管理者确定企业的总目标，自上而下地把企业总目标层层展开，最后落实到每个员工，形成一个完整的目标连锁体系；另一方面，目标体系制定过程还反映了实现目标的途径，即由基层开始，通过自下而上层层保证逐步实现。目标设定过程，如图 3-7 所示。

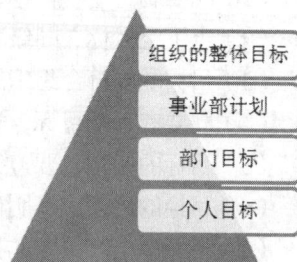

图3-7　目标设定过程

（一）目标管理的含义

目标管理是一种管理思想，也是一种管理方法。目标管理是由组织中的管理者和被管理者共同参与目标制定，在工作中实行自我控制并努力完成工作目标的管理方法。或者目标管理就是在组织内管理人员与下属在具体和特定的目标上达成协议，并写成书面文件，定期以共同制定的目标为依据来检查和评价目标达到情况的一种管理方法。

（二）目标管理的特点

1. 管理者和被管理者共同参与性

根据组织的总目标制定部门目标，每名职工根据本部门的目标和个人职责制定个人目标，形成目标连锁。目标管理是由上、下级共同参与制定目标及目标的衡量方法。每个部门各成员明确自己的任务、方向、考评方式，相互配合共同完成组织目标。

2. 自我管理性

在目标管理中，下级不是按上级硬性规定的程序和方法行动，而是进行自主管理和自我控制。这样可提高员工的工作积极性、创造性和责任感。

3. 自我评价性

在执行目标管理的过程中，各层管理人员定期评价，通过检查、考核反馈信息，并在反馈中强调由员工自我检查，制定一系列的奖惩措施，以促使员工更好地发挥自身作用。

4. 整体性

目标管理将组织的总目标逐层分解落实。每一部门和每一成员各自的分目标以总目标为导向，使员工明确各自工作目标与总目标的关系，共同完成总目标。

5. 目标特定性

目标特定性是指下级目标与上级目标的一致性。下级与上级共同参与将组织目标转换为具体可行、可测评的部门或个人目标的过程，使目标具有特定性，有利于员工自检和自查，有利于上级的评价，也促进了上下级的合作和关系的协调，以共同达到组织总目标。

（三）目标管理的过程

目标管理的过程一般分为四个阶段，即目标体系的建立、目标组织的实施、目标的检查与评价、确定新目标并开始新的目标管理循环。

1. 目标体系的建立

实行目标管理，首先要建立一个以组织整体目标为中心的目标体系。其中，组织整体目标由组织的高层管理者制定。这个整体目标是一个初步的、粗略的目标，留有余地，可以进行修正和调整。其次，将已经确定的组织整体目标层层展开，形成目标体系。组织的整体目标一般按照纵向和横向展开。纵向展开是指在整体目标范围内按照不同的管理层将整体目标逐级分解，使各管理层都有相适应的子目标。横向展开是指各管理层中的不同部门或者单位之间的等级目标相互联系协调。纵向与横向的目标展开，使组织的整体目标和个人目标有机联系在一起，同时也明确了对应的不同目标和子目标、相应的部门或个人的责任，在组织中形成了强大的凝聚力。

2. 目标组织的实施

在目标体系形成之后，就要做好确保目标实现的各项组织工作。斯蒂芬·P.罗宾斯的研究结果显示，当高层管理者对目标管理高度负责，并且亲自参与目标管理的实施过程时，生产率的平均改进幅度达到56%；而对应高层管理低水平的承诺和参与，生产率的平均改进幅度仅为6%。因此，高层的管理者在目标的组织实施过程中需要将权力交给下级，而自己则主要去抓重点的综合性管理，更多地将管理体现在管理者的指导、协调、提出问题、提供信息以及创造良好工作环境方面，实现目标主要靠执行者的自我控制。

3. 目标的检查与评价

目标管理注重结果，对各级目标的完成情况需要进行检查和监督。检查的方法可以是自检、互检和专业部门的检查。检查的类型有抽查、定期检查、不定期检查、经常性检查等。对目标管理的成果评价不仅仅是指上级对下级的评价，还包括下级对上级的评价、同级关系的部门之间的相互评价以及各层次的自我评价。通过评价肯定成绩，发现问题，进行改进，保证组织活动协调进行以及做到自我激励和自我完善。

4. 确定新目标并开始新的目标管理循环

成果评价既是对某一阶段组织活动效果以及组织成员贡献的总结，也为下一阶段的工作提供借鉴和参考。在此基础上制定新目标，开始新一轮的目标管理循环。

（四）目标管理的局限性

1. 合理的目标难以制定

目标管理首先要求组织必须将目标进行较为准确的描述，但很多岗位的工作目标难以具体化，更多的时候目标的实现是各个部门、全体员工共同努力协作的结果，这个时候目标的制定就会存在困难。

2. 强调短期目标

大部分组织的目标管理所确定的目标都是短期的，容易使短期目标和长期目标脱节，使目标实现的承担者存在急功近利的做法，对组织长期发展不利。

3. 缺乏灵活性

目标的制定是民主协商的结果，按照目标管理的要求，目标一旦制定，就尽可能不要改变，以便组织对目标实施的结果进行检查和评价。但是现实中不确定的因素很多，有时对目标的修改是必要的，这样所花费的精力可能与制定一个目标体系相差无几，付出的代价很大。

第二部分　实务与实训任务

任务一　思考与讨论

一、简述题

1. 计划工作的基本特征是什么？
2. 计划根据执行时间的长短划分的类型有哪些？
3. 什么是目标？目标的重要性是什么？
4. 叙述目标管理的特点及其局限性。
5. 论述计划工作的制定步骤。

二、讨论题

1. 2013 年 6 月，九部门出台奶粉新政，婴幼儿奶粉将试行药店销售，若出现安全问题，消费者可获"先行赔偿"。

2014 年，全国共有持证奶站 1.3 万个，比 2008 年减少 6 890 个，减幅达 34%；婴幼儿配方乳粉生产企业 127 家，婴幼儿配方乳粉经营企业 54.5 万家。2012 年，国产婴幼儿配方乳粉约 60 万吨，进口婴幼儿配方乳粉约 9 万吨，包括网购乳粉。

我国将禁止婴幼儿奶粉以"贴牌"、委托生产、分装等方式生产。尤其是此前某些品牌从国外进口大包装奶粉在国内分装销售的状况，将被禁绝。

八项规定参照药品管奶粉。

（1）严格生产许可。修订婴幼儿配方乳粉生产许可审查细则，从企业生产设备设施、原辅料把关等方面提出更加严格的条件。

（2）参照药品生产企业 GMP 认证模式，要求生产企业全面实施粉状婴幼儿配方食品良好生产规范，完善审核工作。

（3）建立婴幼儿配方乳粉产品配方和原辅料使用备案制度。

（4）企业申请生产婴幼儿奶粉许可或调整产品品种时，必须申报产品包装的式样、颜色及标签。

（5）对奶源质量无保障和生产技术、设备设施、检验检测条件落后的企业，坚决予以淘汰。

（6）推行婴幼儿配方奶粉电子信息化管理，努力实现产品全程可查询、可追溯。

（7）向社会及时公布并实时更新婴幼儿配方乳粉生产企业、进口商和产品名录，包括产品包装式样和标签，便于消费者和社会各界辨识产品真伪。

（8）婴幼儿配方乳粉经营单位也将全面实施许可管理。

问题：结合给定资料，参照第三节目标管理的内容，请运用所学的知识说明该新政进行目标管理的过程（提示：我国怎样禁止牛奶"贴牌"等生产方式，目前采取哪些措施）。

2. 篮球架的原理

你知道篮球架有多高吗？

标准篮球架有 3.05 米高。篮球架为什么要做成这么高呢？它为什么不做成两层楼或者与一个人的身高差不多的高度呢？

不难想象，对着两层楼高的篮球架，几乎谁也别想把球投进球圈里，也就不会有人犯傻了；跟一个人差不多高的篮球架，随便谁都不费力气就能投进，大家也会觉得没意思。现在这个跳一跳够得着的高度是促使篮球成为世界性体育项目的原因之一，引得无数的体育健儿、爱好者热爱它。

问题：结合给定资料，参照第三节目标管理中目标难度适中性的内容，请运用所学的知识说明篮球架的高度告诉你一个什么道理呢（提示：什么时间定的高度，当时运动员的平均身高是多少，平均弹跳是多少）？

任务二 案例分析

案例一 《画皮》的营销计划

2008 年 9 月，由甄子丹、赵薇、周迅等人主演的影片《画皮》开始上映，仅仅 19 天的时间，这部由宁夏电影制片厂出品的国产大片票房就突破了 2 亿元，这是有史以来国庆档期上映的票房最高的影片。能取得这样的成绩，不仅要归功于其集魔幻、情感、动作于一身的影片特色、主创人员杰出的贡献和科学合理的档期安排，更要归功于它周密而高明的策划和营销手段。影片《画皮》的艺术总监、宣传营销总监杨真鉴始终将《画皮》称为产品，他解释说，"我们的产品在设计的全程中，就充分地重视市场需求，在产品价值、运营规划以及营销战略等多个方面满足市场需求，这是《画皮》取得成功很关键的原因"。《画皮》从筹备、缘起、选材、剧本，包括场景的选择、题材的规划、市场的研究、宣传战略的制定、宣传细节的规划，以及前期、中期、后期发力的节奏，都有非常完善的计划。这些计划具体如下。

（1）《画皮》的前期宣传是缓慢的，直到香港电影节时影片的剧照才首次公开亮相，而且挑选的是极阳刚的甄子丹和极阴柔的周迅的剧照，同时制片方还透露，这只是影片很少一部分元素。

（2）中期宣传，主创人员和文化学者开始陆续接受采访，进行《画皮》文化意义的引导，如东方新魔幻主题内涵的阐释。

（3）后期宣传，按计划实施了如"看过奥运看《画皮》"、"全国十大院线《画皮》发行联合签约"仪式等全方位的主题活动；国际版预告片及时现身网络后，又相继曝光三段电视宣传片，分别为 60 秒、30 秒和 15 秒，较之前的国际版预告片在剪辑上更为紧凑，还配有国语男声旁白。

（4）到了《画皮》即将公映前的宣传，各个媒体集体发力，把《画皮》推向了娱乐信息的制高点。为了加大宣传力度，片方还在广州耗资 500 万元举行首映的魔幻晚会，从美国拉斯维加斯邀请了世界顶级魔幻团队，用魔术手段表演影片中"脱皮"和"挖心"的场面，并先后在广州当地电视台和央视 6 套播出。

问题：

请结合案例，参照计划的类型与制定过程说明你理解的计划的含义及其作用。

案例二　汉森公司的五年发展目标

汉森家具公司是汉森先生在20世纪中期创建的，开始时主要经营卧室和会客室家具，取得了相当大的成功。随着规模的扩大，自20世纪70年代开始，公司又进一步经营餐桌和儿童家具。1975年，汉森退休，他的儿子约翰继承父业，不断拓展卧室家具业务，扩大市场占有率，使得公司产品深受顾客欢迎。到1985年，公司卧室家具方面的销售量比1975年增长了近两倍。但公司在餐桌和儿童家具的经营方面一直不得法，面临着严重的困难。

1. 董事长提出的五年发展目标

汉森家具公司自创建之日起便规定，每年12月召开一次公司中、高层管理人员会议，研究讨论战略和有关的政策。1985年12月14日，公司又召开了每年一次的例会，会议由董事长兼总经理约翰先生主持。约翰先生在会上首先指出了公司存在的员工思想懒散、生产效率不高的问题，并对此进行了严厉的批评，要求迅速扭转这种局面。与此同时，他还为公司制定了今后五年的发展目标。具体包括：①卧室和会客室家具销售量增加20％；②餐桌和儿童家具销售量增长100％；③总生产费用降低10％；④减少补缺职工人数3％；⑤建立一条庭院金属桌椅生产线，争取五年内达到年销售额500万美元。

这些目标主要围绕着增加公司收入，降低成本，旨在获取更大的利润，改善公司的绩效。

托马斯副总经理意识到自己历来与约翰董事长的意见不一致，因此在会议上没有发表什么意见。会议很快就结束了，大部分与会者都带着反应冷淡的表情离开了会场。托马斯有些垂头丧气，但他仍想会后找董事长就公司发展目标问题谈谈自己的看法。

2. 副总经理对公司发展目标的质疑

公司副总经理托马斯觉得，董事长根本就不了解公司的具体情况，不知道他所制定的目标意味着什么。这些目标听起来很好，但托马斯认为并不适合本公司的情况。他心里这样分析道：第①项目标太容易了——这是本公司最强的业务，用不着花什么力气就可以使销售量增加20％；第②项目标很不现实——在该领域的市场上，本公司就不如竞争对手，绝不可能实现100％的增长；第③项与第④项目标互相矛盾——既要扩大生产，又要降低成本，这无疑会对工人施加更大的压力，从而也就迫使更多的工人离开公司，这样空缺的岗位就越来越多，在这种情况下，怎么可能降低补缺职工人数3％呢？第⑤项目标倒有些意义，可改变本公司现有产品线都是以木材为主的经营格局。但未经市场调查和预测，怎么能确定五年内我们的年销售额达到500万美元呢？

经过这样的分析后，托马斯认为他有足够的理由对董事长所制定的目标提出质疑。

问题：

1. 你认为约翰董事长为公司制定的发展目标合理吗？为什么？你能否从本案例中概括出制定目标需注意哪些基本要求？

2. 结合本案例，参照目标管理的内容，分析约翰董事长的目标制定体现了何种决策和领导方式？其利弊如何？

3. 如果董事长在听取了托马斯的意见后同意重新考虑公司目标的制定，并责成托马斯提出更合理的公司发展目标，假如你是托马斯，参照目标管理的内容，你将怎么做？

任务三 情景模拟实训

情景模拟一

太阳家具公司的目标管理

旁白： 太阳家具公司是一家中小规模的家具公司，由王总一手创办。20多年前，王总只是一个小木匠，在改革开放的浪潮中，他把握了一次次的机会，终于将太阳公司发展成为现在拥有员工近百人年产值近800万元的家具公司。公司对家用家具的经营相当成功，但是对办公家具的经营却面临着重重困难。由于王总文化程度不高，所以他聘请了一位学管理专业的李先生担任他的副总，负责掌管公司销售、财务、资源、人事、法律事务和控制等方面的工作。最近一段时间，王总等人到全国各地参观学习，三天前才回来，刚巧赶上公司今天召开一年一度讨论公司未来发展的会议。

场景一

地点： 会议室。

人物： 王总、李副总、销售部部长、财务部部长、人力资源部部长、生产部部长、法律事务部部长等部门主管。

旁白： 会议室里各部门主管都已就座，三三两两在说话，这时王总和李副总谈笑风生地走进来，和大家握手寒暄，落座后，会议开始。

李副总： 王总刚从外地参观学习回来，我们先请王总讲话，大家欢迎。（鼓掌）

王总： 谢谢各位，这段时间大家辛苦了。这一次，我们到全国各地参观学习，收获很多，看到同行企业迅速发展壮大，对我的触动很大。在参观学习期间，我就一直在考虑公司如何能增加收入，降低成本，进一步做大做强。所以，我拟定了一份公司未来五年的目标，请大家讨论一下。①家用家具销售量增加20%；②办公家具销售量增加100%；③降低总生产费用10%；④减少补缺职工人数3%；⑤开辟一条庭院金属桌椅生产线，争取五年内达到年销售额100万元。

话音一落，大家立刻交头接耳，议论纷纷，"数字好听，但没什么意义"，"这太不切合实际了"……王总一脸尴尬。

李副总：（站起来为王总解围）大家有不同的看法，很好，说明大家对公司很关心，其他问题我们会后再讨论，现在，会议继续。

会议终于在一片很沉闷的气氛中结束。

场景二

地点： 李副总办公室。

人物： 李副总、销售部部长、财务部部长、人力资源部部长。

旁白： 会后，各部门主管纷纷来找李副总反映问题。

销售部部长：（敲门进）李副总，我想找你说说王总的五年目标。

李副总： 行，请坐下来慢慢谈。

销售部部长：（坐下）王总的五年目标中有三个目标和我们销售部有关，但是我个人觉得意义不大。

李副总：为什么？谈谈你的看法。（拿出纸和笔记录）

销售部部长：目标①家用家具销售量增加 20%太容易了，这是我公司最强的生产线，用不着花什么力气就可以增加 20%；而目标②办公家具销售量增加 100%，简直难以实现，在办公家具销售的市场上，我们公司根本没有竞争实力，不可能实现增加 100%；目标⑤开辟一条庭院金属桌椅生产线，争取五年内达到年销售额 100 万元，倒有些道理，我公司原来其他生产线都是以木料为主，但没有市场调查怎么能确定五年内我们的年销售额能达到 100 万元呢？

李副总：（一一记下来）好，这些情况我会一一向王总反映，你放心。

财务部部长：（敲门）李副总，我想找你谈谈。

（销售部部长见状，起身离开）

李副总：来，请坐。

财务部部长：王总的五年目标里，仔细分析，目标③降低总生产费用 10%与目标②办公家具销售量增加 100%其实是相矛盾的，你想想看，要想增加销售量，就要进行产品设计和提高产品质量，还要扩大生产线，进行广告宣传，这些都要增加费用，怎么可能反而降低总生产费用 10%呢？

李副总：（微微点头）行，我记下来了，我回头一定向王总反映。

人力部部长：（敲门）李副总，有时间吗？我想找你谈谈。

（财务部部长见状，起身离开）

李副总：有，来，请坐。

人力部部长：王总提出的目标④减少补缺职工人数 3%听起来很好听，但与前三个目标相互矛盾。你想要扩大生产，又要降低成本，无疑就会对工人施加更大的压力，从而也会迫使更多的工人离开公司，空缺的工人也会越来越多，在这种情况下，怎么可能还要降低补充缺额工人数 3%呢……

（电话铃响）

李副总：请等一等，我接个电话。

李副总：（接电话）"你好"……"行，请讲"……"行，我记下来了，我一定向王总反映情况，再见"。

李副总：不好意思，你请接着讲。

人力部部长：我们主要是对王总的五年目标有一些自己的看法。

李副总：你放心，我一定积极地向王总反映，给你们一个满意的答复。

人力部部长：好，那我就走了。

其他人走后，李副总把刚才部长们提出的意见一页一页地仔细阅读，眉头紧锁，决定明天找王总好好谈谈。

场景三

地点：王总办公室。

人物：王总、李副总。

旁白：李副总找王总就公司五年目标提出意见和建议。

李副总：公司现在发展得很好，我们大家都觉得很有信心。

王总：是啊，我现在也是信心十足，特别是这次参观了其他一些企业，劲头更足了，你觉得我的五年目标怎么样？按照我的构想，五年后我们就能够成为国内一流的企业了。

李副总：王总，我就是来和你聊聊这个五年目标的。

王总：好啊，说说看。

李副总：王总，你一定知道"邯钢经验"吧，它以前像我们一样属于中型企业，但自从实行了成本目标管理之后，就一跃成为仅次于宝钢的全国第二大钢厂。

王总：当然知道，成本目标管理？具体说说。

李副总：这主要是目标管理的作用，它最大的作用就是能很好地调动员工的积极性，"人不是有了工作才有目标，而是有了目标才能确定每个人的工作"。

王总：你这句话很富有哲理。

李副总：这句话不是我说的，是美国著名的管理学家彼德·杜拉克说的，就是他提出了目标管理。

王总：（一边回味，一边点头）好！好！

李副总：我们对于公司的未来发展，也不妨采用这个目标管理，我们可以首先制定出公司的整体目标，然后把整体目标层层分解为部门和每个成员的具体目标，在确定目标时，一定要让员工参与决策，这样可以使他们对于目标产生兴趣和信心，接着就限定一个明确的、远近合适的时间期限实施这个目标，最后进行绩效的考核。这里，我已经详细地拟定了一份公司目标管理的方案，请王总过目。

（李副总把厚厚一叠方案交给王总）

王总：（一边翻看，一边说）那好，你是副总，你全权负责。小李，你最好给全公司的人都来讲一讲目标管理，事先来一个思想总动员。

李副总：（高兴）没问题，我这就去安排。

尾声：在李副总的建议下，全公司上下齐心协力，目标管理开展得很顺利，成本得到了有效的控制，全厂效益不断地得到提高。

问题：

1. 你认为组织实施目标管理存在哪些问题？
2. 请结合本情景剧，参照目标管理的内容，为太阳家具公司拟定出具体的目标管理方案。

情景模拟二

中国好声音的现场计划

旁白："中国好声音（The Voice of China）"是由浙江卫视联合星空传媒旗下灿星制作强力打造的大型励志专业音乐评论节目，源于荷兰一著名电视节目"The Voice of Holland"，于2012年7月13日正式在浙江卫视播出。中国好声音不仅仅是一个优秀的选秀节目，更是中国电视历史上真正意义的首次制播分离。

场景一

地点：中国好声音第二季录制现场。

人物：主持人、学员××的妈妈。

旁白：比赛已经接近尾声，只剩下一名学员，导师和在场的观众都期待他的表现。

主持人：时间过得真快，转眼已经到了最后一位学员，这位学员很特别，因为他的高音特别令人震撼，今天他的母亲也来到了我们的现场，让我们欢迎××的母亲。

主持人：阿姨您好，在您眼里××是什么样的呢？能说说吗？

母亲：主持人好，大家好，我是××的妈妈，××是一个很坚强的孩子，从小就喜欢唱歌，在这期间，他参加过许多比赛，也拿到一些成绩，但像中国好声音这样的舞台还是第一次，希望他可以好好发挥，也希望大家支持他，谢谢大家。

主持人：好，让我们欣赏××的精彩演出。

场景二

地点：中国好声音第二季录制现场。

人物：各位导师，学员××。

旁白：学员介绍过自己之后，各位导师开始有计划地筛选队员。

导师a：我现在有一个问题，你有什么梦想？

学员××：我希望大家喜欢我的歌声，然后喜欢上我。

导师a：那你来我这里，我喜欢你，你的歌声。

导师b：现在你和我对视10秒，像你刚刚唱歌的样子，我知道你一定会来我的队伍，我需要你的声音。

导师c：我就喜欢你的声音，尤其是悲伤的声音，我们可以一起研究唱伤感的歌，我的队伍需要你。

导师b：别忘了，我去年带出了一个冠军。

导师c：但我想说的是，在冠军的道路上需要一个梦想导师，你知道是谁吗？对了，就是我。

导师a：如果你想让你的音乐形态更进步，那么，欢迎你来我的队伍。

导师c：我今年有32场演唱会，你可以来，真的，你可以来。

导师b：你是敢于冒险的，我就是冒险家，所以安于现状你就去他们那，想冒险来找我。

导师a：好了，我们该说的都说过了，接下来到你自己做决定的时候了。

场景三

地点：中国好声音后台。

人物：导师a、导师b、导演。

旁白：导演与导师们交流学员晋级意见。

导师a：学员××唱得确实不错，尤其是高音部分。

导师b：对，他真的打动了我，情绪也很到位。

导演：每个学员都很优秀，说实话很难抉择，但必须做出取舍，这就是规则。

导师a：真的好难哦，可我必须为我们的队伍负责。

导师b：真的不错，确实可以留下。

导师a：对啊，我真的很欣赏他，可我的队伍里已经有了高音的学员了，他的高音也很不错。

导演：既然这样，那么b导师就多考虑考虑吧。

导师a：是的，不要他，你一定后悔。

导师b：哈哈，你们都这样说了，那我就选他吧，而且我的队伍里也确实需要这样的选手。

尾声：在导演和导师的劝说下，加上选手优秀的表现，最终导师b选择了学员××。

问题：

1. 结合计划工作的原则，分析本次活动体现了计划的什么原则。

2. 参照计划的内容进行分类，分析本次活动属于计划的哪一类。

模块四

组　织

为了使人们能为实现目标而有效地工作，就必须设计和维持一种职务结构，这就是组织管理职能的目的。

——哈罗德·孔茨

目标与要求

本模块主要阐述组织的设计、组织的基本问题、常见的组织形式、人员配备和组织变革问题。本模块的学习，要求学生理解组织和组织结构的含义；掌握组织设计的含义；理解组织结构设计的基本原则，了解影响组织设计的因素；理解部门设计的基本原则，了解组织部门化的几种基本形式；掌握管理幅度的含义及其影响因素；理解授权的重要性，掌握授权的基本原则；掌握集权与分权的含义及优缺点，理解影响集权与分权的主要因素；熟悉各种常见的组织结构形式及其优缺点和适用场合；理解人员配备的含义，掌握人员配备的原理、人员配备的任务；了解组织变革的含义，掌握组织变革的内容、过程，掌握组织变革的阻力。

导入案例

本燕服装店的创业之初

1990 年，李本燕从职校毕业后到一家国营服装厂当缝纫工。两年后，由于服装厂经营效益不好，李本燕离开服装厂，就在服装厂附近开了一家西装加工店，取名为本燕服装店，从进原材料到卖西装都是她自己负责。旺盛的西装消费市场给小店提供了良好的成长机会，随着生意越来越好，服装店招的学徒和请的缝纫工不断增加，李本燕请她职校的同学周芙帮忙打理生意。周芙按照李本燕的吩咐做事，两人合作很愉快，服装店也小有名气。李本燕雄心勃勃，打算把店做成有名的服装厂，创立一个服装品牌。

可是，到 1994 年年底，当地的西装店已经有了 6 家，外地服装厂的西装也大量销往当地，且价格较低，款式较多，质量也更好。本燕服装店面临越来越激烈的竞争，生意明显不如以前。李本燕决定扩大西装加工规模，式样增加到 5 种，工人增加到 50 人，分成 5 个组。另外，直接向厂家大量采购布料、纽扣等原材料，以求降低成本。她要求周芙把好质量关，不能出现缺纽扣、缝纫不平整等问题，要节约用料。同时，改变原来等顾客上门购买的做法，李本燕自己主动与服装销售店联系销售业务，还派自己的表弟在批发市场设立了一个批发点。

李本燕的决定使服装店有了起色。但是，也出现了许多李本燕没有预料到的事情，主要有：一是许多事都是周芙在做，如收发货、库存保管、发工资、质量检查、考勤检查，周芙感到太累；二是无论大小事情周芙都向李本燕请示，大家不听周芙的安排，最后，许多事又落到李本燕身上，李本燕责怪周芙连一点小事也处理不好，周芙不想干了；三是李本燕感觉所进布料应该加工出更多成品西装，李本燕的表弟怀疑是周芙悄悄拿走了布料；四是周芙向李本燕反映，有人说李本燕的表弟以高于规定的价格批发，而李本燕不知此事。

李本燕在职校学服装加工时没有学经营管理方面的知识，面对以上问题，她不知道问题的根源在哪里，应该从何处着手解决。李本燕隐约感到了服装店有"散伙"的危险。

本燕服装店创业之初的例子说明，良好的愿望或计划，常常因为没有适当的组织予以支持而难以实现，组织及组织工作有着至关重要的作用。本燕服装店所面临的困难涉及组织形式的设计与调整、分工与协作、授权与分权等问题。

【分析提示】

1. 结合模块一中管理者应具备的技能考虑，像李本燕这样一个管理者最应该具备什么技能？
2. 你认为企业有一个合理的组织结构重要吗？这个案例对你有何启示？请记下你的所思所想。

第一部分　理论与背景知识

第一节　组织设计基础

一、组织及组织设计的含义

（一）组织及组织结构

组织可以从不同的角度去解释和理解，学术界关于组织的概念并没有统一的定义。大体归纳起来，组织包括以下两层含义：一是指两个或两个以上的个人为了实现共同的目标而形成的有机整体，如工厂、机关、学校、医院以及各个党派和政治团体等各种实体组织；二是指为了实现组织共同目标而确定组织内各要素及其相互关系的活动过程，也就是设计一种组织结构，并使之有效运转的过程。前者是组织的名词含义，后者是把组织当作动词来使用和解释的，指的是组织的职能。

组织结构是组织中划分、组合和协调人们的活动和任务的一种正式的框架，即描述组织各部分排列顺序、空间位置、聚散状态、联系方式以及各要素之间相互关系的一种模式。就像人类由骨骼确定体型一样，组织的形状也由结构构成决定。

> **┫问题思考┣**
>
> 下列人员中谁构成组织？机关工作人员，电影院、商场工作人员，学校教职工，机关到访人员，电影观众，购物顾客，到学校学习的学生。

（二）组织设计

组织设计是指以企业组织结构为核心的组织系统的整体设计工作。

组织设计的任务是设计清晰的组织结构，规划和设计组织中各部门的职能和职权，确定组织中直线职权、职能职权、参谋职权的活动范围并编制职务说明书。组织设计的最终结果是组织系统图、职务说明书和组织手册。组织系统图是用图形的方式表示组织内的职权关系和主要职能，其垂直形态显示权力和责任的关联体系，水平形态显示分工与部门化的结果。职务说明书主要是说明职位的名称、主要的职能、职责、履行职责的相应职权以及与组织其他职位的关系。组织手册通常是职务说明书与组织系统图的综合。

组织设计是一个动态的工作过程，其基本功能是协调组织中人员与目标任务的关系，使组织系统能适合目标的要求，最大限度地发挥成员的能动性，使组织成为一个既具有凝聚力又具有很强适应性的有机整体。

二、组织设计的基本原则

（一）目标统一原则

目标统一原则是指组织设计必须有利于组织目标的实现。

任何一个组织，都是由它的特定目标决定的，组织中的每一部分应该都与既定的目标有关系，否则它就没有存在的意义。组织结构的目的在于把人们承担的所有任务组成一个目标体系，然后将组织目标层层分解到各层级，各级部门通过实现本部门的目标，从而达到最终实现组织目标的目的。这一原则要求在组织设计中必须从组织要实现的目标、任务出发，并为有效实现目标、任务服务。

（二）分工协作原则

分工协作原则是指组织设计必须保证为实现目标进行任务和工作的分工，同时也要注意彼此间的协调。

企业任务目标的完成，离不开企业内部的专业化分工和协作，但随着分工程度提高，协调的难度增大，组织效率就会降低。管理者既要注意分工的合理性，又要注意发挥协调作用。分工协作原则规定了组织设计中管理层次的分工、部门的分工、职权的分工。

（三）管理宽度原则

管理宽度原则是指组织中管理者有效地监督、管辖其直接下属的人数是有限的。

管理宽度的大小，既取决于上级主管的能力和精力，也取决于这个主管所处的管理层次。一般来说，管理宽度不能太宽，一般以四至七人为宜；高层主管的管理宽度宜小些，基层主管的管理宽度宜大些。由于管理宽度的大小影响和决定着组织的管理层次，以及主管人员的数量等一些重要的组织问题，所以管理者应根据组织的实际情况慎重地选择管理宽度。

【管理工具】

格·拉丘纳斯上级所辖下属人数与各种可能存在的联系总数的关系公式：$C=N[2^{N-1}+(N-1)]$

管理故事：第一次有文献记载的管理宽度制度

摩西的岳父乔叟看到摩西从早到晚整天坐在那里，以色列人在他面前排起了长队，耐心地等着见他，表达自己的愿望和倾诉心中的不满。乔叟对摩西说："你这样做不太好。你和那些等着见你的人都受不了，你们会累坏的。你不应该自己一个人做这件事。"然后，乔叟建议摩西在每 1 000 人中选出一位代表，再在其中每 100 人中选出一位代表，每 50 人及每 10 人中选出一位代表。重大事项仍然由摩西自己来决定，但琐碎的事情就由那些选出的代表来做出裁决。摩西接受了建议。从那之后，他带领以色列人向迦南进发的任务就轻松了许多。

（四）权责一致原则

权责一致原则是指组织设计必须保持职权与职责的对等一致。

在进行组织设计时，既要明确规定每一管理层次和各个部门的职责范围，又要赋予完成其职责所必需的管理权限。职责与职权必须协调一致，要履行一定的职责，就应该有相应的职权，这就是权责一致原则的要求。

【管理名言】

法约尔原则：凡权力行使的地方，就有责任。

启示：责任一旦等于零，权力就会成为负数。

阿什定律：徒有责任而没有权力，会摧残一个人的自尊。（美国企业家 M.K.阿什）

启示：有权无责，权易滥用；有责无权，责易落空。

（五）集权与分权相结合原则

集权与分权相结合原则是指组织设计必须处理好职权的集权与分权的关系。

集权与分权是指组织中的职权关系，它们的关系处理得越适当，就越有利于组织的有效运行。一般来说，技术越发展，生产越社会化，协作劳动越紧密，分工越精细，就越需要集中统一的指挥与管理，以利于加强组织中局部各方面的协调配合，更经济合理地利用组织的人力、物力与财力。为了保证有效的管理，必须实行集权与分权相结合的领导体制。该集中的权力集中起来，该下放的权力就应该分权给下级，这样才能够加强组织的灵活性和适应性。

（六）稳定性与适应性相结合原则

稳定性与适应性相结合原则是指组织结构及其形式既要保持相对的稳定性，不要轻易变动，又必须随组织内外部条件的变化，根据长远目标做出相应的调整。

环境条件的变化必定影响组织的目标，以及组织中人员的态度和士气。因此，必须针对目标和环境的变化做出适应性调整。但是，组织的过多调整变化，也会对组织产生不利的影响。管理者必须在稳定性与变化之间寻求一种平衡，既保证组织结构的适应性，又有利于组织目标的实现。

（七）统一指挥原则

统一指挥原则是指组织设计必须保证命令的统一、指挥的统一和垂直性系统。

根据这一原则，命令应逐级下达，不许发生越级指挥，下级只接受一个上级的领导，只向一个上级汇报并向他负责，上下级之间形成一个指挥链。在这个指挥链上，上级既能了解下属情况，下属也容易领会上级的意图。只有这样，才能保证命令和指挥的统一，避免多头领导和多头指挥，使组织最高管理部门的决策得以贯彻执行，提高管理工作的有效性。

> **┃管理游戏┃**
>
> **游戏规则**
>
> （1）所有人伸出食指，放在胸前的位置。所有人的食指都必须托着竹竿，不许用手钩，每个人的食指都不能离开竹竿。
>
> （2）把这根竹竿放到膝盖以下的位置。
>
> （3）任何一个人手指离开竹竿，即违规，必须重新开始。
>
> **游戏目标**
>
> （1）尽快地完成。
>
> （2）高效地完成。
>
> 【讨论】组织（游戏）如何成功？
>
> 【提示】
>
> （1）明确组织目标。
>
> （2）组织关系融洽，行为协调一致。
>
> （3）有分工，但更重合作（"木桶原理"）。
>
> （4）把握好管理幅度（层次），精简才能高效。
>
> （5）关注自己的事，承担自己的职责。
>
> （6）一个英明"领导"的统一指挥。
>
> （7）集权与分权相结合。
>
> （8）不断地自我超越，进行组织变革。
>
> ……

三、组织设计的影响因素

（一）战略

战略是组织设计中最为重要的影响因素。在组织结构与战略的相互关系上，一方面，战略的制定必须考虑企业组织的现实；另一方面，一旦战略形成，组织结构应做出相应的调整，以适应战略实施的要求。组织结构与战略的关系如表4-1所示。

表4-1　　　　　　　　　　　　　　组织结构与战略的关系

战 略 类 型		组织结构特征
经营定位	专业化	倾向于集权型组织结构，强调内部效率和纵向控制
	多元化	倾向于分权型组织结构，强调内部自主性和结构灵活性
竞争态度	保守型	以集权的刚性为主，强调规范化和严密的控制
	稳健型	集、分权相结合，强调纵向的职能控制和横向的项目协调
	冒险型	以柔性的分权结构为主，注重创新和部门相互间的协调
竞争方式	成本领先	以职能性结构为主，注重规范化、内部效率和稳定性
	差异化	以弹性结构为主，注重横向的合作和纵向的专业化

不同的战略对组织开展的业务活动有不同的要求，这会影响组织设计中的职务设计和部门划分。在目标实施过程中，组织战略重点的改变，会导致组织的工作重点乃至各部门与职务在组织中重要程度的改变，各管理职务及部门之间的关系也随之改变，组织设计因此发生相应的变化。

（二）组织规模

组织规模是影响组织设计的一个重要变量。随着企业的发展，企业的规模日渐扩大，内容也日趋复杂，组织管理的正规化要求逐渐提高，管理文件愈来愈多，对不同岗位以及部门间协调的要求越来越高，组织也越来越复杂。

（三）组织的生命周期

组织不同的生命周期阶段要求有与之相适应的组织结构形态。比如，在企业初始阶段，其组织层级比较简单，管理者很可能同时担任着决策执行者的角色；在企业的衰退阶段，则可能出于开源节流的目的而进行组织层级的调整，如裁员。

（四）外部环境

任何一个组织的运作都不可能脱离一定的外部环境，有效的组织结构是那些与外部环境相适应的结构。

比较早的关于环境与组织结构之间关系的研究是由英国学者汤姆·伯恩斯（Tom Burns）和斯托克（G.M.Stalker）进行的。研究发现，环境一般可分为相对稳定的环境和不稳定的环境。与此相适应，有两种不同的组织结构，即机械式结构和有机式结构。处于相对稳定环境中的组织宜采用机械式结构，而处于不稳定环境中的组织多采用有机式结构。

机械式结构又称为科层组织，是设有严格的等级层次、决策高度程序化、权力高度集中化和操作高度标准化的组织；有机式组织是一种相对分散的、分权化的、具有灵活性和适应性的组织。

（五）技术

技术是指把某种材料等资源转化为最终产品的机械力和智力转换过程。任何组织都需要通过技术将投入转化为产品。组织必须适应新技术的发展，设计不同的部门和相应的组织结构。

英国学者沃德伍德（Joan Woodward）曾调查英国南方近100家制造企业并分析其组织结构。沃德伍德根据技术复杂程度将制造企业划分为三类：①小批量单件生产技术，这种产品一般属于定制，其生产过程属于低技术性，如裁缝依客户要求量身定做西装；②大批量规模生产技术，大批量生产产品，通常采用装配线方式，由零件组合成部件或成品，如电冰箱和汽车；③持续性流水作业技术，指有连续不断的生产过程，如石化及化工提炼业。沃德伍德发现组织结构的特征与生产技术类型之间存在一定的对应关系。一般来说，在技术简单（小批量生产）和技术最复杂（持续性流水作业）的企业组织中适合有机式组织，因为它们较少程序化和标准化；而大量生产则具有标准化的工作和正式化的程序特征，故适合于机械式组织。

四、组织设计的内容

（一）职位设计

职位设计是指将若干工作任务组合起来构成一项完整职位。有些职位是常规性的，其任务是标准化和经常重复的；另一些职位则是非常规性的。职位因任务组合的方式而异，而这些不同的组合则创造了多种职位设计选择。

1. 职位设计的要求

没有放之四海而皆准的最好的职位设计，但理查德·哈克曼和格莱戈·奥海姆所提出的职位特征模型（Job Characteristics Model，JCM）提供了职位设计的一种理论框架。根据这一模型，可以用激励潜力分数（MPS）来衡量一个职位本身对人们的激励程度。

它确定了五种主要的职位特征，分析了它们之间的关系以及对员工生产率、工作动力和满足感的影响。激励潜力分数（MPS）的计算公式为

MPS=[(技能多样性+任务同一性+任务重要性)÷3]×自主性×反馈

根据职位特征模型，任何职务都可以从以下五个核心维度进行描述。

技能多样性（Skill Variety），指一项职位要求员工使用各种技术和才能从事多种不同活动的程度。

任务同一性（Task Identity），指一项职位要求完成一项完整的和具有同一性的任务的程度。

任务重要性（Task Significance），指一项任务对其他人的工作和生活具有实质性影响的程度。

自主性（Autonomy），指一项职位给予任职者在安排工作进度和决定从事工作所适用的方法方面提供的实质性自由、自主的程度。

反馈（Feedback），指个人为从事职位所要求的工作活动所需获得的有关其绩效信息的直接和清晰程度。

职位设计必须均衡地满足顾客、雇员以及组织的利益。

2. 职位设计的做法

目前，职位设计的做法主要包括职位扩大化、职位轮换、职位丰富化和工作团队。

（1）职位扩大化，是为了克服由于过度的分工而导致的工作过于狭窄的弊端而提出的一种职位设计思想。职位扩大化是指把若干活动合并为一件工作，扩大工作的广度和范围，也就是在水平范围内拓宽了职位的内容，使工人的工作不再那么单调。

（2）职位轮换，指让员工定期地从一项工作更换到另一项工作上去，从而促进员工技能的多样化，也利于减少工作的单调性。

（3）职位丰富化，指从纵向上充实和丰富工作内容，核心是使从事某项职位工作的人感受到更大的责任，并给予他们更多的自主权和控制权，从而使员工感觉到工作有意义。职位丰富化设计就是将部分管理权限下放给下级，使其在一定程度上自主决定工作内容、工作方法、工作进度等，从而体验工作的内在意义、挑战性和成就感。

（4）工作团队。当职位设计围绕群体时，就形成了工作团队。工作团队享有更大的自主权，除了决定工作内容、工作方法外，甚至可以自主挑选成员、自主考评以及决定奖惩。

‖ 扩展阅读：一日厂长 ‖

韩国精密机械株式会社实行了独特的管理制度，即让职工轮流当厂长管理厂务。一日厂长和真正的厂长一样，拥有处理公务的权力。当一日厂长对工人有批评意见时，要详细记录在工作日记上，并让各部门的员工收阅。各部门、各车间的主管，得依据批评意见随时改进自己的工作。这个工厂实行"一日厂长制"后，大部分职工干过"厂长"，工厂的向心力增强，工厂管理成效显著，开展的第一年就节约生产成本300多万美元。

让企业的每一个成员都更深刻地体会到自己也是企业这个大家庭中的一员，并身体力行地做一回管理者，不仅可以充分调动他们的积极性，也对从多方面看到管理上的不足有积极作用。

> 现代企业管理的重大责任，就在于谋求企业目标与个人目标二者的一致，二者越一致，管理效果就越好。

（二）管理层次设计

1. 管理层次的划分

管理层次也称组织层次，它是描述企业纵向结构特征的一个概念，是指从企业最高一级管理组织到最低一级管理组织的各个组织等级。每一个组织等级为一个管理层次。在一个组织中，管理层次的多少，应根据组织的任务量与组织规模的大小而定。

2. 确定管理层次应考虑的因素

管理层次的多少取决于管理幅度的大小，这是由管理幅度的有限性决定的。管理幅度是指上级管理者能够有效地监督、管辖的直接下属人员的数量。产生这种有限性的原因有以下两个方面。①任何企业领导者的知识、经验和精力都是有限的，因而能够有效领导的下级人数必然也是有限度的。超过一定的限度，就不可能进行有效的领导。②下级人员受其自身知识、专业、能力、思想等素质条件和岗位工作的负担、眼界等分工条件的局限，在没有上级领导任何指导的情况下，很难做到完全自觉地、合乎要求地执行和完成计划规定的各项任务，自动、圆满地解决由于分工引起的各种复杂的协调问题，并随时根据变化了的情况主动地、正确地调整自己的工作。这样，下级人员对上级领导的管理幅度也提出了限制。若不顾这种限制而任意地加大管理幅度，结果只能是引起管理工作的混乱。

（三）部门设计

1. 部门的含义及划分方法

部门是指组织中管理者为完成规定的任务有权管辖的一个特殊的领域。"部门"这个术语在不同的组织中有不同的称呼，企业组织称为分公司、部和处；军队称为师、团、营、连；政府单位则称为部、局、处、科等。部门划分的目的在于确定组织中各项任务的分配与责任的归属，以求分工合理、职责分明，有效地实现组织的目标。

组织的部门有多种不同的划分形式，依据不同的划分标准，可以形成以下几种不同的部门划分形式。

（1）按人数划分。单纯按人数多少来划分部门可以说是一种最原始、最简单的划分方法。军队中的师、团、营、连是用此方法划分的。这种按人数划分部门的方法是抽取一定数量的人在主管人员的指挥下去执行一定的任务。一般来讲，这种划分方法的特点是仅仅考虑人力，因此在现代高度专业化的社会中有逐渐被淘汰的趋势。

（2）按时间划分。这种方法多见于组织的基层。它是在正常的工作日不能满足工作需要时所采用的一种划分部门的方法。例如，许多工业企业按早、中、晚三班制进行生产活动。此外，交通、邮电、医院等组织也采用这种轮班制的方法进行部门划分。这种划分方法给管理带来的主要问题是监督问题、效率问题以及中晚班费用比较高。

（3）按职能划分。按职能划分部门是最普遍采用的一种划分方法。按职能的不同进行部门划分，即根据生产专业化的原则，以工作或任务的性质为基础来划分部门。这种方法将特定的、互相有联系的工作活动划分到同一个部门。在每一个部门里，员工拥有相似的技能、专长和可以利用的资源。一般来说，企业的主要职能部门是生产、工程、质量、销售、财务等。

按职能划分部门的优点在于：它遵循专业化原则，因此能充分发挥专业职能，使得管理者的注意力集中在组织的基本业务上，有利于目标的实现；另外，简化了训练工作，加强了上层控制手段。缺点主要是：由于人、财、物等资源过分集中，不利于开拓边远市场或按照目标顾客的需求组织分工；同时，这种划分方式可能助长部门主义风气，使得部门之间难以协调配合，也会影响到组织总目标的实现；另外，由于职权过分集中，部门主管虽容易得到锻炼，却不利于高级管理人员的全面培养和提高，也不利于综合型人才的培养。

（4）按产品划分。它是指按组织向社会提供的产品来划分部门。它是随着科学技术的发展，为了适应新产品的生产而产生的。

按产品划分部门有利于发挥个人的技能和专业知识，有利于部门管理者把注意力集中在产品上，有利于产品的增长和发展。其缺点是要求更多的人具有全面管理的能力，产品部门独立性强、整体性差，增加了主管部门协调、控制的困难。

（5）按区域划分。它是按照地理区域划分部门。对于一个规模较大、区域分散的组织来说，按区域划分部门是一种比较普遍的方法。当组织分散在不同区域，各区域的政治、经济、文化等因素影响到组织的经营管理时，这种方法才能充分发挥其优势。

主要优点：组织可以把权责下放到地方，鼓励地方参与决策和经营，有利于培养管理人才；有利于改善地区的协调，取得地区经营的经济效益。主要缺点：企业所需的能够派赴各个区域的区域主管比较稀缺，且比较难控制；另外，各区域可能因存在职能机构设置重叠而导致管理成本过高。

这些部门划分的基本方法不是彼此截然独立的，在实际组织结构设计中，组织往往根据自己的实际情况，采用某种或将某几种形式混合来进行组织部门的划分。例如，一个基本上属于按职能划分部门的组织，也有按产品、用户或区域划分的部门。

2. 部门设计的基本原则

部门划分应遵循分工原则。分工原则告诉我们，一个组织机构越是能够反映为达到组织目标所必要的任务或工作需要，并有助于不同任务或工作之间的协调；同时它所确定的各种职务越是适合于承担这些职务的人的能力和动机，那么它越是一个有效能和有效率的机构。部门划分的具体原则如下。

（1）力求维持最少部门。组织结构是由管理层次、部门结合而成的。组织结构要求精简，部门数量应尽量减少。但这种减少是在有效地实现组织目标的前提下进行的。现实中，常常有些管理者坚持在组织结构第一级以下的一切部门，都要按照完全相同的方式划分业务工作，建立各级的平衡并以连续性和对等性为特征的刻板结构。这是对部门划分的误解，建立机构的目的不是供人欣赏，而是为了有效地实现目标。

（2）组织机构应具有弹性，部门应随业务的需要而增减。在一定时期划分的部门，并不意味着具有"永久"的性质，它的存在与否决定于目标业务的需要，其增设和撤销应视业务工作而定。

（3）以确保目标的实现为前提，设立必要的职能。在企业组织中，其主要职能是生产、销售和财务等，在医院里，主要职能是医疗服务等，像此类的职能都必须有相应的部门。当某一个职能与两个以上部门有关联时，应将每一部门所负责的工作及职能加以明确。

（4）指派平衡。各部门职务的任务委派应当平衡，避免忙闲不均、工作量分摊不均。

（5）检查类职务与业务类职务需要分设。考核和检查业务部门工作的人员，不应隶属于受其检查评价的部门，这样就可以避免检查人员的"偏心"，真正发挥检查部门的作用。

总之，部门的划分，解决了因管理幅度的限制而约束组织规模扩大的问题，同时把业务工作安排到各个部门中去，有利于组织目标的实现。由于业务工作的划分难以避免地带来部门间不协调的问题，因此，在划分部门的同时，也必须考虑到这种不协调所带来的消极影响。

（四）职权设计

职权设计就是全面、正确地处理企业上下级之间和同级之间的职权关系，将不同类型的职权合理分配到各个层次和部门，明确规定各部门、各种职务的具体职权，建立起集中统一、上下左右协调配合的职权结构。它是旨在保证各部门能够真正履行职责的一项重要的组织设计工作。

企业各层次、各部门、各种职务所享有的，内容各异、大小不同的各种职权及其相互联系，即企业的职权结构。遵循一定的指导原则，为企业建立一个科学合理的职权结构，是职权设计的任务。因此，职权设计的工作内容取决于职权结构的基本内容，一般包括以下两个方面内容。

1. 职权的纵向结构和集权与分权的设计

企业管理组织的不同层次承担着不同的职能，因此，按照以责定权的要求，职权就会相应形成纵向结构。职权的纵向结构一般由高层的经营决策权、中层的专业管理权以及基层的作业管理权三个部分组成。将这三个组成部分联结起来，使之成为上下衔接、贯穿到底的纵向系统，靠的是决策权在各个层次的合理配置。

由于决策权贯穿着职权的纵向结构，这就需要正确处理决策权的集中与分散的关系，包括从总体上确定企业决策权集中化或分散化的关系，以及决策权的具体配置。完成这一任务的工作，就是集权与分权的设计工作，它是职权设计的一项基本内容。

2. 职权的横向结构和部门职权分立与衔接的设计

职权的横向结构，指的是同一管理层次各个部门的职权配置及相互关系。它与职能结构和部门结构相适应，包括相互联系的三个方面内容：一是按照专业分工，各部门所享有的相应职权；二是按照在各项工作中同级部门之间的协作关系，各自享有的相应职权，如决定权、建议权、确认权、协商权等；三是按照有关部门之间的横向制约关系所确定的监督权。

根据职权横向结构的内容而需要进行的工作，是部门职权分立与衔接的设计。通过这项工作，一方面要为各部门配置完成其专业管理工作所必需的、独立行使的职权，保证实现合理的横向分工与有效的横向制约；另一方面，要为部门之间的专业搭接规定相应的职权，以加强协作，促进良好的横向协调。

第二节　组织的基本问题

一、管理幅度与管理层次

（一）管理幅度与管理层次之间的关系

管理幅度是指上级管理者能够有效地监督、管辖的直接下属人员的数量。

管理层次是指从企业最高一级管理组织到最低一级管理组织的各个组织等级。

管理层次与管理幅度有关。管理层次的多少取决于管理幅度的大小。在组织规模一定的情况下，管理幅度越大，管理层次越少。管理幅度与管理层次呈反比，决定了两种基本的管理组织的结构形态，即扁平结构与高耸结构。扁平结构是指管理层次少、管理幅度大的结构；而高耸结构是指管理幅度较小、管理层次较多的金字塔形态。

1. 扁平结构的优缺点

扁平结构的优点是层次少，有利于缩短上下级距离，密切上下级之间的关系，信息传递速度快，信息失真可能性小，而且管理幅度大使管理者对下属不可能控制过多过死，给下属较大的自主性和创造性。但由于过大的管理幅度，也带来一定的局限性，即管理者不能对下属有效地指导和监督，上下级协调较差，也增加了同级之间沟通的困难。

2. 高耸结构的优缺点

高耸结构正好与扁平结构相反。较小的管理幅度使管理者能对下属进行详尽的指导。但是管理层次过多影响了信息的传递速度，使上下级的意见沟通和交流受阻。

（二）影响管理幅度的因素

在确定管理幅度时，应综合考虑以下几个方面的因素。

1. 管理者与其下属的工作能力

当管理人员的自身素质较强，管理经验丰富时，在不降低效率的前提下，可适当增加其工作量，加大管理幅度；同样，下属人员训练有素，工作自觉性高，也可采用较大的管理幅度，让他们在更大程度上实行自主管理，发挥创造性。

2. 工作任务的复杂程度

若管理者经常面临的任务较复杂，解决起来较困难，并对企业活动具有较大影响，则他直接管辖的人数不宜过多；反之，可增大管理幅度。

3. 企业信息沟通渠道的状况

若企业信息沟通渠道畅通，通信手段先进，信息传递及时，可加大管理幅度。

4. 授权

适当的授权可减少主管的监督时间和精力，使管辖的人数增加。责权明确划分，有助于提高各级管理者的办事效率，也可以增大管理幅度。

5. 计划制定的完善程度

事先有良好、完整的计划，工作人员都明确各自的目标和任务，清楚自己应从事的业务活动，则主管人员就不必花费过多的精力和时间从事指导和纠正偏差，那么主管人员的管辖幅度就可以大一些，管理幅度大，管理层次就相对少一些；反之，计划不明确、不具体，就会限制一个管理人员的管辖范围，管理幅度就相对较小。

二、职权

（一）职权的分类

职权是经由一定的正式程序赋予某一职位的一种权力。换句话说，职权是管理人员在职务范围内的管理权限，是其履行管理职能的前提。同职权共存的是职责。正如法约尔所说，职责与职权是孪生子，职责是职权的必然结果和必要补充。作为一名主管人员，当处于某一职位担负一定职务时，必然要尽一定的义务，即职责是某项职位应完成某项任务的责任。一个正式组织的职权有三种类型，即直线职权、参谋职权和职能职权。

1. 直线职权

直线职权是某项职位或某部门所拥有的包括做出决策、发布命令等的权力，即指挥权。

每一管理层的主管人员都应具有这种职权，只不过每一管理层次的职位不同，其职权的大小、范围不同而已。从组织的上层到下层的主管人员之间，便形成一条权力线，这条权力线被称为指挥链或指挥系统，其中的权力指向是由上到下。由于在指挥链中存在着不同管理层次的直线职权，故指挥链又称层次链。指挥链即权力线。

2. 参谋职权

参谋职权是某项职位或某部门所拥有的辅助性职权，包括提供咨询、建议等。

近代组织中出现的参谋及其职权的概念来自军事系统。1807 年，普鲁士军事改革家香霍斯特（G.J.D.Sharnhorst），创建了军事参谋本部体制。所有军事统帅的决策过程，必须依赖参谋部集体智慧的支持来完成。以后，德国、美国等军队也相继建立了参谋组织，并成为军队中不可缺少的一部分。随着社会的发展，管理问题的日益复杂，"多谋善断"由独自一人来完成已不可能，不仅仅军事上，政治、经济等部门都需要出谋划策的参谋人员。

参谋的种类有个人与专业之分。前者即参谋人员。参谋人员是直线人员的咨询人，他协助直线人员执行职责。专业参谋，常为一个单独的组织或部门，就是一般的"智囊团"、"顾问班子"。专业参谋部门的出现，是时代发展的产物，它聚合了一些专家，运用集体智慧，协助直线主管进行工作。

3. 职能职权

职能职权是某职位或某部门所拥有的原属于直线管理者的那部分权力。

在纯粹参谋的情形下，参谋人员所具有的仅仅是辅助性职权，并无指挥权，但是，随着管理活动的日益复杂，主管人员仅依靠参谋的建议还很难做出最后的决定。为了改善和提高管理效率，主管人员就可能将职权关系做某些变动，把一部分原属于自己的直线职权授予参谋人员或某个部门的主管人员，这便产生了职能职权。

职能职权大部分是由业务或参谋部门的负责人来行使的，这些部门一般由一些职能管理专家所组成。例如，一个公司的总经理统揽管理公司全局的职权，他为了节约时间，加速信息的传递，就可能授权财务部门直接向生产经营部门的负责人传达关于财务方面的信息和建议，也可能授予人事、采购、公共关系等顾问一定的职权，让其直接向直线组织发布指示等。

（二）正确处理三种职权的关系

在现代组织中，这三种职权是使组织活动转向组织目标不可分割的整体。

1. 直线职权与参谋职权的关系

直线与参谋是两类不同的职权关系。直线关系是一种指挥和命令的关系，授予直线人员的是决策和行动的权力；而参谋关系则是一种服务和协助的关系，授予参谋人员的是思考、筹划和建议的权力。

直线职权是一种完整的职权，是协调组织的人、财、物，保证组织目标实现的基本权力。拥有直线职权的人有权做出决策，有权进行指挥，有权发布命令。参谋职权则是一种有限度的、不完整的职权，拥有参谋职权的管理者可以向直线管理者提出建议或提供服务，但其本身并不包括指挥权和决策权。参谋职权是一种辅助性的职权，一个组织没有委派任何参谋人员也可以有效地工作。但当一个组织的规模扩大到一定程度，直线职权已不足以应付所面临的许多复杂问题时，就需要设置参谋职权。参谋职权的行使是保证直线人员做出的决策更加合理与科学的重要条件。

参谋职权的设立可以协助直线管理人员解决复杂的管理问题，但是由于参谋职权的特点和它不易为人们所理解，因而在实际运用时受到了某些限制，常常带来直线管理人员与参谋人员之间的冲突。因此，如何正确处理它们的关系对一个组织来讲是至关重要的。

2. 直线职权与职能职权的关系

职能职权是直线职权的一部分，是从直线职权中分离出来的，因此，职能职权也具有直线职权的特点。但职能职权的范围小于直线职权，它主要解决的是较具体的问题，如怎样做、何时做的问题，绝不能包揽直线的一切权力，否则就会削弱直线人员的地位。同时，职能职权的行使者多是一些有一定专长的参谋人员，因此，它更能从某一专业的角度出发来保证一项决策的科学性、可行性和实用性，从而大大促进管理效率的提高。

管理中直线职权与职能职权是相当重要的，其关系必然会影响到组织的运作，处理不好会引起冲突和更多的时间及效率的损失。因此，如何正确处理它们的关系也是组织所要考虑的问题。

三、授权

组织当中职权经常需要在不同的层级上进行分配，当一个组织经常需要以临时小组的方式进行某种非常规活动时更是如此。因而，授权的问题在现代组织中就变得越来越频繁、越来越重要了。

（一）授权的含义

所谓授权，就是指上级赋予下级一定的权力和责任，使下属在一定的监督之下，拥有相当的自主权而行动。授权并不意味着责任下放。授权只是把一部分权力分散给下属，而不是把与"权"同时存在的"责"分散下去。授权者对被授权者有指挥、监督权，被授权者对授权者负有汇报情况及完成任务之责。

授权对于一个组织的发展来说是十分重要的。管理者进行授权的主要原因有：可使高层管理者从日常事务中解放出来，专心处理重大问题；让下属在工作中有了一定的权力自由，从而调动其工作的积极性和主动性；下属有机会单独处理问题，从而提高了下属的管理能力，有利于管理人员的培养；通过授权，上级可以把自己不会或不精的工作委托给有相应专长的下属去做，从而弥补了授权者自身的不足。正确授权不仅对组织运行和发展极为重要，也是一项极具挑战性的工作。

┤管理故事├

《汉书》卷七十四魏相丙吉传记载，丙吉是西汉宣帝时一位非常贤能的丞相，是从一个小狱吏逐步提拔到丞相高位的。他一生兢兢业业，始终都在努力学习诗书礼经等儒家经典，深通治国之道。他辅佐汉宣帝励精图治，使得宣帝统治期间"吏称其职，民安其业"，号称"中兴"，因此《汉书》对宣帝大为赞赏，曰："功光祖宗，业垂后嗣，可谓中兴，侔德殷宗、周宣矣！"

有一次丙吉丞相外出，在路上正好遇见为皇帝外出清除道路、驱赶行人而发生的群斗，死伤横道。丙吉从那儿经过时却不闻不问。同行官员掾史觉得很奇怪，又不敢问他，只得陪同往前走，走到另一个地方看见有人赶着一头牛，这头牛走得气喘吁吁，热得直吐舌头。这时，丙吉让车子停下来，派侍卫人员问赶牛的人："你赶这头牛走了几里路了？"

掾史觉得丞相莫明其妙，刚才在前面路上死伤了人都不闻不问，这会儿却对一头牛为什么喘气问个不休，于是就讥笑着对丙吉说："丞相您是不是搞错了，您该问的不问，不该问的却问个没完。"

丙吉意味深长地对掾史说："百姓相斗而死伤了人，管这种事是长安令、京兆尹等官员的职责，应由他们派人去抓捕、审理。到年终丞相只负责考核他们的政绩是优还是劣，根据考核的结果奏明皇上对他进行奖赏或惩罚就是了。作为一个当朝丞相，不应该亲自管一些不该自己去管的具体琐事，所以刚才路过群斗的现场，我就不加过问。奇怪的是，现在正是春令时节，天气不应该太热，我怕那头牛没走多少路就喘得那么厉害，是因为太热了。若是春令天就那么热，那是时令失调，不符合节气的征兆。气候反常对农作物和人都可能带来灾害。我身为丞相，是朝廷百官之首，我的职责就是要使国家风调雨顺、国泰民安。只要是有关这方面的情况，我都要争取预先搞清楚，才能做到心中有数。所以，我对牛喘气吐舌的现象就不能不亲自过问了。"掾史乃服，因为丙吉知大体啊。

这是中国历史上一个很典型的有关管理中如何授权的故事。企业经理如果缺乏有效的授权技巧，工作不但不可能轻松，也不见得会有什么大的成效。所以，要做好一名称职的企业经理，就要从日常的一些琐事中抽身而出，去做一名经理人应该去做的事。就好比故事中的丙吉丞相，如果他去管理那些斗殴偷窃等一类的琐事，那他绝不会成为一名卓越的西汉丞相。

（二）授权应遵循的基本原则

授权看起来似乎很简单，但很多研究表明，管理者由于授权不当所引起的失败要比其他原因引起的失败多得多。因此，每一个管理者都要注意研究授权的方法和技巧。怎么才能做到正确授权呢？

1. 明确授权的目的

没有明确目的的授权，会使受权人在工作中摸不着边际、无所适从，授权者必须让受权者明确所授事项的任务目标及权责范围，使其能十分清楚地工作。

2. 职、权、责、利相当

为了保证受权者能够完成所分派的任务，并承担起相应的责任，授权者必须授予其充分的权力并许以相应利益，授权要做到职、权、责、利相当。也就是说，所授予的权力应能保证受权者履行相应职责、完成所授任务，做什么事给什么权；而受权者对授权者应负的责任大小应与授权者所授予的权力大小相当，有多大的权力就应该承担多大责任；给予受权者的利益必须与其所承担的责任大小相当，有多大的责任就应承诺给予多大的利益。权力太小是受权者无法尽责的普遍原因；权力过多常常会造成对他人职权范围内事务的干涉；缺乏利益驱动则是受权者不愿过多承担责任的主要原因。

3. 保持命令的统一性

从理论上讲，一个下级同时接受两名以上上级的授权并承担相应的责任是可能的，但在实际工作中存在着较大的困难。因此，通常要求一个下级只接受一个上级的授权，并仅对一个上级负责，这就是统一指挥原则。

统一指挥原则要求：全局性问题由高层直接决策，不授权于下级；各部门间分工明确，不交叉授权；不越级授权，授权者如发现下属职权范围内的事务有问题，可以向下属询问、建议、指导，甚至在必要时命令、撤换下属，但不要越过下级去干涉下级职权范围内的事务。

4. 正确选择受权者

在选择受权者时，应根据所要分派的任务，来选择具备完成任务所需条件的受权者，以避免出现不胜任或不愿受权等情况。应根据所选受权者的实际能力，授予相应的权力和对等的责任。对既能干又肯干的，要充分授权；对适合干但能力有所欠缺或能力强但有可能滥用权力的，要适当保留决策权。为了正确选择受权者，在授权前，除对受权者进行严格考察外，还可以"助理"、"代理"等名义先行试用，合格的再正式授权。

5. 加强监督控制

由于授权者要对受权者的行为负责，授权者必须加强对受权者的监督控制。不愿授权和不信任下级的情况多半是因为担心失去控制。因此，授权者要建立反馈渠道，及时检查受权者的工作进展情况及权力的使用情况。对于确属不适合此项工作的，要及时收回权力，更换受权人；对滥用权力的，要及时予以制止；对需要帮助的，要及时予以指点，从而保证既定目标的实现。另外，要注意控制不是去干预受权者的日常行动，也不是为了保证不出任何差错，因为人人都有可能会犯错误，只有允许受权者犯错误，受权者才愿意接受授权，并在实践中培养出合格的管理人员。

管理故事

有一个国王老待在王宫里，感到很无聊，为了解闷，他叫人牵了一只猴子来给自己做伴。因为猴子天性聪明，很快就得到国王的喜爱。这只猴子到王宫后，国王给了它很多好吃的东西，猴子渐渐地长胖了，国王周围的人都很尊重它。国王对这只猴子更是十分相信和宠爱，甚至连自己的宝剑都让猴子拿着。

在王宫的附近，有一座供人游乐的树林。当春天来临的时候，这座树林简直美极了，成群结队的蜜蜂嗡嗡地咏叹着爱神的光荣，争芳斗艳的鲜花用香气把林子弄得芳香扑鼻。国王被那里的美景所吸引，带着他的正宫娘娘到林子的深处。他把所有的随从都留在树林的外边，只留下猴子给自己做伴。

国王在树林里好奇地游了一遍，感到有点疲倦，就对猴子说："我想在这座花房里睡一会儿。如果有什么人想伤害我，你就要竭尽全力来保护我。"说完这几句话，国王就睡着了。一只蜜蜂闻到花香飞了过来，落在国王头上。猴子一看就火了，心想："这个倒霉的家伙竟敢在我的眼前螫国王！"于是，它就开始阻挡。但是这只蜜蜂被赶走了，又有一只飞到国王身上。猴子大怒，抽出宝剑就照着蜜蜂砍下去，结果把国王的脑袋给砍了下来。

同国王睡在一起的正宫娘娘吓了一跳，爬起来大声喊道："哎呀！你这个傻猴子，你究竟干了什么事儿呀！"

猴子把事情的经过原原本本地说了一遍，聚集在那里的人们把它骂了一顿，将它带走了。

这则寓言对管理的启示是深刻的。"国王"作为管理者的悲剧：一是将保护的权力授给了无法承担保护责任的"猴子"；二是在对"猴子"授权后没有进行有效的监督与约束，不仅将宝剑交给了"猴子"，就连一直尽职尽责保护自己的随从也被支开。正是这种不科学的授权，最终导致了悲剧发生——国王的脑袋被猴子砍了下来。

企业管理者不可能事必躬亲，对下属进行授权是必要的，但是，怎样授权才是科学的、有效的呢？

四、集权与分权

（一）集权与分权的定义

集权是指决策权在组织系统中较高层次的一定程度的集中。

分权是指决策权在组织系统中较低层次的一定程度的分散。

集权与分权是两个相对的概念。绝对的集权意味着职权全部集中在一个管理者手中，组织活动的所有决策均由管理者做出，不存在下级管理者。这在现代社会经济组织中是不存在的。而绝对的分权则意味着全部权力分散在各个管理部门，没有管理者，组织也不可能存在。

（二）集权和分权的标志

集权与分权在组织中只是个程度问题，有的集权程度高一点，有的分权程度高一点。衡量一个组织的集权或分权的程度，主要有下列几项标准。

1. 决策数目的多少

组织中较低管理层次做出的决策数目越多，则分权的程度就越高；反之，高层决策数目越多，则集权程度越高。

2. 决策的重要性

组织中较低层次做出的决策越重要，影响面越广，则分权的程度越高；相反，下级做出的决策越次要，影响面越小，则集权程度越高。决策的重要性一般以决策涉及的费用来衡量，费用大者一般较为重要。

3. 对决策的控制程度

组织中较低层次做出的决策，上级要求审核的程度越低，分权程度越高；如果上级对下级的决策根本不要求审核，则分权的程度最大；如果做出决策之后必须立即向上级报告，则分权的程度就小一些；如果必须请示上级之后才能做出决策，则分权的程度就更小。下级在做决策时需要请示或照会的人越少，其分权程度就越大。

（三）影响分权的因素

组织中集权与分权的程度，是随条件变化而变化的。对一个组织来说，其集权或分权的程度，应综合考虑以下各种因素。

1. 决策的代价

一般来说，决策失误的代价越高，越不适宜交给下级人员处理。高层管理者常常亲自负责重要的决策，而不轻易授权给下级人员处理。

2. 政策的一致性

如果高层管理者希望保持政策的一致性，即在整个组织采用一个统一的政策，则势必趋向于集权化，因为集权是达到政策一致性的最方便的途径。如果高层管理者希望政策不一致，即允许各单位根据客观情况制定各自的政策，则势必会放松对职权的控制程度。

3. 组织的规模

组织规模较小时，一般倾向于集权，这是因为高层管理者有足够的时间和精力直接制定和组织实施大部分决策。当组织规模扩大后，集权管理不如分权管理有效和经济，这是因为组织规模越大，组织的层次和部门会因管理幅度的限制而不断增加。

4. 组织的成长

从组织成长的阶段来看，组织成立初期绝大多数都采取和维持高度集权的管理方式。随着组织逐渐成长，规模日益扩大，则由集权的管理方式逐渐转向分权的管理方式。

5. 管理哲学

有些组织采用高度集权制，有些组织推行高度分权制，原因往往是高层管理者的个性和管理哲学不同。专制、独裁的管理者不能容忍别人侵犯他们小心戒备的权力，往往采取集权式管理；反之，则会倾向于分权。

6. 管理人员的数量与素质

组织中管理人员是否充足，现有管理人员素质的高低，与组织能否实行分权也有关系。管理人员不足或素质不高可能会限制组织实行分权，这是由于下授的决策权要由训练有素的管理人员来承担。即使高层管理者有意分权，若没有下属可以胜任，也不能成事。相反，如果管理人员数量充足、经验丰富、训练有素、管理能力强，则可有较多的分权。

7. 控制的可能性

分权不可失去有效的控制。高层管理者在将决策权下授时，必须同时保持对下属的工作和绩效的控制。一般来说，控制技术与手段比较完善，管理者对下属的工作和绩效控制能力强的，可较多地分权。

8. 职能领域

组织的分权程度也因职能领域而异，有些职能领域需要较大的分权程度，有些则相反。比如，在企业的经营职能中，生产和销售业务分权程度往往很高。原因非常简单，生产和销售业务的管理者要比其他人更熟悉生产和销售工作。但财务职能中的某些业务活动需要高度集权，只有集权，高层管理者才能保持其对整个组织财务的控制。

9. 组织的动态特性

组织的动态特性也会影响组织分权的程度。如果一个组织正处于迅速的成长过程中，并面临着复杂的扩充问题，组织的高层管理者可能不得不做出为数很多的决策。高层管理者在无法应付的情况下会被迫向下分权。在一些历史悠久、根基稳固的组织中，一般倾向于集权。

此外，在影响组织分权程度的因素中，也包括许多组织无法控制的外部因素，如政府的行政干预、各种经济法规和政策等。

> **┃管理故事：王厂长的等级链┃**
>
> 王厂长总结自己多年的管理实践，提出在改革工厂的管理机构中必须贯彻统一指挥原则，主张建立执行参谋系统。他认为，一个人只有一个婆婆，即全厂的每个人只有一个人对他的命令是有效的，其他的是无效的。如书记有什么事只能找厂长，不能找副厂长。下面的科长只能听从一个副厂长的指令，其他副厂长的指令对他是不起作用的……
>
> 你对王厂长的做法有何评论？

五、正式组织和非正式组织

按组织形成方式，可以将组织划分为正式组织与非正式组织。

正式组织是指这样的社会群体：具有明确的目标；有明确规定的责、权、利；有明确规定的各个岗位之间的相互关系；其组织制度和规范对成员有正式的约束力。正式组织的成员是以效率为行为准则的。

非正式组织是指这样的社会群体：没有明确的目标；没有明确的岗位分工；更没有明确规定的责、权、利及相互之间的关系。非正式组织的成员以感情为行为准则。这些组织可能存在于正式组织中，也可能独立于正式组织之外，如各种俱乐部、协会等群体就是这类组织。非正式组织形成的原因很多，如工作关系、兴趣爱好、血缘关系等。

不管我们承认与否、允许与否、愿意与否，非正式组织总是存在着。非正式组织的存在及其活动，既可能对正式组织目标的实现起到积极的促进作用，也可能对其产生消极的影响。正式组织的目标的有效实现，要求积极利用非正式组织，努力克服和消除它的不利影响。要允许甚至鼓励非正式组织的存在，为非正式组织的形成提供条件，并努力使之与正式组织相吻合。比如，在正式组织开始运转以后，应注意开展一些必要的联欢、茶话会、旅游等旨在促进成员间感情交流的非工作活动，为他们提供业余活动场所，在客观上为非正式组织的形成创造条件。非正式组织形成以后，正式组织既不能利用行政方法或其他强硬措施来干涉其活动，也不能对其放任自流，因为那样有产生消极影响的危险。对非正式组织应加以引导，使之有助于组织目标的实现。

【问题思考】

1. 为什么组织中会存在着非正式组织？
2. 非正式组织对正式组织会有什么影响？
3. 管理者应该禁止组织中的非正式组织存在吗？ 管理者应该利用非正式组织吗？

第三节　几种常见的组织形式

一、直线制组织结构

直线制组织结构是最早、最简单的一种组织结构形式。它的特点是组织中各种职务按垂直系统直线排列，各级主管人员对所属下级拥有直接的一切职权，组织中每一个人只能向一个直接上级报告。直线制组织结构如图 4-1 所示。

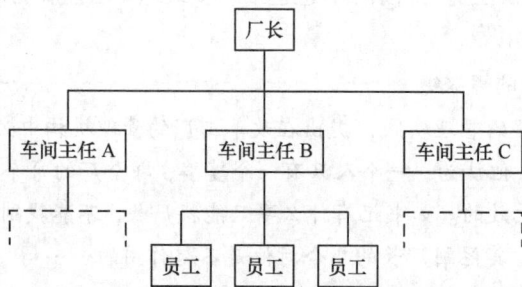

图 4-1　直线制组织结构

直线制组织的优点是结构比较简单，权力集中，责任分明，命令统一，联系简捷，便于统一指挥提高工作效率。其缺点是在组织规模较大的情况下，所有的管理职能都集中由一人承担，往往由于个人的知识及能力有限而感到难以应付，可能会发生较多失误。

直线制组织结构只适用于那些没有必要按职能实行专业化管理的小型组织，或者是现场的作业管理。

二、职能制组织结构

职能制组织结构与直线制组织结构正好相反，它的各级主管人员都配有通晓各种业务的专门人员和职能机构，把相应的管理职责和权力交给这些机构，各职能机构在自己的业务范围内可以向下级下达命令和指示。

职能制组织结构的特点是，组织内除直线主管外还相应地设立一些组织机构，分担某些职能管理的业务。这些职能机构有权在自己的业务范围内，向下级单位下达命令和指示，因此，下级直线主管除了接受上级直线主管的领导外，还必须接受上级各职能机构的领导和指示。

职能制组织结构的优点是有利于对整个企业实行专门化的管理，发挥企业各方面专家的作用，减轻各级主管领导的工作负担。其突出的缺点是由于实行多头领导，容易出现政出多门、指挥和命令不统一的现象，妨碍企业生产经营活动的集中统一指挥，造成管理混乱，不利于管理责任制的推行，也有碍于工作效率的提高。因此，这种组织结构在实践中应用较少。

三、直线—参谋制组织结构

直线—参谋制组织结构吸收了直线制和职能制两种结构形式的优点，并克服了其缺点。它的特点是设置了两套系统。一套是按命令统一原则组织的指挥系统，另一套是按专业化原则组织的管理职能系统。直线部门和人员在自己的职责范围内有决定权，对其所属下级的工作进行指挥和命令，并负全部责任；而职能部门和人员仅是直线主管的参谋，只能对下级机构提供建议和业务指导，没有指挥和命令的权力。图 4-2 表示的就是这种形式的组织结构。

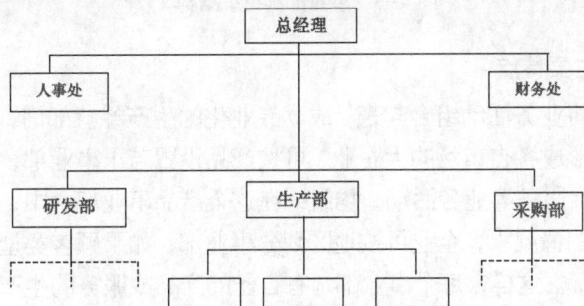

图 4-2　直线—参谋制组织结构

这种组织形式实行的是职能的高度集中化，其优点是领导集中、职责清楚，整个组织具有较高的稳定性。而其缺点是下级部门的主动性和积极性的发挥受到限制，部门间互通情报少，不能集思广益地做出决策。当职能参谋部门和直线部门之间目标不一致时，容易产生矛盾，致使上层主管的协调工作增大。

这种组织结构形式对中、小型组织比较适用，但对于规模较大、决策时需要考虑较多因素的组织则不太适用。

四、事业部制

事业部制结构最早起源于美国的通用汽车公司。20 世纪 20 年代初，通用汽车公司合并收购了许多小公司，企业规模急剧扩大，产品种类和经营项目增多，而内部管理却十分混乱。当时担任通用汽车公司常务副总经理的 P.斯隆参考杜邦化学公司的经验，以事业部制的形式于 1924 年完成了对原有组织的改组，使通用汽车公司的整顿和发展获得了很大的成功，成为实行事业部制的典型，因而事业部制又称"斯隆模型"。

事业部制就是按照企业所经营的事业，包括按产品、地区、顾客（市场）等来划分部门，设立若干事业部。事业部是在企业统一领导下，拥有自己的产品和独立的市场，拥有一定的经营自主权，实行独立经营、独立核算的部门。事业部既是受公司控制的利润中心，具有利润生产和管理的职能，又是产品责任单位或市场责任单位，对产品设计、生产制造及销售活动负有统一领导的职能。这种组织结构形式最突出的特点是"集中决策，分散经营"，即总公司集中决策，事业部独立经营，这是在组织领导方式上由集权制向分权制转化的一种改革。事业部制组织结构如图4-3所示。

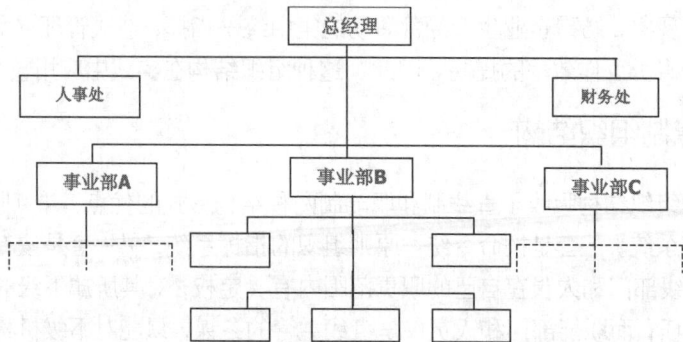

图4-3　事业部制组织结构

（一）事业部制的主要特点

（1）按企业的产出将业务活动组合起来，成立专业化的生产经营部门，即事业部。如产品品种较多，每种产品都能形成各自市场的大企业，可按产品设置若干事业部，凡与该产品有关的设计、生产、技术、销售、服务等业务活动，均组织在这个产品事业部之中，由该事业部总管；在销售地区广、工厂分散的情况下，企业可按地区划分事业部；如果顾客类型和市场不同，还可按顾客（市场）成立事业部。这样，每个事业部都有自己的产品或服务的生产经营全过程，为企业贡献一份利润。

（2）在纵向关系上，按照"集中决策，分散经营"的原则，处理企业高层领导与事业部制之间的关系。实行事业部制，企业最高领导层要摆脱日常的行政事务，集中力量研究和制定企业发展的各种经营战略和经营方针，而把最大限度的管理权限下放到各事业部，使他们能够依据企业的政策和制度，自主经营，充分发挥各自的积极性和主动性。例如，通用汽车公司当初按照斯隆模型改组后，各事业部出售的汽车价格必须在公司规定的价格幅度内，除此之外，它是完全自治的。

（3）在横向关系方面，各事业部均为利润中心，实行独立核算。这就是说，实行事业部制，意味着把市场机制引入企业内部，各事业部间的经济往来将遵循等价交换原则，结成商品货币关系。

（4）企业高层和事业部内部，仍然按照职能制结构进行组织设计。从企业高层组织来说，为了实现集中控制下的分权，提高整个企业管理工作的经济性，要根据具体情况设置一些职能部门，如资金供应和管理、科研、法律咨询、公共关系、物资采购等部门。从事业部来说，为了经营自己的事业，也要建立管理机构。因事业部规模较小，产品单一，故一般采用职能制结构。由此可见，事业部制与职能制结构相比，主要区别在于其企业最高层领导下的第一级部门，是按照事业部分设还是按照职能部门分设的。

（二）事业部制的主要优点

在企业规模很大、产品多样化、地区分散的情况下，事业部制具有以下主要优点。

（1）每个事业部都有自己的产品和市场，能够规划其未来发展，也能灵活自主地适应市场出现的新情况迅速作出反应。所以，这种组织结构既有高度的稳定性，又有良好的适应性。

（2）有利于最高领导层摆脱日常行政事务，成为坚强有力的决策机构，同时又能使各事业部发挥经营管理的积极性和创造性，从而提高企业的整体效益。

（3）事业部经理虽然只负责领导一个比所属企业小得多的单位，但是，由于事业部自成系统、独立经营，相当于一个完整的企业，所以，它能经受企业高层管理者面临的各种考验。显然，这有利于培养全面管理人才，为企业的未来发展储备干部。

（4）事业部作为利润中心，既便于建立衡量事业部及其经理工作效率的标准，进行严格的考核，也使得企业高层领导易于评价每种产品对公司总利润的贡献大小，用以指导企业发展的战略决策。

（5）按产品划分事业部，便于组织专业化生产，形成经济规模，采用专用设备，并能使个人的技术和专业知识在生产和销售领域得到最大限度的发挥，因而有利于提高劳动生产率和企业经济效益。

（6）各事业部之间可以有比较、有竞争，由此而增强企业活力，促进企业的发展。

（7）各事业部自主经营，责任明确，使得目标管理和自我控制能有效地进行，在这样的条件下，高层领导的管理幅度便可以适当扩大。

（三）事业部制的主要缺点

（1）各个事业部都需要设置一套齐备的职能机构，因而用人较多，费用较高。

（2）各事业部自主经营、独立核算，考虑问题往往从本部门出发，忽视整个企业的利益，影响各事业部间的协作。

（四）事业部制的使用范围

事业部制结构主要适用于品种多样化、各有独立的市场，而且市场环境变化较快的大型企业。

五、矩阵制

企业作为商品生产者和经营者，为谋求盈利和发展，必须关心业务活动的最终成果，满足市场和用户的需要。为了确保取得这样的成果，就要明确与该成果有关的人员或部门的责任。在这种情况下，固然可采取按产品（或项目）成立部门的办法来达到目的，但是，由于种种原因，将完成产品（或项目）任务所需的各种资源集中起来的做法可能行不通。例如，产品的生产规模不大，为此而配备的各种专业人员和设备的负荷不足，利用率低；产品研制过程中往往临时需要一些人员、设备和部门，用过之后就不再需要了，因而他们不能固定在一个产品部门之内；因环境多变，该项目的生产可能是短期的，完成之后要再上别的项目，而产品事业部却不能频繁地变化。

类似上面的情况集中到一点，就是技术和经济的因素，决定了一些企业不可能对每一种产品（或项目）都单独而固定地配备人员与设备，然而又要求有人对产品（或项目）的开发和利润负起明确的责任。于是，矩阵结构应运而生。

矩阵型组织结构，又称规划—目标结构，是把按职能划分的部门和按产品（或项目、服务等）划分的部门结合起来组成一个矩阵，即在同一组织内部，既设置具有纵向报告关系的若干职能部门，又建立具有横向报告关系的若干产品部门（或项目小组），从而形成纵向和横向管理系统相结合，形成矩阵的组织结构形式。矩阵制组织结构如图 4-4 所示。

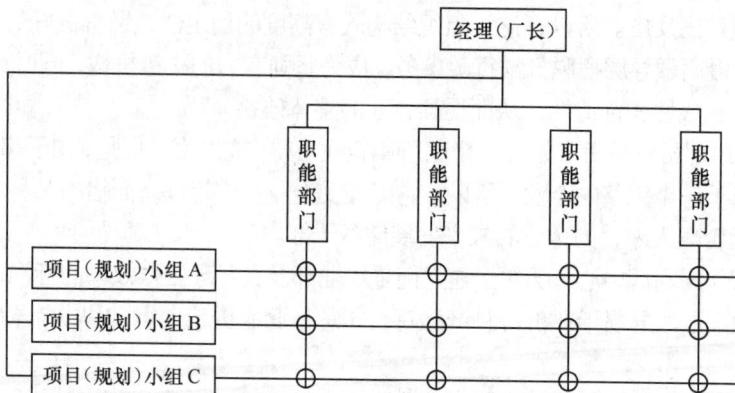

图 4-4 矩阵制组织结构

（一）矩阵结构的主要特点

（1）一个职工（或部门）有两位领导。职能制结构遵循的是一个职工（或部门）只有一个上级领导的管理原则，矩阵结构则突破了这一原则。例如，为开发某种新产品，从各职能部门调集有关的不同专业人员，组成工作小组或委员会，由产品经理负责。参加该项目的有关人员，就要接受双重领导。在执行日常工作任务方面，接受原部门的垂直领导；在执行具体规划任务方面，接受产品经理的领导。

（2）组织内部有两个层次的协调。在集权的职能制结构体制下，职能部门之间产生分歧而无法解决，要靠上级主管人员进行协调。在矩阵结构中，为了完成某一特定任务，首先由产品经理（或项目经理）和职能部门经理之间，以及项目小组内部各成员之间进行直接接触，达到彼此协调和配合的目的。只有这个层次的协调无法解决分歧意见时，才需要上级主管人员进行高层次的协调。

（3）产品部门（或项目小组）所形成的横向联系灵活多样。在时间上，产品经理（或项目经理）可以是临时的，即任务完成以后就撤销，根据新的任务另行组织新的部门（或小组）；有的也可以长期不变。在管理范围上，有的生产经营活动按矩阵结构组织，有的也可采取其他形式组织。

（二）矩阵结构的主要优点

（1）有利于加强各职能部门之间的协作配合。通过具有横向报告关系的管理系统，把各职能部门的有关人员联系起来，便于沟通信息、交换意见；同时，有关的职能人员参加了项目小组以后，承担着共同的任务和目标，整体观念得到了加强，这些显然能够促进职能之间的协作。

（2）有利于顺利完成规划项目，提高企业的适应性。采用矩阵结构，可根据完成某一特定任务的要求，把具有各种专长的人员调集在一起，做到集思广益、各展其能，加之横向协调方面的优越性，有利于该项目任务的顺利完成。当更换另一项新任务时，又可灵活机动地根据新任务，需要什么样的人员，就调集什么样的人员。所以，这种组织结构能提高中层和基层管理的灵活性及工作效率，从而增强整个企业的适应性。

（3）由于矩阵结构内部有两个层次的协调，这样就能够减轻上级主管人员的负担，有利于高层管理集中精力制定战略目标、决策和规划，以及对执行情况的监督。

（4）有利于职能部门与产品部门相互制约，保证企业整体目标的实现。由于市场竞争日趋激烈，企业获得成功的关键因素往往不止一个。矩阵组织中的职能部门，受其分工的局限，注重质量、成本等因素，而产品部门则负有创新的使命。只要赋予它们相应的职权，通过沟通和协调，就能做到统筹兼顾，以保证全面实现企业的整体目标。

（三）矩阵结构的主要缺点

（1）组织的稳定性较差。按产品或项目成立的组织，其成员经常变动，人事关系不稳定。同时，小组成员来自各职能部门，任务完成后仍要回去，容易产生临时观点。

（2）双重领导的存在，容易产生责任不清、多头指挥的混乱现象。为此，职能部门、产品部门和下级单位的人员之间，需要花费大量的时间进行沟通，致使频繁的碰头和解决冲突的会议过多。

（3）机构相对臃肿，用人较多。

（四）矩阵结构的适用范围

根据矩阵结构的优缺点，它适合应用于因技术发展迅速和产品品种较多而具有创新性强、管理复杂的特点的企业。如军工工业、航天工业（飞机、导弹）公司采用这种组织结构形式，具有突出的优越性。一般工业企业中的科研、新产品试制和规划工作，也可运用这种形式。

为了避免或减轻矩阵结构存在的弊病，组织设计应创造必要的条件，最主要的是必须明确地、合理地规定职能部门主管人员和产品（或项目）经理的职责和权力。

一般来说，产品（或项目）经理应具有产品设计权、费用预算权和项目计划权。当其把项目的计划安排制定出之后，再同各职能部门协商他们在该项计划中应承担的任务及所需成本，最后由上级领导审批。

职能部门主管人员则应拥有领导本部门所有人员，以及他们从事的专业工作的职权。这样，尽管在一些边缘领域，仍然可能有一定程度的不明确之处及矛盾，但多数情况下能够解决指挥不统一的问题。

┃扩展阅读┃

民营企业组织发展常见弊病

组织管理中的组织结构好比是一个人的骨架，组织管理中的部门、岗位职能设置、制度保障、管理流程确定好比是一个人的肌肉与血液，必须确保它们的稳定性与协调性，才能保护身体器官，很好地执行指示和命令，支撑人体的运动过程。凭借过人的胆识、气魄与智慧，许多改革开放的"弄潮儿"经过 10 年、20 年的拼搏逐渐成为了国内自由竞争市场的中坚力量，企业的资本积累已达相当规模。但随着时代的发展和进步、市场格局的改变、竞争的日趋激烈，绝大多数民营企业面临着"二次创业"。此时固有的组织管理模式因存在不同严重程度的弊病而不能适应企业"二次腾飞"的需要，成为阻碍企业发展的瓶颈。企业迫切需要组织变革来改变"裹足不前"的困状。

组织结构方面的弊病主要表现为以下几点。

1. 组织结构定位不清晰，不能适应企业发展的现状与战略转变需要；组织结构臃肿、机构庞杂、管理层级多、人员众多，造成办事效率低、流程复杂、执行力差；或组织结构单薄、功能不全；组织"智商"未能对企业发展战略和快速变化的竞争环境形成有力支持。

2. 内控体系不完善，监督检查职能不完整，总部对分部管理失控或漏洞很多，尤其是母子公司多体制时的情况更为严重。

岗位职责方面的弊病主要表现为以下几点。

1. 部门职能，岗位职责、职权不明确，因职责、职权、职务不对等，导致相互扯皮，效率低下。

2. 岗位任职要求缺乏或不明确。

3. 岗位做不到按需设置，按"人"设置情况普遍。

4. 因职责、职权含混不清，常造成管理流程通道不畅或堵塞。

人员结构方面的弊病主要表现为以下几点。

1. 人员队伍老龄化现象比较严重，思想固化，不利于新知识的吸收及创新。

2. 人员队伍学历层次普遍偏低，不利于企业的管理与发展。

3. 以本地人居多，本位思想较严重，不利于外地优秀人才的引进与融入。

4. 接班人计划、干部梯队的建设跟不上企业快速发展的步伐，执行力差，人才断档，支持乏力。

配套重要制度方面的弊病主要表现为以下几点。

1. 缺乏系统、公平的薪酬制度，"以人为本"现象居多，而非"以岗为本"，不能够真实反映岗位的价值。

2. 缺乏系统的考核体系，无法通过有效的考核方式真正考核员工之间的工作差距，从而使激励缺乏客观的标准，无从实现通过贡献大小拉开收入差距，调动员工积极性、增强责任感的目的。

第四节　人员配备

一、人员配备的含义及方法

（一）人员配备的含义

管理学中的人员配备，是指对管理者进行恰当而有效的选拔、培训和考评，其目的是配备合适的人员去充实组织机构中所规定的各项职务，以保证组织活动的正常进行，进而实现组织的既定目标。

（二）人员配备的系统方法

人员配备工作必须按照系统的方法来进行，即组织目标和计划是组织结构设计的依据，现有的和预期的组织结构，决定了所需管理者的数目和种类。通过对管理者的需求分析，在征聘、选拔、安置和提升的过程中，利用外部的和内部的人才来源，同时还要对管理者进行考核、训练和培养。适当的人员配备有助于做好指导与领导工作；同样，选拔优秀的主管人员也会促进控制工作。人员配备要求采取开放的系统方法，这种方法要在组织内部贯彻，反过来又和外部环境有关。组织内部因素应予以重视，没有适当的报酬，就不能吸引、保持优秀的主管人员。外部环境也不容忽视，否则就会阻碍组织正常发展。

二、人员配备的原则

要根据组织结构所规定的职务的数量和要求，对所需人员进行恰当而有效的配备，必须坚持以下几个重要的人员配备原则。

（一）因事择人原则

所谓因事择人，是指应以所设职位和工作的实际要求为标准，来选拔符合标准的各类人员。选拔取人的目的在于使其担当一定的职务，并能按照要求从事与该职务相对应的工作。要使工作圆满完成并卓有成效，首先要求在保证工作效率的前提条件下安排和设置职位；其次要求占据该职位的人员应具备相应的知识和工作能力。因此，因事择人是实现人事匹配的基本要求，也是组织中人员配备的首要原则。

（二）因材器用原则

所谓因材器用，是指根据人的能力和素质的不同，去安排不同要求的工作。从组织中人的角度来考虑，只有根据人的特点来安排工作，才能使人的潜能得到最充分的发挥，使人的工作热情得到最大限度的激发。如果学非所用、大材小用或小材大用，不仅会严重影响组织效率，也会造成人力资源计划的失效。

（三）用人所长原则

所谓用人所长，是指在用人时不能够求全责备，管理者应注重发挥人的长处。在现实中，由于人的知识、能力、个性发展是不平衡的，组织中的工作任务要求又具有多样性，因此，完全意义上的"通才"、"全才"是不存在的。即使存在，组织也不一定非要选择这种"通才"，而应该选择最适合空缺职位要求的候选人。有效的管理就是要能够发挥人的长处，并使其弱点减至最小。

（四）动态平衡原则

处在动态环境中的组织，是不断变革和发展的。组织对其成员的要求也是在不断变动的，当然，工作中人的能力和知识也是在不断提高和丰富的。因此，人与事的配合需要进行不断的协调平衡。所谓动态平衡，就是要使那些能力发展充分的人，去从事组织中更为重要的工作，同时也要使能力平平、不符合职位需要的人得到识别及合理的调整，最终实现人与职位、工作的动态平衡。

> **趣味阅读**
>
> 假设你有机会担任《西游记》的演出任务，你会选择哪一个角色呢？
>
> （1）有哲学头脑的唐僧。
>
> （2）有行动能力的孙悟空。
>
> （3）滑稽可爱的猪八戒。
>
> （4）随和低调的沙和尚。
>
> 唐僧——完美型性格的象征
>
> 典型的完美型性格往往着眼于长远的目标。他们比其他性格类型的人想得更多，所以总是能够从一个更高的层次来看待问题。他们有异乎常人的天赋，因而表现出音乐、哲学、艺术等多方面的才华。他们识英雄、颂英雄、为感情挥泪。他们崇尚美德，并且孜孜不倦于探索人生

的意义。他们乐于为自己选择的事业做好规划，并确保每个细节都能做到完美无瑕。

然而，完美主义的倾向使得他们对自己和别人的要求过分严格。由于他们对事物的缺点相当敏感，他们总是没法快乐起来，并且容易受到伤害。他们感情内向，过分自责，甚至到了庸人自扰的地步。

孙悟空——力量型性格的杰出代表

这种性格的人比其他性格类型的人更加崇尚行动，他们通常是组织中的铁腕人物，目光所向，无坚不摧。他们在意工作的结果，对过程和人的情感却不大关心。他们喜欢控制一切，并强硬地按照自己的意愿发出指令。他们显得那么霸道、粗鲁和冷酷无情。

猪八戒——活泼性格的象征

典型的活泼型性格情感外露，热情奔放。他们懂得如何从工作中寻找乐趣，然后在绘声绘色的描述中，再一次回味那些令人兴奋的细节。他们通常是滔滔不绝的故事大王，他们的生活永远多姿多彩。

然而，他们似乎总是说得多，做得少。只要他们在场，就永远是欢声笑语，可一旦遇到麻烦，他们就会消失得无影无踪。他们似乎是一群永远也长不大的孩子，好逸恶劳、贪图享受、不成熟、没有条理、缺乏责任心。

沙和尚——和平型性格的象征

和平型最令人欣赏的特点之一，就是能够在风暴中保持冷静。他们习惯于遵守既定的游戏规则，习惯于避免冲突和考虑立场。他们乐天知命，对生活没有很高的期望和要求，因此很容易安于生命中的起伏变化。他们是如此友好而平静，以至于能够接纳所有的麻烦。他们是所有人的好朋友，因为他们的天赋造就了良好的人际关系。

然而，他们似乎总是没有主见、不愿负责、缺乏热情。他们不喜欢出风头，总是嘲讽那些处在风头上的人和事。他们总是得过且过，以致显得平庸，甚至有些马虎和懒惰。

三、人员配备的任务

（一）物色合适的人选

组织各部门是在任务分工基础上设置的，因而不同的部门有不同的任务和不同的工作性质，必然要求具有不同的知识结构和水平、不同的能力结构和水平的人与之相匹配。人员配备的首要任务就是根据岗位工作需要，经过严格的考查和科学的论证，找出或培训为己所需的各类人员。

（二）促进组织结构功能的有效发挥

要使职务安排和设计的目标得以实现，让组织结构真正成为凝聚各方面力量、保证组织管理系统正常运行的有力手段，必须把具备不同素质、能力和特长的人员分别安排在适当的岗位上。只有使人员配备尽量适应各类职务的性质要求，从而使各职务应承担的职责得到充分履行，组织设计的要求才能实现，组织结构的功能才能发挥出来。

（三）充分开发组织的人力资源

现代市场经济条件下，组织之间竞争的成败取决于人力资源的开发程度。在管理过程中，适当选拔、配备和使用、培训人员，可以充分挖掘每个成员的内在潜力，实现人员与工作任务的协调匹配，做到人尽其才，才尽其用，从而使人力资源得到高度开发。

趣味阅读：科学匹配的神奇效应

《三国演义》中张辽、李典、乐进三人同心协力守合肥，张辽威震逍遥津战斗。曹操派人把一木匣送到合肥前线，上面写道："贼来乃发。"当孙权率十万大军来攻合肥，张辽等人开匣观看，书中指出："若孙权至，张、李二将军出战，乐将军守城……"曹操从实际出发，目的在于促成张、李、乐三人性格互补，以便团结对敌，谋求整体的最大效应。因为他清楚地了解三位将军的作战能力、用兵特点、性格修养，并知道三人平时有些隔阂，预料大敌当前，三人难以形成统一决策，更无法协同作战，发挥自己的特长。

第五节　组织变革

一、组织变革原因

（一）组织变革的含义

组织变革（Organizational Change）是指运用行为科学和相关管理方法，对组织的权力结构、组织规模、沟通渠道、角色设定、组织与其他组织之间的关系，以及对组织成员的观念、态度和行为，成员之间的合作精神等进行有目的、系统的调整和革新，以适应组织所处的内外环境、技术特征和组织任务等方面的变化，提高组织效能。企业的发展离不开组织变革，内外部环境的变化，企业资源的不断整合与变动，都给企业带来了机遇与挑战，这就要求企业关注组织变革。

【管理名言】

卡那定理：一个组织不是一台静止的机器，而是一个演变着的社会系统。（法国组织学家N.D.卡那）

启示：有健康的机体，才会有健全的机能。

（二）组织变革的原因

1. 企业经营环境的变化

企业经营环境的变化，包括国民经济增长速度的变化、产业结构的调整、政府经济政策的调整、科学技术的发展引起产品和工艺的变革等。企业组织结构是实现企业战略目标的手段，企业外部环境的变化必然要求企业组织结构做出适应性的调整。

2. 企业内部条件的变化

（1）技术条件的变化，如企业实行技术改造，引进新的设备要求技术服务部门的加强以及技术、生产、营销等部门的调整。

（2）人员条件的变化，如人员结构和人员素质的提高等。

（3）管理条件的变化，如实行计算机辅助管理、实行优化组合等。

3. 企业本身成长的要求

企业处于不同的生命周期时对组织结构的要求也各不相同，如小企业成长为中型或大型企业，单一品种企业成长为多品种企业，单厂企业成为企业集团等。

二、组织变革内容

组织变革具有互动性和系统性，任何一个因素的变革都会带来其他因素的变化，各阶段由于环境不同，变革的内容和侧重点也有所不同。

（一）对人员的变革

对人员的变革指员工在态度、技能、期望、认识和行为上的变革。

（二）对结构的变革

对结构的变革包括权力关系、协调机制、集权程度、职务与工作在设计等其他结构参数上的变化。

管理者可以对结构要素的一个或多个加以变革，也可以对整个结构设计做出重大的改变。

（三）对技术与任务的变革

对技术与任务的变革包括对作业流程与方法的重新设计、修整和组合，包括更换机器设备，采用新工艺、新技术和新方法等。

三、组织变革过程

为使组织变革顺利进行，并能达到预期效果，必须先对组织变革的过程有个全面的认识，然后按照科学的程序组织实施。Lewin（1951年）提出一个包含解冻、变革、再冻结三个步骤的有计划组织变革模型，用以解释和指导如何发动、管理和稳定变革过程。

（一）解冻

这一步骤的焦点在于创设变革的动机。它鼓励员工改变原有的行为模式和工作态度，采取新的适应组织战略发展的行为与态度。为了做到这一点，一方面，需要对旧的行为与态度加以否定；另一方面，要使干部员工认识到变革的紧迫性。可以采用比较评估的办法，把本单位的总体情况、经营指标和业绩水平与其他优秀单位或竞争对手加以一一比较，找出差距和解冻的依据，帮助干部员工"解冻"现有态度和行为，迫切要求变革，愿意接受新的工作模式。此外，应注意创造一种开放的氛围和心理上的安全感，减少变革的心理障碍，提高变革成功的信心。

（二）变革

变革是一个学习过程，需要给干部员工提供新信息、新行为模式和新的视角，指明变革方向，实施变革，进而形成新的行为和态度。这一步骤中，应该注意为新的工作态度和行为树立榜样，采用角色模范、导师指导、专家演讲、群体培训等多种途径。Lewin认为，变革是个认知的过程，它由获得新的概念和信息加以完成。

（三）再冻结

在再冻结阶段，利用必要的强化手段使新的态度与行为固定下来，使组织变革处于稳定状态。为了确保组织变革的稳定性，需要注意使干部员工有机会尝试和检验新的态度与行为，并及时给予正面的强化；同时，加强群体变革行为的稳定性，促使形成稳定持久的群体行为规范。

四、组织变革阻力

（一）组织变革阻力的内容

1. 个人阻力

个人阻力包括以下两个方面：

（1）利益影响。变革的结果会威胁某些人的利益；

（2）心理影响。变革打破原来的平衡系统，要求成员调整已经习惯的工作方式，而且变革意味着承担一定的风险。

2. 团队阻力

团队对变革的阻力包括以下两个方面：

（1）组织结构变动的影响。组织结构变革可能会打破固有层级和职能结构，并对责权利重新调整，就会触及某些团体的利益和权力；

（2）人际关系调整的影响。非正式组织的存在使新旧组织结构中成员关系的调整需要一个较长的过程。

（二）组织变革阻力的克服方法

1. 企业的人力资源要为组织变革服务

首先，员工的个性与其对待变革的态度有着密切的关系，因此，企业在招聘的过程中，就应该引入心理测评，通过测评招聘一些有较强适应能力、敢于接受挑战的员工；其次，在组织变革的过程中，企业要加强对员工的培训，提高员工的知识水平和技能水平，使得企业的人力资源素质和企业变革同步推进；最后，在企业的日常经营过程中，企业应该树立一种团体主义的文化，培养员工对组织的归属感，形成一种愿意与企业同甘共苦的企业文化。

2. 加强与员工的沟通，让员工明白变革的意义

在变革实施之前，企业决策者应该营造一种危机感，让员工认识到变革的紧迫，让他们了解变革对组织、对自己的好处，并适时地提供有关变革的信息，澄清变革的各种谣言，为变革营造良好的氛围。在变革的实施过程中，要让员工理解变革的实施方案，并且要尽可能地听取员工的意见和建议，让员工参与到变革中来。与此同时，企业还应该时刻关注员工的心理变化，及时与员工交流，在适当的时候可以做出某种承诺，以消除员工的心理顾虑。

3. 适当地运用激励手段

在组织变革的过程中适当运用激励手段，将达到意想不到的效果。一方面，企业可以在变革实施的过程中，提高员工的工资和福利待遇，使员工感受到变革的好处和希望；另一方面，企业可以对一些员工予以重用，以稳住关键员工，消除他们的顾虑，使他们安心地为企业工作。

4. 引入变革代言人

变革代言人即通常所说的咨询顾问。在变革的过程中，一些员工认为变革的动机带有主观性质，他们认为变革是为了当局者能更好地谋取私利；还有一些员工认为变革发动者的能力有限，不能有效地实施变革。而引入变革代言人就能很好地解决上述问题。一方面，咨询顾问通常都是由一些外部专家所组成的，他们的知识和能力不容置疑；另一方面，由于变革代言人来自第三方，通常能较为客观地认识企业所面临的问题，较为正确地找到解决的办法。

5. 运用力场分析法

力场分析法是卢因于 1951 年提出来的。他认为，变革是相反方向作用的各种力量的一种能动的均衡状态，对于一项变革，企业中既存在变革的动力，又存在变革的阻力，人们应该通过分析变革的动力和阻力，找到变革的突破口。

第二部分　实务与实训任务

任务一　思考与讨论

一、名词解释与简答题

1. 组织设计的内容
2. 职务设计的几种形式
3. 部门的划分
4. 组织结构的不同形式
5. 管理幅度与管理层次
6. 集权与分权
7. 组织变革
8. 请举反例说明组织设计原则的重要性。
9. 衡量集权、分权的标志是什么？

二、讨论题

1. 你能调和以下这两种主张吗？

（1）组织应当保持尽可能少的层次以增进协调。

（2）组织应当保持窄小的管理幅度以促进控制。

2. 直线—参谋型、事业部型和矩阵型，哪一种结构设计你最愿意在其中工作？哪一种又最不愿意呢？为什么？

任务二　案例分析

案例一　顺应发展的联想组织结构

联想总喜欢把自己比喻成一条船，在暴风骤雨的市场环境中，不断自我调整，适应变化的环境。联想集团的发展与壮大是物竞天择、适者生存的商业生态环境下企业生存之道的最好例证。联想集团的组织结构经历了三个重要的变化，即平底快船模式、大船模式、舰队模式。公司组织结构的变化主要受制于公司经营事业结构、经营战略的变化及公司资源特点，联想从一家11人的小公司发展成在全球拥有 22 511 名员工的大型企业，其组织结构也发生了巨大的变化。

1. 创建期（1984—1987 年）的简单结构

公司组织结构比较简单，在总经理领导下设技术开发部、工程部、办公室、业务部。业务部包括宣传培训、门市和技术实体。公司内设 IBM 代理北京中心和集体所有制的商店各一个。

这种没有权力等级的简单结构，联想称其为平底快船模式。总经理直接指挥，权力集中，没有层次，能维持组织的灵活性和快速决策。当时人员少、部门少，业务以贸易、技术服务为主；除联想汉卡有一定规模，多数项目的业务量不大，能保证彼此之间的沟通；资金紧张，需要集中使用；领导人也有必要对为数不多的下级实行监督和控制。

实践证明，当时的组织结构与联想基本适合，初步形成了联想面向市场同时内部相对集中的组织思路。总体看，企业组织结构比较合理高效、统一，为企业早期的资本积累和产品开发提供了组织保证，培养了一批管理和业务骨干。

2. 成长期（1988—1993 年）的组织结构——直线职能制

1988—1993 年，联想的组织结构开始逐步转为直线职能制。联想称这种体制为大船结构模式。这种组织结构强调明确岗位责任、权力等级和职能分工，强调交流和沟通正式化，强调"统一指挥，专业化分工"。其组织结构的主要内容及特点是：统一协调；各业务部门，即"船舱"实行经济承包合同制；公司实行集团领导；逐步实现制度化管理；思想政治工作与奖罚严明的组织纪律相结合。联想实行直线职能制的主要原因是：规模变大；实现公司发展战略的需要；防止资源分散。

实践证明，实行大船结构体制，对联想集中资金、人力和进口渠道，确保公司形成拳头产品、快速成长起了重要作用。它的另一个意义是为共同发展的信念和价值观创造了条件。联想的企业文化是在大船结构的组织形态下逐渐形成的。

3. 大公司时期（1994—2003 年）的组织结构——事业部制

随着环境的变化，企业规模的扩大，直线制的大船结构已难以适应企业发展的要求。1992年初，总公司提出了事业部的概念，在北京和香港两地分别建立了事业部，特别是在香港全面实行了事业部制。

1992 年下半年开始，联想在汉字系统事业部、小型机事业部实行事业部制。公司给小型机事业部充分的自主权，目标是明确的，那就是完成利润上缴数。小型机事业部采取一系列措施调动员工的积极性，在供应、技术支持、对外合作等方面采取一系列措施。在 1993 年市场萎缩的情况下，他们打破了多年来小型机营业额在几百万美元徘徊的局面，跃过千万美元，形成了北京、上海、深圳三足鼎立的系统集成开发基地和销售服务体系。

1994 年，联想决定全面实行从大船结构向以事业部为基本组织形式的体制转变，即所谓的向舰队结构体制转变。公司原有的经营部门按产品划分为 14 个事业部。在公司总体战略部署和统一经营计划指导下，事业部对产供销各环节实行统一管理，享有经营决策权、财务权和人事管理权。公司设立销售总监、财务总监，成立审计部，健全人事、财务和审计等方面的制度，对事业部进行"目标管理"及过程监控。

1994 年，联想的微机事业部成立，之后联想的主要业务特别是 PC 业务迅速成长。微机事业部以微机为龙头，统一指挥，消除"内耗"，全方位降低成本，取得了良好的成果，建立了全国性的分销体系。1996 年，微机事业部率先在中国市场掀起降价狂潮，联想台式计算机的销售量当年跃居中国市场第一，从此确立了联想在中国市场的优势地位。

联想全面实行事业部制意义重大，也极为成功，这是联想走向成熟的重要标志。在此过程中，联想的"建班子、定战略、带队伍"的管理三要素思想逐步形成。

4. 内地、香港联想整合，建立事业部，加强地区平台建设

整合主要集中在三个方面，即资产业务的重组，"同类项的合并"，以及进一步完善公司总部和事业部的集权、授权体系。

5. 联想的国际化经营（2005—）

2005年5月1日下午3点，联想正式宣布完成收购IBM全球PC业务，合并后的新联想以130亿美元的年销售额一跃成为全球第三大PC制造商。自此，联想开始了全球化经营，不断进行全球化战略下的组织变革。

联想收购IBM的PC部门之后，2005年9月30日宣布进行重大业务组织变革。联想全新的组织架构于2005年10月15日生效，在全球范围内整合联想原有业务和并购的IBM个人计算机业务。整合后的全球产品和供应链的新组织架构在驱动创新、加强效率、提升客户满意度等方面发挥积极作用。为适应国际化经营，联想的总部设到美国罗利，经过多年的努力，2008年联想在全球66个国家拥有分支机构，在166个国家开展业务，在全球拥有22 511名员工，年营业额达146亿美元，并建立了以中国北京、日本东京和美国罗利三大研发基地为支点的全球研发架构。

问题：

1. 联想在不同时期采用不同的组织结构，请分析在不同时期企业所处的背景条件。
2. 分析联想采用的平底快船模式、大船模式、舰队模式三种组织结构的优缺点。

案例二　IBM 的矩阵组织结构

1987年，加州伯克利大学电子工程专业出身的叶成辉在美国加入IBM旧金山公司，成为一名程序员。因为不喜欢编程等技术类的工作，梦想着做生意、当经理（比较喜欢跟人沟通），他便主动请缨到销售部门去。经过差不多5年时间的努力，他获得提升，成为一线的经理。随后，叶成辉回到IBM香港公司，做产品经理。由于个人"斗志旺盛"，业绩不错，而且"官运亨通"，差不多每两年他都能够晋升一个台阶，如今，叶成辉已经是IBM大中华区服务器系统事业部AS 400产品的总经理。

从旧金山到香港，再从广州到北京；从普通员工到一线经理，再到现在做三线经理；从一般的产品营销，到逐步专注于服务器产品，再到A5 400产品经理，10多年来，叶成辉一直在IBM的"巨型多维矩阵"中不断移动，不断提升。他认为，IBM的矩阵组织是一个很特别的环境，在这个矩阵环境中，自己学到了很多东西。IBM是一个巨大的公司，很自然地要划分部门。单一地按照区域地域、业务职能、客户群落、产品或产品系列等来划分部门，在企业里是非常普遍的现象，从前的IBM也不例外。近七八年以来，IBM才真正做到了矩阵组织。这也就是说，IBM公司把多种划分部门的方式有机地结合起来，其组织结构形成了"活着的"立体网络——多维矩阵。IBM既按地域分区，如亚太区、中国区、华南区等，又按产品体系划分事业部，如PC、服务器、软件等事业；既按照银行、电信、中小企业等行业划分，也有销售、渠道、支持等不同的职能划分；等等。所有这些纵横交错的部门划分有机地结合成一体。对于这个矩阵中的某一位员工如叶成辉经理而言，他就既是IBM大中华区的一员，又是IBM公司AS 400产品体系中的一员，当然还可以按照另外的标准把他划分在其他的部门里。

IBM公司这种矩阵式组织结构带来的好处是什么呢？叶成辉先生认为，非常明显的一点就

是，矩阵组织能够弥补对企业进行单一划分带来的不足，把各种企业划分的好处充分发挥出来。显然，如果不对企业进行地域上的细分，比如说只有大中华而没有华南、华东、香港、台湾，就无法针对各地区市场的特点把工作深入下去。而如果只进行地域上的划分，对某一种产品如AS 400 而言，就不会有人能够非常了解这个产品在各地表现出来的特点，因为每个地区都会只看重该地区整盘的生意。再比如按照行业划分，就会专门有人来研究各个行业客户对 IBM产品的需求，从而更加有效地把握住各种产品的重点市场。

叶成辉说："如果没有这样的矩阵结构，我们要想在某个特定市场推广产品，就会变得非常困难。比如说在中国市场推广 AS 400 这个产品，由于矩阵式组织结构的存在，我们有华南、华东等各大区的队伍，有金融、电信、中小企业等行业队伍，有市场推广、技术支持等各职能部门的队伍，以及专门的 AS 400 产品的队伍，大家相互协调、配合，就很容易打开局面。首先，我作为 AS 400 产品经理，会比较清楚该产品在当地的策略是什么。在中国，AS 400 的客户主要在银行业、保险业，而不像美国主要是在零售业和流通业；在亚太区，AS 400 的产品还需要向低端走，不能只走高端。中国市场上需要 AS 400 的价位、配置以及每个月需要的数量等，只有产品经理才能比较清楚。从产品这条线来看，我需要跟美国工厂订货，保证货源供应。从产品销售的角度看，AS 400 的产品部门需要各相关地区的职能部门协助，做好促销活动；然后需要各大区、各行业销售力量把产品销售出去。比如，我需要在媒体上做一些访问，就要当地负责媒体公关的部门协助。再如，我认为"莲花宝箱"（为中国市场量身定制的 AS 400）除了主打银行外，还要大力推向中小企业市场，那么就需要跟中国区负责中小企业的行业总经理达成共识。当然，"莲花宝箱"往低端走，还需要分销渠道介入，这时，就需要负责渠道管理的职能部门进行协调。从某种意义上讲，我们之间也互为"客户"关系，我会创造更好的条件让各区、各行业更努力推广 AS 400。"

任何事情都有它的"两面性"。矩阵组织在增强企业产品或项目推广能力、市场渗透能力的同时，也存在固有的弊端。显然，在矩阵组织当中，每个人都有不止一个老板，上上下下需要更多的沟通协调，所以，IBM 的经理开会的时间、沟通的时间，肯定比许多小企业要长，也可能使得决策的过程放慢。叶成辉进一步强调，其实，这也不成为问题，因为大多数情况下还是好的，IBM 的经理们都知道一个好的决定应该是怎样的。另外，每一位员工都由不同的老板来评估他的业绩，不再是哪一个人说了算，评估的结果也会更加全面，每个人都会更加用心地去做工作，而不是花心思去讨好老板。同时，运用不同的标准划分企业部门，就会形成矩阵式组织。显然，在这样的组织结构内部，考核员工业绩的办法也无法简单。在特定客户看来，IBM公司只有唯一的客户出口，所有种类的产品都是一个销售员销售的；产品部门、行业部门花大气力进行产品、客户推广，但是，对于每一笔交易而言，往往又是由其所在区域的 IBM 员工最后完成；等等。问题是，最后的业绩怎么计算？产品部门算多少贡献，区域、行业部门又分别算多少呢？叶成辉说："其实，IBM 经过多年的探索，早已经解决这个问题了。现在，我们有三层销售——产品、行业和区域，同时，我们也采取三层评估，比如说经过各方共同努力，华南区卖给某银行 10 套 AS 400，那么这个销售额给华南区、AS 400 产品部门以及金融行业部门都记上一笔。当然，无论从哪一个层面来看，其总和都是一致的。比如，从大中华区周伟焜的立场来看，下面各分区业绩的总和，大中华区全部行业销售总额，或者大中华区全部产品（服务）销售总额，三个数字是一样的，都可以说明他的业绩。"

在外界看来，IBM 这架巨大的战车是稳步前进的，变化非常缓慢。叶成辉认为，这其实是一种误会。对于基层的员工，对于比较高层的经理，这两头的变化相对比较小，比较稳定。比如说一名普通员工进入 IBM，做 AS 400 的销售，差不多四五年时间都不会变化，然后，可能有机会升任一线经理。再比如，亚太区的总经理，也可能好多年不变，因为熟悉这么大区域的业务，建立起很好的客户关系，也不太容易。所以，外界就觉得 IBM 变动缓慢。但是，在 IBM 矩阵内部的变化还是很快的。中间层的经理人员差不多一两年就要变化工作，或者变化老板，变化下属，这样就促使整个组织不断地创新，不断地向前发展。叶成辉说："我在 IBM 公司工作 10 多年，换了 10 多位老板。每一位老板都有不同的长处，从他们那里我学到了很多。其实，IBM 的每一位员工都会有这样的幸运。矩阵组织结构是有机的，既能够保证稳定的发展，又能保证组织内部的变化和创新。所以，IBM 公司常常流传着这样一句话，换了谁也无所谓。"

问题：

1. IBM 采用了什么样的组织结构？
2. IBM 的组织结构给 IBM 带来了什么好处？

任务三　情景模拟实训

情景模拟一

情景介绍

受金融风暴的影响，全球经济不断下滑，各公司裁员、放无薪假的现象屡见不鲜，连世界第一的"三国企业"也不例外。虽本公司在财力、人力、公司运作方面都居世界第一，但经过危机的一番冲击，它的神话能否再次被世界认可，它的传奇能否在这一危机下续写辉煌，全世界人民都在关注。为感谢世界人民对本公司的全力支持与殷勤期待，本公司决定开展裁员整顿工作，迅速将经济恢复至最好。究竟如何进行裁员？世界第一的"三国企业"裁员工作是否独树一帜？让我们共同走进本周强档——三国新天地。

场景设置

决策层

总　　裁	吴杰
董 事 长	王历
首席执行官	张一

辅助决策

公司首席人力资源总监	吴开新
公司两位骨干	技术部部长杜哥　销售部部长苏糟

时间：某一天下午5点下班

地点：厦门总公司，集美分办处，理工最高级事务工作点，最高决策大楼二楼会议室

事件描述：公司由于受金融危机重创，日前裁员已经进行到最后阶段，此次下班召开的紧急会议便是对公司两位骨干的去留做出裁定。

大致流程

（1）决策层在会议室里面讨论本公司进行裁员的情况以及业务现状。

（2）召见苏糟进会议室。

（3）召见技术部部长杜哥。

（4）首席人力资源总监参会。

（5）商讨决定。

各流程主稿

场景一

吴总： 最近公司的经营状况不太好，原因嘛大家都知道了，受美国金融危机的影响。我决定在公司进行最后的裁员（三国公司主要销售软件产品，目前已有员工20万人，领导干部2万人，此次裁员，员工将被裁至16万人，领导阶层将被裁至1.8万人，现员工裁员已基本完成，领导阶层裁员工作已经进入到最后阶段），针对的是厦门地区主要干部方面的，咱三个都是一起打拼天下多年的好兄弟，大家一起商议，做出最佳的选择，让我们的公司永远引领潮流。

王历： 这当然，虽然之前的裁员工作我参与得不多，但在最后阶段的关键时刻，我也希望能尽自己最大的力量让公司能够有最佳的资源配置。老吴你先说说你的想法吧，我们两个听着呢！

吴总： 好吧，那我们就开始吧。相信两位都非常清楚，公司的业绩一度下滑，我近日翻阅了现阶段的全部资料跟下面汇报上来的总结，发现了一个比较重要的现象，我们的客户正在流失，而且是成倍地流失。我统计了一些客户流失的原因，有的是客户找到了比我们价钱低的供应商，有的是我们的竞争对手不知道从哪里找到我们给客户的报价，直接报价就比我们低了5个点。所以，我们要想想为什么会有竞争对手知道我们给客户的报价，难道公司内部有人和外部勾结？这个关键的问题出现在哪里？

张一： 这个我早就有察觉了，近阶段我也在留心观察，我想我们有必要对销售部门进行一下分析。

王历： 销售部部长做的工作汇报我刚才看过了，里面给客户报价的信息非常详细，而且每一项报价决议都通过部长的签字，报价也是在与客户商议的最后时刻才提出来的，而且都是机密进行，在这点上销售部工作应该没问题。

张一： 但有些时候写的是一套，做的可能就是另外一套了，我倒很想听听销售部部长的解释。

吴总： 那好，销售部部长已经在会议室外面等候了，我让他下班后留下来，那就先让他进来吧！

场景二（苏糟进场）

苏糟： 各位领导好，我是厦门总公司、集美分办处销售部部长苏糟。

吴总： 坐吧（苏糟坐下），这次请你来想让你谈些关于我们公司销售方面的问题，你能不能简短地做一下汇报？

苏糟： 好的，这个月公司的销售总额与上个月相比落差不是很大，虽受金融危机影响销售量有所下降，但总体还是保持良好的趋势发展。

张一： 这之间就没问题出现么？

苏糟： 有，虽然面对金融危机我们还是成功开发了一批新客户，但是老客户却在不断流失。

张一： 那你觉得问题出在哪里？

苏糟：我觉得经过上次裁员，销售部又进行过重组，整体的销售水平还没有形成最高的战斗力，这是一个原因。另外一个便是大家所知道的金融危机，市场紧缩，产品的销路并不是很好，很多客户在买不买产品方面犹豫不决。

王历：那还有没有其他方面的原因？

苏糟：没有了。

张一：按你这样说，那我想知道你是如何吸引新客户来选择我们的产品的？

苏糟：一方面是按照我们传统的宣传方式再多一些方式上的创新，采用一系列的公司标准促销方式；另外一方面也是由于技术部在产品上的创新点吸引了顾客！

吴总：那在报价方面呢？你觉得客户的流失与我们对产品的报价有关系么？

苏糟：没关系，因为我们的报价都是按照公司的安全标准程序来的，不会有其他方面的问题。

王历：我看了你们的报价汇报，很详细，那你能不能谈谈为什么我们的竞争对手找到我们给客人的报价，直接报价就比我们低了5个点？为什么我们的老客户找到了比我们价钱低的供应商？

苏糟：有这回事么？没有吧？我们的报价方式都是按公司给定的安全报价方式进行的，怎么可能会让对手知道？再说了，市场紧缩，竞争对手抛价也是正常的。

吴总：那假如真有这回事，你觉得自己失职的地方在哪里？

苏糟：不可能的，我进公司快5年了，对这方面很了解，我一直以我良好的业绩自豪，不可能出现这回事的，作为领导你们要相信我。

张一：那好，你先出去吧，我们再商定。

（苏糟退场）

吴总：我有了解过，他的一个亲戚在对手的公司担任董事，问题会不会出现在这块？

张一：问题肯定是有的，但撇开外勾对手暂不讨论，我们就他的工作职责方面讨论下，我觉得他的工作思路严重不足。在工作上，他对竞争对手的举动丝毫不放在心上，对全局的把握度不够，而且在客户流失后没能及时了解客户为何流失，只是将原由放在了公司内部。从这几点来说，他可能会在我裁员对象的考虑之内。

王历：这点我赞同，身为一个销售部部长，他的作用直接关乎企业的良好运作，这些基本的也是最重要的信息他都没能很好掌握的话，我们公司要发展谈何容易。

吴总：从他刚才紧张的谈话中，我觉得他内心有鬼，不然以前都是很镇定地跟我讨论事情的，为什么今天变得这么激动。

王历：刚才他有提过技术部在软件创新点上花了不少工夫，我很想听听技术部在这块是怎么做的，看能不能从技术部那边多了解些销售方面的问题。如果技术部那边做得好的话也可以适当提薪或是升职。

张一：也行（对吴总说），让技术部部长进来吧。

吴总：嗯。

场景三（杜哥进场）

杜哥：各位领导好，我是技术部部长杜哥（自己坐下）。

吴总：最近工作情况怎样？

杜哥：还行吧，我们技术部正在为公司的产品进行创新，我们的软件有些地方还不是很完善，如果能在趣味这块多点努力的话就更好了，目前正在努力。另外，我们公司内部的网络已经升级，防火墙也是万无一失的。各位领导还想了解些什么内容？

张一：看得出你信心很大，而且对工作很负责。你知道不知道我们的产品受到了客户的好评？

杜哥：这当然，我们做了很久的活儿目的就是让客户感到买我们的这个产品更舒心。

王历：听了你的话很高兴，我们公司就需要你们这些人才！我想问一下，你觉得我们产品的销路好么？

杜哥：应该很好吧，虽然目前正在受金融危机影响，但在我看来，金融危机虽然影响大，但目前公司的基层裁员也都结束了，我们技术部已经迅速进行重组，各个都是栋梁之才，我相信我们的产品会吸引新顾客的。

张一：那你们有没有了解一下产品的销售情况呢？

杜哥：有是有，但是感觉了解之后对我们没什么帮助，因为基本我们都没有收到客户的产品反馈信息。之前有与销售部和后勤部了解情况，但是提供的情况帮助不是很大。

吴总：你是怎样看待自己的工作的？

杜哥：还好，需要提高的地方还很多，我们技术部会多多加油的！

吴总：嗯，多多加油！你先出去吧，请你让人力资源总监进来一下。

杜哥：好的。

场景四（杜哥下场，吴开新上场）

吴开新：三位领导都在，好久没见，终于又跟你们三个碰面了。（吴开新，三国企业五大创始人之一，刚从外地开完会回厦门，现担任公司首席人力资源总监）

张一：见你不容易啊，你可是咱公司的支柱啊！整天找不到你的身影，真想把你挖出来好好地K你一顿。

吴开新：哈哈，就你会逗乐，怕我不请客不成？待会儿一起去搓一顿。

吴总：哈哈，好，说定了你这次跑不掉。

王历：我这几天正在郁闷呢，找不到你人，两个星期没K你了。

吴总：好了，咱们先把正事办完再说吧！

吴开新：关于你们说的裁员的事情，我觉得要从这么多部长中做出一些调整不是那么容易，我就重点讲一下销售部、技术部跟后勤部的状况吧，因为其他部门前天我跟你们说过了。

王历：好的，就说重点吧。

吴开新：技术部目前在产品设计方面花的心思很大，整个部门虽然经过裁员重组，基本没什么影响，而且对产品更为重视，作为技术部部长，杜哥经常与其他部门进行沟通了解产品情况，但据我了解，收到其他部门的反馈信息价值并不是很大，就是说公司经过重整后整个信息共享不是很完善。就杜哥本人来说，责任心与对待工作的态度都比以前提高了不少，实是一个不可多得的人才。

后勤部部长则是一位负责勤快的基层干部，对待员工较为严格，对待工作一丝不苟，能将产品信息及时反馈到技术部，但最近的工作似乎有点乱，主要表现为与客户的沟通方面欠缺理性思考，交给技术部跟销售部的产品反馈信息价值不大，有待于做进一步的沟通了解。

销售部部长我感觉变化挺大的，据员工反映，他经常自豪地夸大自己为抵抗金融危机所做出的努力，有些做法和决策还带有一定的冲动，对全局把握得不好，最近在报价方面感觉他做得比较武断。而从公司最近的销售方面来看，竞争对手的销售却比我们还要好，他们的报价往往要比我们低3—5个点。我们公司的一些老客户已经不再跟我们签单了，新客户还很不稳定。这反映出我们公司在销售水平上的问题，但具体是内部问题还是外部问题，这是我们往后所要重点了解的。

基本上就这样，你们觉得呢？

吴总：这么说来，销售部的问题真的很大了，技术部可以考虑提薪，后勤部要多改善，会不会是由于裁员带来的影响，还是公司内部真的有鬼？

张一：销售部副部长是谁？工作情况怎样？（对着吴开新）

吴开新：他进公司已经有两年多了，在销售方面还行，具体的工作模式跟其他方面都已经很熟悉了，而且几次大的业绩都做得不错，与苏糟相比，他唯一不足的地方就是口才差了点。之前吴总也有跟我说过苏糟的情况，我觉得可以先采取降职的方法，让其副部长升职部长，苏糟调往国外分公司担任销售部副部长，因为他外语不错，在国外也比较有优势！之前也是因为他在国内比较熟悉，但现在既然出现问题了，何不派遣他出国去试试。另外一方面，他的亲戚就在国内的竞争对手公司，这样一来可以隔开他们，尽管外勾对手我们还没证实，这也是一种预防措施。

王历：行，我也觉得这样可以，毕竟已经做了5年了，功劳和苦劳都历历在目，调往国外也是对他的一种磨炼。另外，我觉得技术部部长可以考虑让他去北京那家公司当个技术总监，这边可以让副部长直接担任，因为技术部副部长同样有中层领导能力，何况，开新不是一般都待在总公司这边么？这样子就比较放心了。

张一：那后勤部呢？

吴总：后勤部一段时间后再看看吧，这次裁员后勤部裁的人数最多，应该是这方面的影响。好了，就依你们所说的那样子吧！

（散会）

问题：

1. 组织设计的原则是什么？
2. 组织变革的原因是什么？
3. 组织变革阻力的内容与克服方法有哪些？
4. 企业裁员需要考虑什么？

情景模拟二

情景介绍：随着2013年去哪儿、2014年途牛网在纳斯达克相继上市，在线旅游企业竞争进入白热化阶段，合纵连横，在线旅行行业重新洗牌。面对新的形势，同程网接受了腾讯和携程的入股，同时在酒店事业部与艺龙签订战略合作。为了提高效率，公司将酒店事业部和自助游事业部整合为度假事业部，导致员工大量流失，业绩下滑。怎样留住员工，公司人力资源存在哪些问题成为公司高层要解决的问题。

决策层

总裁　张华

董事　皮克

首席执行官　王莽

度假事业部（酒店和自助游事业部合并）人力资源总监　凯文

公司首席人力资源总监　露西

时间：某天下午五点下班

事件描述： 公司接受携程入股，同艺龙签订战略合作，具有良好的发展前景。为提高效率，酒店和自助游事业部合并为度假事业部，导致度假事业部员工流失率比较高。此次下班召开会议便是希望找到导致酒店事业部和自助游事业部员工流失的原因。

情景一

张总： 最近公司获得腾讯等企业投资 5 亿元人民币，接受携程入股，同艺龙签订战略合作，经营状况比较好，发展前景一片光明。可是，自从酒店事业部和自助游事业部合并为度假事业部之后，为什么员工大量流失呢？人才是公司发展的核动力，没有人才，公司怎样发展。怎样留住人才，希望我们大家一起考虑一下公司存在的问题，让我们继续向前发展。

皮克： 公司最近的一系列战略决策，使公司发展进入黄金时期，希望我们能够再接再厉，获得更大的市场份额，为消费者带来更大的便利。你们更了解公司的情况，你们先谈谈一下你们的想法。

张总： 那好，我们开始吧。相信两位也很清楚，近日，我在查看咱们公司的资料以及员工交上来的各类汇报的时候，发现酒店事业部和自助游事业部近期的业绩下滑，人员流失特别严重，我们的很多员工，都被竞争对手挖走，这导致我们的客户流失也比较严重。到底什么原因导致员工流失呢？这个关键的问题出在哪儿？

王莽： 这个问题的确存在，我想有必要对合并后的人力资源部门进行分析。

皮克： 嗯，是呀。度假事业部首席执行官和人力资源总监的工作汇报，我刚才看过了，对于员工的离职原因，主要有以下几点，工资待遇、工作流程混乱，以及绩效考核。

王莽： 对于这些问题，我很想听一下度假事业部首席执行官和人力资源总监的解释。

张总： 那好，人力资源总监已经在会议室外面等候了，那就先让她进来吧。

情景二

凯文： 各位领导好，我是度假事业部人力资源总监凯文。

张总： 坐吧，这次请你来，主要是想了解一下事业部合并之后的问题，能不能简短地汇报一下？

凯文： 好的，自从上个月酒店和自助游事业部合并为度假事业部，公司的销售量有所下降，但是总体还是保持了良好的竞争优势。不过最近公司的人员流动率开始上升，公司一些骨干离职了。

王莽： 事业部调整整合后，你们怎样解决这样的问题？采取了哪些手段留住老员工？员工为什么离职？

凯文： 一方面，事业部整合，造成了部分人员岗位重叠；调整到其他岗位后，有些员工不满意岗位，便离职加入竞争对手的阵营，带走公司的部分客户，使得公司度假事业部营业绩效下滑；另一方面，事业部整合，员工简单拼凑，没有形成有效的整体战斗力，同时，其他在线旅行企业大举进攻度假事业部，造成了客户流失。

王莽： 还有没有其他方面的原因呢？

凯文： 没有了。

王莽： 那么，我想知道我们如何吸引新客户选择我们的产品？如何对待整合后的老员工？

凯文： 客户方面，一方面我们充分发挥移动互联网和微信的优势，大力发展无线客户端和移动客户端，采取 1 元门票的方式吸引客户，另一方面技术人员在 APP 设计时要更加人性化。对待老员工和新员工方面，我们充分考虑员工的需求，尽力满足员工提出的合理要求，把员工调整到相邻或者相类似的岗位。

张总： 既然采取了这些新型营销和宣传方式，为什么我们的客户还是有流失，员工离职率还是那么高呢？

凯文： 虽然采取了这些措施，但是，相对于竞争对手而言，在相同或相似岗位的待遇水平比较上，我们公司不占任何优势，再加上事业部整合使得人心不稳。同时，竞争对手纷纷成立度假事业部，许诺优厚的待遇，挖掘咱公司的业务骨干。业务骨干的流失，带走了公司大量的客户，导致公司效益下降。

王莽： 我怎么听说好多员工抱怨，绩效考核混乱，多劳未必能够多得，自己辛苦付出了努力，却为其他员工做了嫁衣？

凯文： 不可能吧？我进入公司也很长时间了，对于人力资源这方面很熟悉，不可能出现这样的事情，作为领导，你们要相信我。

皮克： 那好，你先出去吧，我们会公平地对待每一位为公司作出贡献的员工。

情景三

露西（刚刚赶飞机回来）：你们都在啊，最近公司变化蛮大啊，关于刚才你们说的度假事业部人员流失的问题，我也听说了，的确是有员工因为薪酬待遇而转向竞争对手的现象，公司绩效考核也存在一些问题。这儿我重点说一下，度假事业部员工流失的问题。

张总： 好的，说说重点。

露西： 经过与度假事业部员工的深入走访和谈话，我们发现部门整合导致了部分员工的岗位重叠，而将一些老员工调整到一个完全陌生的岗位或者其他事业部了。对于老员工而言，这需要重新学习和适应新岗位的技能，同时，公司整合过程中出现。人心不稳的情况，员工们不知道自己会调整到哪个部门。还有一部分员工因为岗位下调，存在心理落差。如 A 原本是酒店事业部的 CEO，调整到度假事业部的部门经理后，工资待遇等都有所降低，这导致 A 跳槽，加入我们的竞争对手的阵营，带走了公司的部分客户。

还有一部分员工抱怨，整合过程中，绩效考核混乱，工作流程存在缺陷，自己没有得到应得的待遇。一部分校园招聘来的新员工，也因为整合，都调整到其他部门了。基本上就这些，你们觉得呢？

张总： 哦，这的确是一些问题。那我们应该怎样做才能留住员工呢？

露西： 业务部门整合，必然会带来岗位调整的问题。我认为应该从以下几点进行改进。

（1）公司的老员工，曾经为公司的发展做出了自己的贡献，我们应该充分尊重老员工的意愿，进行工作相近的调整。如果要调整到其他部门，也要集中对老员工进行培训，使他们迅速适应新工作。

（2）为了防止业务骨干的流失，在保持他们薪资水平的情况下，适当地满足他们对声誉的追求，如开展表彰大会等满足他们的心理需求。

（3）我们公司第一年开始校园招聘，对待对刚刚入职的大学生新员工，我们必须尽全力为他们提供岗位，因为这些新鲜血液能够像沙丁鱼一样激起老员工的工作热情。他们才是公司未来发展的主力军，要特别注意此类员工的安置。如果安置不妥，对公司的声誉会造成严重的影响。

（4）针对员工所说的，绩效考核混乱的问题，我会责成相关部门进行工作流程再设计，同时将绩效考核的新办法公开化，让员工都清楚明白，同时针对不足之处，进行修正，真正做到绩效考核明白化，清晰化。另外，对该部门人力资源总监进行相应调整。我相信这些措施能够加快部门整合，快速地度过整合的过渡期，尽量降低员工流失率，使度假事业部快速发展。

张总：我感觉这样可以的，好了就按照你说的办吧！

（散会）

问题：

1. 组织工作流程设计需要注意哪些因素？
2. 事业部制组织结构的优缺点是什么？
3. 基层员工的管理与中层员工的管理有什么区别？

领　导

　　领导者必须想尽办法，挖掘出员工的最大潜能。在追求卓越的过程中，挖掘员工潜能，永远是所有工作的重中之重。

——杰克·韦尔奇（美国通用电气公司董事长兼 CEO）

目标与要求

　　本模块的学习，要求学生理解领导的五种功能，并能根据领导的含义掌握领导素质的基本内容，加强领导技能的培养；理解人性假设理论与领导风格；了解各种激励理论和人际沟通的概念、特征及障碍，正确运用激励理论，掌握有效激励机制的建立途径和有效沟通的表现。

导入案例

　　苏·雷诺兹（Sue Reynolds），今年 22 岁，即将从大学人力资源管理专业毕业。在过去的两年里，她每年暑假都在康涅狄格互助保险公司打工，填补去度假的员工的工作空缺，因此她在这里做过许多不同类型的工作。目前，她已接受该公司的邀请，毕业之后将加入互助保险公司成为保险单更换部的主管。

　　康涅狄格互助保险公司是一家大型保险公司，有 5 000 多名员工。公司奉行员工的个人开发，这已成为公司的经营哲学，公司自上而下都对所有员工十分信任。苏·雷诺兹将要承担的工作要求她直接负责 25 名职员。他们的工作不需要什么培训而且具有高度的程序化，但员工的责任感十分重要，因为更换通知要先送到原保险单所在处，要列表显示保险费用与标准表格中的任何变化。如果某份保险单因无更换通知的答复而将被取消，还需要通知销售部。苏·雷诺兹工作的群体成员全部为女性，年龄跨度为 19—62 岁，平均年龄为 25 岁。其中大部分人是高中学历，以前没有工作经验，她们的薪金水平为每月 1 420—2 070 美元。苏将接替梅贝尔·芬彻的职位，梅贝尔为互助保险公司工作了 37 年，并在保险单更换部门做了 17 年的主管工作，现在她退休了。苏去年夏天曾在梅贝尔的群体里工作过几周，因此比较熟悉她的工作风格，并认识大多数群体成员。她预计除了丽莲·兰兹之外，其他将成为她下属的成员都不会有什么问题。丽莲今年 50 多岁，在保险单更换部工作了 10 多年，而且作为一个"老太太"，她在员工群体中很有分量。苏断定，如果她的工作得不到丽莲·兰兹的支持，将会十分困难。

苏决心以正确的步调开始她的职业生涯。因此，她一直在认真思考一名有效的领导者应具备什么样的素质。

【分析提示】

1. 影响苏成为成功领导者的关键因素是什么？

2. 你认为苏能够选择领导风格吗？如果可以，请为她描述一个你认为有效的风格；如果不可以，请说明原因。

第一部分 理论与背景知识

第一节 领导与领导者

一、领导的含义和功能

（一）领导的含义

什么是领导？对于这样一个大家都很熟悉且经常使用的词，国内外的学者却有各种不同的解释：有人认为，领导就是职位和权力；有人认为，领导是一种影响力；有人认为，领导是一门艺术；有人认为，领导是一种才能；还有人说，领导就是服务；等等。这些说法都有一定的道理，又都不够全面和准确。目前，学术界比较一致的认识是，领导是一种行为过程，是领导者为了实现预定的目标，在一定的条件下采用一定的组织形式和方法，引导和影响被领导者完成预定任务的一种活动过程。这个概念表明：第一，领导的本质是一种人与人之间的关系，即领导者与被领导者的关系；第二，领导行为的目的是指引和影响被领导者实现组织的预定目标；第三，领导是一个动态过程，构成这个过程有三个要素，即领导者、被领导者和环境。领导行为是由这三个要素所组成的复合函数，用公式表示为

$$领导=f（领导者，被领导者，环境）$$

（二）领导的功能

领导的功能指的是领导者所承担的基本职责及主要活动内容。但是对于这个问题所包括的具体内容，目前国内外学者的观点和意见尚不一致。我们认为，领导的功能至少应包括以下五个方面。

1. 组织功能

组织功能即建立组织管理机构，科学地组织生产和经营，达成组织目标的功能。为了实现单

位或组织的目标，领导者必须采取一系列的组织措施，进行一系列的组织活动。领导者的组织功能就体现在这些组织措施与组织活动中。具体内容如下。

（1）对环境进行科学的分析，根据组织内外部的条件、需要与可能，制定和设置组织目标，做出重要的决策和必要的行为规定。

（2）为实现目标而科学地安排、调配和使用人力、物力和财力，使"人尽其才"、"物尽其用"、"财尽其力"。

（3）建立并完善一整套科学的管理系统，如组织系统与机构、工作制度、规章制度等，并努力使其既具有相对稳定性，又具有一定的灵活性，以适应不断变化的内外部环境。

2. 协调功能

所谓协调功能，是领导者于群体和组织内解决矛盾与加强联系的技巧。任何群体和组织都是由执行不同任务而划分为若干个小群体所构成的，在完成小群体的任务中，不可避免地会形成小群体的本位观念和小群体意识，由此，就会产生各单位或小群体之间的竞争和意见分歧，甚至会出现矛盾和冲突。而现代化的生产和经营则要求各分单位或小群体之间的紧密合作和相互联系，因此，就需要领导者发挥其协调作用，将不同的小群体和个人组织起来，使它们建立起良好的配合关系，从而形成一个协调的、互相合作的、紧密联系的大群体。只有这样，才能提高群体的工作效率，共同完成群体的奋斗目标。

3. 团结功能

团结在领导工作中应给予特别的重视。团结是人们的自觉聚合，在一个单位或群体内的许多人中，由于思想上的交流和相互了解会产生一种同属感或群体意识。能否利用这种同属感或群体意识把所有成员凝聚成一个坚强的、紧凑的集体，领导在其中起着关键的作用。我们的社会主义事业是千百万人民的共同事业；同样，群体或组织的目标也就是全体员工的共同目标。因此，领导者的团结作用，首先在于搞好群体内部的团结，使大家心往一处想、劲往一处使，真正形成一个团结、战斗的集体。同时，领导还必须做好与本群体有关系的群体、部门的团结工作。因为在社会化大生产条件下，任何组织或群体目标的实现，都离不开其他群体和有关部门的协作与支持。总之，做好内外部的团结工作，是领导者的基本职责，也是实现群体目标的重要保证。

4. 激励功能

所谓激励功能也就是调动人的主动性、积极性和创造性的过程。激励功能是领导最主要的功能。它主要表现为以下三个方面。

（1）提高被领导者接受和执行组织目标的自觉性。在一般情况下，个体行为的目标与群体或组织的目标并不能完全一致，这势必影响职工的积极性和团体的士气。领导者的责任就在于要善于使组织目标与个体目标相协调、相统一，创造和维护一个良好的环境条件和组织气氛，使职工加强对组织目标的感受性，从而提高职工接受和执行组织目标的自觉性。

（2）关怀、尊重被领导者，满足被领导者的心理需要，激发被领导者实现组织目标的热情。人的任何一种行为出现，都有一定的原因，这种原因归根结底是人的需要。领导者应该了解和掌握其下属的需要，并采取一定的措施予以满足。只有这样，才能发挥下属的最大潜能和工作效率，圆满地实现组织目标。

（3）提高被领导者的行为效率。所谓行为效率，是指被领导者为实现组织目标所做出的贡献大小或能力、才干的发挥程度。为此，领导者要研究被领导者本身的需要结构及其变化趋势，提高被领导者的知识和技能水准，并努力创造有利于被领导者提高行为效率的物质环境和心理气氛。

5. 考核功能

考核是领导功能不可缺少的环节。当工作任务和计划确定后，领导者要对工作人员随时加以督促和考核，目的在于掌握和了解计划的实施情况；以检查的结果作为判定得失功过的依据，进一步奖励优者，批评和处罚劣者。这样做不仅是为了总结过去，赏罚分明，还在于找出差距和问题，明确方向，以利将来。

（三）领导与领导者

领导是一个行为过程，领导者是指实施领导行为的主体——人。它们是两个既有联系又有区别的概念。领导的实质和特征如前所述。领导者在领导活动中起带头人、指导者、指挥者、组织者、主将、首长、导演和领袖等作用。

领导与领导者又是互为依存的。没有领导者就谈不上被领导者，也就没有领导行为；反过来，没有领导这一行为，作为领导行为的主体——领导者也就没有存在的必要。

（四）领导与管理

现实生活中，人们往往把领导与管理当作同一词使用，以为领导就是管理，管理也是领导。其实，这是两个既有联系又有区别的不同概念。

从广义上看，管理行为与活动是领导行为的组成部分，二者可以通用，特别是对于中层与基层组织中的领导活动，可以称为管理活动，领导者也可称为管理者。但从狭义上看，二者就不同了。管理是一种特殊的领导，它是由领导者或非领导者通过计划、组织、协调、激励、指挥和控制，进而实现组织目标的行为过程。而领导则是由领导者去引导和影响个人、群众或组织，在一定条件下实现期望目标的行为过程。这里的期望目标既可以是组织目标，也可以是个人目标。领导与管理的具体区别有如下两点。

第一，领导的任务是解决单位或组织中带方向性、战略性的问题；管理的任务则是解决具体的工作效率与效益问题。所以一般称管理者为"将才"，而称领导者为"帅才"。将才必须过问具体问题，而帅才则不必过问细节。

第二，管理者的人数要多于领导者。领导者是在组织、群体中，具有权力、地位和相当影响力的人物；而管理者除基层领导人以外，还包括从事管理工作职能的其他人员，如会计员、统计员等。

二、领导影响力

影响力是一个人在与他人的交往中，影响和改变他人心理和行为的能力，包括以下两方面。

（一）权力性影响力

1. 传统因素

传统因素是指人们对领导者的一种传统观念，认为领导者总是不同于一般人。这种观念逐步成为某种形式的社会"规范"，使人们从小就打上了深刻的印记，影响着被领导者对领导者的服从感。这种传统观念所产生的影响力普遍存在，只要你是个领导者，就自然获得了这种力量。

2. 职位因素

职位因素是指个人在组织中的职务与地位。职位因素造成的影响力是以法定为基础的，与领导者本人的素质条件没有直接关系，它是由社会组织赋予领导者的一种力量。

3. 资历因素

资历是指领导者的资格和经历。资历因素是个人历史性的东西，一般人对资历较深的领导者比较敬重，由此产生的影响力也属强制性的。

权力性影响力不是领导者的现实行为造成的，是外界赋予的，它对下级的影响带有强制性和不可抗拒性。这种影响力对被领导者的作用主要表现为被动、服从，对人的心理和行为的激励作用是有限的。

（二）非权力性影响力

非权力性的影响力，既没有正式的规定，也没有组织授予的形式，属于自然性影响力，是靠领导者自身的威信和以身作则的行为来影响他人的。非权力性影响力产生的基础比权力性影响力产生的基础广泛得多。构成非权力性影响力的因素主要包括品德、才能、知识和感情等因素。

三、领导者素质

领导者素质一般是指领导者在其领导活动中经常起作用的先天气质和经过后天学习、锻炼、教育而凝固成的内在性格因素，包括品德、知识、才能、情操、身体等诸要素在一定时间和条件下的内在状态。

良好的领导者素质，是领导者承担领导责任、履行领导职能的基本条件。作为决策者，素质好，才能高瞻远瞩，不失时机地做出英明正确的决策；素质差则优柔寡断或蛮横专断，使决策失误。作为指挥者，素质好，能够调动起广大人民群众的积极性和创造性；素质差则指挥不灵，调动不力，影响广大群众积极性的发挥，甚至产生内耗。作为带头人，素质好，可以成为被领导者的楷模，产生巨大的吸引力、凝聚力和影响力；素质差则会失去民心，涣散斗志，产生离心力。由此可见，领导者的素质如何不仅是影响领导效能的主观条件，而且也是组织和事业发展的关键。毛东同志曾经说过，政治路线确定之后，干部就是决定的因素。特别是在改革开放的新形势下，新事物、新问题层出不穷，对领导者素质提出了更新、更高的要求。现代领导者，必须具有战略的眼光、改革的魄力、系统的观念、综合的能力、创新的精神以及甘为人民公仆的思想境界等基本素质，这是我们的事业兴旺发达的基本保证。现代领导者的基本素质如下。

（一）政治素质

政治素质即"德才兼备"的德，"又红又专"的红，干部"四化"中的革命化。它主要指领导者应有的政治立场、方向、信念、理想及思想作风等。在领导者的诸多素质中，政治素质是第一位的。领导者只有具备了一定的政治素质，才能使其他素质得以正确的发挥，否则其他素质再好，也难以发挥其积极作用。因此，我们一贯主张，领导者必须具有坚定正确的政治方向，这是身为领导者的最起码条件。一个精神上没有优势的国家，一个缺乏坚定政治信念的民族，是不可能自立于世界民族之林的。同样，没有远大理想和抱负的领导者，是不可能担负起率领广大人民实现现代化的历史重任的。

（二）知识素质

领导者的文化知识素质是领导者取得事业成功的基础，领导者必须根据自己的工作性质和实际需要，建立一个合理的知识结构。

1. 要有扎实的文化基础知识

一定的文化知识是领导者掌握和运用马克思主义基本理论以及有关专业知识的基础。一个合格的领导者必须具备扎实的社会科学和自然科学知识。社会科学包括语文、政治、经济、历史、地理等，自然科学包括数学、物理、化学、生物等。掌握这些基础知识是作为领导者的起码条件。有资料表明，目前在发达国家中，接受十二年教育是就业的前提条件，而我们国家也正在普及九年义务教育。所以，国家有关部门曾经规定，担任一般领导工作的同志都要达到高中以上文化程度，而在国家部、委，省、市委等高层领导班子中，领导成员一般应具有大专文化程度。

2. 要有熟练精深的专业知识

领导者必须掌握的专业知识包括两个方面。一方面是与领导者所在单位的性质有关，即与本单位所从事的专业直接相关的知识。这是实行内行领导的基础。一个领导者只有具备与自己活动领域相关的专业知识，了解自己的领导对象，熟悉有关的业务情况，掌握本行业、本部门事物发展的规律和特点，才能为自己所领导的群体活动确定恰当的目标，做出科学的决策。另一方面是与领导工作直接相关的专业知识，也就是各行业、各领域、各层次的领导者共同需要的专业知识，包括领导科学、管理科学、心理学、政治学等，这是做好领导工作的基本功。

3. 要有广博的相关知识和辅助知识

领导者所从事的工作往往具有全局性、综合性、战略性和复杂性。要做好这样的工作，领导者除了应具有扎实的文化基础知识和深厚的专业知识外，还应掌握必要的辅助知识，如哲学、法学、文学艺术、国际关系、伦理道德、外语以及现代科学技术和组织理论等。这些都是与领导工作相关度较高的基础知识。领导者只有具备了广博的知识面，才能在工作中举一反三，触类旁通；只有博学多识才能足智多谋，思路开阔，判断准确，不断创新。

（三）能力素质

领导能力是知识和智慧的综合体现。现代化生产和技术的发展，对领导能力提出了越来越高、越来越多的要求。从广义上说，凡是需要领导者预见、筹办、安排和解决的一切问题都包含在领导能力的范围之内，凡属领导者的职责及实践所需的各种方法，都属于领导者应该具备的能力。但作为领导者主要应具备以下能力。

1. 决策与指挥能力

决策是领导工作的核心，是领导者的基本功。会不会科学决策，决策的水平如何、正确程度如何，是衡量领导水平的主要标志。现代化大生产和科学的发展，对领导决策提出了更高的要求。在科学的群体决策中，领导者的决断起着关键作用。一个好的领导者，首先要敢于决断，在错综复杂的局势面前，不是优柔寡断、举棋不定，而是排除干扰，理智清醒，勇于拍板决断，同时还要善于决断。领导者要多谋兼听，博采众议，对各种方案进行反复比较，权衡利弊，甄别优劣，选取最佳方案，做出科学决策。

正确的决策做出后，就要组织实施。指挥能力是指领导者在实施决策的领导活动中，运用组织与权限，按照计划目标的要求，通过下达命令，对下级进行领导和给予指导，把各方面统率起来的能力。高超的指挥能力，应该是随机决断能力与组织管理能力的高度统一。

2. 组织与协调能力

群众要靠领导去组织，决策目标要靠领导者组织力量去实现。所谓组织能力，就是领导者为了有效地实现决策目标，运用组织理论，把所属的有关要素、各个环节，从纵横交错的相互关系上、从时间和空间的相互联系上，有效、合理地组织起来的能力。领导者组织能力充分发挥，就能使整个领导过程形成一个有机的整体，并保证其高效率地运转。同时，在实现目标的过程中，由于种种原因，不可避免地会出现和产生各种矛盾，要解决和处理好这些矛盾，就需要领导者发挥其协调能力。而所谓协调，实际上就是人与人之间关系的协调。领导者要充分发挥其协调人际关系的能力，首先要有善于解决矛盾的能力，其次要有善于沟通情况的能力，同时还要有善于鼓动和说服的能力。

3. 改革与创新能力

改革是我们国家富强的出路，创新是我们民族崛起的希望。改革与创新能力是新时期领导干部必须具备的能力。我们所处的时代是科学技术迅猛发展的时代，领导者必须具有对新环境、新问题敏锐的感知能力，要善于捕捉新信息并加工出新观念和新设想。领导者只有思维活跃，富有胆识，不迷信权威，不唯书，不唯上，不被过时的老观念、老框框所束缚，敢想敢说，敢改革，敢创新，不断探索新世界的奥秘，才能在领导工作中有所突破。

（四）身体素质

身体素质指领导者要做好领导工作所必需的最基本的身体条件，即身体的发育和健康状况、体魄和体格所达到的强度，以及对艰苦环境和持续性工作的承受能力。领导者的职业特点和工作性质对他们的身体素质提出了较高的要求。例如，纷杂而无规律的生活方式，长时间的会谈、说服动员或宣传鼓动，应付各种意想不到的突发事件，攻克难关时超强度的智力消耗等，这一切都要求领导者必须具有健康的身体和旺盛的精力。人们常说，身体是革命的本钱。马克思也说过，有了健康的身体，才有健全的精神。可见，领导者有无良好的身体，绝不单纯是个人的私事，而是关系到党和人民事业的大事。因此，每一个立志高远、雄心勃发的领导者，都应该珍惜自己的身体，注意劳逸结合，坚持经常性的身体锻炼，为完成领导工作创造良好的身体条件。

以上四个方面是新时期领导者应当具备的基本素质，虽然对于不同层次、不同行业的领导者，在具体要求上是有差别的，但是作为共同的基本要求，是各级各类领导者都必须具备的，而且经过努力也是可以达到的。

> **阅读材料**
>
> ### 美国人的有效领导观
>
> 1. 劳伦斯·格利纳（Lawrance·Graner）在哈佛商学院通过对 300 多人进行调查研究，整理出有效的领导者应具备的重要特质。
>
> A. 劝告、训练与培训下属。
>
> B. 有效地与下属沟通。
>
> C. 让下属人员知道对他们的期望。
>
> D. 建立标准的工作要求。
>
> E. 给予下属参与决策的机会。
>
> F. 了解下属人员及其能力。
>
> G. 了解企业的士气状况，并能鼓舞士气。
>
> H. 不论情况好坏，都应让下属了解实情。
>
> I. 愿意改进工作方法。
>
> J. 下属工作好时，及时给予表扬。
>
> 2. 麦金泰公司通过对美国公认的 37 家优秀企业中的 10 家进行调查研究，得出有效领导者的标准。

A. 善于迅速行动，能边工作，边计划，边解决问题。

B. 简化组织机构，防止人浮于事。

C. 重视市场研究，一切从实际出发。

D. 与基层人员经常联系，并通过各种办法激励其努力工作。

E. 善于授权。

F. 善于选择业务，发扬本公司的长处。

日本人的有效领导观

十项品德	十项能力
A. 使命感	A. 思维决策能力
B. 责任感	B. 规划能力
C. 依赖感	C. 判断能力
D. 积极性	D. 创造能力
E. 忠诚老实	E. 洞察能力
F. 进取心	F. 劝说能力
G. 忍耐性	G. 对人理解能力
H. 公平	H. 解决问题能力
I. 热情	I. 培养下级能力
J. 勇气	J. 调动积极性能力

第二节 人性假设与领导风格

一、人性假设的内涵及类型

所谓人性，就是存在于每一个人类个体身上，使人与动物相区别的特性。人性是复杂的，它是由多种属性构成的一个结构体系，如人的自然属性、社会属性、精神属性等。在管理学中系统提出人性假设问题的学者是麦格雷戈（Douglas M. McGregor），他在 1957 年出版的《企业中的人性方面》一书中正式提出了人性假设（Assumptions about Human Nature）概念。所谓人性假设，主要是指在管理过程中主体对人性问题的一种假定，并依据假定的不同而提出不同的管理方针和策略。自人性假设问题提出之后，学术界先后提出了许多不同的观点，代表性的有以下四种。

（一）"经济人"假设

经济人（Economic Man）假设起源于享乐主义哲学和亚当·斯密（Adam Smith，1723—1790年）关于劳动交换的经济理论，麦格雷戈在《企业中的人性方面》一书中将这种人性假设概括为"X"理论。具体地说，"经济人"就是使市场经济得以运行的人，即会计算、有创造性、能寻求自身利益最大化的人。泰勒就是"经济人"假设的典型代表，他建议采用"胡萝卜加大棒"的管理方法管理工人。

"经济人"假设包含三个基本命题：①经济人是自私的，即追求自身利益是驱策人的经济行为的根本动机；②经济人在行为上是理性的，具有完备或较完备的知识和计算能力，能根据市场和自身的状况追求个人利益的最大化；③只要有良好的制度保证，个人追求自身利益最大化的自由行动，会无意而有效地增进社会公共利益。

（二）"社会人"假设

社会人（Social Man）假设理论是管理学家埃尔顿·梅奥于 1933 年提出的，以后又被不断完善。在 1927—1932 年间，梅奥在霍桑工厂分别进行了"照明实验"、"福利实验"、"群众实验"、"谈话实验"。在此基础上他提出的人际关系理论认为，人是社会人，影响人生产积极性的因素，除物质因素外，还有社会、心理因素；生产率的高低主要取决于员工的士气，而员工的士气受企业内部人际关系及员工的家庭和社会生活影响；非正式组织的社会影响比正式组织的经济诱因对员工有更大的影响力；员工最强烈的期望在于领导者能承认并满足他们的社会需要。所以，要调动员工的工作积极性，必须使员工的社会和心理需求得到满足。

（三）"自我实现人"假设

自我实现人（Self-Actualizing Man）假设提出于 20 世纪 50 年代末，自我实现人也称自动人，麦格雷戈总结了马斯洛和阿吉里斯（Chris Argyris）的理论研究成果，将之概括为"Y"理论。自我实现人假设认为，人的需要是一个层次系统，低层需要满足之后，人就开始追求高层次的需要；人主要是自我激励和自我控制的，外部的刺激和控制有可能变成一种威胁；个人所追求的目标与组织目标具有一致性，只要在工作中给人一定的自主权，他就能灵活地应对环境，促进自己和组织的共同发展。因此，管理者应把管理的重点从重视人的因素转到创造良好的工作环境，使员工的能力得到最充分的发挥。

（四）"复杂人"假设

复杂人（Complex Man）假设是 20 世纪 60 年代由埃德加·沙因（Edgar H.Schein）经过长期研究提出来的。他认为，经济人、社会人、自我实现人三种人性假设仅适用于特定的环境，但从整体上说，却过于简单化和一般化了。沙因指出，人的需要是多种多样的，它经常随着人自身的发展和生活处境的变化而变化，而且人的多种需要之间也是相互作用的，所以工作性质、组织环境等都会对人性产生重大影响，使人性表现出多变性。换句话说，人是很复杂的，不能简单地把人性归结为某一种单一的特性。正因如此，领导者的管理方法和技巧必须随时、随地、随人、随境不断变化，领导者要具备鉴别情境、分析差异、诊断问题的洞察力。沙因的人性假设表现出了一种权变和发展的观点。

二、领导方式的基本类型

现实中的领导行为会表现出各种不同的方式或风格。那么，究竟存在哪些领导方式？哪一种效果更好呢？

（一）基于权力运用的领导风格类型

在管理实践中，不同的领导者或同一领导者在不同的工作情境下倾向于采取某种特定的领导风格，这往往与他们对权力的运用方式不同有关。

1. 勒温理论

勒温认为，在管理过程中主要有以下三种典型的管理方式。

（1）专制式，也称专权式、独裁式。从字面上就可理解把握这种领导方式的本质，即独自裁决，一个人说了算。这类领导者个人独自做出决策，然后命令下属予以执行，并要求下属不容置疑地遵从其命令。

（2）民主式，即协商、共同行使权力。在民主式领导风格下，领导者在采取行动方案或做出决策之前会主动听取下级意见，或者吸收下级人员参与决策制定。

（3）放任式，即极少用权，下属高度自主独立。放任式领导者的主要特点是极少运用权力影响下属，而给下级以高度的独立性，以致达到放任自流和行为根本不受约束的程度。

注意：专制式、民主式、放任式三种领导方式并无绝对的优劣之分，它们各自有其适用的情况、环境。如专制式领导，有利于保证命令的统一，决策迅速，在关键时刻，特别是没有时间允许征求下属意见时，"该出手时就出手"（如消防队长在救火现场就不能召开民主会，由大家讨论救火方案）。

2. 利克特的四种领导方式

利克特（Rensis Likert）是美国密歇根大学的管理学教授，他和同事以几百个组织机构作为研究对象，发现了各种各样的领导方式，可以大致归纳为四个基本模式，即专制权威式、开明权威式、协商式、群体参与式。

（1）专制权威式。采用这种领导方式的领导者非常专制，决策权仅仅限于最高层，对下属很少信任，激励也主要是采取惩罚的方法，沟通采取自上而下的方式。

（2）开明权威式。采用这种领导方式的领导者对下属有一定的信任和信心，采取奖赏和惩罚并用的激励方法，有一定程度的自下而上的沟通，也向下属授予一定的决策权，但自己仍牢牢掌握着控制权。

（3）协商式。这种方式的领导者对下属抱有相当大但并不完全的信任，主要采用奖赏方式来进行激励，沟通方式是上下双向的，在制定总体决策和主要政策的同时，允许下属部门对具体问题做出决策，并在某些情况下进行协商。

（4）群体参与式。采用这种方式的领导者对下属在一切事务上都抱有充分的信心与信任，积极采纳下属的意见，更多地采用上下级之间以及同级之间的沟通，鼓励各级组织做出决策。这种模式最有效，可以提高 10%～40% 的生产效率，调动员工的内在动机。单纯依靠奖惩分明的领导方式看来已经过时，民主参与管理在西方欧美的企业中已经相当普遍了。

这是基于权力如何使用的角度来对领导方式进行的划分。

（二）基于态度和行为倾向的领导风格分类

从领导者与下属之间是关心任务还是关心人员的角度来划分，可以把领导的风格分为关心任务式和关心人员式两种类型。

1. 关心任务式

以任务为中心（或关心任务式）的领导风格，领导者最为关心工作任务的完成，他们总是把工作任务放在首位，而对人际关系却不甚关心，有时为了完成任务甚至不惜损害与上下左右的关系。这类领导者可能利用自己法定的决策制定权和进行奖赏或惩罚的权力，命令下属去做某项工作并指挥他们做好这项工作，同时还可能密切注视和掌握下属工作的进程及其工作中的表现。因此，以工作任务为中心的领导者往往在实际领导行为中表现为专制式。这种领导风格通常可以带来较高的工作效率，但会降低组织成员的满意度和影响群体团结。

2. 关心人员式

以人员为中心（关心人员式）的领导风格，领导者把主要精力放在下属身上，关注的是他们的感情和相互之间的人际关系，以及员工个人的成长和发展。其领导的权力多是建立在个人的专长和模范表率作用的基础上。这类领导者与其说是通过对下属行动的指示命令，还不如说是通过指向（指明努力的方向）来使下属人员完成预期的目标。他们尊重、体谅、关心和支持下属，通过建立良好的人际关系去推动工作任务的完成。这种领导风格能够提高组织成员的满意程度，并加强群体的团结，但对工作效率的作用并不总是成正比的。换句话说，领导者表现出关心体谅下属未必就能保证工作效率会自然地得到提高。

> **┃阅读资料：优秀管理者提高效率十五大法则┃**
>
> 法则一，制定时间管理计划。
>
> 法则二，养成快速的节奏感，不仅提高效率，节约时间，也能给人以良好的作风印象。
>
> 法则三，学会授权。
>
> 法则四，高效的会议技巧。
>
> 法则五，养成整洁条理的习惯。
>
> 法则六，专心致志，有始有终。
>
> 法则七，简单流程。
>
> 法则八，一次做好，次次做好。
>
> 法则九，克服拖延，现在就做。
>
> 法则十，当日事当日毕。
>
> 法则十一，善用零散时间。
>
> 法则十二，利用节省时间的工具。
>
> 法则十三，高效的阅读法。
>
> 法则十四，高质高效的睡眠。
>
> 法则十五，终生学习。

第三节　激励与激励理论

　　管理是科学，更是一门艺术，无论什么样的企业要发展都离不开人的创造性和积极性。因此，企业一定要重视对员工的激励，根据实际情况，综合运用多种激励机制，把激励的手段和目的结合起来，改变思维模式，真正建立起适应企业特色、时代特点和员工需求的开放的激励体系，使企业在激烈的市场竞争中立于不败之地。激励机制是企业将其远大理想转化为具体事实的手段。

一、激励的内涵

（一）激励的含义

　　激励是一个心理学术语，指激发人的行为的心理过程。激励这个概念用于管理，是指激发员工的工作动机，也就是说用各种有效的方法去调动员工的积极性和创造性，使员工努力去完成组织的任务，实现组织的目标。

　　这一定义包含以下几方面的内容。

　　（1）激励的出发点是满足组织成员的各种需要，即通过系统地设计适当的外部奖酬形式和工作环境，来满足企业员工的外在性需要和内在性需要。

（2）科学的激励工作需要奖励和惩罚并举，既要对员工表现出来的符合企业期望的行为进行奖励，又要对员工不符合期望的行为进行惩罚。

（3）激励贯穿于企业员工工作的全过程，包括对员工个人需要的了解、个性的把握、行为过程的控制和行为结果的评价等。因此，激励工作需要耐心。

（4）信息沟通贯穿于激励工作的始末，从对激励制度的宣传、企业员工个人的了解，到对员工行为过程的控制和对员工行为结果的评价等，都依赖于一定的信息沟通。企业组织中信息沟通是否通畅，是否及时、准确、全面，直接影响着激励制度的运用效果和激励工作的成本。

（5）激励的最终目的是在实现组织预期目标的同时，也能让组织成员实现其个人目标，即达到组织目标和员工个人目标在客观上的统一。

因此，企业实行激励机制最根本的目的是正确地诱导员工的工作动机，使他们在实现组织目标的同时实现自身的需要，增加其满意度，从而使他们的积极性和创造性继续保持和发扬下去。由此也可以说，激励机制运用的好坏在一定程度上是决定企业兴衰的一个重要因素。如何运用好激励机制也就成为各个企业面临的一个十分重要的问题。

管理故事：关于激励的两则故事

雕凿人生

在文艺复兴时期，意大利雕刻家米开朗基罗用了多年时间，完成了举世闻名的大理石雕刻，名为"戴维"，现在存放于佛罗伦萨美术学院。当朋友问米开朗基罗雕凿出栩栩如生的戴维像的秘诀时，他只是轻描淡写地说："戴维本来就在这块大理石之内，我只是将不属于戴维的石块凿掉罢了！"

激励的力量：成功并非要改头换面，脱胎换骨，而是要将自己美好的"本来面目，呈现人前"。成功是恰如其分地展现自己的优点。

光明前景

有三个建筑工人，一天工作完了各自回家。

回家途中，第一个工人心里想："要不是为了生活，我真不会做那砌砖工作，辛苦得很。"第二个工人心里想："每天就是在砌墙，真是沉闷得叫人发疯。"第三个工人心里想："我今天为了完成一所宏伟的教堂而努力，完成后教堂可容纳几百人做礼拜，这实在是一件极有意义的工程。"

激励的力量：在生活中，你是在投诉、愤怒，还是有所创造呢？你是在砌砖、砌墙，还是为有意义的目标前进呢？请牢记，将思想集中于光明前景。

（二）激励的过程

心理学揭示的规律是，动机欲望支配着人们的行动，而动机又产生于人的需要。

1. 洞察需要

这是激励机制的源头，只有未满足的需要，才能成为激励的切入点。因此，领导者要实施激励，首要的前提是洞察下属的需要。

2. 明确动机

这是激励机制的前提。动机是指推动人们进行各种活动的愿望和理想，是行为的直接原因。

3. 满足需要

这是激励机制的核心。满足人的需要，实际上就是将个人目标和组织目标统一在一起。

4. 激励与反馈、约束相互补充

激励的结果是否符合领导者的意图，这些要素都需要在反馈过程中加以明确，从而为领导者的递进式激励提供必要的信息；激励必须与约束相结合，才能有效地发挥其功用。

（三）激励的作用

对一个企业来说，科学的激励制度至少具有以下几个方面的作用。

1. 为组织吸引人才

在发达国家的许多企业中，特别是那些竞争力强、实力雄厚的企业，通过各种优惠政策、丰厚的福利待遇、快捷的晋升途径来吸引企业需要的人才。

2. 激发员工的才能和智慧

美国哈佛大学的威廉·詹姆斯（W.James）教授在对员工激励的研究中发现，按时计酬的分配制度仅能让员工发挥 20%～30% 的能力，如果收到充分激励的话，员工的能力可以发挥出 80%～90%，两种情况之间 60% 的差距就是有效激励的结果。管理学家的研究表明，员工的工作绩效是员工能力和受激励程度的函数，即绩效=F（能力×激励）。如果把激励制度对员工创造性、革新精神和主动提高自身素质的意愿的影响考虑进去的话，激励对工作绩效的影响就更大了。

3. 为组织留住优秀人才

德鲁克（P·Druker）认为，每一个组织都需要三个方面的绩效，即直接的成果、价值的实现和未来的人力发展。缺少任何一方面的绩效，组织注定非垮不可。因此，每一位管理者都必须在这三个方面均有贡献。在三方面的贡献中，对"未来的人力发展"的贡献就是来自激励工作。

4. 造就良性的竞争环境

科学的激励制度包含竞争精神，它的运行能够创造出一种良性的竞争环境，进而形成良性的竞争机制。在具有竞争性的环境中，组织成员会受到环境的压力，这种压力将转变为员工努力工作的动力。正如麦格雷戈所说："个人与个人之间的竞争，才是激励的主要来源之一。"在这里，员工工作的动力和积极性成了激励工作的间接结果。

二、激励的原则

为了取得良好的激励效果，激励必须遵循以下几个原则。

（一）物质激励与精神激励相结合的原则

物质激励是指通过物质刺激的手段，鼓励职工工作。物质激励是基础，精神激励是根本。企业必须把物质激励和精神激励结合起来才能真正调动广大员工的积极性。

（二）目标一致原则

在人力资源激励中，目标的设置十分关键。在激励机制中一定要做到目标明确、目标结合，既要让企业员工知道组织目标，又要充分地让员工能够在为企业谋利益的同时实现个人的目标。

（三）公平合理性原则

激励的合理性原则无非包括两个方面：其一，激励的措施要适度；其二，奖惩要公平。激励措施最常用的就是奖励（正激励）和惩罚（负激励）。奖就是对符合社会价值标准和组织目标的进步、积极的行为给予奖励；惩就是对与此相反的行为即落后、消极甚至越轨行为给予惩罚。激励只有做到公平合理，才能起到预期效果。

（四）明确性原则

行为主体受到激励后能保持更旺盛的工作热情，对不正确的行为起到及时修正的作用，可以减少不正确的行为产生的损失，少走弯路。

（五）差别激励原则

这就要求对不同的人、不同的情况采取不同的激励方法，以使激励更加有效。

三、激励理论

20 世纪 50 年代以来，关于激励的研究硕果累累，主要的激励理论有以下几种。

（一）需要层次理论

这个理论在模块一中已做详细介绍，在这里仅简要提示。

马斯洛认为，在特定的时刻，人的一切需要如果都未能得到满足，那么满足最主要的需要就比满足其他需要更迫切。只有低层次的需要得到充分的满足后，较高层次的需要才显示出激励作用。

（二）激励—保健理论

激励—保健理论简称双因素理论，由美国心理学家弗雷德里克·赫兹伯格提出。他提出影响人们行为的因素主要有两类，即保健因素和激励因素。

1. 保健因素

保健因素指与人们不满情绪有关的因素，是属于工作环境或工作关系方面的，如组织的政策、人际关系、工作条件等。若保健因素处理不好，就会引发员工对工作不满情绪的产生。但这类因素并不能对员工起激励作用，只能起到保持人的积极性、维持工作现状的作用。所以，保健因素又称为"维持因素"。

2. 激励因素

激励因素指与人们的满意情绪有关的因素，是属于工作本身或工作内容方面的。这主要包括工作晋升机会和工作带来的愉快、工作上的成就感、对未来发展的期望等。若激励因素处理得好，能够使人们产生满意情绪；若处理不当，就不能产生满意感，但也不会导致不满。

双因素理论对管理者的基本启示是：①提供充分的保健因素，以消除不满；②提供充分的激励因素是激发积极性的有效途径。

‖扩展阅读‖

一家 IT 公司的老总，每年中秋节，都会额外给员工发放一笔 1 000 元的奖金。但几年下来，老总感到这笔奖金正在丧失它应有的作用，因为员工在领取奖金的时候反应相当平和，每个人都像领取自己的薪水一样自然，并且在随后的工作中也没有人会为这 1 000 元表现得特别努力。既然奖金起不到激励作用，老总决定停发，加上行业不景气，这样做也可以减少公司的一部分开支。但停发的结果却大大出乎意料，公司上下几乎每一个人都在抱怨老总的决定，有些员工明显情绪低落，工作效率也受到不同程度的影响。老总很困惑，为什么有奖金的时候，没有人会为此在工作上表现得积极主动，而取消奖金之后，大家都不约而同地指责抱怨甚至消极怠工呢？

（三）行为改造理论

行为改造理论认为激励的目的是改造和修正行为。它研究如何通过外界刺激对人的行为进行影响和控制。

1. 强化理论

该理论认为，人们为了达到某种目的，都会采取一定的行为，这种行为将作用于环境。当行为的结果对他有利时，这种行为就重复出现；当行为的结果对他不利时，这种行为就会减弱或消失。根据强化的目的，强化分为正强化（肯定、表扬、晋升等）和负强化（批评、处分、降级等）两种。

2. 归因理论

归因理论认为，人的行为的发生或多或少与自身内部原因和外界环境因素有关。美国心理学家维纳将成功与失败归因为四种可能性：①能力；②努力；③任务的难度；④机遇。不同的人对成功和失败有不同的归因，并导致不同的情绪反应和行为表现。

（四）公平理论

公平理论（Equity Theory）是美国心理学家亚当斯在1963年首先提出来的，也称为社会比较理论。其基本观点是，当一个人做出成绩并取得了报酬以后，他不仅关心自己所得报酬的绝对量，而且关心自己所得报酬的相对量。

（五）期望理论

期望理论（Expectancy Theory）由美国的维克多·弗隆姆于1964年提出。该理论认为，某一活动对某人的激励力取决于他所能得到成果的全部期望价值与他认为达到该成果的期望概率。用公式表示就是

$$M=V \cdot E$$

式中，M表示激励力，指调动一个人的积极性、激发出人的内部潜力的强度；V表示效价，指某项活动成果所能满足个人需要的程度；E表示期望值，指一个人根据经验判断的某项活动导致某一成果的可能性的大小，即数学上的概率，数值在$0 \sim 1$。

期望理论具有较大的综合性和适用性，把握这一理论应注意以下几点。

（1）对于效价应理解为目标的综合效价，即某目标给某人带来的好处、效益是多样的，效价应指各种效价之总和。

（2）同一事件或同一目标对不同人的效价不一样，对同一个人在不同时期的效价也不一样。

（3）期望概率是指当事人主观判断的概率，它与个人能力、经验以及愿意付出的努力程度有直接关系。

（4）效价与平均期望概率相互影响。平均概率小，效价相对增大；平均概率大，效价相对减小。

四、激励的方式

在管理实践中常用的激励方式如下。

（一）目标激励

企业或单位可给员工设定一定的任务目标，实行目标激励管理，也就是将员工每年应完成的基本工作量定为任期目标，施加一定压力，有利于他们完成任务，早出成果。

（二）奖励激励

奖励包括物质奖励和精神奖励，前者主要通过增加工资或奖金，后者主要通过各种形式的表扬、一定的荣誉等来调动员工的积极性。

（三）机会激励

这是指涉及工作内容本身的激励，给予员工各种机会，包括职位的提升、权限的扩大、工作范围的扩大、安排更具挑战性或更符合个人爱好和特点的工作、工作内容丰富化等。

（四）民主管理激励

民主管理激励主要表现在员工参与组织的管理决策的研究和讨论。一方面使员工通过参与管理获得一种重视的机会和成就感；另一方面可使员工因获得信任而产生强烈的责任感，从而提高员工的工作积极性。

五、激励的误区

当前，组织管理中常见的激励误区有下列七种。

（一）管理意识落后

有的企业对人才根本不重视，认为有无激励一个样。这些企业需要革新自己的陈旧观点，把人才当作一种资本来看，挖掘人的潜力，重视激励，否则，必然会遭淘汰；还有的企业口头上重视人才，行动上却还是以往的一套。这些企业管理思想落后，在这些企业里的员工很难有较高的积极性。

（二）盲目激励现象

不少企业看到别的企业有激励措施，自己便"依葫芦画瓢"。合理的借鉴是必需的，但很多企业只是照办。激励的有效性在于需要。只有立足本企业员工的需要，激励才会有积极意义。所以，要消除盲目激励的现象，必须对员工的需要做科学的调查分析，针对这些需要来制定本企业的激励措施。

（三）激励措施的无差别化

许多企业实施激励措施时，并没有对员工的需要进行分析，"一刀切"地对所有的人采用同样的激励手段，结果适得其反。同样的激励手段不可能满足所有的需要。另外，企业要注重对核心员工的激励。在企业中，核心技术人员、高级管理者、营销骨干等都属于核心员工，他们有着高于一般员工的能力。加强对他们的激励，可以起到事半功倍的效果。对核心员工的激励更要使用长期激励的手段，如股票期权、目标激励。

（四）激励就是奖励

这是企业中普遍存在的一个误区，需要被剥夺的时候也可以激起员工的紧张状态，使其有较高的积极性。企业的一项奖励措施往往会使员工产生各种行为方式，其中的部分并不是企业所希望的。因此，必要的束缚措施和惩罚措施就很必要。但是，使用惩罚措施时要注意，惩罚力度不能过大。多用奖励，辅以惩罚。

（五）激励过程中缺乏沟通

企业往往重视命令的传达，而不注重反馈的过程。这样对激励是很没有好处的。缺乏必要的沟通，员工就处于一个封闭的环境中，不会有较高的积极性。

（六）重激励轻约束

在中国的企业界，有这么一个现象，国有企业不重激励重约束，留不住人才，民营企业重激励不重约束，也留不住人才。可见，只强调对激励的重视还是不够的。激励正确的事、约束错误的行为才是正确的管理之道。

（七）过度激励

有人认为，激励的强度越大越好。其实，这也是一种错误的观点，凡事物极必反，激励也是这样。过度的激励就会给员工过度的压力，当这个压力超过员工承受力的时候，结果是可想而知的。适当的激励才会有积极意义。

六、建立有效激励机制的途径

要充分调动员工的积极性，增强企业的竞争力，必须建立一套有效的激励机制。

（一）突破常规体制，实行人才动态管理

所谓人才的"动态管理"，就是要在企业中引入竞争机制，建立能者上、庸者下，以人为本、用人唯才的用人机制，使得到提升的员工产生强烈的成就感和责任感，其他员工树立更远大的进取目标，更使原有的干部产生危机感，从而激发全体员工的积极性和创造性。

（二）建立科学的考核评价体系

对员工进行晋升、聘任、奖惩及调整工资待遇都要有一定的依据，这就需要有一套科学的绩效考核评价体系。员工绩效考核是按照一定的标准，采用科学的方法，检查和评定员工对职位所规定的职责的履行程度，以确定其工作成绩的管理方法。其目的主要在于通过对员工全面综合的评估，判断其是否称职。考核要坚持客观公正、民主公开、注重实绩的原则。考核的内容包括"德、能、勤、绩"四个方面，重点考核工作实绩。不同专业和不同职务、不同技术层次的工作人员在业务水平和工作业绩方面应有不同的要求。科学、公平的绩效量化考核体系要真正做到客观、公正地评价每一位职工的工作业绩，使各项考核奖惩有本可依，同时为进一步开展减员增效提供依据。

（三）加强企业文化建设，以远大的目标激励职工

人的需求多种多样，既有物质方面的，又有精神方面的。过于强调物质利益，会使自我极度膨胀、自私自利，工作积极性更是无从谈起；然而，过于强调精神方面的内容又会形成望梅止渴的现象，解决不了实际问题。因此，在满足员工的物质利益的同时，还应大力提倡企业文化建设，形成讲牺牲、讲贡献的良好企业氛围，以精神内容的引导升华职工的各种劳动行为，充实员工的思想和生活，给他们以强大的精神力量，使之有目标可奔、有方向可寻。

（四）注重经营管理变化，随时改变激励方式

由于人的需求是多变的，同时当低层次的需要满足后，就会上升到较高层次的需要。因此，激励方式也不是一成不变的，而是应该随着员工生活水平、收入的提高有所变化。这样激励政策才能保持持续的有效性，员工积极性才能不断提高，创造力不断挖掘，使企业永葆生机和活力。除此之外，激励方式还应因人而异。因为人的层次不同、生活水平不同，需要自然也不一样，尤其是高学历人才与一般职工的需求相差很大。一般来说，高学历人才的需要偏重于晋升、有挑战性的工作、长远的发展等精神方面的追求，而一般员工则偏重于物质方面的鼓励或短期的利益。

因此，对于不同人员的激励应有所差别，即所谓"看人下菜碟"，这样才能实现各取所需，达到提高员工积极性、创造性，吸引人才，留住人才及企业长远发展的目的。

（五）建立立体化、精确化的激励机制

企业要让团队有激情，只在企业内部设立激励机制、创造积极的工作氛围是不够的，还要有愿意接受挑战和对工作满腔热忱、富有激情的员工。否则，即使公司文化氛围再浓，如果一个员工本身不具备这样的性格，对他的培养也是徒劳无功的。因为从本质上讲，员工的激情更多是带有天生综合素质的一种表现，是自身品质、精神状态和对事物认识程度的一种外化表现，如果没有这些做后盾和基础因子，仅凭企业的单方努力是难以奏效的。

第四节　人际间的信息沟通

> **案例导引**
>
> 有一个人请了甲、乙、丙、丁四个人吃饭，临近吃饭的时间了，丁迟迟未来。这个人着急了，一句话就顺口而出："该来的怎么还不来？"甲听到这话，不高兴了："看来我是不该来的？"于是就告辞了。这个人很后悔自己说错了话，连忙对乙、丙解释说："不该走的怎么走了？"乙心想："原来该走的是我。"于是也走了。这时候，丙对他说："你真不会说话，把客人都气走了。"那人辩解说："我说的又不是他们。"丙一听，心想："这里只剩我一个人了，原来是说我啊！"也生气地走了。

从上面的案例中可以看出，沟通作为一个重要的人际交往技巧，在日常生活中的运用非常广泛，其影响也很大。可以说，人际矛盾产生的原因，大多数都可归于沟通不畅。理解沟通的内容，掌握如何进行有效的沟通对人际关系的发展是至关重要的。

一、人际沟通概述

人际沟通是人与人之间增进了解的工具。人际沟通是人类社会交往的最初也是最重要的形式，人们之间相互传递信息用以沟通思想和交流感情，是人类社会形成的开端。

（一）人际沟通的概念

人际沟通就是人们运用语言符号或非语言符号来传递信息的过程。把人的观念、思想、感情等看作信息，人际沟通就是人与人之间信息传递的过程。人们在共同的活动中彼此交流各种观念、思想、兴趣、情绪、感情与意向等。比如，群体内部各个成员之间的横向沟通，群体之间、部门之间的横向沟通，上级机关与下属机关以及组织内部领导与部属的纵向沟通等，都属于人际沟通的范围。

（二）人际沟通的类型

按不同分类标准，人际沟通有多种类型。

1. 按照渠道的不同，人际沟通可分为直接沟通和间接沟通

（1）直接沟通。直接沟通指运用人类自身固有的手段，无需沟通媒介的人际沟通方式，如谈话、演讲、上课等，它是人际沟通的主要方式。

（2）间接沟通。间接沟通指除了依靠传统的语言、文字外，还需信件、电话、电报、E-Mail等媒介做间接的沟通方式。它大大拓宽了人际沟通的范围，远隔千万里的两个人之间，可以像面对面一样地交流信息。

2. 依据语言符号形式的不同，人际沟通分为语言沟通和非语言沟通

（1）语言沟通。语言沟通指沟通者以语言符号的形式将信息发送给接收者的沟通行为。语言有口语和文字两种形式，故语言沟通分为有声的语言沟通和无声的语言沟通。有声的语言沟通是用口头语，即以讲话的方式进行沟通，如谈话、讲课、演讲、打电话等；无声的语言沟通，是用文字即书面语言来传播，如写信、贴布告、发通知、写字条、板书、打电报等。

（2）非语言沟通。非语言沟通指沟通者以非语言符号的形式将信息传递给接收者的沟通行为，它是以表情、动作等为沟通手段的信息交流。面部表情及眼神、身体动作及姿势、言语表情、个人空间及个人距离、气质、外形、衣着与随身用品、触摸行为等都是非语言符号，它们都可以作为沟通工具来进行非语言沟通。

3. 按沟通的组织程度分类，人际沟通可分为正式沟通与非正式沟通

（1）正式沟通。正式沟通指在一定的组织机构中通过明文规定的渠道进行信息的传递，例如，上级向下级下达指示、发送通知，下级向上级呈送材料、汇报工作，以及定期不定期的会议等。

（2）非正式沟通。非正式沟通指在正式沟通渠道外进行的信息交流，是人们以个人身份进行的人际沟通活动，诸如人们私下交换意见、议论某人某事、传播小道消息等。

4. 从有无反馈的角度看，人际沟通可分为单向沟通和双向沟通

（1）单向沟通。单向沟通指单向信息流动的人际沟通。在沟通时，沟通双方的地位不变，一方只发送信息，另一方只接收信息而不向对方反馈信息，如做报告、大型演讲等。当然，实际上严格意义的单向沟通是罕见的，接收者会以各种形式（鼓掌、打呵欠、说话、坐立不安等）或多或少地反馈信息。

（2）双向沟通。双向沟通指双向信息流动的人际沟通。在沟通时，发送信息者与接收信息者之间的地位不断变换，信息沟通与信息反馈多次往复，如交谈、协商、谈判等。人际沟通中的绝大多数均为双向沟通。

5. 根据接收者的不同，人际沟通分为内部沟通、外部沟通和自我沟通

（1）内部沟通。内部沟通指与单位内的同事、领导、下属之间的沟通以及部门间的沟通。同一个单位内部员工之间的沟通，因为本身相对比较熟悉以及公务交往的刚性，对情感关系以及亲和力没有很高要求，这是相比外部沟通尤其是客户沟通重大区别的地方；但单位内部往往存在复杂的人际关系与部分存在的乖戾的行为习惯，使得内部沟通往往更加复杂不易。

（2）外部沟通。外部沟通指与单位外的客户、媒体、政府部门间开展的沟通。因为相互不熟悉、事务交往的可选择性与利害关系，所以对信任与交往愉悦有较高要求；尤其是出外办事面对陌生客户，将面临无助、恐惧和压力，这种恐惧与压力可能摧毁柔弱的内心世界，因此针对刚入行的员工进行训练是必要的。

（3）自我沟通。自我沟通指与自己的心灵进行沟通。自我沟通决定着是积极心境还是消极心境，而心境决定着肢体语言信息、声音语言表现、文字语言运用。所以说，自我沟通是沟通的核心。

二、沟通的组成

人与人的沟通过程包括输出者、接收者、信息、渠道四个主要因素。

（一）输出者

信息的输出者就是信息的来源，他必须充分了解接收者的情况，以选择合适的沟通渠道以利于接收者的理解。要顺利地完成信息的输出，必须对编码和解码两个概念有一个基本的了解。编码是指将想法、认识及感觉转化成信息的过程。解码是指信息的接收者将信息转换为自己的想法或感觉。

（二）接收者

接收者是指获得信息的人。接收者必须从事信息解码的工作，即将信息转化为他所能了解的想法和感受。这一过程受到接收者的经验、知识、才能、个人素质以及对信息输出者的期望等因素的影响。

（三）信息

信息是指在沟通过程中传给接收者的消息（包括口语和非口语）。同样的信息，输出者和接收者可能有着不同的理解，这可能是输出者和接收者的差异造成的，也可能是由于输出者传送了过多的不必要信息。

（四）渠道

企业组织的沟通渠道是信息得以传送的载体，可分为正式或非正式的沟通渠道、向下沟通渠道、向上沟通渠道、水平沟通渠道。

三、沟通的特征

（一）双向性

沟通双方相互依赖，如演讲者离不开听众，听众也离不开演讲者。在一个完整的沟通过程中，沟通参与者几乎在同时充当着发送者和接收者的双重角色。

（二）双重手段

沟通不仅传递观念和思想，这关系着沟通的内容；同时还传递着情感，以此影响着人际关系。在服务客户或销售产品时，销售人员不但传达了有关产品功能的信息，还有他的语调、手势、与客户的距离、姿势和表情等都是所传递信息的一部分。人际沟通通过传递内容与传递情感双重手段达成有效沟通。

（三）互动性

互动是人们在沟通中产生反应，通过语言回答、眼光交流、接近接触、手势动作等方式反馈信息。沟通没有反馈说明没有心理反应，说明沟通没有效果，那是非常令人窒息的。

（四）情境性

在通常情况下，人们总是根据时间、空间、双方关系等不同的情形来选择不同的话题，进行适当的沟通。例如，当司马懿的大军逼近空城之下，诸葛亮表现得泰然自若，坐在城楼上饮酒抚琴，司马懿看此情形，怕中埋伏便引兵自退。"空城计"只对司马懿有效，若换了许褚，诸葛亮只有束手就擒了。"空城计"的成功，充分说明了情境性。

（五）接近性

人际沟通的沟通者在交往活动中是平等地参与和相互影响的。沟通者在空间上接近会产生情感，正所谓"见面三分情"；反之，如果沟通者在空间上不接近，如打电话、看电视和收听无线电广播等，这种互动与亲切就不容易产生。所以，应尽可能地创造条件进行面对面交谈。

▌扩展阅读：应聘游戏中考核听、问、说三结合表现▐

一家著名的公司在面试员工的过程中，经常会让 10 个应聘者在一个空荡的会议室里一起做一个小游戏，很多应聘者在这个时候都感到不知所措。在一起做游戏的时候，主考官就在旁边看，他不在乎你说的是什么，也不在乎你说的是否正确，他是看你听、说、问这三种行为是否都出现，并且这三种行为是有一定出现比例的。如果一个人要表现自己，他的话会非常多，始终在喋喋不休地说。可想而知，这个人将是第一个被请出考场或者淘汰的。如果你坐在那儿只是听，不说也不问，那么，也将很快被淘汰。只有在游戏的过程中你说、你听，同时你会问，才说明你具备一个良好的沟通技巧。所以，我们每个人在沟通的时候，一定要养成一个良好的沟通习惯，听、说、问三种行为都要出现，并且这三者之间的比例要协调，如果具备了这些，将是一个良好的沟通。

四、人际沟通的障碍

（一）个人障碍

1. 自我认知的偏误

按照认知心理学的观点，人的认知活动是人对外界信息进行积极加工的过程。每个人的认知程度都是有限的、相对的。很多人都带有偏见，这些偏见开始时是组织内某个或某几个人的说法或者抱怨，久而久之就形成了一种偏见，造成认知的偏误。

2. 经验的影响

辩证唯物主义认为，经验是一切认识的起点，但只有上升为理性认识，才能把握事物的本质，更正确地认识世界和指导改造世界。过去的经验不见得是正确的，也有错误的经验。但过去的经验常常使人心理上产生依赖感，而不是根据具体情况、客观事物的发展和变化来沟通处理事情，从而造成沟通的障碍。

3. 语言障碍

语言是人类最重要的交际工具，当然也是最重要的组织内部沟通工具。它同思维有密切的关系，是人类形成和表达思想的手段，也是人类社会最基本的信息载体。人们借助语言保存和传递人类文明的成果。语言没有阶级性，一视同仁地为社会各个成员服务，但社会各阶级阶层或社会群体会影响到语言，而造成语言在使用上的不同特点或差异。正是这些特点的不同以及差异的存在，造成语言障碍，从而形成沟通的障碍。

4. 地位的差异

地位的差异造成心理沟通障碍，特别是组织中上下级之间非常明显。一般来说，向上沟通在实际中有不少障碍，心理研究表明，下级在向上级汇报工作或主动沟通中，常常带有担心说错、怕承担责任、焦虑等心理，致使沟通不是在宽松流畅的氛围中进行，从而形成沟通障碍。而在向下沟通的过程中，主动沟通的是上级，虽然会受到欢迎拥护，但毕竟有时会居高临下，造成下属的压迫感和紧张，也会形成沟通障碍。平行的沟通虽然地位的差距不大，但并不会有地位完全相等的两个人，职务的重要与否、职称的高低、资历深浅、组织中成员的认可度等，都会或多或少形成地位的优越感、重要感或压迫感、低下感，从而引发心理障碍，造成沟通不畅。

（二）组织中有效管理沟通的组织障碍

1. 准备的不足

行政沟通前必须要有所准备，组织沟通中要做到有备无患，这是一个任何场合都适用的原则。沟通前要做好充分的收集情况的工作。要做到信息的畅通，首要的是信息必须充分准确，适当的准备才可保证沟通的有效和成功，防止沟通中拙劣的表现。

2. 时间带来的压力

在时间的压力下，很容易做出仓促的决定。管理学上有一个芝麻绿豆原理，就是对于重要的事情两三天就下决定了，而对于芝麻绿豆的小事情却拖了两个月都没有下决定。重大决策有时太过于仓促就下决定了，而芝麻绿豆的小事却要搞半天，在沟通中经常会发现这种情况。

3. 错误的期望

对绝无可能实现的事情抱有期望保证会令你失望。组织中的沟通管理强调要对各方的利益目的以及为实现收益各自所应尽的职责进行开诚布公的讨论。其原因在于，在收益和职责上开诚布公，可以减少错误的期望所带来的危险，或者至少能够认清它们是错误的。不要把错误的期望视作居心不良的标志，它们通常产生于某一方沟通愿望的一般形式，或者对沟通或交易的预先设想。

扩展阅读：传达命令

传令员对连长传令："司令官命令，'明天午后1时，全连官兵务必准时在大操场集合，要求大家穿好军装，带好观察工具，观看哈雷彗星从东向西飞过'。"

接着，连长对排长传令："司令官命令，'全体官兵明天午后1时到大操场集合，要求大家穿好军装，带好武器，准时接受检阅，还有星级上将从天上飞过'。"

然后，排长对班长传令："司令官命令，'全体官兵明天午后7时到大操场集合接受检阅，务必穿好军装，带好武器，还有三星上将乘飞机从天上飞过'。"

最后，班长对全班传令："司令官命令，'全体官兵明晚7时到大操场集合接受检阅，务必带好武器整装待发，否则，三颗子弹将从你头上穿过'。"

五、有效沟通的实现

（一）充满自信

通过增加练习的机会总结过去沟通中正反两方面的经验教训，培养自己的沟通自觉性，增强自信心。

（二）坦率真诚

与别人交流应坦诚，当然没有必要把自己的所有故事全部告诉别人，但是对于那些需要告诉别人的一部分一定要真诚。要努力建立起一种支持和信任的气氛。不要装腔作势，沟通中不要演习，否则只会给对方理解上增加怀疑，降低对自己的信任度。

（三）尊重别人

在与别人交流时不要轻易打断别人的话，当然，这样并不意味着要同意对方的观点。培养自己对对方的兴趣，做到热心、耐心、专心，给人一种乐于助人的感觉。

（四）选择适合的沟通方式

针对不同的沟通对象和目的选择不同的沟通方式，会议、电话、亲笔信、电子邮件、面谈等不同方式的选择要根据具体情况而定。如果是一般的说明情况的信息沟通，通过会议、信件、邮件就可以解决；如果是为了交流感情和增加信任，则在合适的时间、地点面谈为好。

（五）注意倾听

努力从多方面理解别人所说话的意思。注意别人对事物的看法和意见，锻炼换位思考能力。要避免盲目下结论和个人形而上学式的偏见固执的思维方式。

第二部分　实务与实训任务

任务一　思考与讨论

一、简答题

1. 领导与管理的区别。
2. "社会人"假设。
3. 期望理论。
4. 有效沟通与意见达成一致是同一个概念吗？
5. 如何理解管理就是沟通、沟通、再沟通？

二、讨论题

新学期开学第一天，李明穿着新衣服拿着刚领的新书走进学校食堂准备打饭，结果刘亮不小心把一碗热汤撒在了他的衣服和书上，双方都不认错，争吵起来。讨论一下如果你是李明（或者刘亮），你将如何解决？

任务二　案例分析

案例一　研究所的三位领导者

有一个应用科学研究所，所长是一位有较大贡献的专家，他是在"让科技人员走上领导岗位"的背景下，被委任为所长的，没有领导工作的经验。他上任后，只是潜心搞自己的研究，对整个研究所的科研项目的申请、经费的来源、职称评定政策等根本不关心，且对员工也不关心，很少和下属进行沟通，员工的疾苦也不去了解。之前很多人本以为跟着他可以大干一番，做出几个像样的项目，成就自己的梦想，但是现在看到此种现象后很失望，感觉跟着他的话，没什么前途可言。他在成果及物质奖励等问题上搞平均主义，也不考虑员工对研究所的实际贡献，一些员工特别是年轻人很不满意，所里人心涣散。上级部门了解情况后，聘任了一位成绩显著的家用电器厂厂长当所长，该厂长是一位转业军人，是当地号称整治落后单位的铁腕人物。新所长一上任，立即实施一系列新的规章制度，包括"坐班制"，并把中青年科技人员集中起来进行"军训"，以提高其纪律性；在提升干部、奖励等问题上，向"老实、听话、遵守规章制度"的人倾斜。这样一来，涣散的状况有所改变，但大家还是无事可做，在办公室看看报纸、谈谈天，要求调离的人不断增加，员工与所长之间也经常出现矛盾。一年后，该所长便辞职而去，并留下"知识分子太难管了"的感叹。上级部门进行仔细的分析和研究后，又派了一位市科委副主任前来担任所长。该所长上任后，首先进行周密的调查，然后在上级的支持下，进行了一系列有针对性的改革，把一批有才能、思想好、有开拓精神的人提升到管理工作岗位，权力下放到科室、课题组；奖励、评职称实行按贡献大小排序的原则；提倡"求实、创新"的工作作风；在完成指定科研任务的同时，大搞横向联合，制定优惠政策，面向市场。从此，研究所的面貌焕然一新，原来的一些不正常现象自然消失，科研成果、经济效益成倍增长，该研究所成了远近闻名的科研先进单位。

问题：

1. 运用有关领导理论，分析案例中三位领导者的领导方式及其特点。
2. 运用有关激励理论，对案例中三位领导者的激励手段及其有效性进行分析。

案例二 薪酬制度的激励作用

某房地产集团下属一家物业经营管理公司，该公司成立初期，非常注重管理的规范化和充分调动员工积极性，制定了一套较科学完善的薪酬管理制度，使公司得到了较快的发展，短短的两年多时间，公司的业务增长了110%。随着公司业务的增加和规模的扩大，员工也增加了很多，人数达到了220多人，但公司的薪酬管理制度没有随公司业务的发展和人才市场的变化进行适时调整，还是沿用以前的。公司领导本以为公司的发展已有了一定的规模，经营业绩理应超过以前，但事实上，整个公司的经营业绩不断出现滑坡，客户的投诉也不断增加，员工的工作失去了往日的热情，部分技术、管理骨干离职，其他人员也出现不稳定的征兆。其中，公司工程部经理在得知自己的收入与后勤部经理的收入相差很少时，感到不公平，他认为工程部经理这一岗位相对后勤部经理，工作难度大、责任重，应该在薪酬上体现出这种差别，所以，工作起来没有了以前那种干劲，后来辞职而去。员工的流失、员工工作缺乏积极性，致使该公司的经营一度出现困难。在这种情况下，该公司的领导意识到问题的严重性，经过对公司内部管理的深入了解和诊断，发现问题出在公司的薪酬系统上，而且关键的技术骨干力量的薪酬水平较市场明显偏低，对外缺乏竞争力。公司的薪酬结构也不尽合理，对内缺乏公平，从而导致技术骨干和部分中层管理人员流失。针对这一具体问题，该公司就薪酬水平进行了市场调查和分析，并对公司原有薪酬制度进行调整，制定了新的与企业战略和组织架构相匹配的薪资方案，激发了员工的积极性和创造性，公司发展又开始恢复良好的势头。

问题：请运用所学的激励理论，对以上案例进行分析。

案例三 选举风波

齐山市帐篷厂拥有300多名职工，连续4年利润超百万元。该厂从初创业的艰难起步，到现在达到并保持了同行业中的领先水平，这一成绩主要应归功于副厂长兼党委书记王展志的努力。厂长因为身体长期不佳，基本上不管事。

王展志现年50岁，年富力强，在轻工行业工作了20多年，在领导和同事中间留下了踏实肯干的印象。1992年年初，他被调任为齐山市帐篷厂副厂长，实际上挑起了负责全厂的重任。上任之初，他狠抓产品质量，勇创品牌，很快就打开了局面。在当时国有企业普遍不景气的情况下，他意识到设备落后是本厂发展的最大障碍，遂四处筹集资金 500 万元，准备引进新的生产设备。与此同时，他还采取措施完善职工的生产、生活设施，改善职工的劳动条件。

1998 年年初，厂长去世。主管单位齐山市轻工总公司认为帐篷厂的基础较好，王厂长又在企业界影响较大，决定在帐篷厂试点民选厂长。经过征询厂领导的意见，并在车间和班组进行了摸底，总公司又于 3 月 14 日招标答辩前，特地选择了一位声望一般的工会主席和另一名副厂长作为"陪选"的候选人。3 月 14 日，总公司领导信心十足，邀请了同行业准备试点的企业进行观摩，还通知几家新闻媒体进行采访，以扩大试点影响。

进行完竞选演说之后，王展志的心情是舒坦而平静的。他对这次选举十分有把握，以为这是板上钉钉的，在场的总公司领导也满意地和他握手致意。

然而，宣布民主投票的结果时，却是如此出人意外，250 名职工参加投票，三名候选人均不足 20 票，其余均为投外国明星、国内名人的废票。竞选委员会宣布本次投票暂停。事后了解得知，青年职工几乎全是弃权或乱投。

是王厂长真的不胜任工作，还是职工中有其他的选择？总公司领导高度重视这个情况。第二天下午，总公司党委书记张得胜同公司干部处处长等几位同志一齐前往帐篷厂。

王展志受到的打击是沉重的，他准备拟写辞职报告。车间的工作基本上都停了，轮班的工人坐着小声议论，一些女工则干脆拿出了毛线织毛衣，工人都在等这件事的最终结果。张得胜等人去职工宿舍打牌，边打边与轮休的工人聊天，很快事情的脉络就比较清楚了。

青年职工说，王厂长的确不容易，每天总是最早到厂，最迟离开，真正是一心扑在事业上，把厂子当作自己的家。但他工作方法简单，态度生硬，主观武断，碰到员工有错误的地方就大发脾气。他一天到晚都在忙着厂务，从不与下属沟通，不去了解员工的需要，职工虽然也知道王厂长是一心为了厂子，但在情感上很难与王厂长产生共鸣。有些职工由于受过王厂长的过火批评，意见很大，经常背地里发牢骚，这种人在青年职工中有一定影响。然而由于中层干部基本上都是由王厂长亲自提拔的，他们对王厂长相当敬畏，所以员工的意见很难通过中层干部到达王厂长的桌面上。另外，总公司由于帐篷厂效益独树一帜，因而从各方面都相当支持王厂长。而且王厂长在企业界由基层干到高层，对管理工厂很有自己的一套，各种规章制度、计划组织都严格而合理，职工的牢骚只能在私下场合引起喝彩，他们也不敢进行消极怠工。职工认为这次选举是一个绝好的发表意见的机会，能引起总公司的关注，并希望能换一个工作作风不一样的厂长。

张得胜认为，这样一个勤勤恳恳的优秀厂长却得到这样的评价，在当前的形势下的确已不适合再当厂长，经过研究，初步定下将其平调到总公司担任行政职务。

问题：

1. 你怎样评价王展志的领导作风？
2. 为什么王展志会在干部与职工中得到两种截然不同的评价？
3. 如果你是王展志，并继续担任厂长，你会采取什么样的行动？

任务三　情景模拟实训

情景模拟一

退鞋风波

地点： 诚信百货公司。

人物： 顾客、营业员、楼层经理、业务部负责人。

事件： 一名顾客在诚信百货公司购买了一双价值350元的皮鞋，一个月后发现鞋帮有局部开胶、鞋底有轻微断裂现象，于是到公司退货，与营业员、经理、业务部负责人展开了一场谈判。

（顾客手中拎一只装鞋的盒子怒气冲冲地上）

顾客：（面对观众）大家瞧瞧，快来瞧瞧，这是我一个月前买的一双皮鞋。你看这底也断了，帮也开了，我白白搭了300多块钱。这我找谁说理去？不行，我得找他们把鞋给退了。

（营业员上，表情自若地站在柜台边）

顾客： 啊，这不就是那天卖鞋给我的营业员吗！（来到柜台前）哎，小姐，这是我前几天从你这买的皮鞋，你看这帮也开了，底也断了，你赶紧给我退了吧。

营业员：（瞟了顾客一眼，又看了看鞋）鞋类属特殊商品，穿用后就不能再退了。

顾客： 什么？不承认了？你们不是实行"三包"吗？（拿出三包卡）你看这不写在纸上的吗？怎么没信誉啊？（念三包规定的内容）你看这第一条。

营业员：（拿起鞋，仔细看）你这鞋开胶是运动造成的，属人为原因；鞋底断裂虽属质量上的问题，但也和运动有直接关系，因此我们不能给您退货，但可以给予修补，我们保证修补前后是完全一样的。如果再出现问题，我们给您换。

顾客： 那不行，300多元的鞋，几天就穿坏了，怎么也说不过去，我必须要退掉。

营业员： 退是不可能的，你也看过三包卡，开胶或者人为原因的断裂只给予包修。您看（指三包卡），在这里写着呢，修可以，退恐怕就不行了。

顾客： 三包卡上都写得很清楚了，明明断了底就应该换，你们店不会这么没信誉吧？

（营业员无可奈何，沉默了一会）

营业员： 既然你一定要退，那就去找经理吧，这事我恐怕无能为力了（指向楼层经理办公室，营业员下）。

顾客：（拿起鞋）找经理就找经理，谁怕谁？

（楼层经理正在写字，顾客极用力敲门）

经理：（一愣）请进！

顾客：（开门）你是经理？（啊，对）好，你是经理，你管事，你得给我评评理，这鞋我得退了。

经理： 这位小姐，您先消消气，有什么事慢慢说。来，先请坐。

顾客： 坐什么坐？事没解决，不坐。

经理：（笑着说）那你站着就能解决事吗？这只能影响我们正常谈话。有话好好说，来，先坐下。

顾客：（拿起鞋）你看吧，这鞋，就这情况，我穿了刚一个月。

经理：（仔细检查鞋，点点头）嗯，这鞋质量上的确有一定的问题。哦，顺便问一句，你是做什么工作的？

顾客：导游（不耐烦地）。

经理：（笑着说）这就对了，你看，你每天走那么多路，不光脚累，鞋更累，而且，您这皮鞋之所以开胶完全是保养不当造成的……

顾客：什么？你凭什么说我保养不当？这分明是生产出来的时候就已经有问题了。

经理：（指着鞋的开胶部位给顾客看）你看，这只鞋的开胶部分只是这里，而如果单纯开胶的问题不可能只在这个部位开胶，所以这鞋不在包退范围之内。

顾客：就算我工作性质决定了鞋的寿命短，但也不至于短到一个月吧。人为原因是有，但质量问题也不能否认。

经理：所以，我们给您修补而不退。

顾客：不行，你不也承认这鞋有质量问题吗？那就得给我退。

经理：（沉思一会）这样吧，我看我们再这样争论下去也不会有结果，我们换种方式解决，你看怎么样？

顾客：那你说说看。

经理：这鞋是由业务部组织进来的，商品发生质量事故应该由业务部向厂家联系索赔。由于您的鞋属特殊情况，所以，您还是到业务部同他们协商一下吧。

顾客：您也解决不了啊！那好，再见。

（业务部负责人上，顾客来到业务部，敲门）

业务部负责人：请进。

顾客：你是业务部的负责人吧？楼层经理让我来找你。你看这鞋质量有问题，我要求给我退鞋。

（顾客又详细地述说了原委）

业务部负责人：你的问题争议太大了，还是请直接销售给你鞋的部门提出处理意见。我们大批量进货，不可能因一两双鞋而找厂家，那要每天都有像你这样的顾客，我们不是得天天跑厂家了。

顾客：那这鞋的确有质量问题，你们进的货，就得管。

业务部负责人：业务部只管进货前的质量问题，商品在销售过程中发生的质量事故，不由我们直接负责（不耐烦地）。

（电话铃响……）

业务部负责人：喂，啊，我马上来。（匆忙下）

（顾客一脸愕然……）

问题：根据所学的激励、沟通等相关理论，请大家自编自导自演场景二，这位顾客的需要如何才能得到满足？

情景模拟二

福利事件

地点：美雅服饰西安分公司。

人物：美雅服饰西安分公司总经理、西安分公司店长、西安分公司导购。

事件：中秋将至，美雅服饰西安分公司接到总公司的通知，由于业绩不佳库存压力加大，中秋福利以店内购物卡的形式发放。由于公司主要生产男装，西安分公司的店长和导购都是女性，相对于以前的福利，部分员工出现抵制情绪，甚至出现辞职的想法。

场景一

(清晨，上班途中，店长王姐和导购小李偶然相遇，就聊起了关于公司福利的小道消息)

王姐：(从后面拍了一下小李肩膀，然后挥手)嗨，小李，早上好！

小李：(略显惊讶，进而挥手回应)嗨，吓了我一跳，我当是谁呢，王姐啊，早上好！

王姐：(放低声音，略带神秘)听说了吗？咱公司今年中秋的福利可能是内部购物卡啊！

小李：(继续表现惊讶)啊！王姐您听谁说的这个消息？不和去年一样了吗？

王姐：(长叹了一口气)唉，要是和去年一样就好了，还有鲅鱼、花生油、月饼。

小李：(笑着说)对啊，去年的鲅鱼可好吃了，家里还想要啊，在咱西安这边真的很难买到那么大的鲅鱼呢。

王姐：是啊，我家里你姐夫也是吃馋了，还惦记着今年接着吃呢，要是今年真发内部购物卡，用你们年轻人的那话怎么说来着？(简单思考然后猛一拍手)对！那就真"悲催"了！

小李：(也叹了一口气)唉，谁知道呢，王姐，等过几天通知就发下来了吧？

王姐：唉，对啊，等着看吧。

小李：希望不是内部购物卡。

王姐：我也希望不是。

场景二

(中午，公司休息室，中秋节的福利通知已经正式张贴公布。三个年轻的导购小李、小赵和小杨开始议论纷纷)

小李：(表情激动地指着墙上的通知)公司的中秋福利已经定下来了，还就是内部卡！唉！(叹气)

小赵：(略显惊讶)你早就知道了？

小杨：(同样惊讶)不会吧？怎么回事呢？

小李：(表情沮丧)唉，真的，前些天早上上班碰到李姐听她说的，唉，没想到真的这样。

小赵：(表情气氛)哼！总公司今年真是太抠门了！

小杨：(轻轻点头，附和道)唉，谁说不是呢？这叫什么事儿啊！

小李：(沮丧)哎，今年生意不好做，平时待遇低一点也就算了，咱可以理解。你们说说看，这中秋福利这么少，真太过分了！

小赵：(长叹一口气)唉，李姐，谁说不是呢！

小杨：(表情沮丧，指着墙上的通知)唉！这内部购物卡叫咱可怎么用啊，真坑人！

小李：唉！谁说不是呢，这叫什么事儿啊！咱公司卖的全是男装，还是高档男装，这内部购物卡对咱真没有什么用，换不了什么东西！

小赵：(看了一下手表)唉！别说了，快到时间了，咱们抓紧去上班吧。

小杨：(略带哭腔)姐姐，我哪儿还有心思上班啊！

小李：唉！

场景三

(第二天，在商场内，导购小杨和导购小李的柜台紧挨着，自打看到通知后两人都变得无精打采，商店里没有什么顾客，两个就闲聊了起来)

小李：（无精打采，语气平缓）唉！真像你说的，自打福利通知下来之后，真是没有心思上班了。

小杨：（略显气愤）我可是听隔壁上班的小姐妹儿说了，人家那里发500元的超市购物卡！

小李：（十分惊讶）啊，这么好啊！

小杨：（轻轻叹气）唉，这还不止呢，还有米和面呢！就这事儿，昨天我那小姐妹和我显摆了半天，你说气人不气人！

小李：唉，生气有什么用？谁叫人家那里福利好呢。

小杨：（继续叹气）唉，往年都是咱的待遇好，今年太失望了，一点工作的心思都没有了。

小李：唉，谁说不是呢。

小杨：（突然变得有些激动）李姐，实在不行咱就辞职吧！现在都是人往高处走！

小李：（略显惊讶，细声道）你这丫头，小点儿声音！别让经理听见了！

小杨：（满不在乎）怕什么！反正我是真的不想干！

小李：（叹气）唉，你以为我没有想过这个问题啊，不过就是在这干了两年多了，实在有点舍不得啊。

小赵：有啥舍不得的？在这待遇这么差，还加班，福利还这么差。

小李：（继续叹气）唉，也是……

小赵：（表情平静，陷入沉思）唉，咱们真得好好考虑了。

小李：（同样陷入沉思）唉，是啊，咱们真得好好考虑考虑了。

问题：

如果你是西安分公司的经理，根据所学的激励、沟通等相关理论，续编并导演场景四，看看怎样平息公司内部的矛盾。

模块六

控　　制

比你的对手更善于控制开支。当你比别人更善于控制费用时，你会感到你拥有竞争优势。

——山姆·沃尔顿

目标与要求

本模块主要阐述控制的概念、类型、过程和方法问题。本模块的学习，要求学生了解控制的基本概念和必要性，理解控制的类型，掌握控制的过程步骤、方法和应用，从而为企业管理实践服务。

导入案例

麦当劳公司的控制

麦当劳餐厅（McDonald's Corporation）是大型的连锁快餐集团，在世界上大约拥有 3 万间分店，主要售卖汉堡包、薯条、炸鸡、汽水、冰品、沙拉、水果。麦当劳餐厅遍布在全世界六大洲百余个国家。

麦当劳金色的拱门允诺，每个餐厅的菜单基本相同，而且"质量超群，服务优良，清洁卫生，货真价实"。它的产品、加工和烹制程序乃至厨房布置，都是标准化的、严格控制的。它曾撤销了在法国的第一批特许经营权，因为它们尽管盈利可观，但在快速服务和清洁方面未达到相应的标准。

麦当劳的各分店都是由当地人所有和经营管理。鉴于在快餐饮食业中维持产品质量和服务水平是其经营成功的关键，因此，麦当劳公司在采取特许连锁经营这种战略开辟分店和实现地域扩

张的同时，特别注意对连锁店的管理控制。如果管理控制不当，使顾客吃到不对味的汉堡包或受到不友善的接待，其后果就不仅是这家分店将失去这批顾客的问题，还会波及影响到其他分店的生意，乃至损害整个公司的信誉。为此，麦当劳公司制定了一套全面、周密的控制方法。

麦当劳公司主要是通过授予特许权的方式来开辟连锁分店。其考虑之一，就是使购买特许经营权的人在成为分店经理人员的同时也成为该分店的所有者，从而使其在直接分享利润的激励中形成了对其扩展中业务的强有力控制。麦当劳公司在出售其特许经营权时非常慎重，总是通过各方面调查了解后挑选那些具有卓越经营管理才能的人作为店主，而且事后如发现其能力不符合则撤回这一授权。

麦当劳公司还通过详细的程序、规则和条例，使分布在世界各地的麦当劳分店的经营者和员工们都进行标准化、规范化的作业。麦当劳公司对制作汉堡包、炸土豆条、招待顾客和清理餐桌等工作都事先进行翔实的动作研究，确定各项工作开展的最好方式，然后再编成书面的规定，用以指导和规范各分店管理人员和一般员工的行为。公司在芝加哥开办了专门的培训中心——汉堡包大学，要求所有的特许经营者在开业之前都接受为期一个月的强化培训；回去之后，还要求他们对所有的工作人员进行培训，确保公司的规章条例得到准确的理解和贯彻执行。

为了确保所有特许经营分店都能按统一的要求开展活动，麦当劳公司总部管理人员还经常走访、巡视世界各地的经营店，进行直接的监督和控制。例如，有一次巡视中，公司总部管理人员发现某家分店自作主张，在店厅里摆放电视机和其他物品以吸引顾客，这种做法因与麦当劳的风格不一致，立即得到了纠正。除了直接控制外，麦当劳公司还定期对各分店的经营业绩进行考评。为此，各分店要及时提供有关营业额、经营成本和利润等方面的信息，这样总部管理人员就能把握各分店经营的动态和出现的问题，以便商讨和采取改进的对策。

麦当劳公司的另一个控制手段，就是要求所有经营分店都塑造公司独特的组织文化，这就是大家所熟知的由"质量超群，服务优良，清洁卫生，货真价实"口号所体现的文化价值观。麦当劳公司共享价值观的建设，不仅在世界各地的分店及其上上下下的员工中进行，而且还将公司的一个主要利益团体——顾客也包括进这支队伍中。麦当劳的顾客虽然要自我服务，但公司特别重视满足顾客的要求，如为他们的孩子开设游戏场所，提供快乐餐和生日聚会等服务，以形成家庭式的氛围，这样既吸引了孩子们，也增强了成年人对麦当劳公司的忠诚感。

【分析提示】

1. 麦当劳公司所创设的管理控制系统，具有哪些基本构成要素？
2. 该控制系统是如何促进麦当劳公司全球扩张战略实现的？
3. 麦当劳的控制方法对你有什么启发？

第一部分　理论与背景知识

美国著名的管理学家斯蒂芬·P·罗斯宾曾经说过："有效的管理者应该始终督促他人，以保证应该采取的行动事实上已经在进行，保证他人应该达到的目标事实上已经达到。"他在这句话中就强调了管理过程中控制的作用。控制就是为了保证企业计划与实际作业动态适应的管理职能。控制工作的主要内容包括确立标准、衡量绩效和纠正偏差。有效的控制不仅要求适时、适度、客观地进行，而且有效地运用合理的方法去实施。

第一节 控制的基本概念

控制是管理职能中的一个环节。企业在做出决策后，必然会相应地做出企业的短期或者长期计划。可是计划实施之后，实施的效果如何？是按照计划执行，还是偏离计划执行？这必然需要企业具有一定的控制能力和控制方法，开展有效的控制工作。

一、控制的基本概念

什么是控制呢？控制就是为了保证企业计划与实际作业动态适应的管理职能，是企业的管理人员检查组织实施运作是否按预定的计划、标准和方法进行，发现偏差、分析原因、采取措施确保组织目标实现的过程。

计划和控制有着密不可分的关系。一方面，计划是控制的指导，指出了期望的结果。没有计划和目标，就不知道控制什么，也不知道怎么控制。另一方面，控制是组织活动与计划一致的保证。有了计划而没有控制，就像是一艘船没有了船舵，虽然有目标，但是不知道会漂到哪里，这样企业就无法知道自己干了什么，存在哪些问题，需要改进哪些内容。企业的计划越明确、全面、完整，控制的效果越好；控制做得越好、越有效，计划就越容易实现。控制就像是汽车驾驶员的方向盘，它把组织中的人员、资源、领导与计划和目标协调起来，使组织运行的目标更加符合企业自身的条件，适应环境的变化，促进企业的发展。

从狭义的角度来看，控制是企业按照计划标准衡量计划的实施完成情况，针对出现的偏差采取措施进行纠正，从而促进目标的完成。从广义的角度来看，企业的控制还包括在必要时修改计划，使计划更加符合实际情况，让企业动态地适应多变的环境。在现实环境中，组织的运行都是在一个非零的基础上发展的，计划的制定和控制的执行都是一个又一个的循环，在整个连续的过程中，很难分辨出来谁是开始、谁是结束，因此，控制工作贯穿着管理过程的始终。

二、控制的必要性

管理大师法约尔说："控制就是核实所发生的每一件事是否符合所规定的计划、所发布的指示以及所确定的原则，其目的就是要指出计划实施过程中的缺点和错误，以便加以纠正和防止重犯。控制对每件事、每个人、每个行动都起作用。"管理的目的是实现组织的目标，但是目标需要计划来指导，计划需要控制来约束。

亨利·西斯克指出："如果计划从来不需要修改，而且在一个全能的领导人的指导之下，由一个完全均衡的组织完美无缺地来执行，那就没有控制的必要了。"但是，任何一家企业也不可能在这种理想的状态下生存。任何一个计划也不可能一制定出来便是完美无缺的，另外会有各种各样的情况发生，所以在执行过程中，计划总是会出现这种或者那种情况，这必然需要管理控制来约束和保证计划的完成。管理控制的必要性主要由以下要素决定。

（一）组织环境的变化

任何一家企业都不可能在一个完全静止的市场中生存，市场的供需关系、政策的调控、人员的变动、资金和财务的流动、货币的升值与贬值，这些因素都在不断地影响着企业的生存和发展。同样，企业不可能每年以同样的费用购买同样数量的原材料，不可能每年都以同样的生产经营模式来管理和经营企业，也不可能年复一年都是相同的员工从事同样的工作。因此，计划在一开始制定的过程中，就有很多无法预料的事情和变化，不管是组织内部环境还是外部环境都会影响计划的执行。尤其是进入 20 世纪 90 年代后，由于科技的迅猛发展（尤其是信息技术的发展），全球化步伐的加快，顾客需求的多样化及产品设计周期和产品生命周期缩短等现象的出现，环境的影响对企业计划的制定和执行来讲也是越来越明显，这样必然需要更强的控制来保证计划的执行。

（二）组织变革

企业组织变革是为适应外部环境变化而进行的，以改善和提高组织效能为根本目的的管理活动。外部环境的变化是企业组织变革的最大诱因。企业中的组织变革是一项"软任务"，即有时候组织结构不改变，企业仿佛也能运转下去，但如果要等到企业无法运转时再进行组织结构的变革就为时已晚了。企业运用行为科学和相关管理方法，对组织的权力结构、组织规模、沟通渠道、角色设定、组织与其他组织之间的关系，以及对组织成员的观念、态度和行为，成员之间的合作精神等进行有目的的、系统的调整和革新，以适应组织所处的内外环境、技术特征和组织任务等方面的变化，提高组织效能。企业的发展离不开组织变革，内外部环境的变化、企业资源的不断整合与变动，都给企业带来了机遇与挑战，这就要求企业关注组织变革，在进行组织变革的同时也要注意控制，让组织变革朝着正确的方向发展。

（三）管理权力的分散

随着企业规模的扩大，企业的管理范围也越来越多，企业主管不可能直接地与企业每个员工面对面地组织和指挥工作，这样必然要求企业主管把管理的事务委托助手来协助完成；然后规模继续扩大，助手由于相同的原因，也把事务再委托其他人来帮忙，这样便形成了企业管理层次。企业管理的各个层次负责不同的职责和权限，这样整个组织的管理权限便分散到不同层次的管理部门中。企业的管理层次越多，企业需要的控制也就越多。

（四）工作能力的差异

即使企业制定了全面完善的计划，经营环境在一定的时期内也相对稳定，组织机构也没有变化，对企业经营活动的控制仍然是非常有必要的。因为在不同组织中，不同人员的工作能力、认知能力都会有所不同。完善的计划的实现需要每个部门的工作严格按照要求来协调完成，但是组织中的人员在不同的时间、不同的地点、不同的认知能力中，对计划的要求理解也会有所不同，即使对计划的要求理解正确，每个人的工作能力也有所不同，所以必然导致实际的工作结果会有所不同，有可能造成与计划的要求不相符合。因此，企业就需要在各个环节中对这些可能产生偏离计划的现象加强控制。

> **管理故事**
>
> 经过长达 15 年的精心准备，耗资超过 15 亿美元的哈勃太空望远镜最后终于在 1990 年 4 月发射升空。但是，美国国家航空航天管理局仍然发现望远镜的主镜片存在缺陷。直径达 240.03 厘米的主镜片的中心过于平坦，导致成像模糊。因此，望远镜对遥远的星体无法像预期的那样清晰地聚焦，结果造成一半以上的实验和许多观察项目无法进行。更让人觉得可悲的是，如果有更好的控制，这些是完全可以避免的。镜片的生产商珀金斯—埃尔默公司，使用了一个有缺陷的光学模板来生产如此精密的镜片，具体原因是在镜片的生产过程中，进行检验的一种无反射校正装置没有设置好。校正装置上的 1.3 毫米的误差导致镜片研磨、抛光成了错误的形状，

但是没人发现这个错误。

具有讽刺意味的是，与其他许多 NASA 项目所不同的是，这一次并没有时间上的压力，而是有足够充分的时间来发现望远镜上的错误。实际上，镜片的粗磨在 1978 年就开始了，直到 1981 年才抛光完毕，此后，由于挑战者号航天飞机的失事，完工后的望远镜又在地上待了两年。

美国国家航空航天管理局中负责哈勃项目的官员，对制造过程中的细节根本就不关心。事后，美国国家航空航天管理局中一个由 6 人组成的调查委员会的负责人说："至少有三次有明显的证据说明问题的存在，但这三次机会都失去了。"

三、控制的要求

控制对一个组织来讲是非常重要的职能。如果控制得当，不仅有利于组织控制计划的实施，而且有助于实现组织的战略目标。一个有效的控制需要组织能够适时、适度、客观并且有弹性地来实施。

（一）适时控制

组织对于执行计划中的一些信息必须及时掌握，并且及时地做出相应的控制措施。如果组织信息反映不及时，控制措施不能及时实施，那么既定的目标必然要偏离原来的轨道。控制措施即使实施了，但是实施的时间太晚，无异于亡羊补牢，为时已晚了。所以，组织需要在恰当的时间采取控制措施。

在实际情况中，经常会出现一些时滞现象，这也是控制过程中一个难以克服的困难。当组织发现了问题，需要与既定目标的标准进行比较，找出偏差，可能不会花费很多时间。但分析偏差原因，提出纠正偏差的具体方法也许旷日持久，当真正采取这些办法纠正偏差时，实际情况可能有了很大变化。如何解决这种问题？较好的办法是建立组织经营状况的预警系统。我们可以为需要控制的对象建立一条警报线，反映经营状况的数据一旦超过这个警戒，预警系统就会发出警报，提醒人们采取必要的措施防止偏差的产生和扩大。

（二）适度控制

适度控制是指控制的范围、程度和频度要恰到好处。虽然任何组织都需要控制，但控制系统的大小各异。不管管理者应用怎样的控制，它必须与涉及的工作相适合并且是经济的。

对适度控制的要求体现在两方面。一方面，过多的控制会扼杀组织中成员的积极性、主动性和创造性，会抑制他们的首创精神，从而影响个人能力的发展和工作热情的提高，最终影响企业的效率。另一方面，控制不足将不能使组织活动有序地进行，不能保证各部门活动进度和比例的协调，造成资源的浪费。此外，过少的控制还可能使组织中的个人无视组织的要求，我行我素，甚至利用在组织中的便利地位谋求个人利益，从而导致组织的涣散和崩溃。

（三）客观控制

控制系统必须是精确的，这道理似乎是显而易见的，然而，在现实生活中，许多组织中的管理人员的决策往往是基于不精确的信息。销售人员在估计销量时说些模棱两可的话，以迎合主管上司的看法；生产车间的管理人员为了达到上级制定的目标隐瞒生产成本的上升；一些管理者为了得到领导的青睐而虚报成绩。这些都给管理人员的正确决策带来了负面影响。

要客观地控制，第一，要尽量建立客观的计量方法，即尽量把绩效用定量的方法记录并评价，把定性的内容具体化。第二，管理人员必须谨慎适当地去解释所获得的信息。数字的客观性不能代表一切，管理人员在做决策时还应看到数字背后的真正含义。如销售每月提高销量多少，上层管理部门对这类报告显然会感到高兴，但是，在销量提高的背后，也许是销售擅自提供了折扣，或对产品的功效做了不切实际的保证，或答应较早的交货期等。第三，管理人员要从组织目标的角度来观察问题，避免个人偏见和成见。

（四）弹性控制

组织在生产经营过程中经常可能遇到某种突发的、无力抗拒的变化，如环境突变、计划疏忽、计划变更、计划失败等，这些变化使组织计划与现实条件严重背离。有效的控制系统应在这种情况下仍应有足够的灵活性去保持对运行过程的管理控制，也就是说，应该具有一定的弹性。例如，在生产过程中，原材料的价格波动有可能非常大，超出了计划的预期，导致了生产成本的急剧增加。这就需要企业在生产计划中对价格波动带来的影响中有一个预备费的预算。事实上，弹性控制最好是通过弹性的计划和弹性的衡量标准来实现。在制定计划时，充分考虑到未来组织经营可能出现的不同情况，从而对不同的情况制定不同的预防措施，使企业的经营变化处于一个可接受的范围内。

> **▌管理故事：凯西的弹性制度▐**
>
> 凯西是华盛顿某政府机关办公室的管理员。最近，她下属的员工士气低落，原因是他们原先实行了弹性工作制，现又恢复了上午八点至下午四点半的传统工作制。
>
> 上级批准她的办公室实行弹性工作制时，她慎重地宣布了弹性时间制度：上午十点至下午两点半为核心时间，每个人均需要上班；上午六点至下午六点核心时间之外可由个人自行选择上下班时间补足八小时。她相信员工是诚实的并且已经被激励，因此，没制定新的控制系统。开始，一切进行顺利，士气旺盛。两年后，从总会计办公室来了位审计员，调查发现凯西的员工平均每人每天工作七小时，有两位只在核心时间来工作达两个月之久。凯西的部门经理看到审计员的报告后，命令凯西的办公室恢复传统工作制。凯西极为不安，对她的下属员工很失望，认为自己信任的人使她下不了台。
>
> **启示：** 给管理对象一定的自由，要保证这种自由在可控范围内。

四、控制的条件

在管理中控制有着极为重要的作用，为了保证控制职能的发挥，有三个基本前提是要充分考虑的。

（一）科学可行的计划

组织的计划一定要科学并且是可以实行的。组织制定的计划和目标一定要明确，这样才能让控制有效地实施下去。

控制要以计划为依据，即控制之前必须先有计划，没有计划无从控制。计划越全面、完整，控制工作的目标就越明确，效果也会越好。另外，控制工作自身也应拟定计划，确定控制工作的目标、重点、要求、进度以及各种控制形式的正确使用和各种控制手段运用上的协调一致等。控制工作自身缺乏计划、软弱无力、混乱不堪，使控制工作放任自流，是难以取得好的效果的。同时，控制活动本身是为达到某个计划目标而采取的保证措施。目标决定控制活动的内容，没有目标，控制就没有意义。比如，库存控制的目标是使库存量维持在某一定量的水平上，库存控制活动就是围绕这一目标进行。当库存量在目标水平线上下波动时，则应采取相应的措施，使库存量回复到目标水平线上。一般来说，目标越明确、越具体，控制效果就越显著。

（二）有效的控制机构

组织的控制机构必须责权分明。任何一项工作都是由许多部门共同合作完成的，何部门、何职位、何人来负责何种控制工作都应有明确的规定，即要有分工明确的组织结构。控制工作的计划设想得再好，如无特定的组织机构来负责，那仍然是没有落实的。不设立专职机构和专职人员，而期望很好地完成控制工作，无论从理论上还是实践上都证明是行不通的。如果责权分明，每件事都有专门的机构负责，信息能有效、畅通地传输，控制活动就易于开展。一旦发现偏差，马上就能判断偏差出在哪里，由哪个部门负责，以便及时采取措施纠正。否则，各部门不能切实地负担起自身的工作，出现偏差就无法发现，或者发现了偏差也无法及时反馈、及时采取措施，以至于出现失控局面，给整个组织带来损失。同样，组织结构越明确、越完整，其控制效果也越明显。

（三）科学的控制方法和手段

控制的目的是使实际运行情况和计划方案相一致，而实际运行情况却需要通过一定的控制方法才能得到。如果发现偏差，纠偏措施也需要通过一定的控制方法和手段来实现。在实际控制过程中，应根据具体的控制目标，采取相应的控制方法，才能取得较好的控制效果，否则就会事倍功半。

┤案例解读├

　　Sin-Tec 企业的总经理乔治·谭就其产品印刷电路板的销路，到欧洲同买主建立联系后返回了新加坡。同往常一样，他的邮件箱中堆满了信件。但是他却没有时间浏览这些信件并处理有关产品发送、抱怨和其他内部问题。

　　正当乔治埋头于这些信件时，工厂经理和财务经理来到了他的办公室。他们来这儿是由于乔治的盛怒：为什么没有任何人告诉我，我们公司究竟发生了什么？为什么我未能知道周围发生了什么？为什么我始终一无所知？我没有时间去浏览所有这些文件并了解问题。没有一个人告诉我我们的企业是如何运作的，而且我似乎从没听过我们的问题，直到它们变得相当严重。我要求你们制定一个系统从而使我能持续得到信息。我对一无所知已经很厌倦了，特别是那些我要对公司负责就必须知道的事情。

　　当这两位经理返回他们的部门时，工厂经理对财务经理说："每一件乔治想知道的事都在他桌上的那堆报告之中。"

　　问题：

　　1. 乔治说"一无所知"对吗？为什么？

　　2. 为了让乔治持续得到信息，需要怎么做？

　　3. 对于乔治来说，设计一个控制系统应该有哪方面的考虑？

第二节　控制的类型

组织管理中的控制对象各有不同，它们的性质和对目标实现的影响也存在差异。因此，组织对不同的控制对象确定了不同的控制重点，并采用不同的控制类型进行控制。基于不同的分类标准，控制可分成许多种类型。控制主要有以下五种分类。

一、按照控制目的和对象划分

按照控制目的和对象将控制划分为纠正执行偏差和调整控制标准两种类型。

（一）纠正执行偏差

纠正执行偏差即负馈控制，是使执行结果符合控制标准的要求，为此需要将管理循环中的实施环节作为控制对象。这种控制的目的就是缩小实际情况与控制目标的偏差。

（二）调整控制标准

调整控制标准即正馈控制，是使控制标准发生变化，以便更好地符合内外现实环境条件的要求，其控制作用的发生主要体现在管理循环中的计划环节，也就是这种控制对象包括了控制标准本身。这种控制的目的就是使控制标准产生动荡和变动，使之与实际情况更接近。

正馈控制和负馈控制应该并重使用，但现实中要处理好这两方面控制工作的关系并不容易。增进适应性的正馈控制，有时很易于被用来作为无视"控制"的借口，而这样做的结果就会导致系统进行的不稳定、不平衡。但另一方面，平衡不应该是静态的平衡。现代的企业面临复杂多变的环境，环境条件变了，计划的前提也变了，如果还僵硬地抱着原先的控制标准不放，不做任何调整，那么组织很快就要衰亡。现代意义的控制，应该持一种动态平衡的观念，应能促进被控制系统在展现朝向目标行为的同时适时地根据内外环境条件做出调整，妥善处理好适应性和稳定性、正馈控制和负馈控制这两种既相互对立又往往需要统一的关系，而这正是现代企业控制的难点。

二、按控制信息获取的时间划分

控制职能可以按照活动的位置，即侧重于控制事物进程的哪一阶段而划分为前馈控制、现场控制和反馈控制三种类型。

（一）前馈控制

前馈控制（Feedforward Control）是一种在计划实施之前，为了保证将来的实际绩效能达到计划的要求，尽量减少偏差的预防性控制。由于前馈控制把控制活动提前到组织活动开始之前，因而也称之为预先控制和事前控制。前馈控制旨在获取有关未来的信息，依此进行反复认真的预测，将可能出现的执行结果与计划要求的偏差预先确定出来（此为负反馈），或者事先察觉内外环境可能发生的变化（此为正反馈），以便提前采取适当的处理措施预防问题的发生。

前馈控制的目的是保证高绩效，它在本质上有预防的作用，因此它属于一种预防性控制。它的工作重点并不是控制工作的结果，而是克服某些干扰或适应环境的变化，提前采取各种预防性措施，包括对投入资源的控制、主动修正指令，以防止工作过程中可能出现的偏差，保证预期目标的实现。它可以通过提出一个重要的但是经常被忽视的问题来减少以后出现的问题，即在开始之前，我们需要做些什么？例如，在麦当劳公司，食物成分的预先控制就是前馈控制，在公司的质量管理中起到了举足轻重的作用；在企业中制定一系列规章、制度让职工遵守，从而保证工作的顺利进行；为了生产出高质量的产品而对原材料质量进行的入库检查、职工的岗前培训等，都属于前馈控制。

前馈控制是一种面向未来的控制，它具有许多优点。首先，从理论上讲，它是人们最乐于采用的类型，因为它能避免预期问题的出现，有防患于未然的效果；其次，前馈控制适用于一切领域中的所有工作，如企业、医院、学校、军队都可以运用这种控制方法，其适用范围很广；最后，前馈控制是在工作开始之前，针对某项计划行动所依赖的条件进行控制，不针对具体人员，因而不会造成心理抵触，易于被职工接受并付诸实施。

由于未来的不确定性，要实行切实可行的前馈控制也不是一件容易的事情。它需要及时和准确的信息，必须对整个系统和计划有透彻的分析，懂得计划行动本身的客观规律性，从而建立前馈控制的模式，经常注意保持它和现实情况相吻合，并且输入变量数据，估算它们对预期的最终成果的影响，还要采取措施以保证最后结果合乎需要。由于管理人员不可能完全把握未来会发生的所有事件和可能导致的结果，因而，虽然前馈控制有许多优点，但在管理工作中也不能完全代替其他类型的控制工作。

（二）现场控制

现场控制（Concurrent Control）是指在某项活动或工作进行过程中，于现场及时发现存在的偏差或潜在的偏差，即时提供改进措施以纠正偏差的一种控制方式。由于它是组织活动进行过程中同期发生的控制，因此又称之为同期控制。与前馈控制和反馈控制相比，现场控制活动往往是在偏差已经或将要出现但尚未造成严重后果的情况下进行的，它可以分析研究造成偏差的根源，并预测偏差发展的可能方向，然后做出控制。现场控制是一种同步、实时的控制，即在活动进行的同时就施予控制。管理者亲临现场进行指导和监督，就是一种最常见的现场控制活动。

现场控制一般表现为两种方式。一是驾驭控制，有如驾驶员在行车当中根据道路情况使用方向盘来把握行车方向。这种控制是在活动进展过程中随时监控各方面情况的变动，一旦发现干扰因素介入立即采取对策，以防执行中出现偏差。例如，主管人员深入现场检查和指导下属的活动，它包括适当的工作方法和工作过程的指导，监督下属工作，发现偏差督促纠正。二是关卡控制，它规定某项活动必须经由既定程序或达到既定水平后才能继续进行下去。比如，车间操作工人的工作必须按照一定的操作规程或者程序工作，如果不按照程序或者规程，下一步工作便无法进行。

现场控制能及时发现偏差，及时纠正偏差，是一种较经济、有效的控制方法，也是一种难度较大的控制方法。由于现场控制对已经出现的偏差要进行即时纠正，需要对实时信息做出及时的反应，因而对主管人员的管理水平和领导能力要求较高。它要求控制人员具有敏锐的判断力、快速的反应能力以及灵活多变的控制手段，同时要注意避免凭主观意志进行控制。更要注意的是，即使是现场控制，从发现偏差到纠正偏差，也需要花费一段时间，故其控制效果有时也非完全的现时控制。

现场控制的有效性需要信息采集方便和传递快捷，这也就要求组织建立完善的信息网络和必要的计算机信息系统，并在管理制度上建立严格的信息收集、分析和报告体系，确保信息传递的迅速，纠偏、调节措施的及时。

虽然现场控制效果明显，纠偏有力，但现场控制也有许多弊端。首先，运用这种管理方法容易受到管理者的时间、精力、业务水平的制约，管理者不能时时事事进行现场控制，只能在关键工作上予以使用。其次，现场控制的应用范围较窄。对生产工作容易进行现场控制，而对那些问题难以辨认、成果难以衡量的工作，如科研工作、行政管理等，几乎无法进行现场控制。再次，现场控制容易在控制者与被控制者之间形成心理上的对立，容易影响被控制者的工作积极性和主动精神。所以，现场控制一般不能成为日常性的主要控制方法，而只能是其他控制方式的补充。

案例解读

　　在某大型电子零件批发公司的一家连锁商店里，刚出任经理的比尔正为一些事搞得心烦意乱。店里的两位售货员，每天上午轮流去隔壁的自助餐厅喝咖啡、吃甜馅饼。因为少了一个售货员，顾客们在店里等候服务已经司空见惯。更令人头痛的是，这家零售商店的营业额一直达不到公司的平均水平。当比尔对售货员们谈及这两件事的时候，他们不屑一顾地答道："你看看公司付给我们多少工资！你还能要求什么？"

　　比尔对他们回应道："在我们讨论工资的事并且谈出点眉目来之前，有一件要紧的事，就是要你们明确知道我对你们的工作有什么要求。让我们来确定三件事。第一，在安排好的上班时间内，谁也不可以离开商店。当然，在你们的午餐时间里，你们爱干什么都行。第二，如果这家商店还要营业，不搬到别处去的话，我们每天的平均销售额应该是 1 000 美元。总公司的记录表明，每位顾客大约购买 5 美元的货，那就是说，一天要接待 200 位顾客。我们是两位售货员当班，平均一下，我要求你们每人每天接待 100 位顾客。第三，就是你们怎样来接待顾客，我希望你们做到一丝不苟，礼貌周到。他们想了解什么，你们要有问必答。这三件事你们清楚了吗？如果是这样的话，让我们来瞧一瞧你们的工资袋，看看出了什么毛病，想一想根据我们对这项工作提出的要求，应该干点什么事来跟那工资袋相称。你们考虑考虑。"

　　问题：这则例子中，顾客服务和营业收入都未能达到预期水平，而员工却在抱怨公司付给他们的工资太少了。到底哪一方面出了问题？

（三）反馈控制

　　反馈控制（Feedback Control）是管理控制中最常见的控制类型，其控制作用产生于行动之后，所以也称之为事后控制。它是活动完成之后，主管人员根据已发生的情况分析工作的执行结果，将它与控制标准相比较，从中发现已经出现或即将出现的偏差，在分析原因的基础上采取措施纠正偏差，以防止偏差继续发展或在以后的工作中再次发生；或者是在组织内外环境条件已经发生了重大变化，导致原定标准和目标脱离现实时，采取措施调整修正计划。反馈控制的控制重心放在组织的产出结果上。例如，企业根据业绩对管理人员实施的奖惩，企业对不合格产品进行淘汰，发现产品销路不畅而减产、转产或加强促销等，都属于反馈控制。

　　反馈控制的优点如下。首先，反馈控制可以根据工作的实际结果对工作进行评价，既易于工作人员接受，也有利于管理人员采取有效和有力的措施改进管理工作。例如，反馈控制可以为管理者提供关于计划的效果究竟如何的真实信息。如果反馈显示标准与现实之间只有很小的和可接受的偏差，说明计划的目标达到了；如果偏差很大，管理者就应该利用这一信息，发现问题，调整计划，追究责任，实施惩戒，使新计划的制定和执行更为有效。其次，反馈控制可以增强员工的积极性。因为人们希望获得评价他们绩效的信息，并据此来调整自己未来的行为，而反馈正好提供了这样的信息。

　　反馈控制的不足是，反馈控制存在时间滞后性，当管理者获取信息时，可能的失误和损失已经发生，弥补的措施只能在新的工作中产生效果，成语"亡羊补牢"就是对反馈问题和工作效果的很好描述。因此，反馈控制要求反馈的速度必须大于控制对象的变化速度，否则，系统将产生震荡，处于不稳定状态。

　　虽然反馈控制存在这样的问题，但在实际工作中，相比较而言，反馈控制依然是控制活动中运用得最多的一种控制方式。在管理中使用最多的反馈控制有财务报表分析、生产成本分析、产品质量检验和组织成员绩效测评等。

管理控制的三种类型之间的关系，如图 6-1 所示。

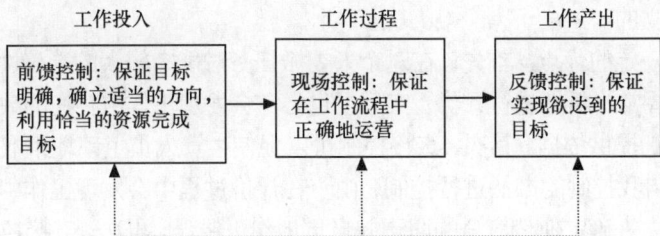

工作投入 工作过程 工作产出

前馈控制：保证目标 | 现场控制：保证 | 反馈控制：保证
明确，确立适当的方向， | 在工作流程中 | 实现欲达到的
利用恰当的资源完成 | 正确地运营 | 目标
目标

图 6-1 管理控制的类型

图 6-1 揭示了三种控制类型的关系。在实际控制过程中，我们应根据工作的重要性，结合不同控制的特点，选择恰当的方式。控制并不是管理的最后环节，它伴随着计划的执行、生产或服务活动的展开而展开，并且控制将上一次活动的信息反馈给下一次的工作，从而开始新一轮的管理控制。

可以看出，这三种控制方式的控制重点各不相同：前馈控制重在资源，包括人、财、物等；现场控制重在进行的活动，多为工作过程；反馈控制是对已结束工作的资源投入、工作过程进行评价，用于对下一次活动的开展进行控制。

> **趣味阅读：扁鹊论医术**
>
> 魏文王问名医扁鹊："你们家兄弟三人，都精于医术，到底哪一位最好呢？"扁鹊答："长兄最好，中兄次之，我最差。"文王再问："那么，为什么你最出名呢？"扁鹊答："长兄治病，是治病于病情发作之前。由于一般人不知道他事先能铲除病因，所以他的名气无法传出去。中兄治病，是治病于病情初起时。一般人以为他只能治轻微的小病，所以他的名气只及本乡里。而我是治病于病情严重之时。一般人都看到我在经脉上穿针管放血、在皮肤上敷药等大手术，所以以为我的医术高明，名气因此响遍全国。"
>
> **管理启示**：控制有事前控制、事中控制、事后控制。控制贵在事前控制。

三、按照采用的手段划分

按照采用的手段可以把控制划分为直接控制和间接控制两种类型。

（一）直接控制

直接控制是控制者与被控制对象直接接触进行控制的形式。直接控制所依据的是这样的事实，即计划的实施结果取决于执行计划的人。销售额、利润率、产品质量等这些计划目标的完成情况，主要取决于直接对这些计划目标负责的管理部门的主管人员。因此，通过甄选、进一步的培训、完善管理工作绩效的考核方法等，以改变有关主管人员的未来行为，是对管理工作质量进行控制的关键所在。

直接控制是通过提高主管人员的素质来进行控制的。直接控制的指导思想认为，合格的主管人员出的差错最少，他能觉察到正在形成的问题，并能及时采取纠正措施。所谓"合格"，就是指他能熟练地应用管理的概念、原理和技术，能以系统的观点来进行管理工作。因此，直接控制的原理也就是，主管人员及其下属的质量越高，就越不需要进行直接控制。

直接控制有其合理性。直接控制有可靠的假设：第一，合格的主管人员所犯的错误最少；第二，管理工作的绩效是可以计量的；第三，在计量管理工作绩效时，管理的概念、原理和方法通常是一些有用的判断标准；第四，管理基本原理的应用情况是可以评价的。这些前提条件在管理过程中，通常是成立的。

直接控制具有一定的优点。首先，在对个人委派任务时能有较大的准确性，同时，为使主管人员合格，对他们经常不断地进行评价，实际上也必定会发现工作中存在的缺点，并为消除这些缺点而进行专门培训提供依据。其次，直接控制可以促使主管人员主动地采取纠正措施并使其更加有效。它鼓励用自我控制的办法进行控制，由于在评价过程中会发现工作中存在的缺点，因而会促使主管人员努力去确定他们应负的职责并自觉地纠正错误。再次，直接控制还可以获得良好的心理效果。主管人员的质量提高后，他们的威信也会得到提高，下属对他们的信任和支持也会增加，这样就有利于整个计划目标的顺利实现。最后，由于提高了主管人员的质量，减少了偏差的发生，也就有可能减轻间接控制造成的负担，节约经费开支。

（二）间接控制

间接控制是控制者与被控制对象之间并不直接接触，而是通过中间媒介进行控制的形式。间接控制是指根据计划和标准考核工作的实际结果，着眼于发现工作中出现的偏差，分析出现偏差的原因，并追究责任者的个人责任以使其改进未来工作的一种控制方法，多见于上级管理者对下级人员工作过程的控制。

间接控制的优点是：对于由于主管人员缺乏知识、经验和判断力所造成的管理上的失误和工作上的偏差，运用间接控制可帮助其纠正；同时，间接控制还可帮助主管人员总结吸取经验教训，增加他们的经验、知识和判断力，提高他们的管理水平。

间接控制是建立在如下假设基础上的：第一，工作成效是可以计量的，因而也是可以相互比较的；第二，人们对工作任务负有个人责任，个人责任是清晰的、可以分割的和相互比较的，而且个人的尽责程度也是可以比较的；第三，分析偏差和追究责任所需的时间、费用等是有充分保证的；第四，出现的偏差可以预料并能及时发现；第五，有关责任单位和责任人将会采取纠正措施。

但这些假设有时却不能成立。第一，有许多合理工作中的绩效是很难计量的。例如，主管人员的决策能力、预见性和领导水平是难以精确计量的；对完成计划起关键影响作用的部门的工作绩效是不能和非关键部门的工作绩效相比拟的，即便是前者的工作绩效大，也不能说明后者的工作难度一定低于前者。第二，责任感的高低也是难以衡量的。有许多工作，其绩效不高，却与个人责任感关系不大或无关。例如，由于缺乏廉价燃料不得不使用另一种昂贵的能源而使费用支出增加。第三，有时主管人员可能会不愿花费时间和费用去调查分析造成偏差的事实真相，这往往会阻碍对违反标准的原因进行调查。第四，有许多偏离计划的误差并不能预先估计到或及时发现，而往往是发现太迟以致难以采取有效的纠正措施。第五，有时虽能够发现偏差并能找到产生的原因，却没有人愿意采取纠正措施，大家互相推卸责任，或者即使能把责任固定下来，当事的主管人员却固执己见，不愿纠正错误。

综上所述，间接控制并不是普遍有效的控制方法，它还存在着许多不完善的地方。最显而易见的是，间接控制是在出现了偏差、造成损失之后才采取措施，因此，它的费用支出是比较大的。

四、按控制源划分

按照控制源划分，可以把控制分为三种类型，即正式组织控制、群体控制和自我控制。

（一）正式组织控制

正式组织控制是由管理人员设计和建立起的机构或规定来进行控制，像规划、预算和审计部门就是正式组织控制的典型例子。组织可以通过规划指导组织成员的活动，通过预算来控制公司成本和费用，通过审计来检查各部门或个人是否按照规定进行活动，并提出更正措施。例如，公司规定对在禁止吸烟区进行吸烟的员工进行罚款，以及对违反操作规程的员工给予纪律处分等，都属于正式组织控制的范畴。

（二）群体控制

群体控制是基于群体成员们的价值观念和行为准则，它是由非正式组织发展和维持的。非正式组织尽管没有明文规定的行为规范，但组织中的成员都十分清楚这些规范的内容，都知道如果自己遵守这些规范，就能得到奖励。这种奖励可能是得到其他成员的认可，也可能会强化自己在非正式组织中的地位。如果违反这些行为规范就会遭到惩罚，这种惩罚可能是遭受排挤、讽刺，甚至被驱逐出该组织。例如，组织中新进员工在生产过程中自动把产量限制在一个全体可接受的水平。群体控制在某种程度上左右着职工的行为，处理得好有利于组织目标的实现，如果处理不好会给组织带来很大危害。

（三）自我控制

自我控制是个人有意识地去按某一行为规范进行活动。例如，一个员工不愿意把公司的东西据为己有，可能是由于他具有诚实、廉洁的品质，而不仅仅是怕受到公司的处罚。这就是有意识的个人的自我控制。

自我控制能力取决于个人本身的素质。具有良好修养的人一般自我控制能力比较强，顾全大局的人比仅看重自己局部利益的人有较强的自我控制能力，具有较高层次需求的人比具有较低层次需求的人有较强的自我控制能力。

正式组织控制、群体控制和自我控制有时是相互一致的，有时又是相互抵触的。这取决于组织对其成员的教育和吸引力，或者取决于组织的文化。有效的管理控制系统应该综合运用这三种控制类型，并使它们尽可能地和谐，防止它们相互冲突。

五、按问题的重要性和影响程度划分

按问题的重要性和影响程度可以把控制分为任务控制、绩效控制和战略控制三种类型。

（一）任务控制

任务控制也称业务控制，是针对基层生产作业和其他业务活动而直接进行的控制。任务控制多采用负馈控制法，其目的是确保有关人员或机构按既定的质量、数量、期限和成本标准完成所承担的工作任务。

（二）绩效控制

绩效控制是一种财务控制，即利用财务数据来观测企业的经营活动状况，以此考评各责任中心的工作实绩，控制其经营行为。此种控制也称为责任预算控制或以责任发生制为基础进行的控制。

（三）战略控制

战略控制是对战略计划和目标实现程度的控制。战略控制站在更高的角度看待问题，而不像低层次的控制活动那样仅局限于矫正眼前的、内部的具体执行工作。战略控制中不仅要进行负馈控制，更常需要进行正馈控制。

第三节　控制过程

控制是组织根据制定的计划要求，设定衡量绩效的标准，然后把实际工作与预定的标准相比较，以确定组织活动中出现的偏差及其影响程度，在此基础上，有针对性地采取必要的纠正措施，以确保组织资源的有效利用和组织目标的圆满实现。无论在什么类型的组织中，无论控制对象是新技术的研究与开发、原材料的采购、产品的制造加工，还是市场营销宣传、企业的人力资源条件、财务资源，控制的基本过程都包括三个步骤：一是拟定标准；二是根据标准衡量活动绩效；三是采取纠正措施，消除与标准和计划要求的偏差。控制的过程，如图6-2所示。

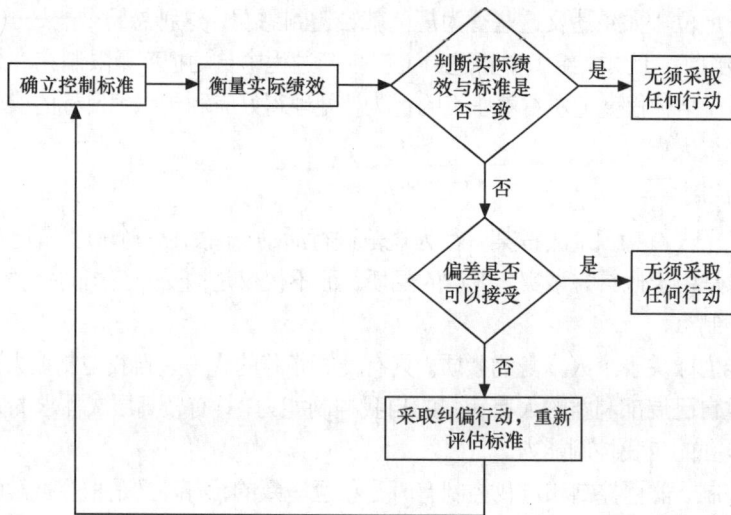

图6-2　控制的过程

一、拟定标准

管理控制过程的第一步就是拟定标准。这里所说的标准，是指评定绩效的尺度。控制的目的是确保计划目标的实现，计划是控制的依据。从逻辑上讲，控制的第一步应当是制定计划，再以计划作为控制的标准。但是，由于组织中计划所包含的内容、项目很多，涉及的范围也可以很广，各种计划的详尽程度和复杂程度各不相同，因此在大多数的组织活动中，主管人员没有精力也不可能直接以计划作为控制的标准，来对整个计划执行的全部过程进行全面、具体的控制，所以需要拟定具体的控制标准。标准应当是从整个计划方案中选出的，是对工作绩效进行评价的关键指标，或者是对计划目标的实现发挥关键作用的项目。有了这样的标准，主管人员不必去考察计划执行中的每一个步骤或细节，就能够了解整个计划执行的进展情况，从而使控制起到保证计划目标实现的作用。

拟定标准的意义不仅仅在于确定一个用于比较管理绩效指标高低优劣、发现偏差的比较基准，它在一定意义上关系到组织绩效的实现。管理实践证明，"你测量什么，就得到什么"——组织成员会为达到标准而工作。相应地，拟定标准的关键在于"你想得到什么，就测量什么"——标准所规定的测量指标必须以实现组织目标和使命为前提来拟定。

拟定标准是控制过程中一项重要且难度较大的工作。首先，选择关键控制点就是一种管理艺术，它在很大程度上影响着控制的有效性。其次，各类组织各有其特殊性，其内部的控制对象也是千差万别的，因而也就不可能找到一个适合于所有组织、所有控制对象的标准。

（一）标准的种类

标准的类型有多种。最理想的标准是以可考核的目标直接作为标准，但更多的情况则往往是需要将某个计划目标分解为一系列的标准。在实际工作当中，按照不同的依据，可以将标准分为不同的类型。如可以分为实物标准和财务标准，财务标准中又分为费用标准、资金标准和收入标准等，还可以分为有形标准和无形标准，或者定量标准和定性标准。再如，根据标准规定的内容，可以通俗地将一个组织的标准分为管理标准、工作标准、技术标准等。无论采用哪类标准，都必须按照控制对象来决定。

1. 实物标准

这是一类非货币标准，普遍适用于使用原材料、雇佣劳动力、提供劳务或产品等的操作层。这类标准反映了定量的工作成果，常用的有单位产量工时、单位台时产量、货运量的吨公里、日门诊人数等。实物标准也可以反映产品的质量，如轴承面的硬度、公差的精密度、飞机上升的速率、纺织品的耐久性和颜色牢度等。在某种程度上，实物标准是计划的基石，也是控制的基本标准。

2. 成本标准

这是一类货币标准，也普遍适用于操作层。这类标准是用货币值来衡量经营活动的代价。常用的成本标准有单位产品的直接成本和间接成本、单位产品或每小时的人工成本、单位产品的原材料成本、工时成本、单位销售成本、单位销售费用等。

3. 资本标准

这类标准与投入企业的资本有关，而与企业的营运资本无关，最常用的就是投资报酬率，还有流动比率、资产负债率、应收账款周转率、存货周转率等。这类标准主要是与资产负债表有关。

4. 收益标准

这是用货币值衡量销售量的标准，如公共汽车每乘客或每公里的收入、既定市场范围内的人均销售额等。

5. 无形标准

这是一类既不能用实物又不能用货币来衡量的标准。主管人员能够以什么样的标准来确定下属的才干？又能够用什么标准来确定一项广告策划是否符合组织的短期目标或长期目标？怎样才能判断出下属人员是否忠诚于组织目标？要为这类目标确定控制标准是非常困难的，因为既无法用明确的定量标准也无法用明确的定性标准来描述它们。在任何一个组织中，都存在着许多无形标准。这是因为人们对操作层以上的管理层次中其预期业绩的构成内容还缺乏充分的研究，或者说还未找到评价管理层管理工作绩效的合理标准，特别是在业绩中涉及人际关系时，很难衡量什么是"良好"、"有效果"、"有效率"。因此，这类问题的控制仍然不得不以无形的标准、主观的判断、反复的试验，有时甚至是纯粹的感觉等为依据。

6. 直接以目标为标准——定量目标和定性目标

定量目标大多采用上述各种标准的量化表达形式，它是可以准确考核的。定性目标虽然也可考核，但不能与定量目标一样考核准确，不过，我们可以采用详细说明计划或其他具体目标的特征和完成日期的方法来提高其可考核的程度。

每个计划都会有很具体的特征，甚至包括定量的数据，所以这些计划对部门的主管人员及其下属来说，都是完全可以考核和非常有用的目标。

（二）寻找控制的关键点

一般来说，计划实施过程中并不是每一步或者每一道工序都要制定控制标准，而是要选择一些关键点作为主要的控制对象。只要对这些主要的关键点进行控制，就可以控制企业和组织活动的整体状况。确定控制关键点的过程是一个分析决策的过程。它需要对计划内容做全面深入的分析，同时还要充分考虑组织实施过程中的具体情况以及外部环境带来的干扰影响。确定关键点需要有丰富的经验和敏锐的观察力。一般关键点都是目标实施过程中的重要组成部分。它可能是计划实施过程中最容易出偏差的点，或是起制约因素的点，或者是起转折作用的点，或变化度大的点等，应根据具体情况进行具体选定。为此，管理学者建议管理者应不时地问自己这样一些问题，什么能最佳地反映本组织或者本部门的目标？当没有达到这些目标时什么能最佳地表明情况？最能表明偏差情况的是什么？能向主管表明谁应对此负责的是什么？哪些标准最省钱？经济适用的信息标准是什么？

（三）拟定标准的方法

根据控制的对象不同，控制标准的设立应当具有权威性。常用的拟定标准的方法有以下三种。

1. 统计方法，相应的标准称为统计标准

它是根据企业的历史数据记录或是对比同类企业的水平，运用统计学方法确定的。最常用的有统计平均值、极大（或极小）值和指数等。统计方法常用于拟定与企业的经营活动和经济效益有关的标准。

2. 经验估计法

它是由有经验的管理人员凭经验确定的，一般作为统计方法和下面将要提到的工程方法的补充。

3. 工程方法，相应的标准称为工程标准

它是以准确的技术参数和实测的数据为基础的，如确定机器的产出标准，就是根据设计的生产能力确定的。工程方法的重要应用是测量生产者个人或群体的产出定额标准。这种测量又称为时间研究和动作研究，它是由泰勒首创的，经过几十年乃至上百年的实践和完善，形成今天所谓的"标准时间数据系统"。这是一种计算机化的工时分析软件，使用者只要把一项作业所规定的加工方法分解成相应的动作元素，输入计算机，就可以立刻得出完成该项作业所需要的工时。

二、衡量绩效

衡量绩效就是按照标准衡量工作实绩达到标准的程度，其实也是控制当中信息反馈的过程。在确定了标准以后，为了确定实际工作的绩效究竟如何，管理者首先需要收集必要的信息，考虑如何衡量和衡量什么。当工作实绩与标准产生差异时，就说明工作出现了偏差。这一步骤包括两个方面内容：一是搜集反映实际绩效的信息，衡量实际工作成绩；二是比较实际绩效与标准，找出差异。

（一）搜集反映实际绩效的信息

控制既然是为了纠正偏差，必须首先掌握实际工作情况。组织衡量绩效时，首先必须明确衡量的手段和方法是什么，谁进行衡量和检查，然后通过衡量实际工作的绩效，获得大量的信息。这样，一方面可以反映出计划执行的进程，使主管人员了解到每个部门工作绩效的优劣，以便实施相应的奖惩；另一方面，可以使主管人员及时发现那些已经发生或预期将要发生的偏差。

为了获得实际工作绩效的信息，管理人员衡量实际工作情况时采用的方法较多，一般来说可分为定性衡量和定量衡量两类。定性衡量用于衡量非量化的管理控制的对象绩效，如组织成员的工作积极性、士气、责任心、能力发挥水平，以及组织的运行状态等。定性衡量常用的方法包括观察法、现场调查法、座谈法、会议调查法、跟踪调查分析法、汇报法和调查表方法等。定量衡量用于测评组织中各类量化控制指标的完成情况，以及实际工作与指标的偏差等。定量衡量常用的方法有报表统计法、业务监测法、数据归纳法等。

衡量的方法、手段和衡量的领域等确定下来，评定绩效下一步的主要问题是如何及时地收集适用的、可靠的信息，并将可用的信息传递到对某项工作负责而且有权采取纠正措施的主管人员手中。

（二）比较实际工作与控制标准，界定偏差

比较实际工作成效与控制标准，会出现两种情况：一是没有出现偏差，二是出现了偏差。一般来说，管理工作的实际成效与控制标准不可能完全一致，两者之间总会有一定的偏差，因此，人们往往规定一个可以浮动的范围。只要实际结果在这个范围之内就可以认为不存在偏差，则该控制过程暂告完成；而一旦实际结果在允许范围之外，就可以认为存在偏差，则控制过程进入下一步骤。

现实中，按照标准来衡量实际绩效的最好办法是以预见为基础的，从而可以在偏差实际发生之前就被发现并采取适当的措施加以避免。但是我们往往会发现，这样做不一定行得通。那些机敏、有远见的主管人员常常能够预见可能出现的偏差；在缺乏这种能力的情况下，也应尽可能地及早发现已经发生的偏差。这就需要一个有效的管理信息系统，它除了要求信息准确以外，还对信息的及时、可靠、适用性能有要求。

三、采取纠正措施

采取纠正措施是控制的关键，它体现了控制的目的；同时，通过纠正偏差的行动，将控制和其他管理职能结合在一起。通常人们认为，如果制定的标准反映了组织的目标和实际情况，也就是在实际的衡量中，用该标准与计划的执行情况进行比较，能够找出产生偏差的原因，那么就能对偏差做出迅速纠正。主管人员能够根据组织结构准确地知道必须在什么地方采取纠正措施。然而，尽管已经找出偏差，但采取纠正措施通常并不那么简单，甚至要困难得多。

（一）要分清偏差的性质，偏差可分为正偏差和负偏差

正偏差是实际绩效比标准完成得还好；负偏差是实际绩效没有达到标准的要求。负偏差固然引人注目需要纠正，但是，出现正偏差时也不一定就没有问题，也必须引起注意并正确处理。例如，由于正偏差，生产超过了计划，造成库存大量积压、资金周转不灵，也会危及企业经营目标

的实现。

（二）要分析偏差产生的原因

采取纠正措施纠正偏差是通过消除产生偏差的原因实现的，而不是简单地纠正现象。偏差可能是由多种复杂的原因引起的。主管人员必须花大力气找出造成偏差的真正原因，而不能仅仅头痛医头，脚痛医脚。例如，销售收入的明显下降，无论是用同期比较的方法，还是用年度计划目标来衡量，都很容易发现问题，但引起销售收入下降的原因，却不那么容易一下就找准。到底是销售部门营销工作中的问题或是对销售部门授权不够，还是制造部门制造质量下降和不能按期交货，还是技术部门新产品开发进度太慢致使产品老化，竞争力下降，或是由于宏观经济调整造成的？再比如，组织运行过程中，问题经常发生在具体的操作岗位上，而原因在哪里呢？实践证明，80%的原因是管理系统有问题。产生偏差可能是由于未能严格按计划要求行动所致，如工作不负责、不认真或不能胜任、能力有限等；也可能由于外部环境发生了重大变化，而事先并没有估计到这些变化，如国家政策法规变化、国际政治风云变化、市场出现了新的强大竞争对手、某个大客户或大供应商突然破产等；还有可能是由于计划目标本身不合理造成的，如盲目地把目标定得太高而实际能力根本达不到。

管理控制过程中，每一种可能的原因与假设都不可能通过简单的判断确定下来。而对造成偏差的原因判断得不准确，纠正措施就会无的放矢，不可能奏效。弄清原因是采取措施的基础。

（三）采取措施纠正偏差

在查明原因后，纠正偏差的工作可能涉及一些主要的管理职能。针对偏差产生的原因，主管人员可能采用重新制定计划或修改目标的方法来消除偏差；也可能利用组织手段来进一步明确职责，补充授权或是对组织机构进行调整；还可能用撤换责任部门的主管或是增配人员的办法来纠正偏差；此外，他们还可能通过改善领导方式如采用精神奖励和物质奖励相结合等办法来纠正偏差。

总体来讲，管理者可以选择的方案有以下三种。

（1）不采取行动。当工作绩效与控制标准之间不存在偏差时，理所当然地不会采取任何行动；还有就是当偏差虽然出现，但未超过允许的偏差范围时，管理者也可以不采取任何行动，这种小范围的偏差有时可以通过组织的自适应控制来校正；还有一种可能是，通过成本—效益分析，管理者发现，如果采取纠偏行动，其费用可能会超过偏差带来的损失，此时最好的方案也许就是不采取任何行动。

（2）改进工作绩效。如果偏差是由于工作产生的，且偏差已超出了允许的范围，则需要采取纠偏措施，以改进工作绩效。具体采取的方式涉及各方面的管理工作，通常包括改进生产技术、改进流程、改进管理方式、调整组织结构、改进激励措施、重新配置人力物力资源、调整培训计划等。

（3）修订控制标准。修订控制标准可以采用提高标准和降低标准两种方式。如果标准脱离实际，导致多数员工、多数部门无法实现控制目标，管理部门应适当降低标准；相反，如果实际工作绩效已远远超过了标准，则应在充分肯定工作的情况下，适当提高标准。标准的修订在管理控制中是不可避免的，这是由于在组织管理中，一些不确定因素的影响往往难以预测，同时，管理环境的变化会导致管理目标和标准的变化。从某种意义上说，管理控制就是一个不断制定标准、实施标准、修订和完善标准的过程。值得注意的是，在修订标准时，应从实际情况分析出发，强调标准的客观性，避免管理人员主观因素的消极影响。

总之，对计划执行过程中出现的偏差进行纠正，说明管理是一个连续的过程。控制职能与其他管理职能的交错重叠，说明了主管人员的职能（也即管理的职能）是一个统一的完整的系统。

第四节 控制方法

各个组织在管理实践中运用不同种类的控制手段和方法。有些方法属于传统的控制方法，如亲自观察、预算控制和非预算控制；另外一些方法，如计划评审法，则代表了新的计划和控制方法，它说明科学技术的进步、社会活动规模的扩大必然伴随着管理理论的发展和管理技术的进步。从控制范围的构成看，有些方法是适用于局部控制的，如程序控制方法；而另一些方法是用于综合控制的，如损益控制法。随着组织规模的扩大和分权管理的发展，对管理工作的综合控制显得日益重要，其中有单一的控制手段，也有综合性的控制工具。此外，我们还应注意一个显著的特点，那就是许多控制方法同时也是计划方法。

一、预算控制

在管理控制中使用最广泛的一种控制方法就是预算控制。预算是以数量形式表示的计划。预算以财务术语（如收入、费用以及资金等）或者非财务术语（如直接工时、材料、实物销售量和生产量等）来表明组织的预期成果，它是用数字编制的反映组织在未来某一个时期的综合计划。预算可以称作"数字化"或"货币化"的计划，它通过财务形式把计划分解落实到组织的各层次和各部门中去，使主管人员能清楚地了解哪些资金由谁来使用，计划将涉及哪些部门和人员、多少费用、多少收入以及实物的投入量和产出量等。

（一）预算的性质和作用

预算就是用数字编制未来某一个时期的计划，也就是用财务数字或非财务数字来表明预期的结果。

首先，预算是一种计划，从而编制预算的工作是一种计划工作。预算的内容可以概括为：① "多少"——为实现计划目标的各种管理工作的收入（或产出）与支出（或投入）各是多少；② "为什么"——为什么必须收入（或产出）这么多数量以及为什么需要支出（或投入）这么多数量；③ "何时"——什么时候实现收入（或产出）以及什么时候支出（或投入），必须使得收入与支出取得平衡。同时，预算是一种预测。它是对未来一段时期内的收支情况的预计。作为一种预测，确定预算数字的方法可以采用统计方法、经验方法或工程方法。

其次，预算主要是一种控制手段。编制预算实际上就是控制过程的第一步——拟定标准。由于预算是以数量化的方式来表明管理工作的标准，从而本身就具有可考核性，因而有利于根据标准来评定工作绩效，找出偏差（控制过程的第二步），并采取纠正措施消除偏差（控制过程的第三步）。无疑，编制预算能使确定目标和拟定标准的计划得到改进。但是，预算的最大价值还在于它对改进协调和控制的贡献，当为组织的各个职能部门都编制了预算时，就为协调组织的活动提供了基础。同时，由于对预期结果的偏离将更容易被查明和评定，预算也为控制中的纠正措施奠定了基础。所以，预算有助于进行更好的计划和协调，并为控制提供基础，这正是编制预算的基本目的。

如果要使一项预算对任何一级的主管人员真正具有指导和约束作用，预算就必须反映该组织的机构状况。只有充分按照各部门业务工作的需要来制定、协调并完善计划，才有可能编制一个足以作为控制手段的分部门的预算。把各种计划缩略为一些确切的数字，以便使主管人员清楚地看到哪些资金将由谁来使用，将在哪些单位使用，并涉及哪些费用开支计划、收入计划和以实物表示的投入量和产出量计划。主管人员明确了这些情况，就有可能放手授权给下属，以便使之在预算的限度内去实施计划。

（二）预算的种类

预算在形式上是一整套预计的财务报表和其他附表。按照不同的内容，可以将预算分为经营预算、投资预算和财务预算三大类。

1. 经营预算

经营预算是指企业日常发生的各项基本活动的预算。它主要包括销售预算、生产预算、直接材料采购预算、直接人工预算、制造费用预算、单位生产成本预算、推销及管理费用预算等。

2. 投资预算

投资预算是对企业的固定资产的购置、扩建、改造、更新等，在可行性研究的基础上编制的预算。它具体反映在何时进行投资、投资多少、资金从何处取得、何时可获得收益、每年的现金净流量为多少、需要多少时间回收全部投资等。由于投资的资金来源往往是任何企业的限定因素之一，而对厂房和设备等固定资产的投资又往往需要很长时间才能回收，因此，投资预算应当力求和企业的战略以及长期计划紧密联系在一起。

3. 财务预算

财务预算是指企业在计划期内反映有关预计现金收支、经营成果和财务状况的预算。它主要包括"现金预算"、"预计收益表"和"预计资产负债表"。必须指出的是，前述的各种经营预算和投资预算中的资料，都可以折算成金额反映在财务预算内。这样，财务预算就成为各项经营业务和投资的整体计划，故也称"总预算"。

（三）预算控制的风险

预算工作中存在着一些使预算控制失效的危险倾向。

1. 预算过于繁琐带来的危险

由于对极细微的支出也做了琐细的规定，主管人员管理自己部门必要的自由都丧失了。所以，预算究竟应当细微到什么程度，必须联系授权的程度进行认真酌定。过细过繁的预算等于使授权名存实亡。

2. 让预算目标取代了企业目标带来的风险，即发生了目标的置换

在这种情况下，主管人员只是热衷于使自己部门的费用尽量不超过预算的规定，但忘记了自己的首要职责是千方百计地去实现企业的目标。例如，某个企业的销售部门为了不突破产品样本的印刷费预算，在全国的订货会上只向部分参加单位提供了产品样本，因此丧失了大量的潜在用户，失去了可能的订货。

目标的置换通常是由以下两个方面的原因引起的。

（1）没有恰当地掌握预算控制的度。例如，预算编制得过于琐细，或者制定了过于严厉的制裁规则以保证遵守，还可能制定了有较大吸引力的节约奖励措施，以刺激主管人员尽可能地压缩开支。

（2）为职能部门或作业部门设立的预算标准，没有很好地体现计划的要求，与企业的总目标

缺乏更直接的、更明确的联系，从而使得这些部门的主管人员只是考虑如何遵守预算和程序的要求，而不是从企业的总目标出发来考虑如何做好自己的本职工作。

为了防止在预算控制中出现目标置换的倾向，一方面，应当使预算更好地体现计划的要求，另一方面，应当适当掌握预算控制的度，使预算具有一定的灵活性。预算的详细程度和预算控制的严格程度都有一个合理的限度，一旦超出了这个限度，预算控制就会背离其目的走向反面。

3. 预算潜在的效能低下的风险

预算有一种因循守旧的倾向，过去所花费的某些费用，可以成为今天预算同样一笔费用的依据；如果某个部门曾支出过一笔费用购买物料，这笔费用就成了今后预算的基数。此外，主管人员常常知道在预算的层层审批中，原来申请的金额多半会被削减。因此，申报者往往将预算费用的申请金额有意扩大，远远大于实际需要，所以，必须有一些更有效的管理方法来扭转这种倾向，否则预算很可能会变成掩盖懒散、效率低下的主管人员的保护伞。这样的方法一种是编制可变预算，另一种就是"零基预算法"。

预算控制最清楚地表明了计划与控制的紧密联系。不过，在一些非营利的组织中，如政府部门、大学等，却普遍存在着计划与预算脱节的情况。在那里，二者是分别进行的，而且往往互不通气。在许多组织中，预算编制工作往往被简化为一种在过去基础上的外推和追加数量的过程，而预算审批则更简单，甚至不加研究调查，就以主观想象为根据任意削减预算，从而使得预算完全失去了应有的控制作用，偏离了其基本目的。正是由于存在这种不正常的现象，促使新的预算方法发展起来，它们使预算这种传统的控制方法恢复了活力。

二、非预算控制方法

除预算控制之外，还有一些传统的管理过程控制方法。

（一）视察

视察可能算是一种最古老、最直接的控制方法，它的基本作用就在于获得第一手的信息。基层主管人员通过视察，可以判断出产量、质量的完成情况以及设备运转情况和劳动纪律的执行情况等；职能部门的主管人员通过视察，可以了解到工艺文件是否得到了认真贯彻，生产计划是否按预定进度执行，劳动保护等规章制度是否被严格遵守，以及生产过程中存在哪些偏差和隐患等；而上层主管人员通过视察，可以了解到组织的方针、目标和政策是否深入人心，可以发现职能部门的情况报告是否属实以及员工的合理化建议是否得到认真对待，还可以从与员工的交谈中了解他们的情绪和士气等。所有这些，都是主管人员最需要了解的，却是正式报告中见不到的第一手信息。

视察的优点还不仅仅在于能掌握第一手信息，它还能够使得组织的管理者保持和不断更新自己对组织的感觉，使他们感觉到事情是否进展得顺利以及组织这个系统是否运转得正常。视察还能够使得上层主管人员发现被埋没的人才，并从下属的建议中获得不少启发和灵感。此外，亲自视察本身就有一种激励下级的作用，它使得下属感到上级在关心着他们。所以，坚持经常亲临现场视察，有利于创造一种良好的组织气氛。

当然，主管人员也必须注意到视察可能引起的消极作用。例如，也存在着这样的可能，即下属可能误解上司的视察，将其看作对他们工作的一种干涉和不信任，或者是看作不能充分授权的一种表现。这是需要引起注意的。

尽管如此，亲临视察的显著好处仍使得一些优秀的管理者始终坚持这种做法。一方面，即使拥有计算机化的现代管理信息系统，计算机提供的实时信息、做出的各种分析，仍然代替不了主管人员的亲身感受、亲自了解；另一方面，管理的对象主要是人，是要推动人们去实现组织目标，而人所需要的是通过面对面的交往所传达的关心、理解和信任。

（二）报告

报告是用来向负责实施计划的主管人员全面地、系统地阐述计划的进展情况、存在的问题及原因、已经采取了哪些措施、收到了什么效果、预计可能出现的问题等情况的一种重要方式。控制报告的主要目的在于提供一种如果有必要，即可用作纠正措施依据的信息。

控制报告的基本要求是必须做到适时，突出重点，指出例外情况，尽量简明扼要。通常，运用报告进行控制的效果，取决于主管人员对报告的要求。管理实践表明，大多数主管人员对下属应当向他报告什么，缺乏明确的要求。随着组织规模及其经营活动规模的日益扩大，管理也日益复杂，而主管人员的精力和时间是有限的，从而定期的情况报告也就越发显得重要。

1. 控制需求

报告需要从控制的需求出发。负责计划实施的上层主管人员，为了实施控制，通常需要下属报告以下四个方面的情况。

投入程度——主管人员需要确定他本人参与的程度；他需要逐项确定他应在每项计划上化费多少时间，应介入多深。

进展情况——主管人员需要获得那些应由他向上级或向其他有关单位（部门）汇报的有关计划进展的情况，例如，我们的进度如何，怎样向我们的客户介绍计划进展情况，在费用方面我们做得如何，如何向客户解释费用问题等。

重点情况——主管人员需要在向他汇报的材料中挑选那些应由他本人注意和决策的问题。

全面情况——主管人员需要掌握全盘情况，而不能只是了解一些特殊情况。

2. 报告的内容

为了满足上级主管人员的上述四项要求，一个有效的报告制度通常规定需要报告的内容。以通用电气公司为例，报告主要包括计划执行情况、上层主管人员决策和采取行动需要的关键信息，具体有以下八个方面的内容。

（1）客户的意见以及上次会议以来外部的新情况。这方面报告的作用在于使上级主管人员判断情况的复杂程度和严重程度，以便决定他是否要介入以及介入的程度。

（2）进度情况。这方面报告的内容是将工作的实际进度与计划进度进行比较，说明工作的进展情况。通常，拟定工作的进度计划可以采用"计划评审技术"。对于上层主管人员来说，他所关心的是处于关键线路上的关键工作的完成情况，因为关键工作若不能按时完成，那么整个工作就有可能误期。

（3）费用情况。报告的内容是说明费用开支的情况。同样，要说明费用情况，必须将其与费用开支计划进行比较，并回答实际的费用开支为什么超出了原定计划，以及按此趋势估算的总费用开支（或超支）情况，以便上级主管人员采取措施。

（4）技术工作情况。技术工作情况是表明工作的质量和技术性能的完成情况和目前达到的水平。其中很重要的问题是说明设计更改情况，要说明设计更改的理由和方案，以及这是客户提出的要求还是我们自己做出的决定等。

（5）当前的关键问题。报告者需要检查各方面的工作情况，并从所有存在的问题中挑出三个最为关键的问题。他不仅要提出问题所在，还须说明对整个计划的影响，列出准备采取的行动，指定解决问题的负责人，以及规定解决问题的期限，并说明最需要上级领导帮助解决的问题所在。

（6）预计的关键问题。报告的内容是指出预计的关键问题，同样也需要详细地说明问题，指出其影响、准备采取的行动、指定负责人和解决问题的日期。预计的关键问题对上层主管人员来说特别重要，这不仅是为他们制定长期决策时提供选择，也是因为他们往往认为下属容易陷入日常问题而对未来漠不关心。

（7）其他情况。报告的内容是提供与计划有关的其他情况。例如，对组织及客户有特别重要意义的成就，上月份（或季、年）的工作绩效与下月份的主要任务等。

（8）组织方面的情况。报告的内容是向上层领导提交名单，名单上的人员可能会去找这位上层领导，这位领导也需要知道他们的姓名；同时，还要审查整个计划的组织工作，包括内部的研制开发队伍以及其他的有关机构（部门）。

（三）比率分析

对于组织经营活动中的各种不同度量之间的比率分析，是一项非常有益的和必需的控制技术或方法。"有比较才会有鉴别"，也就是说，信息都是通过事物之间的差异传达的。

一般来说，仅从有关组织经营管理工作绩效的绝对数量的度量中是很难得出正确的结论的。例如，仅从一个企业年创利 1 000 万元这个数字上很难得出什么明确的概念，因为我们不知道这个企业的销售额是多少，不知道它的资金总数是多少，不知道它所处的行业的平均利润水平是多少，也不知道该企业上年和历年实现利润是多少，等等。所以，在我们做出有关一个组织的经营活动是否有显著绩效的结论之前，必须首先明确比较的标准。

企业经营活动分析中常用的比率可以分为两大类，即财务比率和经营比率。前者主要用于说明企业的财务状况，后者主要用于说明企业经营活动的状况。

1. 财务比率

企业的财务状况综合地反映着企业的生产经营情况。通过财务状况的分析可以迅速地、全面地了解一个企业的资金来源和资金运用情况，了解企业资金利用的效果以及企业的支付能力和清偿债务的能力。

2. 经营比率

财务比率是衡量一个企业生产经营状况和财务状况的综合性指标。除此以外，还有一些更直接的比率，如市场占有率、相对市场占有率和投入—产出比率，可以用来进一步说明企业的经营情况。这些比率称为经营比率。

（四）盈亏分析

所谓盈亏分析，就是根据销售量、成本和利润三者之间的相互依赖关系，对企业的盈亏平衡点和盈利情况的变化进行分析的一种方法，又称"量、本、利"分析（在模块二和模块三中已做介绍）。它是一种很有用的控制方法和计划方法。在盈亏分析中，将企业的总成本按照性质分为固定成本和变动成本（或可变成本）。所谓固定成本，是指不随销售量变化而变化的那部分成本，如折旧费、设备大修理费、办公费、新产品研制费等。变动成本则是指随销售量变化而变化的那部分成本，如原材料、工时费、燃料和动力费等。固定成本、变动成本、销售量和利润之间的关系可用一种称之为"盈亏平衡图"的坐标图来描述。

盈亏分析在控制中的应用主要有以下几方面：预测实现目标利润的销售量；分析各种因素变

动对利润的影响；进行成本控制；判断企业经营的安全率。

（五）审计法

审计是一种常用的控制方法，财务审计与管理审计是审计控制的主要内容。所谓财务审计，是以财务活动为中心内容，以检查并核实账目、凭证、财物、债务以及结算关系等客观事物为手段，以判断财务报表中所列出的综合的会计事项是否正确无误、报表本身是否可以信赖为目的的控制方法。通过这种审计还可以判明财务活动是否符合财经政策和法令。所谓管理审计，是检查一个单位或部门管理工作的好坏，评价人力、物力和财力的组织及利用的有效性。其目的在于通过改进管理工作来提高经济效益。

（六）作业控制

作业控制是为了保证各项作业计划的顺利进行而做的一系列工作，一般包括成本控制、质量控制、采购库存控制等。

1. 成本全面控制

成本全面控制是在对系统的所有工作做全面详细的分析后，层层分解成本指标，以其作为衡量控制标准，也就是说，以成本为控制主线，确保在预定成本下获得预期目标利润。

2. 质量控制

为保证产品质量符合规定标准要求和满足用户使用目的，企业需要在产品设计、试制、生产制造直至使用的全过程中，进行全员参加的、事后检验和预先控制有机结合的、从最终产品的质量到产品赖以形成的工作的质量、全方位的质量管理。

20世纪80年代，随着国际竞争的加剧和顾客期望值的提升，许多企业采用全面质量管理的方法来控制质量，把质量观念渗透到企业的每一项活动中，以实现持续的改进。全面质量管理有以下四大特征。

（1）全过程的质量管理。质量管理不仅仅在生产过程，而且应"始于市场，终于市场"，从产品设计开始，直至产品进入市场，以及售后服务等，质量管理都应贯穿其中。

（2）全企业的质量管理。质量管理不仅仅是质量管理部门的事情，它和全企业各个部门都休戚相关，因为产品质量是做出来的，不是检验出来的，故每项工作都与质量相关。

（3）全员的质量管理。每个部门的工作质量，决定于每个职工的工作质量，所以每个职工都要保证质量，为此，由职工成立了很多质量小组，专门研究在部门或工段的质量问题。

（4）全面科学的质量管理方法。它以统计分析方法为基础，综合应用各种质量管理方法，工作步骤按"计划—执行—检查—处理"（PDCA）四步循环进行。

3. 库存控制

企业的生产要正常连续地进行，供应流不能断，需要一定的库存，但库存占用了大量的流动资金。库存增加，不仅占用生产面积，还会造成保管费用上升、资金周转减慢、材料腐烂变质等；库存过少，又容易造成生产过程因停工待料而中断，产成品因储备不足而造成脱销损失等。所以，做好库存控制是非常重要的。

库存控制主要解决的问题有，哪些物资要有库存？哪些应多存？哪些应少存？何时订货？订多少？等等。

（1）库存什么。企业生产所需物资应根据数量和资金占用等情况分别对待，其中常用的方法有 ABC 法。ABC 分类法是根据 80-20 原则制定的，其基本思想是少数的关键因素起决定性作用。

A 类资金占用比重很大，但品种较少；C 类则相反，品种较多，但资金占用比重很小；B 类介于二者之间。通过分类，对各类物资实行不同的管理。A 类是库存控制的重点，应严格控制库存数量，严格盘点，采购间隔期尽量短，以利于加速资金周转；C 类可适当延长采购间隔期，简化管理；B 类控制方式可根据具体情况，采取适当的管理方式。

（2）库存量控制。库存量的控制要考虑总体采购资金、服务质量等因素。企业可通过控制采购间隔期或者采购批量来满足需要，也可设定一个订货点来控制，当库存量低于订货点时就需要再次订货了。

（3）JIT 生产方式。虽然库存被认为是必需的，但库存给许多企业带来了极大的烦恼。基于此，日本丰田汽车公司的准时生产在这方面做出了良好的成绩，甚至被称为"无库存生产方式"。JIT 用"拉动式"的"看板管理"在生产现场控制生产进度，使之达到准时生产的目的。"拉动式"生产方式根据市场需求制定生产计划后，只对最后的生产工序工作中心发出指令，最后工序工作中心根据需要向它的前道工序工作中心发出指令，这样按反工艺顺序逐级"拉动"。在生产现场，其"拉动"靠"看板"来实现，每一张看板代表一定的数量，很容易计算和检查。它实际上是将库存放在现场，由看板数量确定各零配件的库存数量，每当生产运行平稳后，就减少一些看板数量，使得生产中的一些问题暴露出来，从而采取措施，加以改进。

第二部分 实务与实训任务

任务一 思考与讨论

一、简答题

1. 什么是控制？
2. 计划和控制的关系是什么？
3. 在管理中，控制的作用是什么？
4. 有效控制系统应有哪些特征？
5. 控制过程一般有哪些步骤？
6. 纠正偏差对于管理者而言有哪些行动方案？

二、讨论题

1. 你认为控制方法中哪种最重要？为什么？
2. 你是如何通过目标的建立来控制自己行为的？作为一名学生，你是如何衡量、评价自己的学习、生活和工作表现的？

任务二 案例分析

案例一 摆梯子

在中信集团生产车间的一个角落，因工作需要，工人需要爬上爬下，因此，管理者甲放置了一个梯子，以便上下。可由于多数工作时间并不需要上下，屡有工人被梯子所羁绊，幸亏无人受伤。于是管理者乙叫人改成一个活动梯子，用时，就将梯子支上，不用时，就把梯子合上并移到拐角处。由于梯子合上竖立太高，屡有工人碰倒梯子，还有人受伤。为了防止梯子倒下砸到人，管理者丙在梯子旁写了一个小条幅：请留神梯子，注意安全。

一晃几年过去了，再也没有发生梯子倒下砸到人的事。一天，外商来谈合作事宜。他们注意到这个梯子和梯子旁的小条幅，驻足良久。外方一位专家熟悉汉语，他提议将小条幅修改成这样：不用时，请将梯子横放。很快，梯子边的小条幅就改过来了。

请根据案例信息，回答下列问题。

1. 本案例最能说明的是（　　　）。

    A. 越是高层管理者，控制职能越重要

    B. 越是基层管理者，控制职能越重要

    C. 无论管理层次高低，控制职能都很重要

    D. 很多外国企业能成功，主要是善于行使控制职能

2. 属于事前控制的有（　　　）。

    A. 甲　　　　　　B. 乙　　　　　　C. 丙　　　　　　D. 外方专家

3. 属于事后控制的有（　　　）。

    A. 甲　　　　　　B. 乙　　　　　　C. 丙　　　　　　D. 外方专家

4. 控制效率最高的是（　　　）。

    A. 甲　　　　　　B. 乙　　　　　　C. 丙　　　　　　D. 外方专家

5. 本案例给我们最重要的一个启示是（　　　）。

    A. 控制过程也是一个不断学习的过程

    B. 事前控制的效果一般好于事后控制

    C. 控制并非是投入越大，取得收益越多

    D. 事前控制的成本一般高于事后控制

案例二　飞马公司的成功秘密

飞马公司是一家公开上市的汽车马达制造企业，目前拥有 6 000 名员工，年销售额达 10 亿元。多年来，其他公司都力求发现飞马公司的秘密——为什么管理者能够激发员工实现最大的生产率和最佳生产质量？

飞马公司采用多种多样的控制模式。任务被严格地界定，员工必须达到绩效标准。生产工人实行计件工资制度外加业绩奖金，还有依照公司财富发放的年终奖金；同时，他们也有员工持股计划。奖金与一系列因素相关，诸如生产率、质量、可靠性以及同其他员工的合作等。因此，员工年收入超过 10 万元，还有其他一些非实物的奖励，赏识、参与、贡献感、团队精神都是在公司盛行的内在激励方式。公司重视预测和解决客户问题，对销售代表进行技术培训以便使他们可以理解客户需求，帮助客户了解和使用公司产品和解决问题。对客户的重视还体现在对所有员工的生产率、质量和革新采用严格的标准和正式的衡量办法，此外，还采用一个被称为"Route"的软件来规划生产过程中的物流。

飞马系统的成功在很大程度上还要归功于其组织文化，通过有效的组织文化建设提高员工的工作积极性和自我控制能力。其组织文化建立在诚信、公开、自我管理、忠诚、可依赖和协

作精神等价值基础之上。虽然公司中管理者和工人之间界限分明，但是管理者尊重生产工人的技能，重视他们对业务的贡献。公司倡导所有员工的公平的、面对面的交流。工人们被鼓励挑战管理者的权威，只要他们认为事实和报酬率不公平。大多数工人都是从专业学校直接雇佣的，经过岗位培训和交叉培训以完成不同的工作。其中一些员工最终会晋升到管理岗位，因为公司更注重内部提升，因此，大多数员工会在公司工作一辈子。

公司的文化价值、公开的沟通、规范的控制和奖励系统相互作用，将管理者、员工和组织的目标有机地结合在一起，所以，员工在工作中的自我控制程度很高。

问题：

1. 本案例描述的是什么类型的控制，事前、现场还是事后？请加以解释。
2. 基于材料，你认为飞马公司成功的原因是什么？

任务三 情景模拟实训

一、团队练习

每个团队由3—4人自由组合而成，并指定一个主发言人，根据所给具体情况按要求进行练习。

1. 讨论

讨论怎样才能建立起一个有效的控制系统，以使学生在考试中的作弊行为减少到最低限度。请按下列情形分别给出你们的控制手段与建议。

（1）作弊行为发生前。

（2）在课堂考试中发生作弊行为。

（3）作弊行为已经发生。

请每个团队讨论你们所建立的控制系统应该包括哪些方面的内容？如何检验该控制系统的有效性？

2. 情景模拟

张红刚应聘为一个公司的人事主管，但她最近却很烦恼，原因是她刚上任就发现公司的人员管理方面存在很多问题。其中最突出的就是员工迟到早退的现象严重，还有就是工作时间员工办私事的现象也时有发生。张红决心改变这种状况，但又不知从何着手。各团队成员，请运用所学的知识，帮助张红制定一个解决此问题的控制方案。

二、社会剧

情景模拟一

杨总经理的一天

人物：杨兴华总经理、车间热处理组组长张平、技术科刘工、青工小王、技术员小谭、副总经理张光。

旁白：胜利电子公司是一家拥有200多名员工的小型电子器件制造企业。除了三个生产车间之外，企业还设有生产技术科、购销科、财务科和办公室四个部门。总经理杨兴华任现职已有四年，此外还有两位副总经理张光和江波，分别负责生产技术、经营及人事。几年来，公司的经营呈稳定增长的势头，职工收入在当地属于遥遥领先的水平。

今天已是年底，杨总经理一上班就平息了两起"火情"。首先是关于张平辞职的问题。张平是一车间热处理组组长，也是公司的技术骨干，一向工作积极性挺高，但今天一上班就气呼呼地来到总经理办公室递上了一份辞呈。

张平：杨总，这是我的辞职报告，请批准。

杨总经理：辞职报告？你为什么辞职？

张平：昨天，车间主任让我参加展览中心的热处理设备新设备展销会。昨天忙了一天，但是参展回来后，张总却批评我不认真工作，未能完成他交代的工作。我昨天参展，根本就没有时间去完成他的工作，张总这样说我，我哪里不认真了？所以，我没法工作了。

杨总经理：张平，你别着急，这件事情我要调查一下再做处理，你的辞职我不能接受，工作上的事情可以慢慢解决，你自己也要好好想想跟张总解释一下。我调查一下详细情况，如果是谁的问题，我一定会处理的。你的工作态度很认真，大家都是有目共睹的，所以不要因为张总的一句话就辞职了，好吗？

旁白：经过杨总说服后，张平解开了疙瘩，撤回了辞呈。

张平刚走，又来了技术科的刘工。

刘工：杨总，我有点事情想跟你说一下。我觉得，我在咱们公司工作很长时间了，我也非常认真负责，工作也是兢兢业业，但是领导对我很不重视，如果这样下去，我干下去也没有什么意思了。

杨总经理：哈哈，刘工，为什么说你不受重视呢？你是我们公司的技术骨干，为我们公司也立下了汗马功劳。

刘工：去年，我们技术科的奖金总额最高，但是科长老许却让我跟新来的那两个技术员小李、小马的奖金相同，我觉得不公平。怎么说我在公司工作了这么长时间，去年的技术开发是我带领他们去做的，他们刚出校门，什么都不熟悉，得到了与我相同的奖金，这就是对我工作的不肯定。我觉得自己不应该与他们获得相同的待遇！

杨总经理：哦，原来是这么一回事啊，这样处理，你们许科长可能没考虑到这些问题，觉得是你们科室共同的努力，所以平均分配了奖金，这点你要谅解。但是，这并不表示许科长不重视你啊，明年我们公司将进一步开展和完善目标管理活动，这种大锅饭的现象很快就会克服，明年一定不会出现这种情况了。再说，年初定计划的时候，目标制定得比较模糊和笼统，各车间在年终总结都出现了一些问题，今年我们一定要改善这种情况，刘工啊，你放心，明年会有很大的改善的。

旁白：送走了张平和刘工后，杨总经理开始翻阅秘书送来的报告和报表，结果上个月的质量情况令他感到不安，不合格品率上升了 0.6 个百分点。他准备在第二天的生产质量例会上，重点解决这个问题。此外，用户的几起投诉也需要格外重视。

处理完报告和报表后，杨总经理决定到车间巡视一下。在二车间的数控机床旁，他发现青工小王在操作时不合乎规程要求，当即给予了纠正。

杨总经理：小王，你怎么不按照操作规程要求操作？你擅自改变加工程序，马上纠正，按照规程来。

之后，杨总经理又到由各单位人员协作组成的技术攻关小组，鼓励他们加把劲，争取早日攻克这几个影响产品质量和生产进度的拦路虎，并顺便告知技术员小谭，公司将会尽量帮助解决他妻子的就业问题。

杨总经理：小谭，你上次跟我提到你妻子还没有工作，我目前正跟立佳公司的袁总商量，他说看看尽快安排一下，你就放心吧。

小谭：让杨总费心了。

杨总经理：（针对整个技术攻关小组）告诉大家一个好消息，公司已做出一项决定，今后无论是工人还是技术人员，只要有论文发表，公司将承担其参加学术会议的全部费用。

旁白：大家听了这个消息感到备受鼓舞。

中午12点，根据预先的安排，杨总同一个重要的客户共进了午餐。下午2点，杨总主持了公司领导和各部门主管参加的年终总结会，会上除了生产技术科科长和购销科科长为先进科室的称号争得面红耳赤之外，其他基本顺利。散会以后，杨总同一个外商进行了谈判，签下了一份金额颇大却让两位副总忐忑不安的订单，因为其中的一些产品本公司并没生产过，短时期内也没有能力生产。

张光副总经理：杨总，跟外商的这个订单，虽然金额很大，但是我觉得有些不妥啊。

杨总：如何不妥呢？你是怎么认为的？

张光副总经理：杨总，他们订购的产品，我们公司从来没有生产过，再说我们的设备也不能马上就生产出来，他们的时间要求也很紧迫。

杨总：张光啊，你说得很有道理，但是我也仔细想过了，这笔交易对我们公司来说也是一个机遇啊。你说的问题我会仔细考虑的，不用太担心。目前，有一家生产这类产品的大型企业正在四处找米下锅，而这份订单不仅会使这家大企业一展愁眉，也将使我们公司轻轻松松稳赚一笔。

根据上述情况，请回答下列问题。

1. 刘工感到受冷落的原因是（　　）。
   A. 违背了公平理论　　　　　　B. 刘工不大度
   C. 领导不负责　　　　　　　　D. 年轻人不好好干

2. 张平受委屈的原因是（　　）。
   A. 张平本人过于斤斤计较
   B. 车间主任安排不当
   C. 张副总经理违反了统一指挥原则
   D. 张副总经理与车间主任沟通不充分

3. 从管理控制的角度来看，杨总经理对青工小王的操作方式进行纠正，可以看作哪种控制类型？（　　）
   A. 现场控制　　　B. 反馈控制　　　C. 前馈控制　　　　D. 预防控制

4. 杨总经理通过报告和报表对产品质量的控制属于何种类型的控制？（　　）
   A. 现场控制　　　B. 反馈控制　　　C. 前馈控制　　　　D. 预防控制

5. 为了使公司的目标管理计划切实有效，相比较而言，对目标的下列哪项要求是最重要的？（　　）
   A. 目标必须具备可考核性　　　　B. 目标必须尽可能先进
   C. 目标的表述必须清晰易懂　　　D. 目标应考虑平衡水平，不宜太高

情景模拟二

人物：行政经理乔先君、职工焦艳君、职工熊洪才。

旁白：乔先君是蓝海伟略咨询管理公司的行政经理，焦艳君与熊洪才是其管辖下的两名员工。焦艳君主要负责客户接待、电话、前台等工作，熊洪才主要负责相关材料的整理、打印等工作。所有客户来公司考察或者开会等业务，焦艳君都要及时和乔经理汇报。开会、接待和文件等相关材料都需要熊洪才及时保质保量地完成。

近几日，出现了一些让行政经理乔先君头疼的问题，场景如下。

场景一

旁白：故事发生在行政经理办公室。周四下午，乔经理把熊洪才叫到办公室。

乔经理：小熊，你把这个材料给我打印一下。（这是一份行政经理手写的文件）

熊洪才：（满怀信心）好的，没问题。

旁白：过了一天之后……

乔经理：（由于上午的谈判进行得不是很顺利，乔经理心情也不是很好）小熊，昨天的文件打印好了没有？

熊洪才：（一脸的茫然）经理，还没打印……

乔经理：怎么还没有打印好，你这段时间在忙什么？

熊洪才：（着急）经理，你也没说什么时候要打印出来，我还以为你周末才要呢。

乔经理：（很生气）你（加重语气）以为！都是你以为！还不赶紧去打印！

熊洪才：（看着经理很不高兴）经理，我马上去打印。

旁白：小熊急急忙忙地去打印室打印文件，打印回来，又急匆匆地把文件交给了乔经理。

乔经理：（一看打印的文件，雷霆大怒）小熊，你怎么打印成这样呢？

熊洪才：（一脸委屈）经理，你也没有告诉我打成什么样的？

旁白：这时，小熊很自责，很委屈，低下头，向领导承认错误。

熊洪才：（小声地）对不起，经理。下次一定不会了！（自然自语）我真没用！

乔经理：（自言自语）气死我了！

场景二

旁白：故事发生在乔先君经理办公室。乔经理助理打电话给熊洪才让他来办公室一趟，熊洪才来到办公室，看着经理正在收集材料，好像很忙，要出差的样子。这时，经理说："小熊，下周一举行一个会议，需要写一下会议策划方案，你来做一下，具体的标准和细则已经在这份材料里了，你拿回去看一下，有什么不明白的可以及时和我沟通。现在我马上要去参加一个论坛，有什么问题，我们电话里联系。"

熊洪才：好的，经理，我会完成任务的。

旁白：这时，乔经理已经拿着公文包离开了办公室，赶飞机去了。

熊洪才拿回文件，仔细研究文件标准和细则，发现有很多地方不是很理解，于是，他拨通了经理的电话。

熊洪才：你好，经理。

乔先君：噢，小熊啊，我马上就要上飞机，有什么问题下了飞机再说吧。

旁白：由于时间赶得很紧，小熊只好独自一人翻阅文件，然后开始撰写部分内容。由于不清楚的地方太多，只好再次拨通乔经理的电话。

熊洪才：你好，经理，不好意思，打扰你了，有点事想和你沟通一下。请问你现在方便吗？

乔先君：现在我正在论坛的会场呢，有什么事，晚上再说吧。

旁白：一直等到晚上。熊洪才又拨通了经理的电话。

熊洪才：经理，你好。

乔先君：你好，小熊，有什么事，你说。

熊洪才：经理，你给我的文件里面的会议策划的标准和细则，有些不是很理解，向你咨询一下。

乔先君：是这样的。

旁白：乔先君就把相关的标准和细则重申了一遍，但是由于手机信号不是太好，熊洪才那边听了个大概。

乔先君：如果还有不是很明白的，可以找我的助理。

熊洪才：好的，谢谢经理。

旁白："几天之后，经理从外面出差回来，熊洪才把策划方案送到了经理办公室。

熊洪才：经理，你好，这是会议策划方案，请你过目审核。

旁白：乔经理看完之后……

乔先君：怎么搞的，怎么做成这个样子？

熊洪才：（一脸的茫然）经理，我就是按照你电话里面的要求来做的啊！

乔先君：不对，我电话里面一定不是这么要求的，你肯定听错了，或者执行不到位。

熊洪才：（很委屈，很沮丧）经理，我就是按照你要求的做的，并且还和经理助理商量过的。

乔先君：（越听越生气，开始雷霆大怒，骂小熊办事不到位）

熊洪才：（越听越委屈，很是伤心）经理，我很没用。

乔先君：小熊，平时看你办事很到位的，这次怎么这么不省心。

问题：

1. 在场景一、场景二中导致控制没有收到预期效果的原因分别是什么？
2. 如果你是经理在场景一中你会如何布置工作？
3. 当工作没有收到预期效果时，如果你是经理，你会如何处理？

模块七

创　新

领袖和跟风者的区别就在于创新。

————史蒂夫·乔布斯（美国苹果电脑公司创始人）

目标与要求

通过学习，使学生认识到创新也是管理的一项重要职能，是管理理论与实践不断发展的结果；要求学生了解创新的概念、内容以及创新的过程，理解创新的方法和策略，掌握创新的方法和策略在实际管理活动中的应用。

导入案例

上海施贵宝公司成立于1982年10月14日，是中美两国在我国境内成立的第一家西药制剂合资企业，又是完全按照世界卫生组织"优良生产质量规范（GMP）"进行设计、生产和经营、管理的现代化制药企业。该公司先后通过美国、新西兰食品药品管理局（FDA）和加拿大卫生保健局（HPB）批准，成为我国第一家制剂产品可以出口北美和新西兰市场的制药企业。多年来，该公司始终坚持企业管理创新，进行着卓有成效的经营管理，取得了令人瞩目的成就。

1. 管理思想上创新

管理创新，首先要在管理思想上创新。这是其他一切创新的前提，没有这个前提，就谈不上创新。企业管理创新也有个机制，这个机制产生于企业内部环境与企业创新的氛围中。具有创新机制的企业，对管理创新具有推动和激发的作用，反之，则不能有效地推动管理创新。至2014年，上海施贵宝公司已成立三十多年。该公司在合资企业中成立较早，成立之初由于许多经营法规并不完善，因此，在操作上有一定的难度，既不能照搬美国投资方——美国施贵宝公司的做法，又不能按国内国有企业的一套做法，而是坚持走学习型、创新型路子。该公司真正做到在认识上、观念上、措施上到位，以管理创新对变革做反应，并把变革作为机会加以利用。把创新作为对付竞争环境的需要，作为企业本身发展的需要。该公司在管理思想上，主要在以下四个转变上下工夫。

（1）从传统企业和管理目标多元化向管理目标单一化转变。企业每年都有明确的目标，公司的领导、公司的各项管理工作都围绕这一目标而展开，追求管理的卓越和创新，从而带来最佳的经济效益。

（2）从企业被动型管理向企业自主化管理转变，让企业成为管理的主体。公司内部建立了CMP和质量、财务、安全等内部审计制度，形成了自我检查、自我整改、自我完善、自我发展的机制，调动了管理人员的积极性和主动性，发挥管理人员的智能和潜能，创造性地开展创新活动。

（3）从企业内部管理的计划经济模式向市场经济模式转变。上海施贵宝公司将市场占有率作为衡量企业经营好坏的重要标准。只有提高市场占有率，才能保持企业的生存和发展。他们坚持各项经营管理工作都以市场为导向，一切为市场需要服务，在营销工作中坚持加强市场研究，讲究市场策略，重视市场投资，完善营销机制。针对药品的特性及其特定的用户，确定了"自销与通过商业渠道销售并举"的原则，立足"用掉"，而不满足于"卖掉"，以形成销售、服务、消费、制造的良性循环。

（4）从封闭型的企业管理向国际通行的现代管理转变，并密切注意吸取国外现代管理的信息，不断进行管理创新。如他们将处方药与非处方药分类管理，为我国实施非处方药提供了一些经验、建议和措施。该公司是国内第一家成立单独非处方药销售队伍的公司，大力开发非处方药（OTC）市场，扩大公司市场份额，积极开发医院和药房的销售，积极传播和促进药房的零售工作，努力塑造品牌，制定一个雄心勃勃的新产品上市计划，建立第一流的非处方药销售队伍。

2. 以人为本是现代企业管理的重要创新

人的全面发展是在一个个具体的环境中发展的，由于分工的不同，每个人都有自己的工作岗位，在特定的工作岗位上创造性地工作，以达到企业的目标；同时，把自己塑造成一个全面发展的人，这应是企业管理中对人的管理的最高目标，它也是以人为本的管理的真正要旨。上海施贵宝公司的主要做法如下。

（1）公开择优招聘，促进人才合理流动。招聘工作严格贯彻"公开招聘，平等竞争，严格考核，择优录用"的原则。

（2）实行绩效评估，发挥激励导向作用。

（3）引进竞争机制，改革分配制度。该公司每年都要在同行业内或委托咨询机构调查劳动力的市场价格，以此确定公司合理的工资价位。

（4）重视培训，强调学习。该公司为加强员工学习，通过各种方式加强岗位培训。例如，新员工必须进行上岗前培训，以学习了解公司概况、企业文化、劳动合同、员工纪律、行为规范、安全生产、质量意识等；营销人员每季度进行有关营销策略、销售技巧和产品知识的专业培训；生产人员进行GMP的管理专项培训；管理人员每年集中培训两三次，请国际专业培训公司讲授管理知识和技巧，指导部属学习掌握有关洽谈及领导沟通技巧、部门冲突处理技巧以及时间管理、团队精神、企业形象、学习型组织等知识；技术和管理骨干，则要出国参加专业培训或在国内参加专业培训班等。

（5）为员工创造发挥才干的条件，获得"贵宝人和"的融洽气氛。该公司通过培训，使员工提高技能和才干，并通过绩效评估肯定和发扬员工的工作成就；还通过各种方式和活动增进员工之间的感情，如建立员工生日档案，公司向他们祝贺生日，在公司工作满五年的员工，公司领导要请这些员工家属到公司来做客，参观企业并共进午餐。

3. 管理方法上创新

企业管理方法的创新，主要是实现管理科学化和管理现代化。上海施贵宝公司把现代科学技术的一些最新成果采用到管理领域中来，如全面质量管理、统计分析、计算机网络计划技术、库存管理、决策技术、市场预测技术、生产资源计划（MRPE）、预算管理、办公自动化等。如 MRP II 系统，公司采用了 BPCS 软件，使计算机网络管理完整地覆盖全公司各生产、经营部门，使市场预测、原料采购、生产作业、产品成本、库存状况、财务控制和质量控制等数据全都纳入一体化管理，从而有可能以最少的投入、合理的库存量和最高的生产效率来编制生产计划，以更好地适应市场需求，在企业内部做到信息共享、决策科学和进行有效的监督。另外，该公司还全面开展提高效率活动，制定节省成本、紧缩人员、提高效率的具体计划。这一活动的特点是面广，涉及生产、销售、财务、技术各个方面。公司在生产上开展了缩短生产周期的活动，对主要产品成立缩短生产周期项目组，定期活动，设立专职效率经理，开展大幅度的提高效率活动。车间人均效率提高了 50%，达到了减人增产的效果。全面开展效率活动，包括销售效率、采购效率、新药上市周期缩短的工作效率和财务简化工作程序的活动（DO It Simple，DLS）。该公司在年度预算中把提高效率、减少成本作为实绩考核的一项指标。

4. 经营思路的创新

日本通产省曾对两个最大优秀企业进行调查，得出四个结论：①企业把主要精力放在提高劳动生产率、降低成本方面，经济效益一般；②企业把主要精力放在开拓市场上，经济效益较好；③企业把主要精力放在提高产品质量和开发新产品上，经济效益很好；④企业一手抓新产品，一手抓市场的开拓，经济效益最好。由此得出了管理、技术、产品、市场、服务五大创新的关键是产品创新和市场创新。这一结论公布后在国际企业界和理论界引起了强烈的反响。上海施贵宝公司牢牢抓住了产品创新和市场创新，他们在新产品开发上有五年滚动计划，每年都要上市 2～3种新产品；新产品上市又有详细的上市促销和扩大市场占有率的策略，具有强烈的超前意识和市场占有意识。为了更好地占有市场，上海施贵宝公司成立了仓储分发部，把仓库、分发、车队归并在一个部门，加强合作，强化管理，保证达到 GMP 标准。该公司在全国设立了 14 个分发库，售后服务质量明显提高，如 98% 以上的产品在接订单后 2 天内送到客户手里（除超出客户使用的额度外）。设立这一部门后，效率上升，费用下降，效果非常好。该公司在国外设有专门的分发公司，而国内企业一般是通过商业部门销售，不设立全国的分发部门。面对国内应收账款较多和三角债严重的情况，上海施贵宝公司对客户实行了资信管理。其办法是通过建立客户资信控制与管理系统，对客户企业的创建情况、销售历史、还款率等资信情况都有完整记录，并根据客户资信状况的变化而调整销售政策。该公司还设立了专职的资信与收款小组，强化了收款工作，使公司应收账款处于良好的状态。

【分析提示】

1. 上海施贵宝公司的管理创新涉及哪些方面？
2. 上海施贵宝公司为什么能在管理上有创新？
3. 什么是具有中国特色的管理创新？

第一部分　理论与背景知识

决策、计划、组织、领导和控制是保证企业计划目标实现所不可缺少的，从某种意义上说，它们同属于管理的"维持职能"，主要任务是保证系统按预定的方向和要求运行。但是，企业的管理活动是在动态环境中运行的社会经济系统，只有维持是不够的，还必须不断调整系统活动的内容和目标，随时适应环境变化的要求，这就是经常被人们所忽视的管理的"创新职能"。

本章旨在通过了解创新的含义，使人们认识到创新也是管理活动的主要内容，对企业的发展具有重要意义；通过对创新的内容、方法、策略和过程的理解，揭示创新的规律，明确创新职能在企业管理中的具体运用。

第一节　创新概述

创新是一种赋予资源以新的创造财富的能力的行为，是管理者所能够利用的一种特殊的资源。世界各国经济发展的历史证明，创新是人类财富之源，是经济发展的巨大动力。企业家需要有目的地寻找创新的源泉，抓住一切可以使创新成功的机会。

一、创新的含义

（一）创新的概念

创新作为一种理论出现于 20 世纪初。1912 年，美籍奥地利经济学家、美国哈佛大学教授约瑟夫·熊彼特（J.A.Schumpter）在其德文著作《经济发展理论》中第一次把"创新"引入了经济领域。

熊彼特从经济的角度提出了创新。他认为，创新是对"生产要素的重新组合"，具体来说，包括以下五个方面。

（1）生产一种新产品，也就是消费者还不熟悉的产品，或是已有产品的一种新用途和新特性。

（2）采用一种新的生产方法，也就是在有关的制造部门中未曾采用的方法。这种方法不一定非要建立在科学新发现的基础上，它可以是以新的商业方式来处理某种产品。

（3）开辟一个新的市场，就是使产品进入以前不曾进入的市场，不管这个市场以前是否存在过。

（4）获得一种原材料或半成品的新的供给来源，不管这种来源是已经存在的还是第一次创造出来的。

（5）实现一种新的企业组织形式，如建立一种垄断地位，或打破一种垄断地位。

美国管理大师德鲁克 20 世纪 50 年代第一次把创新引进管理领域，产生了作为管理学专业术语的"创新"。他认为创新就是赋予资源以新的创造财富能力的行为。

复旦大学现代哲学研究所所长、博导张汝伦教授曾在《哲学与创新》讲座中指出，创新具备以下几种含义。

（1）别人从未做过，也就是说"前无古人"。

（2）别出心裁，也就是说不要哗众取宠。

（3）有重大意义。

（4）增进人类文明。

（5）开辟方向。

虽然许多研究者都从不同角度对创新进行了定义。比如，有的东西之所以被称作创新，是因为它提高了工作效率或巩固了企业的竞争地位；有的是因为它改善了人们的生活质量；有的是因为它对经济具有根本性的提高。但值得注意的是，创新并不一定是全新的东西，旧的东西以新的形式出现或以新的方式结合也是创新。因此我们说，创新是生产要素的重新组合，其目的是获取潜在的利润。

（二）创新与发明创造的区别与联系

创新不同于发明创造，创新是一种经济行为，而发明创造则属于科技行为。创新与发明创造之间的区别主要表现在以下几个方面。

1. 两者的行为主体不同

按照熊彼特的观点，创新是企业家对生产要素的新组合，只有企业家才是创新者；而发明创造的主体则是发明者，发明者可以是企业家，也可以是各个方面的专家或一般社会成员。

2. 两者的着眼点不同

发明创造的着眼点在于创造出前所未有的新事物，创新的着眼点之一是发明创造的第一次商业化应用。在熊彼特看来，只有第一次把发明引入生产体系并为商业化生产服务的行为才是创新行为，第二次、第三次以及后续的只能算作模仿。

3. 两者的目的不同

发明创造的目的在于创立一种解决某一领域问题的技术方案，它可以取得专利，但不一定能为社会经济发展带来效益；创新则是创造或执行一种新的方式，不仅要产生新的构想和观念，而且要运用新的构想和观念使社会经济发展获得更大的效益。

我们也要注意到，发明创造与创新之间也存在内在的联系。一般来说，发明创造是创新的源泉和前导，创新是发明创造的运用和实践。例如，技术发明是发现新的技术原理，而技术创新则是将新的技术原理运用于生产实际之中，使其发挥应有的作用，取得相应的经济和社会效益。

（三）创新与维持的关系

作为企业管理的基本职能，维持与创新对企业的生存和发展都具有非常重要的作用。

维持是保证企业各项活动顺利进行的基本手段，也是企业中最常见的工作。但是，仅有维持是不够的。企业作为一个社会经济系统，它是由众多要素构成的，要不断地与外部发生物质、信息、能量的交换。而外部环境是在不断地发生变化的，这些变化必然会对企业的活动内容、活动形式和活动要素产生不同程度的影响。同时，企业内部的各种要素也是在不断发生变化的。企业内部某个或某些要素在特定时期的变化必然要求引起企业内其他要素的连锁反应，从而对企业原有的目标、活动要素间的相互关系等产生一定的影响。企业若不及时根据内外变化的要求，适时进行局部或全局的调整，则可能被变化的环境所淘汰，或为改变了的内部要素所不容。这种为适应企业内外变化而进行的局部或全局的调整，便是企业管理的创新职能。

综上所述，作为企业管理的两个基本职能，维持与创新是相互联系、不可或缺的。

1. 创新与维持在逻辑上表现为相互连接、互为延续的链条

创新是维持基础上的发展，而维持则是创新的逻辑延续；维持是为了实现创新的成果，而创新则是为更高层次的维持提供依托和框架。企业的管理工作总是从创新到维持，再到创新和再到维持循环往复的过程。只有创新没有维持，企业会呈现无时无刻无所不变的无序的混乱状态；只有维持没有创新，企业缺乏活力，犹如一潭死水，适应不了任何外界的变化，最终会被环境淘汰。

美国管理学者戴维·K.赫斯特运用案例研究的方法揭示了企业管理的维持和创新的生态循环过程，这种过程如同森林的产生、成长、毁灭和再生的循环过程。与此类似，阿伯纳西和厄特拜克在产品生命周期理论的基础上进一步描述了创新类型的分布。在产品的投入期，企业需要重大的产品创新；进入产品成长期，重大的工艺创新占据主导地位；而在成熟期，主要是维持活动；在衰退期，企业又呼唤重大的产品创新。

2. 有效的管理是实现维持与创新最优组合的管理

维持与创新在逻辑上的相互连接、互为延续的关系意味着两者在空间和时间上的分离。事实上，企业管理活动是维持与创新的相互融合。有效的管理就是要根据企业的结构维度和关联度来确定维持与创新的组合。过度维持导致企业的僵化和保守，抑制人的能力的发展，也会忽视市场的竞争和技术的变化，导致企业的反应能力下降，使企业失去发展的机会；过度的维持往往只是注重企业的短期利益，忽视企业的长期的发展战略。另一方面，过度地创新和对创新的采纳消耗大量的物力、财力资源，并不能从创新收益中得到补偿；过度创新会导致对于企业规章制度的权威性减弱、结构体系的紊乱、专业化程度的削弱；严重过度地创新还会导致企业凝聚力的下降，乃至企业的瓦解。

3. 维持与创新在目标和方向上的不同表现为在基本职能上的差异

从管理使命来看，创新是力图突破现状，率领所领导的企业抛弃一切不适宜的传统的做法；而维持则致力于维持秩序和守业。在计划上，创新是以确定企业未来的经营方向为目标，包括远景目标和实现远景目标的战略；而维持一般是编制短期、周密的计划方案和预算。在组织上，创新组织联合所有相关者，形成企业内外相互密切配合的关系网络；而维持一般是设计体现合理的工作分工和协作、汇报关系的结构体系，并配备合适的人员执行结构设计所规定的角色任务。在领导上，创新通过与所有能提供合作和帮助的人们进行大量的沟通交流，并提供有力的激励和鼓舞，率领大众朝着某个共同的方向前进；而维持借助于指挥、命令，通过上级对下级的指导、监督，使各层次、各部门的人员能按部就班地开展工作。在控制上，维持表现为尽量减少计划执行中的偏差，确保主要绩效指标的实现；而创新应因环境变化的需要而适时、适度地调整计划目标。总体上来说，维持与创新在风格上表现出较大的差异性。在企业中，一个管理者往往难以承担起两方面的角色任务。

二、创新的特征

创新是推动企业发展的动力，企业必须正确认识创新的特征。一般说来，创新具有以下特征。

（一）创造性

创造性是指创新所进行的活动与其他活动相比，具有突破性的质的提高。也可以说，创新是一种创造性构思付诸实践的结果。

创新的创造性首先表现在新产品、新工艺上，或是体现在产品、工艺的显著变化上；其次表现在企业组织结构、制度安排、管理方式等方面的创新上。这种创造性的特点就是敢于打破常规，把握规律的同时紧紧地抓住时代前进的趋势，勇于探索新路子。

> **管理故事**
>
> 中国古代著名军事家孙膑的老师鬼谷子在教学中极善于培养学生的创新思维。有一天，鬼谷子给孙膑和庞涓每人一把斧头，让他俩上山砍柴，要求"木柴无烟，百担有余"，并限期10天内完成。
>
> 庞涓不假思索，每天都去砍柴，直到砍了100担。孙膑经过认真考虑后，选择一些榆木放到一个窑洞里烧成木炭，然后用一根柏树枝做成的扁担将木炭担回鬼谷洞，意为百（柏）担有余（榆）。
>
> 10天后，鬼谷子先点燃庞涓的木柴，火势虽旺但浓烟滚滚；接着，鬼谷子又点燃孙膑的木炭，火旺且无烟，正是鬼谷子所期望的。
>
> **启示**：创新无处不在，要求实施者把握规律，发挥创造力。

（二）风险性

创新的过程涉及许多相关环节和影响因素，从而使得创新结果存在一定程度的不确定性，也就是说，创新带有较大的风险性。"一将功成万骨枯"，一个创新的背后往往有着数以百计的失败的设想。据统计，在美国，企业产品开发的成功率只有20%～30%，如果是计算从设想到进行开发成功的产品那就更是凤毛麟角。

创新具有风险性，首先是因为创新的全过程需要大量的投入，这种投入能否顺利地实现价值补偿，受到来自技术、市场、制度、社会、政治等不确定因素的影响；其次是因为竞争过程的信息不对称，竞争者也在进行各种各样的创新，但其内容我们未必清楚，因而我们花费大量的时间、金钱、人力等资源研究出来的成果，很可能对手已经抢先一步获得或早已超越这一阶段，从而使我们的成果失去意义；最后就是创新计划本身作为一个决策，无法预见到许多未来的环境变化情况，故不可避免地带有风险性。

（三）高收益性

企业创新的目的是要增加企业的经济效益和社会效益，以促进企业发展。创新具有高收益性，这是因为在经济活动中高收益与高风险并存，创新活动也是如此，因而尽管创新的成功率较低，但成功之后却可获得丰厚的利润。微软公司（Microsoft）创办初期，仅有一种产品、3个员工和1.6万美元的年收入，但它经过持续的创新活动获得了巨大的经济效益，从而一跃成为风靡全球的大型高科技公司，董事长比尔·盖茨本人也成为世界首富。

"天下熙熙，皆为利来，天下攘攘，皆为利往。"正是因为创新在高风险的前提下具有高回报，许多国家都成立了风险投资公司，资助创新者前赴后继地进行各种各样的创新试验，以便在其中部分项目成功后获得高额的收益，从而得到持续的发展。

（四）系统性和综合性

企业创新是涉及战略、市场调查、预测、决策、研究开发、设计、安装、调试、生产、管理和营销等一系列过程的系统活动。这一系列活动是一个完整的链条，其中任何一个环节出现失误都会影响整个企业的创新效果。同时，与经营过程息息相关的经营思想、管理体制、组织结构的状况也影响着整个企业的创新效果。所以，创新具有系统性和综合性。创新的系统性和综合性表现在创新是由许多人共同努力的结果，它通常是远见与技术的结合，需要众多参与人员的相互协调和相互作用，才能产生出系统的协同效应，使创新达到预期的目的。

（五）时机性

时机是时间和机会的统一体，也就是说，任何机会都是在一定的时间范围内存在的。如果我们正确地认识客观存在的时机并充分地利用了时机，就有可能获得较大的发展；反之，如果我们错过了时机，我们的种种努力就会事倍而功半，甚至会前功尽弃，出现危机。

创新也具有这样的时机性。消费者的喜好处于不断的变化之中，同时社会的整体技术水平也在不断提高，因而使创新在不同方向具有不同的时机，甚至在同一方向也随着阶段性的不同具有不同的时机，从而要求创新者在进行创新决策时，必须根据市场的发展趋势和社会的技术水平进行方向选择，并识别该方向的创新所处的阶段，选准切入点。

管理故事

风靡欧洲的"斜口杯"

有一次，日本的营销员在一家饭店观察到"老外"饮茶，由于欧洲人的鼻子较大，当茶水少于半杯时，鼻子便碰到杯沿上，若想喝完茶水，必须仰起脖子，既不方便，也有失欧洲人的绅士风度。日本营销人员回国后，研制生产了"斜口杯"，风靡了欧洲市场。

（六）适用性

创新是为了进步与发展，因而只有能够真正促使企业发展和进步的创新，才是真正意义上的创新。在这个意义上讲，创新并非越奇越好，而是以适用为准则。对于一个企业来说，由于基础条件不同、历史背景不同、所处环境不同、经营战略不同，从而需要解决的问题和达到的目的不同。因而，不同的企业采取的创新方式也应该有所区别，要使创新满足本企业的实际需求。

三、创新的作用

创新是推动社会发展的强大动力，也是企业不断强大的前提和保障，在企业的发展过程中起着非常重要的作用。

（1）创新是组织适应环境变化的基本过程。任何组织系统都与外界环境不断地发生物质、信息和能量的交换，而系统与环境的这种联系，通常处于不平衡的状态，组织系统要求与环境的动态变化相平衡，就必须通过不断地创新去实现。

（2）创新是保持组织活力、提高组织竞争力的保证。创新可以使得企业根据自己所处的实际环境，不断在思想、制度、管理等方面进行新的不断的改变，使得整个组织具有非常强的竞争活力；同时，每一次创新活动的成功都会给企业带来新的、更好的发展，不断提高企业的核心竞争力。

（3）创新的重要功能是增强组织获取资源、利用资源的能力，使组织对社会需要的认识能力、员工满意度、组织士气、信心不断提高；组织也因此获得相对于竞争者的综合比较优势，增强其应对竞争的实力。

第二节 创新的内容

系统在运行中的创新涉及许多方面。在此，我们主要以社会经济生活中大量存在的企业系统来介绍创新的内容。

一、观念创新

管理观念又称为管理理念，它是指管理者或管理组织在一定的哲学思想支配下，由现实条件决定的经营管理的感性知识和理性知识构成的综合体。一定的管理观念必定受到一定社会的政治、经济、文化的影响，是企业战略目标的导向、价值原则；同时，管理的观念又必定折射在管理的各项活动中。自 20 世纪 80 年代以来，经济发达国家的优秀企业家提出了许多新的管理观念，如知识增值观念、知识管理观念、全球经济一体化观念、战略管理观念和持续学习观念等。在我国，企业的经营观念存在着经营不明确、理念不当、缺乏时代创新精神等问题，因此，应该尽快适应现代社会的需要，结合自身条件，构建自己独特的经营管理理念。

二、目标创新

企业是在一定的经济环境中从事经营活动的，特定的环境要求企业按照特定的方式提供特定的产品。当环境发生变化时，企业的生产方向、经营目标以及企业在生产过程中与其他社会经济组织的关系就要进行相应的调整。我们知道，知识经济时代的到来导致了企业经营目标的重新定位，为什么？原因很简单：一是企业管理观念的革命，要求企业经营目标重新定位；二是企业内部结构的变化，促使企业必须重视非股东主体的利益；三是企业与社会的联系日益密切、深入，社会的网络化程度大大提高，企业正成为这个网络中重要的联结点，因此，企业经营的社会性越来越突出，从而要求企业高度重视自己的社会责任，全面修正自己的经营目标。在新的经济背景下，我国企业要生存，目标就必须调整为"通过满足社会需要来获得利润"。

三、技术创新

技术创新是企业创新的主要内容，企业中出现的大量创新活动是有关技术方面的，因此，有人甚至把技术创新视为企业创新的同义语。技术水平高低是反映企业经营实力的一个重要标志，企业要在激烈的市场竞争中处于主动地位，就必须不断地进行技术创新。由于一定的技术都是通过一定的物质载体和利用这些载体的方法来实现的，因此，企业的技术创新主要表现在要素创新、要素组合方法的创新和产品创新三个方面。

四、制度创新

要素组合的创新主要是从技术角度分析了人、机、料各种结合方式的改造和更新，而制度创新则需要从社会经济角度来分析企业系统中各成员间的正式关系的调整和变革。

制度是组织运行方式、管理规范等方面的一系列的原则规定，制度创新是从社会经济角度来分析企业系统中各成员间的正式关系的调整和变革。企业具有完善的制度创新机制，才能保证技术创新和管理创新的有效进行。如果旧的落后的企业制度不进行创新，就会成为严重制约企业创新和发展的桎梏。

企业制度主要包括产权制度、组织制度和管理制度三个方面的内容。产权制度是决定企业其他制度的根本性制度，它规定着企业最重要的生产要素的所有者对企业的权力、利益和责任。经营制度是有关经营权的归属及其行使条件、范围和限制等的原则规定。管理制度是行使经营权、组织企业日常经营的各种具体规则的总称，包括对材料、设备、人员及资金等各种要素的取得和使用的规定。

产权制度、经营制度、管理制度这三者之间的关系是错综复杂的。一般来说，一定的产权制度决定相应的经营制度。但是在产权制度不变的情况下，企业具体的经营方式可以不断进行调整；同样，在经营制度不变时，具体的管理规则和方法也可以不断改进。而管理制度的改进一旦发展到一定程度，则会要求经营制度做相应的调整；经营制度的不断调整，则必然会引起产权制度的变革。因此，反过来，管理制度的变化会反作用于经营制度，经营制度的变化会反作用于产权制度。

企业制度创新就是实现企业制度的变革，通过调整和优化企业所有者、经营者和劳动者三者的关系，使各个方面的权力和利益得到充分的体现；不断调整企业的组织结构和修正完善企业内部的各项规章制度，使企业内部各种要素合理配置，并发挥最大限度的效能。

‖管理故事‖

如何公平地分蛋糕

老张和老李一人出 100 块钱买了一个蛋糕。老张说我来切，老李怕他切得不公平，就找了三个朋友。第一个是搞政治思想工作的，他对老张说，你要提高你的道德素质，不可以权谋私。第二个是搞技术的，他对老李说，你好好把这个面积测定一下，再考虑这个蛋糕做的均匀度，通过优化计算，选择切入的面。第三个是学制度经济学的，他对老张说，不用费事，老张你切，切完以后，老李先挑，保证会尽量切得公平。

启示： 制度创新是技术创新和管理创新的基础。所以，我们应注意制度创新。

五、结构创新

在工业化社会的时代，市场环境相对稳定，企业为了实现规模经济效益、降低成本，纷纷以正规化、集权化为目标。但随着企业规模的不断发展，组织复杂化程度也越来越高，信息社会的到来，使环境不稳定因素越来越多，竞争越来越激烈。管理者意识到传统的组织结构不适应现代环境的多变性便会实施创新。一个有效的组织应当是能随着环境的变化而不断调整自己的结构，使之适应新的环境的组织。根据这一认识，现代企业组织正不断朝着灵活性、有机性方向发展。

六、环境创新

环境是企业经营的土壤，同时也制约着企业的经营。环境创新不是指企业为适应外界变化而调整内部结构或活动，而是指通过企业积极的创新活动去改造环境，去引导环境朝着有利于企业经营的方向变化。例如，企业通过公关活动，影响社区政府政策的制定；企业通过技术创新，影响社会技术进步的方向。就企业而言，市场创新是环境创新的主要内容。市场创新是指通过企业的活动去引导消费，创造需求。人们一般认为新产品的开发是企业创造市场需求的主要途径。其实，市场创新的更多内容是通过企业的营销活动来进行的，即在产品的材料、结构、性能不变的前提下，或通过市场的地理转移，或通过揭示产品新的物理使用价值，来寻找新用户，再通过广告宣传等促销工作，来赋予产品一定的心理使用价值，影响人们的某种消费行为，诱导、强化消费者的购买动机，增加产品的销售量。

七、文化创新

现代管理发展到文化管理阶段，可以说已达到顶峰。企业文化通过员工价值观与企业价值观的高度统一，通过企业独特的管理制度体系和行为规范的建立，使得管理效率有了较大提高。创新不仅是现代企业文化的一个重要支柱，而且还是社会文化中的一个重要部分。如果文化创新已成为企业文化的根本特征，那么，创新价值观就得到了企业全体员工的认同，行为规范就会得以建立和完善，企业创新动力机制就会高效运转。

第三节　创新的方法和策略

一、创新的方法

（一）头脑风暴法

这种方法的具体做法在模块二中已做详细解释。头脑风暴法在创新中的应用目的在于创造一种自由奔放的思考环境，诱发创造性思维的共振和连锁反应，产生更多的创造性思维。

这种方法在运用中的发展，又有"反头脑风暴法"，做法与"头脑风暴法"相反，对一种方案不提肯定意见，而是专门挑毛病、找矛盾。它与"头脑风暴法"一反一正，可以互相补充。

（二）综摄法

这种方法在模块二定性决策中也做过说明，运用于创新方法选择中，是以已知的东西为媒介，把毫无关联、互不相同的知识要素结合起来创造出新的设想，也就是摄取各种产品和知识，综合在一起创造出新的产品或知识。这样可以帮助人们发挥潜在创造力，打开未知世界的窗口。

综摄法有以下两个基本原则。

（1）异质同化，即"变陌生为熟悉"。这实际上是综摄法的准备阶段，是指对待不熟悉的事物要用熟悉的事物、方法、原理和已有的知识去分析对待它，从而提出新设想。

（2）同质异化，即"变熟悉为陌生"。这是综摄法的核心，是指对熟悉的事物、方法、原理和知识，用不熟悉的态度去观察分析，从而启发出新的创造性设想。

（三）逆向思考法

这种方法是顺向思维的对立面。逆向思维是一种反常规、反传统的思维。顺向思维的常规性、传统性，往往导致人们形成思维定势，是一种从众心理的反映，因而往往成为人们的一种思维"框框"，阻碍着人们创造力的发挥。这时如果转换一下思路，用逆向法来考虑，就可能突破这些"框框"，取得出乎意料的成功。

逆向思考法由于是反常规、反传统的，因而它具有与一般思考不同的特点。

（1）突破性。这种方法的成果往往冲破传统观念和常规，常带有质变或部分质变的性质，因而往往能取得突破性的成就。

（2）新奇性。由于思维的逆向性，改革的幅度较大，因而必然是新奇、新颖的。

（3）普遍性。逆向思考法应用范围很广，几乎适用于一切领域。

（4）实效性。

管理故事

埋井救驴

一头驴子掉进枯井之中。主人请来一群朋友帮忙，想要救出驴子。但是，井太深，加之井壁狭窄，大家想尽办法都无济于事。

主人想到驴子跟随自己十多年，没少吃苦，现在就要这样活活饿死在井中，很不忍心。最后，他决定填井，既然救不了驴，就让它死得快一点，少受一点痛苦。

当人们铲起一锨锨沙土丢进井中后，奇迹却发生了。人们发现丢进去的沙土成了驴子的垫脚石，驴子随着沙土的增多，正慢慢向井口上升。

启示： 在创新中，有时置之死地反而会获得生机。

（四）检核表法

这种方法几乎适用于任何类型与场合的创造活动，因此又被称为"创造方法之母"。它是用一张一览表对需要解决的问题逐项进行核对，从各个角度诱发多种创造性设想，以促进创造发明、革新或解决工作中的问题。实践证明，这是一种能够大量开发创造性设想的方法。

检核表法是一种多渠道的思考方法，包括以下一些创造技法，即迁移法、引入法、改变法、添加法、替代法、缩减法、扩大法、组合法和颠倒法。它启发人们缜密地、多渠道地思考问题和解决问题，并广泛运用于创造、发明、革新和企业管理。它的要害是一个"变"字，而不把视线凝固在某一点或某一方向上。

（五）类比创新法

类比就是在两个事物之间进行比较，这个事物可以是同类的，也可以是不同类的，甚至差别很大，通过比较，找出两个事物的类似之处，然后再据此推出它们在其他方面的类似之处。因此，类比创新法是一种富有创造性的发明方法，它有利于发挥人的想象力，从异中求同，从同中求异，产生新的知识，得到创新性成果。类比方法很多，有拟人类比法、直接类比法、象征类比法、因果类比法、对称类比法、综合类比法等。

（六）信息交合法

它是通过若干类信息在一定方向上的扩展与交合，来激发创造性思维，提出创新性设想。信息是思维的原材料，大脑是信息的加工厂，通过不同信息的撞击、重组、叠加、综合、扩散、转换，可以诱发创新性设想。要正确运用信息交合法，必须注意抓好以下三个环节。

1. 收集信息

不少企业已设立专门机构来收集信息。网络化已成为当今企业收集信息的发展趋势。如日本三菱公司，在世界设置了 115 个海外办事处，约 900 名日本人和 2 000 多名当地职员从事收集信息工作。收集信息的重点放在收集新的信息，只有新的信息才能反映科技、经济活动中的最新动态、最新成果，这些往往对企业有着直接的利害关系。

2. 简选信息

简选信息包含着核对信息、整理信息和积累信息等内容。

3. 运用信息

收集、整理信息的目的都是为了运用信息。运用信息，一要讲快，快才能抓住时机；二要交合，即这个信息与那个信息进行交合，这个领域的信息与那个领域的信息交合，把信息和所要解决的目标联系起来思考，以创造性地解决问题。信息交合可通过本体交合、功能拓展、杂交、立体动态四个原则进行交合。

总之，信息交合法就像一个"魔方"，通过各种信息的引入和各个层次的交换会引出许多系列的新信息组合，为创新对象提供了千万种可能性。

（七）模仿创新法

人类的创造发明大多是由模仿开始的，然后再进入独创。勤于思考就能通过模仿做出创造发明。当今有许多项目模仿了生物的一些特征，从而形成仿生学。模仿不仅用于工程技术、艺术，而且也用于管理方面。

二、创新的策略

一般来说，企业创新策略主要有首创型、改创型和仿创型三种，每一种策略都有自己的特点。同时，企业创新也是一项高风险的活动，必须采取相应的风险防范措施。

（一）首创型创新策略

首创型创新，是创新度最高的一种创新活动。其基本特征在于首创性，例如，率先推出全新的产品，率先开辟新的市场销售渠道，率先采用新的广告媒介，率先改变销售价格。

每一项重大的首创型创新，都会先后在不同地区引起一系列相应的改创型和仿创型创新活动，从而具有广泛深远的创新效应。对于企业来说，进行首创型创新，可以开辟新的市场领域，提高企业的市场竞争力，获得高额利润。对于处于市场领先地位的企业来说，要想保持自己的领先地位，也必须不断地进行首创型创新。

一般来说，首创型创新活动风险大、成本高，相应的利润也较高。市场需求的复杂性和市场环境的多变性，以及生产、技术、市场等方面的不确定性，使首创型创新活动具有较大的不确定性和风险性。另外，要开辟一个全新的市场，企业必须进行大量的市场开发投资，包括市场调查、产品开发、设备更新、组织变动、人员培训、广告宣传等市场开发费用。当然，如果首创型创新获得成功，企业便会因此而获得巨大的市场利益；如果首创失败，企业就会蒙受一定的经济损失。

首创型是一种高成本、高风险、高报酬的创新活动。因此，在采用首创策略时，创新者应根据实际情况，充分考虑各种创新条件的影响，选择适当的创新时机和方式，及时进行创新。

（二）改创型创新策略

改创型创新的目标是对已有的首创进行改造和再创造，在现有首创的基础上，充分利用自己的实力和创新条件，对他人首创进行再创新，从而提高首创的市场适应性，推动新市场的不断发展。这是一种具有中等创新度的活动，改创型创新策略的基本特征是介于首创战略和仿创战略之间的一种中间性创新策略。

改创性是改创型创新战略的基本特征，改创者不必率先进行创新，而只需对首创者所创造的进行改良和变造，因此，改创者所承担的创新成本和风险比较小，而所获创新收益却不一定比首创者少。当然，改造也是一种创造，也具有一定的风险。

首创是重要的，改创也是重要的，如果没有改创，便没有其市场发展前景。例如，飞机、汽车、计算机等首创产品，如果没有后来的不断改进和再创新，也就不会有今天这样的市场大发展。

扩展阅读

隐形拉链：新思路成就大市场

把拉链翻一面，你会看见什么？大多数人觉得这个问题很普通，但这恰恰是隐形拉链的基本原理。用在女孩身上的隐形拉链非常受欢迎，很有市场空间。这种拉链将金属链条隐藏在衣服背面，而衣服正面却看不见链条。

把拉链放大和隐形拉链同样独到。许多人看到大拉链的包，觉得很特别。收获的不仅是销量，在价格上，普通拉链的背包卖几十元，但是大拉链的背包可以卖到100多元。这个新产品创造了很高的效益，其实并不神秘。

（三）仿创型创新策略

仿创型创新是创新度最低的一种创新活动，其基本特征在于模仿性。模仿者既不必率先创造全新的新市场，甚至也不必对首创进行改造。仿创者既可以模仿首创者，又可以模仿改创者，其创新之处表现为自己原有市场的变化和发展。一些缺乏首创能力和改创能力的中小型企业，往往采用模仿策略，进行仿创型创新。

一般来说，仿创者所承担的市场风险和市场开发成本都比较小。虽然仿创者不能取得市场领先地位，却可以通过某些独占的市场发展条件来获取较大的收益和竞争优势。例如，仿创者可采取率先紧跟首创者的策略，从而取得市场上的价格竞争优势。

仿创有利于推动创新的扩散，因而也具有十分重要的意义。任何一个首创者或改创者企业，无论它拥有多大的实力，也无法在一个比较短的时期内占领所有的市场。因此，一旦首创或改创获得成功，一大批仿创者出现就成为必然。

模仿创新模式是大部分发展中国家在一定历史阶段企业创新的基本模式，它能获取显著的"后发优势"。如在20世纪60年代至80年代初，日本、中国台湾地区、韩国的大多数产业中的企业多以模仿创新为基本战略，日本的汽车业和电子工业是模仿创新的典范。

总之，在制定创新策略时，不同的企业应该选择一个适当的创新度，进行适度创新。所谓适度创新，就是既要适应市场需求的发展状况，又要适应本企业的创新条件。只有这样，创新者才能充分利用和发挥本企业的创新优势，尽量减少或避免创新的风险，提高创新的效果，促进企业的发展。

第四节 创新的过程

一、创新的原则

为了推动创新并保证创新活动的顺利进行，需要正确处理各方面的关系，遵循一定的原则。创新的主要原则有以下几点。

（一）创新与维持相协调的原则

创新与维持同属于管理职能的两个基本问题，并且两者之间是相互联系、相互统一的关系。

要实现创新活动的顺利进和圆满完成，就必须保证企业的维持活动是按照企业的发展计划进行的，必须在企业维持活动的基础上开展创新活动，也就是要保证创新与维持两个基本职能相互协调发展。

（二）开拓与稳健相结合的原则

创新活动是一项具有风险性的活动，需要企业及全体员工具有强有力的开拓精神，从而发现企业的创新点，开展创新活动。但同时创新活动不能盲目进行，必须结合企业的发展计划目标稳步推进，不能急功近利。

（三）统一性和灵活性相结合的原则

企业的创新活动要与企业的发展计划目标相统一，不能违背企业整体的发展战略。但也要注意到企业所处的环境是不断发展变化的动态的系统，企业应当结合环境变化灵活地进行创新活动，坚持统一性和灵活性相结合的原则。

（四）奖励创新、允许失败的原则

创新具有很大的风险性，成功率低，所以企业的管理者应该客观地看待创新问题，对待创新结果不能只用成功来进行判断，要能够接受创新的失败，只有允许失败才能鼓励员工进行再次的创新，更好地实现企业的发展目标。在美国，有的企业甚至提出"雇员不犯错误将被解雇"。其逻辑是，只有犯过"合理"的错误，才说明雇员是创新能力强、有发展前途的人，同时也说明了创新过程的失败是企业应该接受的。

【管理名言】

创新是企业家特有的工具，也就是他们借以利用变化作为开创一种新的实业和一项新的服务的机会和手段……企业家们需要有意识地去寻找创新的源泉，去寻找预示成功创新机会的变化及其征兆。他们还需要懂得进行成功的创新的原则并加以运用。

———彼得·德鲁克（美国管理学权威）

二、创新的过程

创造性活动是人类智能活动的最高体现。世界上的一切创新成果都是人类创造性思维和劳动的结果。创新思维是一个极为复杂的多因素交互作用的过程。日本创新学家高浩认为："创造性思维的过程是一种身心的综合性劳动，因而单是掌握方法是不能解决问题的，这里既要具备发现问题的自觉性，又不能缺少信息的积累，而更重要的则是身心健康且斗志旺盛。"由此可见，掌握创新方法只是进行创新的一小部分。要更好地开发、促进创新思维，更好地从事创新工作，还应了解创新的工作过程。

一般而言，创新工作大体上可分为以下四个阶段。

（一）寻找机会

创新是对原有秩序的破坏。原有秩序之所以要打破，是因为其内部存在着或出现了某种不协调的现象。这些不协调对系统的发展造成了某种不利的影响。创新活动正是从发现和利用旧秩序内部的这些不协调现象开始的，可以说不协调为创新提供了契机。

旧秩序中的不协调既存在于企业的内部，又可产生于企业的外部。

（1）就企业外部而言，有可能成为创新契机的变化主要有以下几点。

① 技术的变化，可能影响企业相关资源的获取、生产设备及产品的技术水平。

② 人口的变化，可能影响劳动市场的供给和产品销售市场的需求。

③ 宏观经济环境的变化。迅速增长的经济背景可能给企业带来不断扩大的市场，而整个国民经济的萧条则可能降低企业产品需求者的购买能力。

④ 文化与价值观念的转变，可能改变消费者的消费偏好或劳动者对工作及其报酬的态度。

（2）就企业内部来说，引发创新的不协调现象主要有以下几点。

① 生产经营中的瓶颈，可能影响了劳动生产率的提高和劳动积极性的发挥，因而始终困扰着企业管理人员。这种不协调环节的产生，既可能是某种材料的质地不够理想，且始终找不到替代品，也可能是某种工艺加工方法的不完善，或是某种分配政策的不合理。

② 企业意外的成功和失败。如派生产品的利润贡献不声不响地、出人意料地超过了企业的主营产品；老产品经过精心整顿改进后，结构更加合理，性能更加完善，质量更加优异，但并未得到预期数量的订单等。这些出乎意料的成功和失败，往往可以把企业从原先的思维模式中解放出来，从而成为企业创新的一个重要源泉。

企业的创新，往往是从密切地注视、系统地分析社会经济组织在运行过程中出现的不协调现象开始的。

（二）提出构想

敏锐地观察到不协调的现象以后，还要透过现象研究原因，并据此分析和预测不协调因素的未来变化趋势，估计它们可能给企业带来的积极或消极的后果，并在此基础上，努力利用各种方法消除不协调，使企业在更高层次实现平衡的创新构想。

（三）迅速行动

迅速行动也就是实施创新的过程。组织内部环境瞬息万变，解决不协调的构想提出后必须立即付诸行动。由于外部环境的不确定性以及决策时掌握的信息有限，人们决策时提出的构想可能还不完善，甚至可能很不完善，但这种构想毕竟是在考虑到变化了的内外环境的基础上提出来的，有可能解决组织上所面临的新情况、新问题，必须迅速把它付诸行动。

"没有行动的思想会自生自灭"，这句话对于创新思想的实践尤为重要，一味追求完美，以减少受讥讽、被攻击的机会，就可能坐失良机，把创新的机会白白地送给自己的竞争对手。

20 世纪 70 年代后，施乐公司为了把产品搞得十全十美，在罗彻斯特建造了一座全由工商管理硕士（MBA）占有的 29 层高楼。这些硕士们在大楼内对每件可能开发的产品都设计了拥有数百个变量的模型，编写了一份又一份的市场调查报告。然而，当他们夜以继日地分析、计算，被越来越复杂的研制工作搞得焦头烂额时，竞争者已经凭借在他们看来并不完美的，甚至还有不少缺陷的产品把市场份额抢占了一半以上。要记住，创新是与风险并存的。如果没有了风险，创新也就失去了意义，甚至创新本身也就不复存在了。

（四）坚持不懈

构想经过尝试才能成熟，而尝试是有风险的，不可能一击即中，因此要对创新的过程进行积极反馈。创新过程是不断尝试、不断失败、不断提高的过程。因此，创新者在开始行动以后，为取得最终的成功，必须坚定不移地继续下去，绝不能半途而废，否则便会前功尽弃。

要在创新中坚持下去，创新者必须有足够的自信心，有较强的忍耐力，能正确对待创新过程中出现的失败。一方面为减少失误或消除失误后的影响采取必要的预防或纠正措施，另一方面不把一次尝试的失利看成整个创新活动的失败，要知道创新的成功只有在屡屡失败后才姗姗来迟。

伟大的发明家爱迪生曾经说过："我的成功乃是从一路失败中取得的。"创新者应从这句话中得到启示。创新的成功在很大程度上取决于"最后五分钟的坚持"，浅尝辄止、因噎废食或企图一蹴而就是创新的大忌。

三、创新活动的组织

系统的管理者不仅要根据创新的规律和要求，对自己的工作进行创新，而且更主要的是组织下属创新。组织创新不是去简单地计划和安排某个成员在某个时间从事某种创新活动，更重要的是要为部属的创新活动提供条件、创造环境，有效地组织系统内部的创新。

（一）正确理解和扮演"管理者"的角色

保守的管理者往往认为自己在组织中的主要任务就是维持组织的正常运行，因此自己的职责首先是保证预先制定的规则的执行和计划的实现，并且认为"系统的活动不偏离计划的要求"才是优秀的管理者。为了减少系统运行过程中的风险，他们往往对创新尝试中的失败吹毛求疵，随意惩罚在创新尝试中失败的员工，或轻易奖励那些从不创新、从不冒险的人，这样的管理者显然是不称职的，不利于企业的长远发展。管理人员必须自觉地带头创新，并努力为组织成员提供和创造一个有利于创新的环境，积极鼓励、支持、引导组织成员进行创新。

（二）创造促进创新的组织氛围

促进创新的最好办法是大张旗鼓地宣传创新，激发创新，树立"无功便是有过"的新观念，使每一个人都奋发向上、努力进取、跃跃欲试、大胆尝试。要创造一个人人谈创新、时时想创新、无处不创新的组织氛围，使那些没有创新欲望或有创新欲望却无创新行动从而无所作为者自己感觉到在组织中无立身之处，使每个人都认识到组织聘用自己的目的，不是要自己简单地用既定的方式重复进行多次的操作，而是希望自己去探索新的方法，找出新的程序，只有不断地去探索、尝试才有继续留在组织中的资格。

（三）制订有弹性的计划

创新意味着打破旧的规则，意味着时间和资源的计划外占用，因此，创新要求组织的计划必须具有弹性。

创新需要思考，思考需要时间。把每个人的工作日都安排得非常紧凑，创新的许多机遇就不可能被发现，创新的构想也没有条件产生。组织创新最基本的形式是，允许员工使用部分工作时间去探索新的设想。美国成功的企业，往往让职工自由地利用部分工作时间去探索新的设想，IBM、3M、奥尔—艾达公司以及杜邦公司等都允许职工利用 5%～15% 的工作时间来开发他们的兴趣和设想。同时，创新需要尝试，而尝试需要物质条件和试验的场所。要求每个部门在任何时间都严格地制订和执行严密的计划，则创新会失去基地，而永无尝试机会的新构想就只能留在人们的脑子或图纸上，不可能给组织带来任何实际的效果。

组织创新的另外一种形式，就是在预算内提供给创新者一笔可以自由支配的资金用于新设想的探索。大致做法是：①在每次预算中，增加非计划内的可自由支配资金的比例，指定其中一部分资金用于创新探索；②自由支配的权力下达到具体的人；③设置多种计划外资金，可以让创新者支配使用。比如，美国奥尔—艾达公司，每两年提名 5 人，每人每年给 5 万美元预算，供其作为创新探索使用。德克萨斯仪器公司，更设有"野兔资金"、"设想"补助金等不同名目的多种资金，以满足计划外创新项目的不时之需。

再一种形式是尽量避免多层审批。层层审批的官僚体制，不仅会拖延时日，延误创新的成功，严重者还会让竞争者抢占先机；而且在层层传递中，有关设想的信息往往会大量损失，以致最后的决策者无从做出正确的决断，因而扼杀创新的事也并非不可能。于是许多公司便充分放权，凡与该项创新有关的事宜，创新者完全有权择机决定处理。

（四）正确地对待失败

任何一个创新，开始时绝对难保是一帆风顺的，创新的过程是一个充满着失败的过程。创新者应该认识到这一点，创新的组织者更应该认识到这一点。只有认识到失败是正常的，甚至是必需的，管理人员才可能允许失败、支持失败，甚至鼓励失败。当然，支持尝试、允许失败，并不意味着鼓励组织成员去马马虎虎地工作，而是希望创新者在失败中取得有用的教训，学到一点东西，变得更加明白，从而缩短失败到创新成功的路程。

许多公司都鼓励创新者大胆探索，而无需顾虑错误和失败。奥尔—艾达公司研究与发展部的总经理拉尔夫·格洛弗就说过："随着公司的成长人们有了这样一种看法，如果失败了就会受到批评。有了资助机会后，我们对他们说，不必害怕失败，可以从失败中学到东西。"美国一家成功的计算机设备公司在它那只有五六条的企业哲学中甚至这样写道："我们要求公司的人每天至少要犯 10 次错误，如果谁做不到这一条，就说明谁的工作不够努力。"3M 公司董事长卢·莱卡在一次演讲中也讲道："我们的公司创建时就犯过错误。我们现在继续承认错误，认为这是经营事业中的正常现象。我们的高级管理同事们，每个人都支持过几个前进中的失败者。"大多数风险资本家甚至更情愿投资给那些进行过尝试并经历过失败的创新者，而不愿意给没有风险经验的人。

（五）建立合理的奖惩制度

要激发每个人的创新热情，还必须建立合理的评价和奖惩制度。创新的原始动力也许是个人的成就感、自我实现的需要，但是如果创新的努力不能得到组织或社会的承认，不能得到公正的评价和合理的奖酬，则继续创新的动力会渐渐失去。

（1）注意物质奖励与精神奖励的结合。奖励不一定是金钱上的，而且往往是不需要金钱的，精神上的奖励也许比物质报酬更能满足驱动人们的创新的心理需要。从经济的角度来考虑，物质奖励的效果要低于精神奖励，金钱的边际效用是递减的，为了激发或保持同等程度的创新积极性，组织不得不支付越来越多的奖金。对创新者来说，物质上的奖酬只在一种情况下才是有用的，即奖金的多少首先被视作衡量个人的工作成果和努力程度的标准。

（2）奖励不能视作"不犯错误的报酬"，而应是对特殊贡献甚至是对希望做出特殊贡献的努力的报酬。奖励的对象不仅包括成功以后的创新者，而且应该包括那些成功以前甚至是没有获得成功的努力者。就组织的发展而言，也许重要的不是创新的结果，而是创新的过程。如果奖酬制度能促进每个成员都积极地去探索和创新，那么对组织发展有利的结果是必然会产生的。

（3）奖励制度要既能促进内部的竞争，又能保证成员间的合作。内部的竞争与合作对创新都是重要的。竞争能激发每个人的创新欲望，从而有利于创新机会的发现、创新构想的产生；而过度的竞争则会导致内部的各自为政、互相封锁。协作能综合各种不同的知识和能力，从而可以使每个创新构想都更加完善，但没有竞争的合作难以区别个人的贡献，从而会削弱个人的创新欲望。要保证竞争与协作的结合，在奖励项目的设置上，可考虑多设集体奖、少设个人奖，多设单项奖、少设综合奖；在奖金的数额上，可考虑多设小奖，少设甚至不设大奖，以使每一个人都有成功的希望。

避免"只有少数人才能成功的超级明星综合征"，从而防止相互封锁和保密、破坏合作的现象。

第二部分　实务与实训任务

任务一　思考与讨论

一、简答题

1. 简述创新与发明创造的区别与联系。
2. 简述维持与创新的联系。
3. 创新在企业发展中有什么作用？
4. 什么是头脑风暴法？这种方法应该坚持什么样的原则？
5. 简述创新的过程包括哪几个方面。

二、讨论题

1. 企业应如何进行创新活动的组织？
2. 结合具体企业，谈谈它是从哪些方面进行创新的，效果如何。
3. 结合实际，谈谈你对创新有哪些认识，怎样培养自己的创新思维。

任务二　案例分析

案例一　海尔的创新

带可调"脚"的洗衣机

海尔是怎样打进韩国市场的呢？一开始，海尔洗衣机在韩国市场的销售业绩很不理想。原来，很多韩国住宅的阳台都是敞开式的，不像中国人把阳台封闭起来。而且他们把阳台地面都设计出一个大约 12° 的坡度，是为了防止下雨天进水。大部分韩国人都习惯把洗衣机放在阳台。这样，海尔洗衣机滞销问题的原因就找到了，我们洗衣机的"脚"是固定的，放在这个有坡度的阳台上，肯定不平稳，影响了产品质量和洗衣效果。根据这种情况，海尔及时调整了产品设计，把洗衣机安上可调节高度的"脚"，加上海尔产品的良好性能与服务质量，海尔在韩国的市场也慢慢打开了。

"大地瓜洗衣机"的诞生

1996 年，一位四川农民投诉海尔洗衣机排水管老是被堵，服务人员上门维修时发现，这位农民用洗衣机洗地瓜（南方又称红薯），泥土多，当然容易堵塞。服务人员并没有推卸责任，而是帮助这位农民加粗了排水管以解决问题。这位农民感激地说，要是有能洗地瓜的洗衣机就好了。他的这句话提醒了海尔人，他们通过调查发现，在地瓜产区类似这位农民的现象普遍存在，农民用洗衣机洗衣服，又用它来洗地瓜。海尔人从中发现了一个新的产品市场——能洗地瓜的机器，经过科研人员的努力，该产品于 1997 年研制成功，1998 年开始投入批量生产，不仅能洗地瓜，又能洗衣服，还能洗水果甚至蛤蜊，而且价格便宜，销量极好。

"小小神童"的奇迹

每年的 6—8 月历来都是洗衣机销售淡季，但是这段时间也是全国最热的季节，按照常理应该是人们换洗衣服频率最高的季节，那么为什么不买洗衣机呢？经过调查，海尔人发现顾客正被一串洗衣问题所困扰，衣服每天要换，不洗有味道，要是用大洗衣机费水费电，习惯了洗衣机的用手洗又不习惯。在这种情况下，小洗衣机会有一定的市场。海尔向顾客发出的调查问卷也证实了这一点，于是海尔开发出了"小小神童"并投放到市场，结果市场上出现了罕见的排队抢购热潮。

总之，海尔人紧紧围绕市场需求及其变化，不断推出新产品，改进原来的老产品，赢得了市场，赢得了顾客，进而取得了成功。

问题：

1. 创新对一个组织有什么重要意义？
2. 海尔的创新为什么能够取得成功？

案例二　截然不同的创新内容

在一次企业创新发展论坛上，来自全国各地的企业家齐聚一堂，各自谈到了自己的企业在创新方面所取得的成就。其中，A、B、C、D 四家企业的管理者进行了如下对话。

A 企业张总：我们企业组织各部门管理者认真学习国内外优秀企业的管理思想和管理理念，并结合企业自身的实际特点，形成了具有本企业特色的管理思想。在实际工作中，由各部门管理者将企业的管理思想灌输给全体员工，使得全体员工的日常工作都能够按照企业的管理思想进行，为企业创造了可观的利润。

B 企业李总：我们企业主要是通过投入大量的人力、物力、财力，对企业的技术标准进行了提高，通过新技术的投入使用，企业的生产效率明显提高，产品质量也大幅提升，合格率基本达到 100%。自从采用了新技术，市场占有率在同行中位居前列，也为企业创造了可观的利润。

C 企业王总：随着经济环境的不断变化，企业规模的日益增长，在发展过程中我们发现企业各方面的制度存在问题，因此，主要针对企业的产权制度、组织制度和管理制度进行了完善。通过实施新制度整个企业面貌一新，处处井井有条，员工的积极性也得到了极大提高，企业也走上了正常的发展轨道，实现了良好的经济效益。

D 企业陈总：我们企业通过制定企业核心价值观，同时将企业的核心价值观传递给广大员工，使得员工的价值观与企业的价值观高度统一。我们企业有自己的厂旗、厂歌和厂徽，同时为员工提供了统一的服装，为企业、产品设计了显著的标志，在日常工作和生活中，为员工提供各种各样丰富多彩的活动等。这些方面的工作增强了员工的凝聚力，企业的目标也得到了充分的实现。

问题：

1. 案例中四家企业分别进行了哪种类型的创新？
2. 企业为什么要进行这些方面的改进？
3. 你认为一个有效果的创新应该从哪些方面进行？

任务三　情景模拟实训

情景模拟一

剧中人物： 某国企老总张悦、车间主任成方、技术科主任李昂、技术骨干小于。

旁白： 小于是某国企生产车间的技术骨干，善于钻研技术，因其说话直白，考虑事情简单，车间主任成方不太赏识他。最近，因小于搞技术创新的事情闹了一场不小的风波。

场景一　某国企一生产车间

旁白： 一天早上8:00刚上班，小于就待在车间计算机前微笑着，嘴里喊着"耶"。

成方： 小于，你在干什么呢？

小于： 前几天跟你提过的技术创新的问题已经接近尾声了，遇到的最后一个技术难题也解决了，麻烦成主任帮忙跟张总汇报一下。如果在咱公司生产中能采用这项新技术，每月可提高产量30%。

成方： 就是将当前工序进行合并的那项技术？

小于： 嗯，我琢磨了一下，要将现在的这项新技术成功实施，还得有较好的制度配合才行，所以得张总同意才行。

成方： 改制度，天方夜谭吧。现在制度好好的，你说改就改？张总日理万机，那些招商引资的上千万的项目都忙不过来，哪有时间管你这点小事？

小于： 成主任，这不是小事，如果产量提高30%，那我们的年产值会增加上亿元的，还有……

成方： 好了，我知道了，你把完整的方案发我邮箱里，我看看再说。

小于： 谢谢成主任。

场景二　成方办公室

旁白： 成方回到办公室，将文件包往办公桌上一扔，自言自语。

成方： 这种人，什么人情世故也不懂，还天天自以为是，弄个工序合并就说技术创新了，还产量提高30%，一个小员工就能让产值增加上亿元，那要我们干什么，胡扯。我跟领导汇报了，万一行不通，还不丢人说我什么也不懂？我铁饭碗捧着，无过即为有功，才不去惹那些麻烦。弄好了，功劳是小于的，弄不好，我跟着丢人。

旁白： 成方点了一支烟，从公文包拿出一份报纸悠闲地看着。技术科主任李昂敲了一下门直接进来了。

李昂： 跟你说一声，你们车间小于昨天跟我提了他的技术创新的问题，技术上没问题，至于制度上的问题，还是你跟张总汇报一下吧。

成方： 这个小于，还真行（语气有点不屑）。

李昂： 这小子有两下子，没想到技术上的难关他解决了。

成方： 我考虑一下吧，制度的问题说起来有点困难。

旁白： 这个事情过去了两个多月了，成方也没有向张总汇报。小于问他，他也只是敷衍。

场景三　生产车间

旁白： 车间门口，几名记者围着小于不停提问，车间工人也过来不少围观。原来是小于的技术创新获得市科技创新一等奖，并获得国家专利，两家民营企业想要高价购买他的专利。

成方听说后赶过来。

成方： 各位安静，这里是生产车间，有什么问题请下班后再说。（回头呵斥小于）小于，你是不是嫌闹得不够大？（把小于拽到一边）你眼里还有没有我这个主任？我还没来得及跟老总汇报，你就把记者都整来了，你厉害。

小于： 是技术科李昂建议我去参加比赛的，结果就获得了好成绩的，我也没想到记者会来。

成方： 这个李昂，管闲事都管我这来了，我非找他算账，还弄出专利来了。

旁白： 这时，张悦也闻讯赶来。

张悦： 大家安静，各就各位吧，有什么事到我办公室说吧。

旁白： 成主任、李主任、小于，还有几名记者都跟张总到了办公室。

成方： （先入为主）小于的成果我和李主任都知道，只是您日理万机，还没来得及向您汇报。这不小于参加了个比赛还得奖了，这是咱们公司和我们车间的荣誉。

张悦： 好的（示意成方停下，将头转向小于），小于，你是个谦虚的人，有这么好的创新技术早该第一时间让我知道。

小于： 张总，我两个月前就跟成主任说了，这个新技术得有新制度来保障，让他向你汇报的。

张悦： 现在还有别的公司要购买你的专利，你什么意见？

小于： 我不要卖专利，如果咱公司支持，我觉得有更先进的制度与之配合，那样就更好了。

旁白： 成方尴尬地站在一边，眼睛怨恨地看着小于（怪他当面告自己的状）。

张悦： ……

问题：

1. 假如你是张总，该如何处理这个问题？请编写续集。
2. 你认为公司在创新过程中会遇到哪些障碍？
3. 作为领导，你怎样看待创新？

情景模拟二

锦绣纺织企业的创新

剧中人物： 总经理张总、财务部主管吴江、生产车间刘主任、设计部小雷、业务骨干王建。

旁白： 锦绣纺织企业是在国家改革开放的浪潮中逐渐兴起的一家民营企业，企业的业务逐渐扩展，公司的规模也在不断发展壮大。随着中国加入世贸组织，公司的总经理张总也紧紧抓住了这一重大的历史机遇，及时调整了企业的发展战略，从而一跃成为一家加工—出口贸易的大型服装贸易公司。企业规模的逐步扩大在促使企业转型升级的同时，也带来一系列的问题。近几日，公司内部就出现了一些棘手的问题。

场景一　总经理办公室

旁白： 总经理办公室，上午十点钟，张总正在给吴江打电话。

张总： 小吴啊，上午让你拿给我的上半年的财务报告我怎么到现在还没有看到？

吴江： 张总，您不是说这两天让我好好整理一下，后天才交给您的吗？

张总： 是谁告诉你的，我明明说的是今天上午，怎么连这点事情都让我费心。

吴江： 张总，是管理办公室的小王说让我后天把财务报告交给您的，所以我现在暂时还没有弄好。

张总，这个管理办公室也真是的，办什么事都不让我省心。好了，你先忙吧，后天准时把报告交给我。

吴江：好的，张总。

场景二　张总办公室

旁白：张总办公室，张总正在埋头处理公文，生产车间的刘主任敲门而入。

刘主任：张总，我遇到一点麻烦，这个月设计部门送来的这批订单的样图有几个细节环节我们遇到了困难，本来是可以生产出来的，可是上个月我们车间的加工里料和内衬的机器出了故障，所以没法生产出成品来。

张总：（从文件中抬起头来）为什么不跟设计部好好协调一下？

刘主任：张总，不是我不想协调，我们去跟设计部的人说，结果他们说事先也不知道，是市场部签的订单，他们也只是负责设计。我去找市场部的人，结果他们却装作没事人一样，还将责任全都都推到我们生产车间来了。您说我们冤不冤哪，我们明明上个月就将机器故障表交到上面去审批了。

张总：噢，（一拍脑门）你们是交了表的没错，怪我最近手头事情太多，一时疏忽，忘记告诉维修部了。这样，你先回去消消气，这件事情我来处理。

场景三　会议现场

旁白：这样过了几个月后，张总深感力不从心，办事效率越来越低，他的身体状况也越来越差。于是，他召集各部门的主管召开了一次会议。

张总：可能大家也感受到了，最近这段时间我们公司内部是状况百出，办事效率也比以前明显低了许多。最近我也常常感觉到力不从心，我也时常反思，到底是不是自己的原因。今天召开这次会议的目的，主要是想跟大家探讨一下，我们公司所面临的现状怎么解决的问题。大家有什么想法都可以畅所欲言。

刘主任：张总，对此我也感触颇深。在经历了上次那件事情后，我回去认真总结了一下出现这种情况的原因，我觉得这些年来，我们只注重企业效益的增长和企业规模的扩大，而忽视了与之相关带来的一系列问题。

王总监：其实各个部门早就对此颇有怨言，但是大家也是敢怒不敢言，更缺乏深入的分析研究。其实我觉得究其根本，是组织结构的问题，企业近年来发展迅速，在注重扩大规模的同时，却忽略了原有的组织结构已经不适应企业发展需要的问题。我们目前所实行的直线职能制的组织结构最初的优势已经很难显现了，因而必须有所改变，否则就会成为制约企业发展的瓶颈。

设计部门小雷：我觉得王总监说得很有道理，我就接着他的说。现有组织结构的弊端已显现无遗。职能部门之间协作和配合性较差，信息传递不畅通，职能部门的好多工作需要向上级领导报告请示才能处理，加重了领导的负担，造成办事效率低。因而要有所改变，我认为需要领导进行放权。只有把领导权力下放，才能使组织结构永葆活力。

业务骨干王建：公司的领导权集中在少数高级领导人身上。他们事无巨细，亲力亲为，反而事与愿违，造成公司各部门失去控制的局面。也会使企业高层领导因陷入日常生产经营管理而缺乏精力考虑长远的战略发展。只有对现有组织结构进行及时的调整，才能使其更好地发挥作用，适应环境的多变性和企业自身的发展需要。

张总：大家说得都很有道理，今天你们这一番言论，使我醍醐灌顶，顿然醒悟。我们公司的组织结构确实存在问题，要想实现公司长远的发展，适应组织目标和战略发展的需要，我们就必须进行组织结构的改革。关键是怎么改的问题。

王建：我认为，像我们这种业务规模较大的企业，可以参考通用汽车公司组织结构由直线职能制向事业部制转变的案例，结合本企业自身特点，制定出适合我们企业自身发展的事业部制的组织结构改革方案。

张总：这样，你下去将你的想法做成一份完整的报告，然后拿来给我看……

问题：

1. 请将故事续编完成。
2. 对于该企业面临的组织结构的创新，你怎么看？
3. 企业在发展的过程中还会面临哪几种类型的创新？

现代管理中的热点问题

危机不仅带来麻烦，也蕴藏着无限商机。

——格雷格·布伦尼曼（美国大陆航空公司总裁）

目标与要求

本模块主要阐述知识管理的概念与应用，冲突管理的含义及解决方法，危机管理的概念与解决方案问题。本模块要求学生掌握知识管理、冲突管理、危机管理的基本理论，并结合企业实践，将理论熟练应用于解决实际问题中，提高学生解决突发事件问题的能力，为工作打好基础。

第一部分 理论与背景知识

第一节 知识管理

导入案例

惠普公司的知识管理

公司管理由简到繁有很大的发展，一开始是生产管理，然后是财务管理、人力资源管理、组织管理，"现在到了知识管理时代"，中国惠普公司首席知识官（CKO）高建华说。

据高建华介绍，知识管理至少有以下三个明显的作用：一是提高组织智商，把公司所有员工的知识经验汇集到一起，加以整理，共同分享，这样就能提高一个组织的整体智力；二是减少重复劳动，就是"人们不需要重复做车轮"，重复的唯一结果是资源浪费；三是避免组织失忆，即员工的流失不会造成知识和经验的流失。

惠普之道

惠普的创始人休立特和帕卡德曾经说过，"相信每个人都有把事情做好的愿望，只要你给他一个合适的舞台"。

首席知识官的职责就是要给员工一个舞台，让他们在这个舞台上积累知识，在这个舞台上迅速成长。

"首席知识官只有我一个人，但是知识管理需要全部员工参与，共同搭建舞台。"高说。

在高建华的带领下，中国惠普建立了一个知识管理委员会，成员来自惠普的各个事务部门，"生产、行政、财务、人事的人都有"，高说，"每个成员都来自一个业务部门，知识管理不能脱离实际工作。"知识管理委员会的作用，是建立惠普知识管理框架，遴选项目，评估项目，然后实施项目。

高建华津津乐道的一个项目是惠普读书会。"我们有 70 多个读书会"，高说，"全部是员工在公司的主导下自发设立的。"

读书会成员之间相互推荐好书，"节省了很多员工的时间"。每个读书会成员都给自己喜欢的书写书评，书评的格式是由公司统一设定的，"这些书评的集合本身就是分量不轻的知识库"。高说。

惠普的全体员工都参与了知识管理，每个部门都要做战略规划，包括发展方向、竞争优势、成功要素等很多部分；部门之间的知识互相共享，不同部门间也设立了一套标准的知识共享流程。

"比如，销售部门要搜集客户信息，从与客户的第一次接触开始就要关注客户、追踪客户、汇集和分析客户信息，这样才能满足客户的不同需要"，高介绍说，"而业务发展部门的员工就必须搜集和分析竞争者的相关知识。"

"在惠普，知识的提供者会有一定的回报，也会影响到未来的升迁"，高说，"在一个有效的知识管理型公司里，员工的付出与得到应该有所平衡。"

惠普CKO

"我们从去年年中开始筹建一套知识管理体系"，高说，"设立 CKO 是孙振耀的设想"，和 CKO 同时设立的还有领导力发展中心和惠普读书会。

高是惠普在亚太区设立的第一个 CKO，"可是 CKO 在惠普早已经不是什么新鲜职位，我接受这个职位的时候，在全球其他地区惠普公司任 CKO 的同事都给我发来了祝贺电。"高说。

CKO 最普遍的就是在咨询公司中，麦肯锡、德勤等公司就有类似的职位，只不过有的叫首席知识官 CKO，有的叫首席学习官 CLO 而已。

高以前在惠普除了做营销以外，还做过战略规划、流程管理等工作。"其实这些都是知识管理的一部分，只是不能算系统的知识管理而已"，高说，"目前很多企业都在做 ERP、CRM 等项目，其实，ERP 是生产端的知识管理，CRM 是客户端的知识管理。而惠普要做的是，在整个公司建立一个系统的知识管理系统，这项工作异常复杂。"做首席知识官的人需要有多方面的能力，在不同领域必须有丰富的经验，"首席知识官支持公司中所有的部门，他必须是一个通才"。有一篇介绍首席知识官的文章这样写道："在个人品格上，首席知识官倾向于先天热情，富有求知欲，并善于激发旁人。""首席知识官要有两个技巧，他们必须是技术专家，而且还要是环境论者。技术层面的优势可以让他们知道如何来获取、存储、探察和分享知识；而环境论者的意义在于能够在企业内部创造一个环境，让知识的创造和交换顺利开展，将不同的团队用相同的兴趣连接并使之互动和谐。"

惠普在中国这么早就设立 CKO，和惠普的公司文化关系密切。如果一个公司是封闭型的组织，员工间从来不互通有无，这样的组织必定日渐萎缩。"在惠普，不愿意和同事分享工作经验的员工是无法在公司待下去的"，高说，"如果你不是一个好老师，你就不是一个好员工，你也不会得到升职。"

"共享知识是惠普文化非常重要的一部分，只有把自己的知识教给别人的时候，你才有动力往前跑。"高说。

【分析提示】

什么促使惠普得到长足发展？

一、知识管理的内涵

21 世纪，企业的成功越来越依赖于企业所拥有的知识的质量，利用所拥有的知识为企业创造竞争优势和持续竞争优势。国际管理信息发展的趋势是从信息管理走向知识管理，从信息资源开发走向知识资源开发，由客户机／服务器结构走向 Internet 结构。知识管理是通过一组问答序列，即解决方案的集合寻找和识别与问题有关的关键性信息，并将这些信息进行提取，形成对某一问题的专门知识，作为决策的依据。在信息社会和知识社会，信息、知识和一些专门的技巧是获取利润的工具。知识管理是把信息转化为知识，用知识指导决策付诸行动，再将该行动转化为利润。

所谓知识管理，就是在组织中构建一个量化与质化的知识系统，让组织中的资讯与知识，通过获得、创造、分享、整合、记录、存取、更新、创新等过程，不断地回馈到知识系统内，形成永不间断的循环，累积个人与组织的知识，在企业组织中成为管理与应用的智慧资本，有助于企业做出正确的决策，以适应市场的变化。

（一）三种性质的知识

从支撑经营运作的角度而言，组织知识的内容有三种性质，即管理知识、业务知识和基础知识。

（二）四个层次的知识

"远近高低各不同"，每一种性质的知识又会分为不同的层次，企业知识的内容有四个层次，即思想层知识、资源层知识、事项层知识和操作层知识。

二、企业实施知识管理的原因

（一）竞争

在市场竞争越来越激烈，创新的速度不断加快的环境下，企业必须不断获得新知识，并利用知识为企业和社会创造价值。

（二）顾客导向

企业要为顾客创造价值。企业以满足顾客需求、增加顾客价值为经营出发点。

（三）工作流动性

雇员的流动性加快，雇员倾向于提前退休，如果企业不能很好地管理其所获得的知识，企业有失去其知识基础的风险。

（四）环境不确定性

环境的不确定性表现在由于竞争而导致的不确定性和由于模糊性而带来的不确定性。在动态的不确定环境下，技术更新速度加快，学习已成为企业得以生存的根本保证，组织成员获取知识和使用知识的能力成为组织的核心技能，知识已成为企业获取竞争优势的基础，成为企业重要的稀缺资产。

（五）全球化的影响

全球化经营要求企业具有交流沟通能力以及知识获取、知识创造与知识转换的能力。知识创造、知识获取和知识转换依赖于企业的学习能力，学习是企业加强竞争优势和核心竞争力的关键。

三、实施知识管理的步骤

（一）认知

认知是企业实施知识管理的第一步，主要任务是统一企业对知识管理的认知，梳理知识管理对企业管理的意义，评估企业的知识管理现状，帮助企业认识是否需要知识管理，并确定知识管理实施的正确方向。主要工作包括：全面完整地认识知识管理，对企业中的高层人员进行知识管理认知培训，特别是让企业高层认识知识管理；利用知识管理成熟度模型等评价工具多方位评估企业知识管理现状，同时通过调研分析企业管理的主要问题；评估知识管理为企业带来的长、短期效果，从而为是否推进知识管理实践提供决策支持；制定知识管理战略和推进方向，等等。

（二）规划

知识管理的推进是一套系统工程，在充分认知企业需求的基础上，详细规划也是确保知识管理实施效果的重要环节。这个环节主要是通过对知识管理现状、知识类型的详细分析，并结合业务流程等，从多角度进行知识管理规划。在规划中，切记知识管理只是过程，而不能为了知识管理而进行知识管理，把知识管理充分融入企业管理之中，才能充分发挥知识管理的实施效果。主要工作包括：从战略、业务流程及岗位来进行知识管理规划；企业管理现状与知识管理发展的真实性分析；制定知识管理相关战略目标和实施策略，并对流程进行合理化改造；知识管理落地的需求分析及规划；在企业全面建立知识管理的理论基础。

（三）试点

此阶段是第二阶段的延续和实践。按照规划选取适当的部门和流程依照规划基础进行知识管理实践，并从短期效果来评估知识管理规划，同时结合试点中出现的问题进行修正。此阶段的主要工作内容有以下方面。每个企业都有不同的业务体系，包括生产、研发、销售等，各不同业务体系的任务特性均不相同，其完成任务所需要的知识也有不同，因此需要根据不同业务体系的任务特性和知识应用特点，拟定最合适、成本最低的知识管理方法，这称为知识管理模式分析KMPA。另外，考虑到一种业务体系下有多方面的知识，如何识别关键知识，并判断关键知识的现状，进而在 KM 模式的指导下采取有针对性的提升行为，这可以称为知识管理策略规划 KSP。所以，此阶段的重点是结合企业业务模式进行知识体系梳理，并对知识梳理结果进行分析，以确定知识管理具体策略和提升行为。本阶段是知识管理从战略规划到落地实施的阶段。根据对企业试点部门的知识管理现状、需求和提升计划的分析，应该考虑引入支撑知识管理落地的知识管理 IT 系统。根据前几个阶段的规划和分析，选择适合企业现状的 IT 落地方法，如具备知识管理功能的办公协同系统、知识管理系统、知识门户落地等。可以说，本阶段在知识管理系统实施中难度最大，需要建立强有力的项目保障团队，做好业务部门、咨询公司、系统开发商等多方面的协调工作。

（四）推广和支持

在试点阶段不断修正知识管理规划的基础上，知识管理将大规模在企业推广，以全面实现其价值。推广内容包括：将知识管理试点部门的实践在企业中其他部门进行复制；使知识管理全面地融入企业业务流程和价值链；知识管理制度初步建立；知识管理系统全面运用；实现社区、学习型组织、头脑风暴等知识管理提升计划的全面运行，并将其制度化。

此阶段的难点是：对全面推广造成的混乱进行控制和对知识管理实施全局的把握；知识管理融入业务流程和日常工作；文化、管理、技术的协调发展；知识管理对战略目标的支持；对诸如思想观念转变等人为因素的控制以及利益再分配；建立知识管理的有效激励机制和绩效体系。

（五）制度化

制度化阶段既是知识管理项目实施的结束，又是企业知识管理的一个新开端，同时也是一个自我完善的过程。要完成这一阶段，企业必须重新定义战略，并进行组织构架及业务流程的重组，准确评估知识管理在企业中实现的价值。

四、知识管理体系

（一）知识管理体系的内涵

知识管理体系总体上分为知识管理理念和知识管理的软硬件两大部分。其中，知识管理理念分为企业制度和企业文化两个方面。企业制度包括确立企业的知识资产和制定员工激励机制，从而加强管理者对知识管理的重视并鼓励员工积极共享和学习知识。企业文化包括企业共享文化、团队文化和学习文化，帮助员工破除传统独占观念，加强协作和学习。与知识管理的硬件对应的是知识管理平台，它是一个支撑企业知识收集、加工、存储、传递和利用的平台，通过互联网、内联网、外联网和知识门户等技术工具将知识和应用有机整合。与知识管理的软件对应的是知识管理系统，它是一个建立在管理信息系统基础之上的实现知识的获取、存储、共享和应用的综合系统，通过文件管理系统、群件技术、搜索引擎、专家系统和知识库等技术工具，使企业显性知识和隐性知识得到相互转化。

（二）知识管理体系的内容

（1）知识管理的基础措施。它是知识管理的支持部分，如数据库、知识库、多库协调系统、网络等基本技术手段以及人与人之间的各种联系渠道等。

（2）企业业务流程的重组。其目的是使企业的知识资源更加合理地在知识链上形成畅通无阻的知识流，让每一个员工在获取与业务有关知识的同时，都能为企业贡献自己的知识、经验和专长。

（3）知识管理的方法，如内容管理、文件管理、记录管理、通信管理等。

（4）知识的获取和检索，包括各种各样的软件应用工具，如智能客体检索、多策略获取、多模式获取和检索、多方法多层次获取和检索、网络搜索工具等。

（5）知识的传递，如建立知识分布图、电子文档、光盘、DVD 及网上传输、打印等。

（6）知识的共享和评测，如建立一种良好的企业文化，激励员工参与知识共享、设立知识总管、促进知识的转换、建立知识产生效益的评测条例等。

（三）实施知识管理体系的关键

（1）制定企业知识管理战略，建立知识创新激励机制，塑造知识共享的企业文化氛围。

（2）设置知识主管专门负责企业知识管理工作，开发知识创新能力。

（3）与企业的业务流程相结合，调整企业知识结构。

（4）建立企业知识管理系统，管理知识生产、交换、整合和内化。

（5）对知识管理体系制定评价方法和原则，以期改进。

第二节　冲突管理

导入案例

亚通网络公司

亚通网络公司是一家专门从事通信产品生产和计算机网络服务的中日合资企业。公司自 1991 年 7 月成立以来发展迅速，销售额每年增长 50%以上。与此同时，公司内部存在着不少冲突，影响着公司绩效的继续提高。

因为是合资企业，尽管日方管理人员带来了许多先进的管理方法，但是日本式的管理模式未必完全适合中国员工。例如，在日本，加班加点不仅司空见惯，而且没有报酬。亚通公司经常让中国员工长时间加班，引起了大家的不满，一些优秀员工还因此离开了亚通公司。

亚通公司的组织结构是直线职能制，部门之间的协调非常困难。例如，销售部经常抱怨研发部开发的产品偏离顾客的需求，生产部的效率太低，使自己错过了销售时机；生产部则抱怨研发部开发的产品不符合生产标准，销售部门的订单无法达到成本要求。

研发部胡经理虽然技术水平首屈一指，但是心胸狭窄，总怕他人超越自己，因此，常常压制其他工程师。这使得工程部人心涣散，士气低落。

【分析提示】

1. 亚通公司的冲突有哪些？原因是什么？

2. 如何解决亚通公司存在的冲突？

一、冲突管理理论的内涵

冲突管理（Conflict Management）针对组织中存在的冲突形成了以下三种不同的观点。

第一种为传统的冲突观点，认为冲突是有害的，会给组织造成不利影响。冲突成为组织机能失调、非理性、暴力和破坏的同义词。因此，传统观点强调管理者应该尽可能避免和清除冲突。

第二种为冲突的人际关系观点，认为冲突是任何组织无法避免的自然现象，不一定给组织带来不利的影响，而且有可能成为有利于组织工作的积极动力。既然冲突是不可避免的，管理者就应该接纳冲突，承认冲突在组织中存在的必然性和合理性。

第三种是新近产生的冲突的互动作用观点。与人际关系观点只是被动地接纳冲突不同，互动作用观点强调管理者要鼓励有益的冲突，认为融洽、和平、安宁、合作的组织容易对变革和革新表现为静止、冷漠和迟钝，而一定水平的有益的冲突会使组织保持旺盛的生命力，善于自我批评和不断革新。

二、冲突管理的方法

（一）缓解冲突的方法

（1）审慎地选择要处理的冲突问题。

（2）评估冲突当事人。

（3）分析冲突原因和根源。这分为以下三类。

① 沟通差异。沟通不良容易造成双方的误解，从而引发冲突。人们往往倾向于认为冲突大多数是缺乏沟通造成的。

② 角色要求、决策目标、绩效标准和资源分配等不同而产生的立场和观点的差异。

③ 人格差异。其结果使得有些人表现出尖刻、隔离、不可信任、不易合作，导致冲突。

（4）采取切实有效的策略解决冲突。

① 回避、冷处理。

② 强制、支配，也就是以牺牲一方为代价而满足另一方的需要。

③ 迁就、忍让。

④ 折中、妥协。

⑤ 合作、协同。

（二）提升冲突的方法

冲突管理的另一层含义是在必要的时候激发一定水平的冲突。管理者激发冲突可以采用的策略主要有以下几种。

（1）改变组织文化。

（2）运用沟通。

（3）引进外人或重用吹毛求疵者。

（4）重新构建组织。

（三）化冲突为共赢的智慧

没有人喜欢冲突，但有人的地方就有冲突。值得说明的是，冲突不全是坏事，它能暴露组织中存在的问题，促进问题的公开讨论，增强企业活力，刺激良性竞争。从某种意义上讲，冲突是企业创新的重要源泉。孔子曰，君子和而不同，小人同而不和；孟子云，无敌国者，国恒亡也。冲突只是发展、变化或创新带来的副产物。

在企业中，如果两个人总是意见一致，那么，其中一个人肯定是不必要的。出现冲突并不可怕，关键是如何有效化解。办法总比问题多，任何冲突都有完美的解决方案。当冲突出现时，如何化冲突为共赢、化干戈为玉帛？

关键是基于立场（对与错）还是基于利益（得与失）的处理方式，即是要竞赛还是要共赢的问题。如果要竞赛，即导致冲突的升级。基于利益的冲突处理迫使人们走向双赢的策略，即我需要的是什么？他需要的是什么？大家如何才能和平共处？这就需拿出诚意，用同理心，采取适度的坚持，并注意妥善处理自己的负面情绪。

在处理方式上，要冷静公正、不偏不倚，充分听取双方的意见。处理时要建立共同的目标，并要有严密的规章制度。在技巧上要晓以大义，交换双方的立场，创造轻松的气氛，同时注意冷却降温的妙用，最后要使双方有台阶可下。切忌过度理性，对负面情绪视而不见，认为处理冲突是对人不对事；更不能认为处理冲突是一方的责任，只有对方需要改变；也不能等对方先行动了再表达自己的善意。

在具体策略上，华略咨询首席顾问蒋小华提供了以下九种方法。

（1）做大馅饼。双方如何各取所需？是否存在资源短缺？ 如何扩大关键性资源？创造性地将原先冲突的资源扩大，产生更多的资源。

（2）滚木法。我的重要和次要问题是什么？双方的重要和次要问题是什么？我的重要问题在对方是次要问题吗？对方的重要问题在我是次要问题吗？双方是否都把可以分开的问题拴在一起？

（3）交易法。对方的目的和价值观是什么？我如何才能满足对方的目的和价值观？

（4）减轻代价。我的建议给对方造成哪些风险和代价？如何降低风险，减轻成本？冲突时替对方考虑，如何让对方能赢。

（5）目标升级。出现冲突时，提出一个新的高层次的共同目标，该目标不经冲突双方的协作努力是不可能达到的。

（6）搭桥法。思考对方的建议是想要解决哪些关切点？我的建议是想要解决哪些关切点？在这些关切点中，双方的优先选择是什么？怎样才能满足双方的优先选择？总之，相互寻找共同点，建立冲突中的"桥梁"。

（7）谈判法。双方选出谈判代表，确定目标底线与期望上限，在协议中我希望包括哪些内容？彼此为对方找台阶下，同时双方要明白天下没有全赢的谈判，退一步海阔天空。

（8）调解法。调解人要清楚地说明调解事由与目标，在立场上要扮演桥梁的角色，创造互信的气氛，缓和冲突场面；调解时引导双方寻找解决之道，不宜主动提出解决的方案；应记录双方发言的重点，最后供对方确认；调解成功要将调解内容印发给双方，并签名负责。

（9）权威法。这一般适用于情况紧迫时。当冲突双方通过协商不能解决时，可以由上级主管部门做出裁决，按"下级服从上级"的组织原则，强制冲突双方执行上级的决定或命令。

三、企业有效运作冲突管理的方法

对冲突进行管理就是要坚持权变的观点，正视高层管理团队冲突的客观存在，采取有效措施，防止冲突发展成情感冲突，使冲突的负面作用减少，最大限度地发挥冲突的积极作用。

（一）冲突管理预警机制的构建

高层管理团队冲突是客观存在的，如果冲突严重而不能解决，则会引起高层管理危机，因此，建立高层管理团队的预警机制很有必要。构建该预警机制的原则如下。

（1）对冲突变动情况进行监测和评价，以此明确冲突的安全状态及变动趋势。

（2）对冲突的内外环境进行监测，以此明确企业高层管理成员所处的环境以及由此对冲突产生的正面或负面的影响。

（3）建立冲突预警管理活动的评价指标体系，可分成两类指标，一类是评价指标，另一类是预警指标。另外，必须构建预警部门。通过监测、识别、诊断、评价等步骤来分析企业面临的冲突状况，然后把分析结果反馈给决策部门，采取措施及时进行控制。

（二）营造公开交流和团队协作的氛围

如果在决策过程中，仅仅是少数人发挥作用，那么，企业高层管理团队的价值也就不复存在了。所以，一定要培养一种既能提高绩效又能促进成员积极参与、公开交流、团结协作的氛围。公开的交流可以使高层管理团队成员真诚参与决策，加强团队成员的共识。尽管这种公开、坦诚的交流可能导致一些争论甚至冲突，但是如果团队成员能够认识到冲突是以决策目标为导向的，是为了提高绩效，他们就能积极对待冲突，从而提高团队成员的决策满意度。

（三）构建合理的权力结构

合理的权力结构往往能使得权力既不过于集权又不过于平均。构建合理的权力结构，主要应做到以下两点。第一，变革组织结构。传统企业的组织结构，尤其是直线职能结构极易诱发破坏性冲突，因为传统职能结构的一大特点是同级之间的互逆协调性，也即同一层次人员彼此相互独立，无法协调，既不能相互指挥，又出现多头领导，很多事情都靠上级跨部门协调。因此，企业应改变金字塔式的组织结构，变为扁平化、网络化的组织结构，减少管理层次，扩大管理幅度，广泛引入工作团队。第二，改变管理模式。过度集权所带来的信息代理成本和过度分权所带来的过高代理成本都会引起决策总成本的上升，从而降低效率，因此，必须改变传统的管理模式，实行知识化管理。随着知识化管理的实施，企业信息将会实现低成本传播，这样就会对过度的集权产生制约。

（四）确立目标导向机制

高层管理团队应共同参与企业共同愿景和目标任务的设计和确认。调查显示，高效的高层管理团队总是能把工作重点放在与核心问题有关的难题和事情上，高层管理团队如果缺乏共同目标就容易把彼此放在竞争的位置上，做出负面的决定。如果团队有共同目标，就会用更广的视野讨论企业的目标和怎样取得更高的绩效，虽然彼此在相关议题上有异议，但本质是建设性的。

四、避免冲突管理模式的中西差异

中西双方的文化传统，即基督教文化与儒家文化，都为避免冲突以求得社会的稳定和经济的增长提供了理论指导。正是这种不同的理论指导，使得中西双方在避免冲突的手段和方式上产生了很大的差别。

（一）以"和"为工具的中国传统管理

中国的传统管理，主要特征是以避免"人与人之间冲突"为内容，以维持社会稳定为目标，以"和"为工具，目的是求得社会的稳定而非经济的增长。因此，管理者修身、齐家、治国、平天下，主要关心的是厚生福利，把管理的重点集中在分配领域和消费领域，对生产领域却不太重视。重视给养，要求的是"不患寡而患不均，不患贫而患不安"。于是，中国历代的宏观管理的重心，都是重"维持"而轻发展。"维持"是使农民免于饥寒，使士大夫安于宁静淡泊，使社会有法律、有秩序、有公共建设，避免外族入侵，其重点始终都在社会、政治与经济的"稳定"而非"成长"上。社会稳定与否，关键的因素在人，在人与人之间不产生大的冲突和对抗。而人与物、物与物的冲突虽然也会给社会的政治、经济带来大的震荡和灾难，但不会对社会政治、经济的稳定带来动态的毁灭性后果。只有人与人之间的冲突和对抗才会造成社会的动荡和不稳定。因此，中国的传统管理重点放在对"人"的管理上，发展出了一整套管理人、调节人际关系、避免人与人之间冲突的理论、方法和手段。这是中国管理科学中最发达的内容，是可以与西方管理科学相媲美的精华部分。这种宏观管理理论，在现代企业管理中也得到了广泛的运用。

为了求得社会政治、经济的稳定，在资源缺乏、科技不能大量应用、始终都是自给自足的贫穷的农业社会里，中国传统管理围绕着如何"稳定"，创造出了"和"的理念，来维系社会中有限的资源分配与安定社会秩序，甚至这种"和"的理念延伸到了用以避免人与物之间、物与物之间的冲突。虽然中国传统管理在追求稳定的同时并不排除发展，但这种发展是次要的，是从属于"稳定"的。中国封建社会延续了几千年，社会动荡较小，发展缓慢，处于超稳定状态之中，与这种管理理念大有关系。

为了达到"和"，求得稳定，中国传统文化提供了一整套的理论原则。管理者的奋斗目标就是平天下，使天下大治，大治就要稳定。从整个社会的总体来说，就是要"天下归仁"，要"礼之用，和为贵"。一旦天下归仁后，就会天下稳定。具体地说，人与人之间的"和"：对上和，要忠、孝、尊、崇、恭、敬，使天下有道；对平级和，要忠、恕、信、义、敦、睦，推己及人，协调矛盾；对下和，要宽、厚、慈、惠、爱；对外族和，要信任、尊重、不轻视、不敌视，相互融洽，共享太平。总之，人与人之间，包括君臣之间、父子之间、夫妻之间、兄弟之间、朋友之间、上下左右之间、内外之间，都要和。不仅如此，还要人性和，即情绪表达上要有节制，像古人所说的，"喜怒哀乐之未发谓之中，发而皆中节谓之和"，"治气养心之术，血气刚强，则柔之以调和"，"刚柔得道谓之和"。政事和，要"宽以济猛，猛以济宽，政事以和"，就是说，要能法理、人情并顾，恩威并济，宽猛互应。人与自然要和，就是要"天道自然"，"不与自然争职"，一切顺其自然。一句话，就是在诸种矛盾中，要适当地平衡，采取"中庸"的方式加以调和，这样才能使社会达到和谐稳定的境地。中国传统管理者运用这一套管理理论和原则于经营经商上，总结出了一套成功的经验，如"和气生财"、"家和万事兴"、"和商有道"等。

应当说，一种和谐稳定的社会环境对经济的发展是必需的，也是有利的。但是，中国传统管理者为达到"和"的目的，选择的行为方向和策略则基本上是消极的，它包括忍让、妥协和退避。《左传》中说，"让，礼之主也，世之治也"。而"忍让"取向的第一步就是"不争"。《荀子》说："人生而有欲，欲而不得则不能无求，求而无度量分界则不能不争。争则乱，乱则穷。"孔子也说，"君子无所争"，"君子矜而不争"。这样抑制被管理者的竞争心理，使本来十分稀缺的竞争意识，进一步受到泯灭。在中国，"忍让"哲学是非常有名的，"小不忍则乱大谋"、"忍得一时之气，免得百日之忧"、"以屈求伸"、"忍一忍风平浪静，让一让海阔天空"的"忍"字格言在民间非常流行，俯拾皆是，影响着中国人的人心和人生。再加上中国传统文化主张"无为，故无败；无执，故无失"，鼓励人们道德上的修养，鼓励人们陶冶和内省，以达到"内则修己，外则安人"的目的。这方面的例子很多，如"唾面自干"就很典型。唐代武后时，大臣娄师德问他行将出任代州刺史的弟弟："你觉得应该怎样避免别人的敌视和不满？"其弟答道："即使别人把痰吐到脸上也不计较，默默擦去就是了。"娄师德说："这样做还不够。人家会对你吐痰，是因为有气，而在他面前擦痰，就是违背他的意思，会让他更生气的。痰这种东西，不擦也会自然干的，不如露出笑容表示接受，事情过去也就算了。"宁可忍气吞声，以求相安无事。中国历史上的管理者就是这样教人来调解矛盾、寻求稳定的。不仅如此，中国传统管理还以"名分"来规范和拘束冲突，遏制人们的欲望以使人人安分守己，以"重义轻利"来消弥因资源匮乏、物质分配不均而产生的紧张与冲突。难怪乎中国许多有学问的人家里的正墙上，特意挂着一个"忍"字作为座右铭。"忍"已经影响着每一个中国人。

忍让、妥协不行的话，就采取退避的方式来避免冲突，即所谓"惹不起躲得起"。中国传统文化中倡导"舍之则藏"，"退而独善其身"。这种不参与的退避策略，几乎成为中国传统社会的基本心态，对知识分子的影响尤其大。许多知识分子一旦不得志，一旦与统治者的目标有分歧，就弃官退隐山林，走向自然，与世隔绝。这种退避的取向和策略，一直影响着现代企业管理。

（二）以"竞争"为工具的西方传统管理

与中国传统管理不同的是，以基督教文化作为背景的西方管理的特征主要是以避免"人与物"、"物与物"冲突为内容，以"发展"为目标，以"竞争"为工具，其目的则主要是为了求得经济增长和经济发展。管理者重视和关心的是最终物的产出、最终物的效益和成果。至于社会的稳定与否，他们认为那不是企业的责任，而是政府及其政治家关心的事。经济管理者关心的是经济的增长，社会财富的积累。只要经济增长了，财富积累了，就是管理者的成功。而影响经济增长和财富积累的主要因素是人与物、物与物之间的冲突，是人、物这两种生产要素或资源的配置失衡所造成的。因此，为了求得经济的发展、财富的积累，西方管理则主要依靠"竞争"的理念，采取物竞天择、适者生存、自然淘汰的方式，充分依靠和焕发个体的智慧和力量，依靠能力主义作为激励手段。人与人在竞争中的关系用制度、标准和法令等硬性措施来调节。这种管理采取的是一些激烈的对抗方式，人与人的关系比较紧张，容易造成社会动荡。

西方管理主要重视对物的管理，避免人与物、物与物的冲突，于是拼命地发明战胜自然力的工具和手段。人们注重于对自然规律的探索，天文、地理、数学、物理、几何、化学等探索自然奥秘的科学非常发达，纯理性思维非常活跃。从亚里士多德开始，欧几里德、达尔文、哥白尼、爱迪生、爱因斯坦等以探索自然之理几乎成为传统，各种以自然为对象的运动也不断出现，诸如工业革命、启蒙运动等。其目的在于战胜自然界，从自然界中索取更多的资源，以发展生产，增长经济。因此，西方管理中，生产力因素占有相当重要的地位，生产力发展水平比较快，战胜自然的能力比较强。这也是西方近代以来科学技术发展得比较快的原因。

为了适应竞争的需要，西方管理选择的行为取向或策略是主动积极的、个人主义的，抗争性很强。他们充分发挥自己的积极性和主动性，不惜以挑战、冒险、个人奋斗、索取和出人头地等种种激烈的方式，去达到目的。这种以人最终战胜物来避免冲突的方式，使得经济增长了，财富积累了，生产力发展了，成为社会发展的动力，但以"个人功利主义"为经，以"理性市场价值"和"经济性报酬"为纬的避免冲突模式，却是以社会失衡为代价的。

第三节　危机管理

⟶ 导入案例

丰田汽车召回门

日本有句谚语："要是闻着发臭，那就盖上盖子"（眼不见为净）。丰田汽车公司（Toyota）

似乎就在以这种方式处理其急速发展的汽车安全危机。对于不能刹车的刹车以及颇有"主见"的油门，丰田起初是否认，然后想大事化小，后来又百般推托。公司总裁丰田章男（Akio Toyoda）是丰田创始人的孙子，在危机发生的头两周成了失踪人员，公司对重大汽车安全问题的反应似乎不再那么积极，有负全球消费者对其的信任。

对丰田来说，这是一场公共关系的噩梦。因为长久以来，丰田品牌——全球品牌——一直是品质和可靠性的代名词。再也没有比这更糟糕的危机管理了，到目前为止，丰田已为此付出 20 亿美元的召回费用，公司股价自 2010 年 1 月 21 日（当天丰田宣布因油门踏板问题实施召回）以来下跌了 17%，而这些仅是丰田最后要承担的巨额损失的头期款而已。召回规模肯定会扩大，将包括在日本生产的汽车；丰田已面临多起法律诉讼，未来可能要付出高昂代价才能解决；而闲置的工厂和空荡荡的汽车专卖店展示区同样意味着巨大的经济损失。

日本媒体对丰田危机的报道极尽简约之能事。丰田在本土的危机公关能力似乎比在美国强大，日本媒体和政府对此事的态度也更为谨小慎微。不过，2010 年 2 月 5 日，一向直言不讳的日本国土交通大臣前原诚司（Seiji Maehara）尖锐地指出，丰田公司曾否认存在质量问题，因此，他认为该公司对消费者投诉的敏感度不够；但与美国方面不同的是，他没有授权发起对丰田产品安全隐患的调查。

同一天，丰田章男终于召开新闻发布会，这距离丰田公司因油门踏板安全问题在美国发出召回公告已有两周时间。丰田章男试图做一些补救工作，为此事给全球消费者带来的不便致以歉意。然而，公司将刹车问题归因于消费者对 ABS 电子刹车系统使用感受的不当理解，表示只有 2009 年生产的普锐斯存在此类问题；自 2010 年 1 月起，公司已解决了相关软件问题，让 ABS 刹车系统的反应更加快速。

这场新闻发布会并不成功，既没有给消费者带来安抚，也未能缓和计划于 2010 年 2 月 10 日周三在美国举行的听证会给公司带来的不利影响。很明显，丰田公司试图避免在日本本土对其产品展开安全召回，正在游说政府通过一个自愿修复计划，以减少人力物力的成本支出。丰田仍坚称其产品没有缺陷，只有软件方面的小毛病，这种空谈对重铸消费者信心毫无裨益。普锐斯是丰田汽车销量的重要支柱，而人们对其刹车系统以及其他一些安全缺陷的疑虑依然没有消失。

在"召回门"愈演愈烈之时，中国国家质量监督检验检疫总局就丰田车加速踏板等缺陷发出风险警示通告，希望消费者谨慎使用部分车型，同时在全国范围内搜集缺陷信息。

2010 年 3 月 1 日，丰田汽车总裁丰田章男在北京举行记者会，就大规模召回事件进行说明，向中国消费者道歉，并宣布召回丰田在中国销售的多款品牌汽车。

【分析提示】

丰田汽车为什么付出了如此大的代价？公司的危机管理是否得当？

一、危机管理的内涵

（一）危机管理的定义

在西方国家的教科书中，通常把危机管理（Crisis Management）称为危机沟通管理，原因在于，加强信息的披露与公众的沟通，争取公众的谅解与支持是危机管理的基本对策。

危机管理是企业为应对各种危机情境所进行的规划决策、动态调整、化解处理及员工培训等活动过程，其目的在于消除或降低危机所带来的威胁和损失。危机管理是专门的管理科学，它是为了应对突发的危机事件，抗拒突发的灾难事变，尽量使损害降至最低点而事先建立的防范、处理体系和对应的措施。

（二）危机管理的类型

企业组织面临的危机主要有8种，即信誉危机、决策危机、经营管理危机、灾难危机、财务危机、法律危机、人才危机、媒介危机。

（1）信誉危机。企业在长期的生产经营过程中，公众对其产品和服务形成了整体印象和评价，但是企业由于没有履行合同及其对消费者的承诺，而产生了一系列纠纷，甚至给合作伙伴及消费者造成重大损失或伤害，使得企业信誉下降，失去公众的信任和支持而造成危机。

（2）决策危机。决策危机是指企业经营决策失误造成的危机。企业不能根据环境条件变化正确制定经营战略，而使企业遇到困难无法经营，甚至走向绝路。如巨人集团涉足房地产项目——建造巨人大厦，并一再增加层数，隐含着经营决策危机，决策失误没有能够及时调整而给企业带来了灭顶之灾。

（3）经营管理危机。经营管理危机是指企业经营管理不善而导致的危机，包括产品质量危机、环境污染危机、关系纠纷危机。

（4）灾难危机。灾难危机是指企业无法预测和人力不可抗拒的强制力量，如地震、台风、洪水等自然灾害、战争、重大工伤事故、经济危机、交通事故等造成巨大损失的危机。危机给企业带来巨额的财产损失，使企业经营难以开展。

（5）财务危机。企业投资决策的失误、资金周转不灵、股票市场的波动、贷款利率和汇率的调整等因素使企业暂时资金出现断流，难以使企业正常运转，严重的最终造成企业瘫痪。

（6）法律危机。企业高层领导法律意识淡薄，在企业的生产经营中涉嫌偷税漏税、以权谋私等，事件暴露后，企业陷入危机之中。

（7）人才危机。人才频繁流失会给企业造成危机，尤其是企业核心员工离职，其岗位没有合适的人选，这给企业带来的危机也是比较严重的。

（8）媒介危机。真实性是新闻报道的基本原则，但是由于客观事物和环境的复杂性与多变性，以及报道人员观察问题的立场角度有所不同，媒体的报道出现失误是常有的现象。一种是媒介对企业的报道不全面或失实，媒体不了解事实真相，报道不能客观地反映事实，引起的企业危机；二是曲解事实，由于新科技的引入，媒体还是按照原有的观念、态度分析和看待事件而引起企业的危机；三是报道失误，人为地诬陷，使媒体蒙蔽，引起企业的危机。

二、企业危机管理的内涵

企业危机管理是指企业通过危机监测、危机预警、危机决策和危机处理，达到避免、降低危机产生的危害，总结危机发生、发展的规律，对危机进行科学化、系统化处理的一种新型管理体系。

危机管理的要素如下。

（1）危机监测。危机管理的首要任务是对危机进行监测。在企业顺利发展时期，企业就应该有强烈的危机意识和危机应变的心理准备，建立一套危机管理机制，对危机进行监测。企业越是风平浪静的时刻越应该重视危机监测，在平静的背后往往隐藏着杀机。

（2）危机预警。许多危机在爆发之前都会出现某些征兆，危机管理关注的不仅是危机爆发后各种危害的处理，而且要建立危机警戒线。企业在危机到来之前，把一些可以避免的危机消灭在萌芽之中，对于另一些不可避免的危机通过预警系统能够及时得到解决。这样，企业才能从容不迫地应对危机带来的挑战，把企业的损失减少到最低的程度。

（3）危机决策。企业在调查的基础上制定正确的危机决策。决策要根据危机产生的来龙去脉，对几种可行方案进行优缺点对比后选择出最佳方案。方案定位要准，推行要迅速。

（4）危机处理。第一，企业确认危机。确认危机包括将危机归类、收集与危机相关的信息、确认危机程度以及找出危机产生的原因、辨认危机影响的范围和影响的程度及后果。第二，控制危机。控制危机需要根据确认的某种危机，遏止危机的扩散使其不影响其他事物。紧急控制如同救火刻不容缓。第三，处理危机。在处理危机中，关键的是速度。企业能够及时、有效地将危机决策运用到实际中化解危机，可以避免危机给企业造成的损失。

三、企业危机管理的基本原则

（一）制度化原则

危机发生的具体时间、实际规模、具体态势和影响深度，是难以完全预测的。这种突发事件往往在很短时间内会对企业或品牌产生恶劣影响。因此，企业内部应该有制度化、系统化的有关危机管理和灾难恢复方面的业务流程和组织机构。这些流程在业务正常时不起作用，但是危机发生时会及时启动并有效运转，对危机的处理发挥重要作用。国际上一些大公司在危机发生时往往能够应付自如，其关键之一是制度化的危机处理机制，从而在发生危机时可以快速启动相应机制，全面而井然有序地开展工作。因此，企业应建立成文的危机管理制度、有效的组织管理机制、成熟的危机管理培训制度，逐步提高危机管理的快速反应能力。在这方面，天津史克面临康泰克危机事件时的沉着应对就是一个典型的危机处理成功范例。相反，阜阳奶粉事件发生后，危机处理的被动和处理缺乏技巧性，反映出一些企业没有明确的危机反应和决策机制，导致机构混乱忙碌，效率低下。

（二）诚信形象原则

企业的诚信形象，是企业的生命线。危机的发生必然会给企业诚信形象带来损失，甚至危及企业的生存。矫正形象、塑造形象是企业危机管理的基本思路。在危机管理的全过程中，企业要努力减少对企业诚信形象带来的损失，争取公众的谅解和信任。如果顾客或社会公众由于使用了本企业的产品而受到了伤害，企业就应该在第一时间向社会公众公开道歉以示诚意，并且给受害者相应的物质补偿。对于那些确实存在问题的产品应该不惜代价迅速回收，立即改进企业的产品或服务，以尽力挽回影响，赢得消费者的信任和忠诚，维护企业的诚信形象。例如，"泰诺"中毒事件的处理维护了约翰逊公司的信誉，赢得舆论和公众的一致赞扬，为今后重新占领市场创造了极为有利的条件。相反，老字号南京冠生园原本也是个有竞争力的企业，2001 年 9 月，中央电视台对其月饼陈馅的曝光，使南京冠生园遭到灭顶之灾，连带全国的月饼销量下降超过六成。又如，企业的形象危机甚至造成"三株"、"秦池"等知名品牌的销声匿迹。

（三）信息应用原则

随着信息技术日益广泛地被应用于政府和企业管理，良好的管理信息系统对企业危机管理的作用也日益明显。信息社会中，企业只有持续获得准确、及时、新鲜的信息资料，才能保证自己的生存和发展。预防危机必须建立高度灵敏、准确的信息监测系统，随时搜集各方面的信息，及时加以分析和处理，从而把隐患消灭在萌芽状态。在危机处理时，信息系统有助于有效诊断危机原因、及时汇总和传达相关信息，并有助于企业各部门统一口径、协调作业，及时采取补救措施。例如，2003年8月的"进口假红牛"危机，红牛维他命饮料公司及时查找信息来源，弄清事情真相。红牛公司立即同国内刊登该新闻的一些主要网站取得联系，向其说明事情真相。同时，红牛通知全国30多个分公司和办事处，要求它们向当地的经销商逐一说明事情真相，坚定经销商对红牛的信心和信任。及时、准确的信息应用使"假红牛"的负面影响控制在一定范围之内，把危机对于品牌和公司的危害降低到了最低限度。

（四）预防原则

防患于未然，永远是危机管理最基本和最重要的要求。危机管理的重点应放在危机发生前的预防，预防与控制是成本最低、最简便的方法。为此，建立一套规范、全面的危机管理预警系统是必要的。现实中，危机的发生具有多种前兆，几乎所有的危机都是可以通过预防来化解的。危机的前兆主要表现在产品、服务等存在缺陷、企业高层管理人员大量流失、企业负债过高长期依赖银行贷款、企业销售额连续下降和企业连续多年亏损等。因此，企业要从危机征兆中透视企业存在的危机，企业越早认识到存在的威胁，越早采取适当的行动，越可能控制住危机的发展。例如，1985年，海尔集团总裁张瑞敏当着全体员工的面，将76台带有轻微质量问题的电冰箱全部砸毁，力求消除质量危机的隐患，创造出了"永远战战兢兢，永远如履薄冰"的独具特色的海尔生存理念，给人一种强烈的忧患意识和危机意识，从而成为海尔集团打开成功之门的钥匙。

（五）企业领导重视与参与原则

企业高层的直接参与和领导是有效解决危机的重要措施。危机处理工作对内涉及从后勤、生产、营销到财务、法律、人事等各个部门，对外不仅需要与政府与媒体打交道，还要与消费者、供应商、渠道商、股东、债权银行等方方面面进行沟通。如果没有企业高层领导的统一指挥协调，很难想象这么多部门能做到口径一致、步调一致、协作支持并快速行动。中国企业更多趋向于人治，如果企业高层不重视，往往会直接导致整个企业对危机麻木不仁、反应迟缓。因此，企业应组建企业危机管理领导小组，担任危机领导小组组长的一般应该是企业一把手，或者是具备足够决策权的高层领导。例如，在"非典"危机中，我国最高领导人的高度重视和参与对克服"非典"起到了重要的作用。

（六）快速反应原则

危机的解决，速度是关键。危机降临时，当事人应当冷静下来，采取有效的措施，隔离危机，要在第一时间查出原因，找准危机的根源，以便迅速、快捷地消除公众的疑虑。同时，企业必须以最快的速度启动危机应变计划并立刻制定相应的对策。如果是内因，就要下狠心处置相应的责任人，给舆论和受害者一个合理的交代；如果是外因，要及时调整企业战略目标，重新考虑企业发展方向。在危机发生后要时刻同新闻媒体保持密切的联系，借助公证、权威性的机构来解决危机，承担起给予公众精神和物质的补偿责任，做好恢复企业的事后管理，从而迅速有效地解决企业危机。例如，在2003年的"进口假红牛"危机中，红牛公司临阵不慌，出手快、准、狠，将危机的负面影响减少到最小，从容地应对了这场关系品牌和产品的信任危机，体现出红牛公司危机管理的水平。

（七）创新性原则

知识经济时代，创新已日益成为企业发展的核心因素。危机处理既要充分借鉴成功的处理经验，也要根据危机的实际情况，借助新技术、新信息和新思维进行大胆创新。企业危机意外性、破坏性、紧迫性的特点，更需要企业采取超常规的创新手段处理危机。例如，在遇到"非典"这种突发危机时，青岛啤酒公司通过"两个创新"牢牢地抓住了商机。一是渠道的创新。青啤在许多城市通过与供水系统联合，利用他们的配送网络，实现了"非接触"式的送货上门。二是销售终端的创新。青啤改变以城市的酒店为重点的销售终端，把力量集中在小区、社区和农村市场，有计划、有步骤地进一步开发家庭消费市场这个终端。

（八）沟通原则

沟通是危机管理的中心内容。与企业员工、媒体、相关企业组织、股东、消费者、产品销售商、政府部门等利益相关者的沟通是企业不可或缺的工作。沟通对危机带来的负面影响有最好的化解作用。企业必须树立强烈的沟通意识，及时将事件发生的真相、处理进展传达给公众，以正视听，杜绝谣言、流言，稳定公众情绪，争取社会舆论的支持。例如，在中美史克 PPA 遭禁事件中，中美史克在事发的第二天就召开中美史克全体员工大会，向员工通报了事情的来龙去脉，宣布公司不会裁员。此举赢得了员工空前一致的团结，避免了将外部危机转化为内部危机。相反，三星集团主席李健熙是一个强势的领导者。在 1997 年决定进入汽车产业的时候，李健熙认为凭借三星当时的实力做汽车没有问题。实际上，汽车工业早已经生产大量过剩，生产能力超过需求的 40%，世界级品牌正在为瓜分市场而激烈竞争。由于企业内部领导层缺乏沟通，部门经理不敢提出反对意见，结果三星汽车刚刚投产一年就关门大吉。

四、企业危机管理的特征

（一）突发性

危机往往都是不期而至，令人措手不及，危机一般是在企业毫无准备的情况下瞬间发生，给企业带来的是混乱和惊恐。

（二）破坏性

危机发作后可能会带来比较严重的物质损失和负面影响，有些危机的破坏性用毁于一旦来形容一点不为过。

（三）不确定性

事件爆发前的征兆一般不是很明显，企业难以做出预测。危机出现与否以及出现的时机是无法完全确定的。

（四）急迫性

危机的突发性特征决定了企业对危机做出的反应和处理的时间十分紧迫，任何延迟都会带来更大的损失。因为危机的迅速发生会引起各大传媒以及社会大众的极大关注，使得企业必须立即进行事件调查与对外说明。

（五）信息资源紧缺性

危机往往突然降临，决策者必须做出快速决策，但是在时间有限的条件下，混乱和惊恐的心理使得获取相关信息的渠道出现瓶颈现象，决策者很难在众多的信息中发现准确的信息。

（六）舆论关注性

危机事件的爆发能够刺激人们的好奇心理，常常成为人们谈论的热门话题和媒体跟踪报道的内容。企业越是束手无策，危机事件越会增添神秘色彩引起各方的关注。

五、企业危机管理的对策

企业在生产经营中面临着多种危机，并且无论哪种危机发生，都有可能给企业带来致命的打击。企业通过危机管理对策把一些潜在的危机消灭在萌芽状态，把必然发生的危机损失减少到最小的程度。虽然危机具有偶然性，但是危机管理对策并不是无章可循。我们通过对企业危机实践的总结，不难发现危机管理对策主要包括如下几个方面。

（一）做好危机预防工作

危机产生的原因是多种多样的，不排除偶然的原因，多数危机的产生有一个变化的过程。如果企业管理人员有敏锐的洞察力，根据日常收集到的各方面信息，及时采取有效的防范措施，完全可以避免危机的发生或使危机造成的损害和影响尽可能减少到最小程度。因此，预防危机是危机管理的首要环节。

1. 树立强烈的危机意识

企业进行危机管理应该树立一种危机理念，营造一个危机氛围，使企业的员工面对激烈的市场竞争而充满危机感，将危机的预防作为日常工作的组成部分。首先，对员工进行危机管理教育，教育员工认清危机的预防有赖于全体员工的共同努力。全员的危机意识能提高企业抵御危机的能力，有效地防止危机发生。在企业生产经营中，员工时刻把与公众沟通放在首位，与社会各界保持良好的关系，消除危机隐患。其次，开展危机管理培训。危机管理培训的目的与危机管理教育不同，它不仅在于进一步强化员工的危机意识，更重要的是让员工掌握危机管理知识，提高危机处理技能和面对危机的心理素质，从而提高整个企业的危机管理水平。

2. 建立预防危机的预警系统

预防危机必须建立高度灵敏、准确的预警系统。信息监测是预警的核心，随时搜集各方面的信息，及时加以分析和处理，把隐患消灭在萌芽状态。预防危机需要重点做好以下信息的收集与监测：一是随时收集公众对产品的反馈信息，对可能引起危机的各种因素和表象进行严密的监测；二是掌握行业信息，研究和调整企业的发展战略和经营方针；三是研究竞争对手的现状，进行实力对比，做到知己知彼；四是对监测到的信息进行鉴别、分类和分析，对未来可能发生的危机类型及其危害程度做出预测，并在必要时发出危机警报。

3. 建立危机管理机构

这是企业危机管理有效进行的组织保证，这不仅是处理危机时必不可少的组织环节，而且在日常危机管理中也是非常重要的。危机发生之前，企业要做好危机发生时的准备工作，建立起危机管理机构，制定出危机处理工作程序，明确主管领导和成员职责。成立危机管理机构是发达国家的成功经验，是顺利处理危机、协调各方面关系的组织保障。危机管理机构的具体组织形式，可以是独立的专职机构，也可以是一个跨部门的管理小组，还可以在企业战略管理部门设置专职人员来代替。企业可以根据自身的规模以及可能发生的危机的性质和概率灵活决定。

4. 制订危机管理计划

企业应该根据可能发生的不同类型的危机制订一整套危机管理计划，明确怎样防止危机爆发，一旦危机爆发立即做出针对性反应等。事先拟定的危机管理计划应该囊括企业多方面的应急预案。在计划中要重点体现危机的传播途径和解决办法。

（二）进行准确的危机确认

危机管理人员要做好日常的信息收集、分类管理，建立起危机防范预警机制。危机管理人员要善于捕捉危机发生前的信息，在出现危机征兆时，尽快确认危机的类型，为有效的危机控制做好前期工作。

（三）危机处理的理论依据

1. 承担责任（Shoulder the Matter）原则

危机发生后，公众会关心两方面的问题。一方面是利益的问题，利益是公众关注的焦点，无论谁是谁非，企业应该承担责任。即使受害者在事故发生中有一定的责任，企业也不应首先追究其责任，否则会各执己见，加深矛盾，引起公众的反感，不利于问题的解决。另一方面是感情问题，公众很在意企业是否在意自己的感受，因此，企业应该站在受害者的立场上表示同情和安慰，并通过新闻媒介向公众致歉，解决深层次的心理、情感关系问题，从而赢得公众的理解和信任。

实际上，公众和媒体往往在心目中已经有了一杆秤，对企业有了心理上的预期，即企业应该怎样处理，我才会感到满意。因此，企业绝对不能选择对抗，态度至关重要。

2. 真诚（Sincerity）沟通原则

企业处于危机漩涡中时，是公众和媒体的焦点。企业的一举一动都将接受质疑，因此不能有侥幸心理，企图蒙混过关，而应该主动与新闻媒介联系，尽快与公众沟通，说明事实真相，促使双方互相理解，消除疑虑与不安。

真诚沟通是处理危机的基本原则之一。这里的真诚指"三诚"，即诚意、诚恳、诚实。如果做到了这"三诚"，则一切问题都可迎刃而解。

（1）诚意。在事件发生后的第一时间，公司的高层应向公众说明情况，并致以歉意，从而体现企业勇于承担责任、对消费者负责的企业文化，赢得消费者的同情和理解。

（2）诚恳。一切以消费者的利益为重，不回避问题和错误，及时与媒体和公众沟通，向消费者说明事件处理的进展情况，重拾消费者的信任和尊重。

（3）诚实。诚实是危机处理最关键也最有效的解决办法。我们会原谅一个人的错误，但不会原谅一个人说谎。

3. 速度（Speed）第一原则

好事不出门，坏事行千里。在危机出现的最初 12～24 小时内，消息会像病毒一样，以裂变方式高速传播。而这时，可靠的消息往往不多，社会上充斥着谣言和猜测。公司的一举一动将是外界评判公司如何处理这次危机的主要根据。媒体、公众及政府都密切注视公司发出的第一份声明。对于公司在处理危机方面的做法和立场，舆论赞成与否往往都会立刻见于传媒报道。

公司必须当机立断，快速反应，果决行动，与媒体和公众进行沟通，从而迅速控制事态，否则会扩大突发危机的范围，甚至可能失去对全局的控制。危机发生后，能否首先控制住事态，使其不扩大、不升级、不蔓延，是处理危机的关键。

4. 系统（System）运行原则

在逃避一种危险时，不要忽视另一种危险。在进行危机管理时必须系统运作，绝不可顾此失彼。只有这样才能透过表面现象看本质，创造性地解决问题，化害为利。

危机的系统运作主要是做好以下几点。

（1）以冷对热，以静制动。危机会使人处于焦躁或恐惧之中，所以，企业高层应以"冷"对

"热"，以"静"制"动"，镇定自若，以减轻企业员工的心理压力。

（2）统一观点，稳住阵脚。在企业内部迅速统一观点，对危机形成清醒的认识，从而稳住阵脚，万众一心，同仇敌忾。

（3）组建班子，专项负责。一般情况下，危机公关小组由企业的公关部成员和企业涉及危机的高层领导组成。这一方面是高效率的保证，另一方面是对外口径一致的保证，使公众对企业处理危机的诚意感到可以信赖。

（4）果断决策，迅速实施。由于危机瞬息万变，在危机决策时效性要求和信息匮乏条件下，任何模糊的决策都会产生严重的后果，所以必须最大限度地集中决策使用资源，迅速做出决策，系统部署，付诸实施。

（5）合纵连横，借助外力。当危机来临时，应和政府部门、行业协会、同行企业及新闻媒体充分配合，联手对付危机，在众人拾柴火焰高的同时，增强公信力、影响力。

（6）循序渐进，标本兼治。要真正彻底地消除危机，需要在控制事态后及时准确地找到危机的症结，对症下药，谋求治"本"。如果仅仅停留在治标阶段，就会前功尽弃，甚至引发新的危机。

5. 权威（Standard）证实原则

自己称赞自己是没用的，没有权威的认可只会徒留笑柄。在危机发生后，企业不要自己整天拿着高音喇叭叫冤，而要曲线救国，请重量级的第三者在前台说话，使消费者解除对自己的警戒心理，重获他们的信任。

（四）危机的善后工作

危机的善后工作主要是消除危机处理后的遗留问题和影响。危机发生后，企业形象受到了影响，公众对企业会非常敏感，要靠一系列危机善后管理工作来挽回影响。

（1）进行危机总结、评估。对危机管理工作进行全面的评价，包括对预警系统的组织和工作程序、危机处理计划、危机决策等各方面的评价，要详尽地列出危机管理工作中存在的各种问题。

（2）对问题进行整顿。多数危机的爆发与企业管理不善有关，通过总结评估提出改正措施，责成有关部门逐项落实，完善危机管理内容。

（3）寻找商机。危机给企业制造了另外一种环境，企业管理者要善于利用危机探索经营的新路子，进行重大改革。这样，危机可能会给企业带来商机。

总之，危机并不等同于企业失败，危机之中往往孕育着转机。危机管理是一门艺术，是企业发展战略中的一项长期规划。企业在不断谋求技术、市场、管理和组织制度等一系列创新的同时，应将危机管理创新放到重要的位置上。一个企业在危机管理上的成败能够显示出它的整体素质和综合实力。成功的企业不仅能够妥善处理危机，而且能够化危机为商机。

第二部分　实务与实训任务

任务一　思考与讨论

一、简答题

1. 知识管理在企业发展过程中的重要性是什么，如何实施？

2. 冲突管理模式中西方的差异有哪些?

3. 企业如何应对突发性危机?

二、讨论题

1. 请你根据冲突管理理论分析"菜贱伤农"问题,并针对其产生的危机讨论解决方案。

2. 列举身边危机公关失败的企业实例,并选择一个典型案例进行分析,做一个较完整的分析方案。

任务二　案例分析

案例一　谁来负责知识管理

茂盛游戏公司是网络游戏行业的新贵,2006 年顺利登陆纳斯达克。公司既代理国外游戏公司的产品,又有自主开发的游戏。公司老总陈扬年少有为,是美国名校的 MBA。

游戏行业被称为唯一一个能让人上瘾而国家不进行管制的行业,丰厚的利润吸引了各路豪杰进入这个领域。

作为上市较早的游戏公司之一,虽然茂盛的业务线和产品已经足够丰富,而且多年的积累使公司在这个领域有了领先的地位,但陈扬深知在这样一个行业中如果不能持续创新、不能快速发展就很容易被淘汰。所以,陈扬准备做知识管理:一方面想通过知识管理总结、提炼公司已有知识来帮助企业提高每款游戏的运营效率,提高游戏玩家的满意度;更重要的是通过知识管理提高企业的创新水平。

当陈扬在总裁办公会上提出知识管理的时候,各个事业部和职能部门的老总们大都表示赞同,并且觉得很有价值。××部门的游总认为,茂盛游戏作为游戏行业的"前辈",应该不同于那些新出现的游戏公司,茂盛的经验积累是他们最大的财富。

高管层在认识上没有问题,但具体到每个部门的知识管理该如何搞,讨论就相当热烈了。HR 部门认为知识管理就是如何管住人,防止人员流失;CIO 建议买一套系统,将所有知识都管理起来,方便人们查看;自主网游开发部门的经理则认为应该关注网络游戏行业的发展趋势和最新动态,这些知识对他们最有价值。

最后决定各个业务单元的事业部根据自己部门的情况确定各部门的知识管理战略,由职能部门协助业务部门的知识管理工作。陈扬认为,各个业务部门最了解自己的需求,如果需要人力咨询协助的时候人力资源必须支持,如果需要系统和软件的时候 CIO 也必须支持,每个事业部的老总是知识管理第一责任人。

茂盛游戏公司的知识管理推动机构由以下部门组成。

知识管理委员会。知识管理委员会由主管企业战略的副总作为委员会主任和召集人,总经理、各事业部经理、信息化部门、人力资源部门等经理作为委员会成员。

知识管理部。各个事业部成立知识管理部门,由事业部老总兼任知识管理部门负责人,然后确定部门秘书协调,该部门员工全部为兼职。

2007 年 3 月茂盛游戏成立知识管理的管理机构,初期的时候动静很大,公司内部都在宣扬知识管理的好处,陈扬和各个事业部的老总也总在开会的时候提到知识管理。在做知识管理系统的时候,该公司也提供了咨询和知识梳理,将原来分散在部门、员工和项目组的信息存到了系统中。但里面存的内容太过庞杂，分类也不尽合理，所以许多内容找不到。

系统上线后，系统中的内容很少有人更新。还有一个很重要的问题是，大部分员工感觉不到知识管理跟他们有什么关系，而且各个事业部的老总虽然从理论上觉得知识管理十分重要，但在工作中没有发现知识管理能帮他们解决什么头疼的问题。加之每个事业部老总的工作都很忙，所以热情过后也就没有更多关注，只有部门秘书在做相关的工作。

从部门秘书的角度说，他们也想做好这件事情，但他们对业务的需求并不清楚。由于大部分秘书在公司的资历比较浅，所以他们跟部门的领导、骨干员工交流的时候，那些公司的"牛人"们总以自己工作忙、项目紧推托，而且部门秘书感觉也提不出问题。

陈扬也感到有问题，觉得知识管理的效果离自己的预期比较远，仿佛做了一年也没什么成果。组织架构有了，IT 系统有了，管理层也重视，难道是项目选错了人？应该让谁来负责知识管理项目呢？

问题：

根据本案例提供的背景资料，讨论茂盛游戏公司目前在知识管理方面遇到的困境及应对策略。

案例二　肯德基"秒杀门"

2010 年 4 月 6 日，肯德基中国公司在网上推出"超值星期二"三轮秒杀活动，64 元的外带全家桶只要 32 元，于是在全国引爆购买热潮。但当消费者拿到从网上辛苦秒杀回来的半价优惠券（优惠券上标明复印有效）时，突然被肯德基单方面宣布无效。中国肯德基发表声明称，由于部分优惠券是假的，所以取消优惠兑现，并向顾客致歉。但各门店给出的拒绝理由并不一致。

消费者认为是肯德基忽悠了大家，在各大论坛发表谴责帖子，不时出现"出尔反尔，拒食肯德基"这样的言论，有网友甚至把各地的秒杀券使用情况汇总，一并向肯德基投诉。肯德基陷入"秒杀门"。

4 月 12 日，肯德基发表公开信，承认活动欠考虑，未能充分预估可能的反响，承认网络安全预防经验不足，表示应对不够及时，个别餐厅出现差别待遇带来不安全因素，承认第一次声明中"假券"一说用词欠妥。

6 月 1 日，肯德基在中国内地的第 3 000 家餐厅落户上海，公司高层首次就"秒杀"事件公开向消费者致歉。

问题：

肯德基陷入"秒杀门"危机的原因是什么？如果你是一名肯德基的高层领导人员，应如何应对此危机？请写出相应的对策。

任务三　情景模拟实训

情景模拟一

到底收了多少钱

剧中人物：顾客甲、顾客乙、经理冯一凡、柜台售货员及收银员小王。

场景一

旁白： 某商场外大屏幕显示上午九点，商场刚开门。

商场外，顾客甲和顾客乙窃窃私语，然后，顾客甲走进了商场，来到了卖小家电的柜台前（此柜台有单独的收款机），小王负责售货与收银。

售货员小王： 先生您好！请问需要点什么？

顾客甲： 南孚电池多少钱一对？

售货员小王： 五块钱一对。

顾客甲： 手电筒多少钱一只？

售货员小王： 五块八。

顾客甲： 噢，还挺贵的（顾客甲在低头看着柜台里的东西，嘴里低声自言自语）。那给我来一对南孚电池。

售货员小王： 好的（说着将电池取出，来到收银台前，接过顾客甲递过的 100 元人民币），找你 95 元，拿好（说着将电池和人民币递到顾客甲的手上）。

旁白： 顾客甲拿着电池和找回的钱走出了商场。

场景二

旁白： 商场外大屏幕显示上午十点，顾客乙走进了商场，来到了卖小家电的柜台前。

售货员小王： 先生您好！请问需要点什么？

顾客乙： 耳机多少钱一副？

售货员小王： 15 块钱。

顾客乙： 纽扣电池多少钱一只？

售货员小王： 四块五。

顾客乙： 好的，给我来一只纽扣电池。

售货员小王： 好的（说着将电池取出，来到收银台前，接过顾客乙递过的 10 元人民币），找你五块五，拿好（说着将电池和人民币递到顾客乙的手上）。

顾客乙： 麻烦你看看清楚，我明明给你的是 100 块，你怎么找给我五块五？

售货员小王：（小王一怔，打开收银机的抽屉一看）先生您记错了，你给我的是 10 块钱。

顾客乙： 你讲不讲理，我明明给你 100 块钱，愣说我给你 10 块。

售货员小王： 我到现在还没收几张一百元呢。

顾客乙： 不承认是吧，叫你们经理来，我得让你们给个答复。（转头向其他地方大声喊）大家快来看看啊，商场不讲理啊。

旁白： 商场顾客渐渐围过去，越围越多。顾客乙冲着大家眉飞色舞，很有理的样子。同时，小王给经理打电话。

售货员小王： 冯经理，有一顾客明明给了 10 元，非说给了 100 元。我到现在只收到两张 100 元的钱。他还说让你过来给他一个答复。

顾客乙： 大家看看啊，我给了她 100 元，她非说我给她 10 元，你们说她是不是眼睛不好使？

售货员小王： 你说给我 100 元，证据呢？

顾客乙： 要证据是不是？我昨天晚上看电影《2012》，即兴之作，就将 2012 写在了那张钱上。你看看有没有那张？

旁白： 小王翻着收银机抽屉里的钱，拿出了所有的百元大钞，果然有一张写着"2012"。顾客乙夺过那张钱，举起来。这时经理从楼上下来，站在楼梯口观望。

顾客乙： 大家看看，我没说谎吧？幸亏我多留神记住了，要不还不被她给骗了？

……

旁白： 经理观望了一会儿，顾客说什么的都有，经理也通过其他顾客大体了解了事情的经过，然后，走向人群。

经理： 大家好，我是经理冯一凡，有什么问题我来解决。

顾客乙： 你是经理是吧？看看你们的好员工，非把我给了100元说成给了10元，这不闭着眼睛说瞎话吗？

经理： ……

问题：

1. 假如你是冯经理，该如何处理此问题？请编写续集。
2. 联系近几年企业实际，谈谈你对危机公关的认识。

情景模拟二

中毒事件风波

剧中人物： ×市知名酒店总经理王总，酒店餐饮服务部经理刘某，酒店采购部经理马某，酒店财务部经理李某，酒店前台部经理杨某，记者甲、乙。

旁白： ×市系著名的旅游城市，服务行业发展迅速，×××酒店是该市服务行业的领军品牌，服务规范，管理严格，知名度较高，在当地颇具影响力。2013年7月16日的一天，前来该酒店就餐的34名外地游客发生食物中毒现象。据知情者透露，该酒店以前也发生过游客食物中毒的事件。

场景一　酒店会议室

旁白： 晚上七点十分，酒店三楼会议室，酒店各部门主管全部到位，每位主管脸上的表情非常复杂，整个会议室的气氛不同寻常。酒店总负责人王总走上台前，清了清嗓子……

王总： 各位同事，大家晚上好！今天把大家召集在一起召开紧急会议，参加会议的部门，大家都看见了，有餐饮服务部、客房部、前台部、财务部以及采购部的同仁。为什么要召开紧急会议呢？

旁白： 此时坐在台下的几位主管，开始交头接耳，窃窃私语，会场有些骚动……

王总： 想必大家有所耳闻，是的，今天下午，在我们酒店就餐的34名外地游客，先后出现了恶心、头晕、呕吐等疑似食物中毒的现象。事情发生后，我们酒店餐饮服务部门的刘经理，第一时间将患者送往了医院接受治疗。现在，刘经理刚从医院赶回来，让刘经理和大家说一下事件的具体情况。

旁白： 刘经理起身，因为刚从医院赶回来，额头上还渗着汗水。

刘经理： 王总，各位同事，大家晚上好！当时，我们的一位老顾客介绍了34名外地游客前来就餐，这些客人入席大约有1小时左右的时间，就陆续开始出现头晕、呕吐、恶心的症状。事情发生后，我们第一时间叫了救护车，将患者送往医院，我现在刚从医院赶回来。根据医生的诊断，34名游客确定是食物中毒，但中毒的具体原因还在检查中。现在34名患者的情况已经基本稳定，正在接受输液治疗。事情发生后，我们也在第一时间"保护了现场"，食品药品监督管理部门已经开始介入调查。游客当天晚上餐桌上的所有食品和酒水的样品已经拿到相关部门进行化验，相信很快就会有结果。同时，我们也根据游客的要求，联系了部分游客的家属，明天中午部分游客家属会抵达我市……

王总： 嗯，好。刘经理你先坐下来休息一下。

刘经理： 谢谢王总！（刘经理边坐下边擦了一把汗）

王总： 各位同事，保证顾客的人身安全，为顾客提供周到和满意的服务，是酒店建立以来秉承的服务宗旨。今天下午这34名游客，在我们酒店出现了这样的事情，我们难辞其咎。首先，作为总经理，我向在座的各位同事检讨，在酒店的管理和顾客安全方面，我们做得仍然不够，我们的管理还存在漏洞，这主要是我的责任。

王总：（停顿了一下，继续说）同时，这次顾客中毒事件，我们各个部门之间也要充分配合，达成共识，认真排查事情发生的原因，是因为我们采购的食品质量不合格，还是食品加工环节有问题，或者是我们服务员的原因，更或者是顾客在外面吃了不干净的东西。不管是什么原因，我们一定要积极配合相关部门调查清楚。性命攸关啊！各位，我们酒店的信誉不仅仅是我们的宝贵资产，更是我们城市的脸面啊！如果查出是我们的责任，一定要严格落实责任，按照规定立即实施整改，绝不能马虎大意！

旁白： 台下坐着的采购部经理马某有些坐不住了……

采购部马经理： 王总，咱们酒店的食品采购，每一批都是我带人严格检验把关的，都是新鲜的食材啊！怎么可能出现质量问题！

旁白： 其他部门的一些主管也坐不住了，纷纷表示不可能是自己所在的部门出现了问题。

王总： 各位主管，大家先不要议论！事情既然已经发生了，在没有查出原因之前，每个部门都不能推脱责任！我们要本着为顾客负责的态度，更要维护我们酒店的形象和信誉。从明天开始，我们酒店要停业整顿7天，在停业期间，我们要仔细排查原因，找出真相，给顾客和他们的家属一个交代！给广大消费者一个交代！

王总： 各位，今天是7月16日，针对此次顾客中毒事件，我郑重宣布成立"七一六事件调查小组"。组长是我，副组长是餐饮服务部的刘经理，其他各个部门的主管，都是调查小组的主要成员。各部门主管回去之后，尽快拿出整顿方案，要不留死角，彻底盘查部门服务和管理中存在的疏漏！前台部的杨经理，这几天你辛苦一下，在排查部门管理问题的同时，负责接待患者家属，安抚患者的情绪，一定要让患者和家属放心，患者住院费用和家属食宿费用，明天你去找财务部的李经理预支一部分费用，由酒店垫付。

前台部杨经理： 好的王总！

王总面向李经理： 李经理，在此期间，你要全力配合杨经理的工作！同时，停业整顿期间，员工的补贴要按时发放，不要让员工带着情绪，这对我们后期的营业是不利的。

财务部李经理： 好的王总！

王总： 各位同事，按照规定，明天开始停业整顿，各部门主管回去后，仔细排查服务管理中存在的问题，明天下午要上报详细的整改方案，对于工作中存在的问题，不要讳疾忌医，排查出来就要如实上报，同时要有详细可行的解决方案。如果有问题，我们就要把问题消灭在萌芽状态。大家试想一下，如果对排查出的问题我们视而不见，势必会有更大的隐患，会给我们造成更大的损失，得不偿失！

餐饮服务部刘经理：王总，咱们酒店出事后，酒店外面已经有记者在活动了，社会上还有些人议论纷纷，说我们去年就让顾客中了毒，今年还这样，以后不用营业了……

王总：嗯，情况我已经了解了。

旁白：王总皱了一下眉头，语重心长地告诉大家。

王总：各位同事，事情发生后，对我们酒店的不良影响肯定是有的，但这些只是暂时的挫折，我们要辩证看待！关键是要吸取事件的教训，把我们的管理和服务水平提上去！针对这个事件，我向大家提几点要求。

第一，各部门主管回去后，要认真安抚部门员工的情绪，我们现在最要紧的是抱成一团，上下齐心，共同渡过难关，不是散播诸如"饭店吃死人了"此类的流言蜚语，我一直坚信我们酒店的信誉和品质，我更相信在座各位的工作责任心。

第二，在事情没有查清楚之前，大家一定要保持冷静的头脑，积极配合相关部门开展调查，去年，就有传言顾客在我们酒店就餐后中毒，经核查，是竞争对手恶意诽谤中伤！在挫折面前，我们不能自乱阵脚。

第三，如果要面对新闻记者，大家要做到不逃避，不回避，实事求是，态度真诚，没有查出结果之前，不能妄言，要对酒店负责，更要对患者负责！

不管顾客中毒是不是我们的原因，我们都要一查到底，相信相关部门会很快出具结果。在停业整顿期间，我们需要思考，更需要做深刻的检讨！拿出改变的勇气和措施，任何一家酒店没有高质量、高标准的规范和要求，都不能取得顾客的信任，更不能在竞争中立足！

旁白：台下就坐的各部门主管表情肃穆，但眉宇间多了几许镇定。

王总：各位主管，人命关天，顾客的利益大于一切，大家一定要充分重视，抓紧时间拿出整改方案，本着负责的态度尽快把事情解决，尽快恢复营业……大家看看还有什么问题吗？

台下人员：没有了……

王总：好的，各位同事，众志成城才能渡过一切艰险，大家都打起精神来，共同解决我们遇到的难题吧！散会！

场景二　酒店外停车场

旁白：晚上八点，两名本市报纸的记者在酒店门口东张西望。酒店总经理王总刚结束会议，同前台部杨经理一起，准备前去医院探望患者。两名记者看见王总出来，小跑着向前，准备采访。

记者：王总您好，我们是×××报社的记者，耽误您几分钟，采访您几个问题，据说咱们酒店去年就发生了一次食物中毒事件，酒店饭菜质量问题如今再度让人怀疑，作为本市酒店行业的领军品牌，请问贵酒店如何看待本次事件？

王总：两位记者朋友，你们好，去年有传言我们酒店出现了食物中毒现象，经过我们核查，是竞争对手恶意诽谤，我们也已经要求对方公开致歉。对于今天下午发生的事情，我们酒店要向受到伤害的游客深表歉意，我们诚挚地请求患者及患者家属的原谅！无论是什么原因导致的顾客食物中毒，我们酒店将本着诚信的原则，积极处理，绝不会推脱责任！

记者：患者的情况如何？有无生命危险？酒店将如何弥补？

王总：患者的情况已基本稳定，只要经过一段时间的调养，就能恢复健康。只要是我们酒店应该负的责任，我们绝不会逃避，我们会给患者提供需要的帮助。

记者：这次中毒事件，到底是酒店内部管理不当还是竞争对手的原因？

王总：至于顾客中毒的原因，我们正在积极配合相关部门进行调查，我们酒店从明天开始停业整顿，酒店内部也成立了应急处理小组，相信很快就会给患者以及家属一个交代。患者以及家属的住院以及接待费用，我们酒店全部承担。如果检出是我们酒店的问题，我们一定会承担责任，绝不刻意隐瞒；如果不是，我们也会在第一时间，给顾客，给社会大众一个明确的说法。请大家放心，也感谢大家一直以来对我们酒店的信任和支持，在这里，谢谢大家！

记者：请问这次事件一出，消费者们第一时间想到的是贵酒店的食品安全问题，请问贵酒店有何看法？

王总：事件一发生，顾客就想到我们酒店，证明顾客们对我们是非常关注的，对此我感到非常荣幸。诚信是我们的宗旨，质量是我们的根本，这次事件很快就会真相大白，无论结果如何，相信我们酒店的管理和服务质量会做出进一步的改进，届时，大家会看到一个管理更加完善，服务更加规范的酒店！

记者：请问针对这次事件，贵酒店准备今后如何去做？

王总：这次事件，无论结果如何，都暴露出了我们酒店服务和管理还存在一些问题。随着我市游客的增多，尤其是夏季，经常会出现顾客因为各种原因导致食物中毒的事件，这种事件十分普遍。但我们酒店作为本市服务行业的领军品牌，除了要加强对自己酒店服务人员的培训与管理，严把食品质量安全关以外，我们还有责任加强对就餐客人的引导，担起就餐顾客安全的重任。比如说，印发一些宣传手册，告诉顾客如何辨别酒店食物是否新鲜，引导顾客不要随便在不规范的场所就餐。同时，我们准备成立"监察小组"，由酒店的高层牵头，定期对各部门服务质量和水平进行检查，检查结果纳入各部门人员的日常考核。总经理办公室也准备开设顾客投诉电话，一旦发现问题，第一时间解决处理，不让问题过夜，减少直至避免类似现象再次发生……我相信我们酒店的品质，更相信广大消费者会对我们酒店一如既往地支持！

记者：……

王总：不好意思了两位，我们还要去医院探望患者，今天就到这里！谢谢大家！

王总及杨经理急匆匆地步入停车场，车子启动，朝医院方向驶去……

问题：

1. 假如你是酒店总经理王总，接下来你该如何决策，处理此次事件，请编写续集。
2. 结合你的所见所闻，谈谈你对危机管理对策的认识。

案例与情景分析

综合实训一

存货，留多少最好

早上八点半，嘉农网络超市的总经理杨波准时出门，今天上午九点公司要开月度部门主管总结会。杨波一边叫司机开车，一边把要在会议上讲的问题在脑中重新整理一遍。出租车才开过两个路口，杨波的手机突然叫了起来，是仓库经理黄豪的来电。杨波按下了通话键，还未开口，就听到黄豪心急火燎的声音："杨总，快到仓库来一趟，赵董在这大发脾气呢，已经有两个工人被解雇了……"上午应是仓库赶发当天订单的时候，杨波赶紧掉头直奔仓库。

果然，整个仓库就像一锅沸水。几个工人推着小车在货架间往来穿梭，也不知道是通道太窄还是他们跑得太快，老是互相堵住；出货口有三四个工人正在给货物打包、作标记，而他们身后已经累积了好几辆小车；还有些人在仓库里跑来跑去，不知道在忙什么。

"杨总，你可来了！"黄豪一下就发现了站在门口的杨波，像看见救命稻草一样冲了过来。他满头大汗，非常狼狈。原来一个多小时前，董事长赵志伟就到了配送中心，查问一张运丰公司的订单，当知道这份订单和其他需要今天送货的订单一样，都还在货架前等着处理后，他就做起了监工，亲自在仓库里指挥工人。可半个多小时下来，只完成了30%的拣货工作，而且还有不少货品短缺。更糟糕的是核验员还发现不少完成拣货的单子里有错误，根本无法发运，赵董开始暴跳如雷，而货架上的牛奶有一大半都是过期的，这个发现更是给他火上浇油。"已经有两个拣错货的工人被他解雇了，从来没见过赵董发那么大的脾气。"黄豪心有余悸，"现在我也得在线上帮着完成订单。"他扭头瞅瞅配送中心经理办公室，"赵董在里面，你去看看吧。"杨波还没走进办公室，便透过玻璃墙看到赵志伟铁青的脸。他才推开门，赵志伟就嚷嚷起来："这怎么行，一笔这样简单的订单都无法完成，这样下去，还说什么顾客至上，服务制胜？"

原来在昨天晚上，客户部接到运丰公司的电话，狠狠地埋怨了嘉农总不能按时按量送货，给他们带来了很大的麻烦，并威胁如果再发生这样的情况就终止合作。很不巧的是，当时正好客户经理不在，是他这个董事长亲自顶住了运丰公司那个凶神恶煞般的采购经理半个多小时的狂轰滥炸。

杨波赶紧叫黄豪优先处理运丰公司的订货，并向赵董保证下午前一定把货送到，以后也不会再出现这种状况，赵志伟的火气才消了一些。他抓起衣服和杨波一起回公司参加部门主管会议，黄豪则暂时留在仓库里善后。

三月之限

嘉农是一个组建不到三年的新兴企业，主要经营日用品、食物、饮料等杂货的网上销售业务。公司是几个年轻人集合了民间资本创立的，投资者就是现任董事长赵志伟的父亲，他们皆看好网络超市的前景，打算借此做一番大事业。

嘉农公司自成立以来发展迅速，从十几个人两台计算机，配送小礼品开始，业务范围逐渐扩大，包括了一些对质量及货架管理要求极高的水果、新鲜奶制品食物等。每天的订单量从几个发展到几百个，配送点覆盖了上海的10个区县，配送量每天达到十多辆货车，业务量突飞猛进。

可是网络神话的破灭使那些昔日五彩缤纷的泡沫无影无踪，裁员、降薪，甚至倒闭都已不再是新闻。国内经济也不复上演上次金融危机时的这边风光独好，投资商们也跟着纷纷修改了他们的预算，嘉农好几笔谈好的投资计划都搁浅了。但幸运的是还有赵志伟父亲的资金支持，嘉农尚有足够的资金支持以度过这个寒冷的冬天。想到这里，杨波与坐在旁边的赵志伟相视一笑。但事实显然不如杨波想得那么乐观。赵志伟回到公司后没多久，就给杨波带来了一个噩耗，"我爸刚才来电话了，他的公司经营出现了问题，资金紧张，我们原本谈好的第二笔资金现在没法到位了……"赵志伟满脸愧色。杨波一愣，很快他就说："如果暂时没法全部到账，是不是可以先注入1/2，或是1/3也行……"赵志伟摇摇头，脸色凝重，"我已经努力争取过了，可是实在没办法。我爸还说，如果我们不能在三个月内扭亏为盈的话，他就会把嘉农出售变现，要我们做好准备……"这个消息无疑是一记重锤，杨波只觉得眼前有些发黑。网络公司被变卖，这是最近在媒体上最耳熟能详的梦魇，难道也要落到自己头上，回想自己和这群伙伴创业三年的艰辛，杨波不知道该怎么告诉其他人这个事实。看到杨波和赵志伟一起走进会议室，大家都把眼光投到他们身上。杨波清了清嗓子，"不怎么好的消息，如果我们不能在三个月内扭亏为盈的话，志伟的父亲会考虑把公司出售。"他努力让自己的声音听起来平静点。

"什么？那，第二笔……"急性子的IT部门经理冯维话还没出口，就看到赵志伟在缓缓摇头，接着是半分多钟的沉默，几乎就像是过了半个钟头，整个办公室静得几乎可以听得到各人的呼吸声。最后还是财务总监沈亦云先开口，"杨波，那现在你怎样打算呢？"

"到了现在，我们只能放手一搏，希望能有转机。如今外部的资金支持已经没有了，我们只有从公司内部挤出钱来进行下一步的发展，也就是说，我们的目标是同时改善净利和现金流，至于具体怎样达到个目标，我们现在就商量一下。"杨波说，"大家不妨说说自己的看法，只有三个月的时间，我们从什么方向着手改进最有效？"

寻找突破口

会议室里一片安静，杨波首先转向财务总监："亦云，现在我们的财务报表上能透露什么信息？"

沈亦云随即打开了她的笔记本电脑，熟练地点开费用清单，随之而来的是两个电子表格下的饼状图。管理费用和销售费用都被切成了一块一块的，每片都代表了一个小项目。"大家可以先看看这个，我认为公司在管理费用和销售费用上还有潜力可挖。"

"原来我们每个月有那么多的货物坏掉呢！"赵志伟指着那块管理费用中的一块黄色的馅饼说，"对了，昨天我去配送中心就看到一大批牛奶过期，是不是我们每次订货订得太多了？"

"可是如果减少订货量的话，我们无法得到供货商提供的订货折扣啊。"亦云为现行的订货政策辩护，"而且你看，由于无法满足顾客订单而导致的缺货赔偿也不少呢。"

杨波有些迷惑了，一边看图一边试图理清自己的思绪，"如果我们减少订货量，就可以减少由于货物过期报废而导致的损失。但是这样，我们势必要损失订货折扣，货物的单价上升，销售成本也跟着上升，而且由于市场需求的不稳定可能会导致某些货物缺货，这部分缺货造成的损失也是不小的。"

"没错！反过来呢，尽管大量的订货可以降低销售成本以及减少缺货现象，可又会使得那些没有及时销售掉的货物过期，增加管理费用。"赵志伟接着说。

其他人似乎也不知道究竟该如何处理。"那么现金方面呢？"杨波问亦云。相持不下的时候，转移阵地总是个好主意。"恐怕我们的现金都给喂了个大胖子。"亦云微笑着指着资产负债表上的存货数字。"就是它，存货是个罪魁祸首，"赵志伟好像发现了新大陆，嚷嚷着，"哪里都有它。"

多了还是少了

对于这个存货的问题，嘉农内部也召开过多次会议研究。各个部门所持的意见大相径庭。销售部的认为货存量不够导致频频缺货，越来越低的订单完成率和糟糕的服务水平限制了销售额的增加。而仓库部门和采购部门则认为现有的库存量已经太高，特别是对那些货架期（保鲜要求）比较短的商品来说，过期损失的负担相当大。而财务经理的分析也显示，存货在公司的资产中占用了大量的现金，已经到了警戒水平，而且和业务量的发展相比，成几何极数的增长趋势。杨波的判断也觉得是存货的管理出了问题，但是要证实自己的想法和找到问题的症结所在，他需要更多的数据分析的支持。开完会后，杨波就直奔仓库，他打算跟仓库的经理黄豪先谈一谈。听杨波说明来意，黄豪叹了口气，说："杨总，我知道缺货对于我们公司来说损失很大，但是这个我也没有办法。像牛奶、果汁等商品我们现在是每周进一次货，但是有时这些货品的需求量很大，到周五就开始陆续缺货。我经常和采购部说要多进些货，但是每次他们都说不能再多进了。"然后他又指着右边几排货架说："右边标着蓝色记号的货架存放的都是冷门商品，那些货品的需求量小，所以周转也慢。我们平均两到三个星期进一次货。但是两个星期前订的货，到今天差不多还有80%剩下。这些货占用了很多地方不说，很多时候由于货品存放时间太长，过了保质期，只好通通扔掉，我也觉得很心疼呢！"

"元凶果然是存货！"杨波又生气又高兴，生气的是存货管理不善，高兴的是这条路似乎走对了，正应该从存货量方面着手改进。可又是缺货，又是囤积过多，造成浪费，存货到底是多了还是少了？杨波禁不住在心里打了个大大的问号。

"存货的确是个问题，我们也已经想过各种办法了，可就是……"黄豪在一旁说。杨波看了看货架上的冷门商品，"那么这些冷门商品每次订那么多也是采购部决定的？"黄豪没有说话，只是点了点头。

"老黄啊，依你的看法，我们该怎样改进呢？"杨波看着面前的货架问道。

"杨总，照我看来，每次订多少货不能一概而论。对待周转速度快的热门商品和周转速度慢的冷门商品应该有不同的方法。那些周转快同时保质期比较短的产品，如牛奶、面包等，如果采购部不同意增加每次的订货量，我们可以增加订货次数，这样的话，既可使平均存货量有所减少，同时又减少了缺货的可能性。"

看杨波露出迫不及待想听下去的神情，黄豪接着说，"那些周转慢的商品，那就更简单了，我认为根本一次就不应该订这么多货，占用地方、占用资金之外，还会因为商品过期而造成浪费。"

"对啊，正是这些存货吃掉了我们公司大量的现金，给我们的现金流造成问题。所以，当务之急是改变我们的采购策略。"听了黄豪的话，杨波好像已经有了一点头绪了。

从仓库一回到办公室，杨波马上叫秘书小章把采购部经理李景请来。"李经理，我想问一下，我们公司现在的商品采购量是根据什么来定的？"杨波一边招呼他坐下，一边直截了当地问。"通常，我们是根据营销部每周的销售记录来预测下个星期的需求量。当然，某些产品如果订购的数量足够多的话，能够享受到供应商给我们的价格折扣，那么我们就会适当地比预测数目增加一些订货量。""有些货老是短缺，这个情况你知道吗？"杨波又追问道。

李景叹了一口气，似乎也有他的难处，"一些保质期短的商品，营销部反映客户的要求很高，都希望是最新鲜的产品。好比牛奶，一旦超过三天，即使还有四天的保质期也得半价出售，那就亏本。财务部已经和我说了几次了，一定要尽量避免这种不必要的损失。你说我还敢一次订很多货吗？""那么你们为什么不试着多订几次货？每次订的量可以少一些，这样既可以保证货品的新鲜，又可以减少缺货。"李景想了想，把身体往前挪了挪，说道："道理上讲是可以的。可供应商每次给我们送货，都要收取运输费等不少费用。所以，增加订货次数，肯定会增加总的订货成本。其次，订货次数一多，我这里的工作量也随之增加，单是加班费这一项的开销就不小了，更不要提目前财务部强调要降低运营成本，已经在抱怨我们采购部每个月的用度。再增加订货成本，恐怕财务部会有意见。"这话说得没错，杨波在心里忖道，他知道沈亦云的厉害。李景顿了顿，又接着说："我们是根据过去的销售量来订货的，可有些商品的销售量很不稳定，时高时低的，难以准确预测。这也是引起缺货的原因之一。另外，营销部经常会做不定期的促销活动，使得某些商品十分畅销。这原本是好事，但他们又没有事先通知我们采购部哪些促销商品应该多进多少，结果反而引起商品短缺。""那么那些堆积在货架上的商品又是怎么回事呢？"杨波又想起黄豪对他讲起的那些周转慢的商品。

"有些商品的保质期比较长。而我们的仓库反正也够大，这些商品进来了，早晚总是可以卖掉的，而且一次进货量大的话，不仅可以减少订货次数，从而降低订货成本，而且还可以享受到供应商给我们的价格折扣，降低销售成本。这一点我已经请示过财务部了。"又和财务部有关。杨波提起话筒，让秘书小章把亦云请到总经理办公室来，想了想又加了句，"叫黄经理也来一趟。"

精明的财务总监

沈亦云不一会儿就进来了。她的办公室就在隔壁。李景看到沈亦云，仿佛见到救星一般，从椅子上蹦了起来，对她说："沈经理，关于批量订货，从而享受现金折扣的方案，是不是财务部批准的？""是的，为了降低销售成本，我们就要尽量享受供应商的折扣。而且如果我们在一个供货商那里订购的货物足够多，通常供货商还会承担货品的运费。"沈亦云从容答道。"杨总，其实我个人也认为销售折扣对于我们很重要，30万元的订货额，9.5折就能给我们节省1.5万元。"李景显然不觉得现行的订货策略有任何问题。

"可是，这些堆积如山的货物不但占了我们大部分的仓库空间，每月很大一部分人力都花在整理、保管这部分存货上，这也是一块不可忽视的成本。"这个时候，黄豪也到了。"获得商业折扣直接就能够降低销售成本；反之，如果减少每次订货量，会大大提高我们的进货和销售成本，而所节省的存货管理成本与损失的销售折扣相比，孰多孰少还不知道。这个道理你不会不清楚吧？"亦云站在了李景一边。

"可你不觉得正是为了享受这个商业折扣，我们过度订货，从而导致部分货品过期，造成浪费么？"黄豪反问道。"即使我们放弃享受订货折扣，完全按照销售预测来订货，就能保证没有存货会坏掉吗？"亦云仍是振振有词。"这个……"黄豪沉吟了半天，还是摇了摇头，"我想可能还是会有误差。因为毕竟无论用什么方法，预测总是不准确的。实际需求有时偏多有时偏少。所以没有人能保证每样东西都卖出去，也不知道什么时候会缺货。"黄豪好像打开了话匣子，继续在哪里喋喋不休地埋怨着。一切都是起伏不定的需求的错。常常让他和工人有时忙得焦头烂额，有时又无所事事。天晓得明天顾客会要多少货。要是没有这个"无恶不作"的魔头，他会把仓库如何打理得井井有条，及时完成每张订单，也无须劳烦董事长和总经理频频光顾。其他人也似乎被他感染，纷纷开始诉苦。李景是对那些要求很高订货量才给予价格折扣的供应商耿耿于怀，数落他们的不是；亦云则始终坚持订货量没有问题，而是仓库与销售两个环节没有协调好，导致供销不平衡。办公室乱作一团，杨波的心情也降到了冰点。

旁观者的意见

为了解决这个问题，杨波聘请了在读的××大学的供应链学科的研究生王凡兼职进行研究。在研究了嘉农的需求数据后，王凡指出嘉农的需求预测的方法过于简单、主观，缺乏科学依据。市场上有不少预测软件，但是购买却需要一笔不小的开销，是否值得令杨波犹豫不决。同时，王凡对嘉农的存货管理方法也提出了一些意见，建议引进WMS系统，对存货进行实时管理，可以节省货物过期的成本。

虽然杨波一直对WMS都有留意，不过业界中耗费了巨资而没有收到相应回报的案例也比比皆是。同时，由于网络业务的独特性，使WMS的选择上也很难决定，看了几个软件公司的演示，也觉得各有所长。能否真正适应嘉农的业务，没有实践的检验，做这样大的一笔投资，风险不小。另外一个途径是内部开发，但是项目投资更大而且开发时间也会更长。

在聘请王凡的同时，嘉农内部也成立了攻关小组进行研究，从另外一个角度提出了一些解决办法。小组主张将嘉农的几百种存货进行分类，按不同的特性制定订货策略和管理方法，即所谓的ABC分类法。这个建议基本不要求额外的投入资源，而且小组已经选取一些货物，做了小范围的测试，效果非常理想。但是天下真的有如此"免费的午餐"吗，为了谨慎起见，杨波要求小组根据前两年的存货数据作出模拟，来证实此项措施的效果。现在的局势已经到了非改不可的地步了，但是有那么多的建议，公司的资源有限，一着棋错，可能满盘皆输。还剩下不到三个月的时间，面对着办公桌上堆满的咨询报告和建议书，此刻，对于公司是否能够摆脱困境，还是会一步一步陷入泥潭，最终因为无法赢利而难逃被卖掉的命运，说真的，杨波也看不清楚。

问题：

1. 采用决策理论，阐述决策的重要性。
2. 运用控制理论，阐述企业应如何控制存货？
3. 运用目标管理理论，阐述企业应怎样制订合理目标？
4. 运用危机管理理论，解决公司当前局面。请学生根据此案例设计一套能让公司摆脱危机的方案。

综合实训二

员工培训怎么做才有效

集团王总

销售部郑经理

办公室李主任

后勤科马师傅

人力资源部孙经理

旁白： 某集团是某市起步较早的零售服务企业，成立于1996年，在本市零售服务市场占据了一席之地，深得当地消费者的信赖和喜爱，但随着外资零售企业不断涌入本地市场，该市市场竞争日益激烈，该集团的经营管理也遭遇了前所未有的挑战。该集团老总王某逐渐意识到：零售服务行业以人为本，从产品的销售到服务的提供，都少不了高素质、高技能的员工作为支撑，零售行业员工的学历水平偏低，学习力较差，服务技能欠缺，只有不断加强对员工的培训，企业才能做大做强。自2010年起，该企业虽然不断在员工培训上加大资金投入，增强员工培训的力度，但企业的经营发展情况不见好转，员工培训似乎没对企业起到较好的作用。

场景一　2013年企业战略发展研讨会现场

2013年1月，集团召开了为期一天的战略发展研讨会，其中一个议题由企业老总王总主导：如何通过员工培训提升企业的经营业绩。集团高层、各部门中层管理者、优秀员工代表汇聚一堂，围坐在一起，气氛热烈。

王总： 各位同事，下面一个议题，如何通过培训来提升企业的经营业绩。很多同事提到这个议题，可能觉得是老生常谈，没有什么新意，是的，自2010年以来，我们加大了培训的资金投入，也成立了培训部（从人力资源部划分出一个部门单独负责员工培训，隶属于人力资源部管理），但是，各位同事，我们的付出似乎没有得到很好的回报，2012年的销售利润显示比2011年下降了5个百分点！

王总停顿了一下，继续说道。

王总： 我一直坚信，知识可以改变企业的命运，对人力资源的开发和使用，也是我们管理的重头戏，在过去几年的培训实践中，各部门参与的积极性很高，态度很认真，但是效果不够明显，这就说明我们培训工作的开展在方式方法上还存在不足，我们也不能再延续以往的老路，必须要有新的突破，让培训真正有助于推动我们企业的发展。在座的各位，都是各岗位的业务骨干和技术精英，对于培训工作开展肯定有自己独到的观点，今天呢，就借着战略研讨会的机会，大家也敞开心扉，来个头脑风暴，坐在一起谈一谈，你认为，如何改善我们的培训，来提升我们的核心竞争力和业绩。大家大胆地发言，不必拘束，没有对错，对别人提出的观点，先不要忙着批评，多想办法。大家可以先准备一下，想好了就可以发言。

会场静寂了大约2分钟。销售部的郑经理率先发言，郑经理性格爽朗，口直心快。

销售部郑经理：王总，各位同事，大家好，通过我平时对员工的观察，我发现了一个特点：很多员工很少能把培训的知识用到工作中，这也是导致培训效果不明显的原因。员工反映：我们花了大价钱，请了知名的老师来培训，就是一种浪费！因为内容不是很实用。很多时候就出现了这么一种情况：培训前很冲动，培训时很激动，培训后一动不动！

办公室李主任：对，对，就是这样的。（在台下小声附和）

王总：嗯，这种情况的确存在。

销售部郑经理：所以，我认为，要想提升培训效果，我们要在讲师的选择上进行创新，不能一直认为外来的和尚会念经。创新要与我们企业的实际相结合才行。在一些专业技能类课程上，可以从我们企业内部挑选一些业务骨干，进行经验交流和分享，这样更有针对性，效果会比请外部老师要好，而且节约大量的成本。（不愧是财务部经理，很具有成本意识！）

王总：这个观点很好！

办公室李主任：我很赞同郑经理的观点，借着郑经理的观点，我说说我的看法。一直以来，我们培训什么内容，都是各个部门的主管自己申报的，然后人力资源部根据当年的培训需求来安排培训计划，其实，我们是不是可以反过来思考，既然是给员工做培训，为什么我们不好好征求一下员工的意见呢，或许，他们需要什么，想怎么学，什么时候学，只有员工自己最清楚，我们做主管的只是站在管理的角度，了解的可能未必全面啊。这是我的观点，不妥当的地方，请大家多包涵。（应和的、委婉的说话方式和语气是办公室人员常用的）

台下少数员工代表默默的点头，表示赞同。

后勤科马师傅：大家说的都很好，我就简单谈谈我的看法吧，说不好，大家别见怪！（马师傅憨厚的笑了一下）说实话，我们做后勤的，就是负责一些基础物资的发放，平时维修机器，维护电路、保养机器设备。我们年龄也偏大一些，以前的培训，老师在台上讲，我们在下面听，老师讲的也的确不错，但是总感觉缺点什么似得，总之学习起来很费劲，一些年龄大的师傅，干脆在课堂上睡觉，对课程内容实在提不起兴趣。还有一些师傅直接就是排斥培训了，说什么培训就是瞎折腾人之类的话。我感觉，让我们在课堂上听，还不如拉到现场示范一下，怎么做，在现场一示范，就全明白了，要说创新，就是这个，这叫什么创新呢？

马师傅一时语塞，抓耳挠腮地想不出词来形容了……

人力资源部孙经理：培训方法要创新！

马师傅：对了，对了，就是这个"法"要改一改！（马师傅如释重负，长出了一口气）

台下坐着的其他主管和员工，被马师傅逗得爆发出一阵大笑。

王总：嗯，大家说的不错，我们的培训的方式确需要改进！

接下来的发言中，客服部的许经理、采购部的张经理分别就培训环境的改善和完善培训的制度方面，提出了自己的创新意见……

王总：刚才大家畅所欲言，提出了很多宝贵的意见和建议，很难得，也很实用。人力资源部门作为培训的主导部门，肯定有自己的想法，大家一起来听一听。

人力资源部孙经理：大家好，培训工作是人资部的核心工作，这几年培训工作的开展，效果不是很明显，责任在我们，是我们没有……

王总和蔼地打断了孙经理的话：孙经理，前几年的工作已经非常优秀了，接下来的工作是我们如何把培训做的更好，先不要自责，先谈谈改进的方法……

人力资源部孙经理：好的，王总。人力资源部门作为培训的组织部门，在这几年的培训管理工作中，也摸索出了一些经验。

首先，我们觉得培训的创新是势在必行的，一个大前提是要有培训创新的组织环境和文化氛围，比如说，我们的高层可以进一步加强对培训的重视和支持，从上到下带动培训的氛围，再比如说，各个部门的主管可以加强对本部门员工的培训，让大家意识到培训对自我发展的重要性。

其次，我们也要进行观念的创新，不能一味的认为外部的讲师要比我们内部的员工优秀，我们的业务骨干、技术专家都可以走向讲台，成为大家的老师。

第三，还要进行培训方式、方法的创新，这是技术层面的问题。建议派一部分优秀人员，外出参观学习，学习一些培训的方法和技巧，掌握进行培训创新的技巧。

最后，我认为，很重要的一点，要加强培训制度的建设完善，任何一种创新不能没有制度约束和保障，我们的制度也要创新，迄今为止，我们集团还没有规范的培训管理制度……

王总：好，非常好，想法非常不错。刚才孙经理不仅总结了各个部门的一些观点，也创新性的提出了一些措施。非常不错！回去之后，各个部门的主管要迅速的组织员工召开座谈会，再去深入地了解员工想法。但是，我们也要清醒地意识到，任何一种创新，都不是一蹴而就的事情，需要不断的摸索实践，才能真正看见效果……

场景二　2014年企业战略发展研讨会现场

在2013年企业战略研讨会上，与会代表就培训创新发表了不同的看法，时隔一年，该集团也在培训上进行了改进创新，让我们一起来看一看效果如何吧……

王总：各位同事，今天在这里隆重召开2013年工作总结会议暨2014年战略发展研讨会议，先做2013年工作总结。集团通过员工培训的创新，企业经营业绩有了一定程度的改善，2013年全年，集团共涌现出10名服务标兵，员工的服务意识、服务技能有了较为明显的提升，其中2013年全年的销售业绩相比2012年增长了2个百分点！

台下与会代表爆发出热烈的掌声，王总脸上也流露出欣喜的表情……

王总：去年的今日，我们在同样的地方举行了会议，当时就员工培训如何创新进行了激烈的研讨，回首过去，历历在目，我们的员工培训，经过我们坚持不懈地创新，也取得了一定成绩：

我们在培训上充分征求员工的建议，培训的内容更有针对性、培训时间的安排更加合理；我们在内部员工里选拔了一批讲师，为广大员工传授工作技巧和经验，不仅调动了员工的学习积极性，也节约了培训成本；我们在集团范围内首创使用了案例教学、情景模拟、角色扮演等培训方法，并在此基础上不断开创出新的培训方法；我们开创性的将员工培训纳入《员工奖惩制度》，将培训与员工的晋升发展、工资提档相结合，有效的提升了员工参与培训的积极性；我们将……

这场充满"创新"的大会在融洽的氛围里进行着……

问题：

1. 该企业的员工培训创新，都运用了哪些创新的方法和策略？
2. 结合所学内容，谈谈企业可以从哪些方面进行创新？

参 考 文 献

[1] 迟艳琴，郭景婷主编. 管理学基础[M]. 天津：南开大学出版社，2010.8.

[2] 李国政，吴会杰主编. 管理学原理[M]. 天津：南开大学出版社，2010.8.

[3] 唐华山主编. 世界500强企业总裁语录[M]. 北京：人民邮电出版社，2008.3.

[4] 罗伯特·F.哈特雷著. 蔡升贵，徐健译[M]. 企业管理经典案例. 北京：人民邮电出版社，2008.6.

[5] 斯蒂芬·P.罗宾斯，玛丽·库尔特著. 孙健敏，黄卫伟，王凤彬，焦叔斌，杨军译. 管理学（第七版）[M]. 北京：中国人民大学出版社，2004.1.

[6] 彼得·德鲁克著. 管理的实践[M]. 北京：机械工业出版社，2009.9.

[7] 芮明杰主编. 管理学现代的观点（第二版）[M]. 北京：上海人民出版社，2005.1.

[8] 弗雷德·卢森斯，乔纳森·P.多著. 赵署明，程德俊译[M]. 北京：机械工业出版社，2009.9.

[9] 张岩松，陈百君，周宏波主编. 现代管理学案例教程[M]. 北京：清华大学出版社，北京交通大学出版社，2009.10.

[10] 胡伟主编. 管理学[M]. 北京：化学工业出版社，2009.8.

[11] 吴锐，何耀明主编. 管理学基础[M]. 北京：首都经济贸易大学出版社，2009.5.

[12] 赵丽芬主编. 管理理论与实务[M]. 北京：清华大学出版社，2010.2，第2版.

[13] 尤建新，陈守明主编. 管理学概论[M]. 上海：同济大学出版社，2007.2.

[14] 王秀红，王庆美，吴之明主编. 护理管理学[M]. 上海：同济大学出版社，2008.5.

[15] 吴照云主编. 管理学[M]. 北京：经济管理出版社，2000年版.

[16] 李晓光主编. 管理学原理[M]. 北京：中国财政经济出版社，2004年版.

[17] 单凤儒主编. 企业管理[M]. 北京：高等教育出版社，2004年版.

[18] 赵蕾主编. 管理学原理[M]. 北京：清华大学出版社，2009年版.

[19] 徐国华，张德，赵平主编. 管理学[M]. 北京：清华大学出版社，1998.

[20] 周三多，陈传明，鲁明鸿主编. 管理学——原理与方法[M]. 上海：复旦大学出版社，1999.

[21] 李旭升主编. 冲突管理[M]. 北京：北京大学出版社，2008.5.

[22] 朱晓敏，张润彤主编. 知识管理导论[M]. 北京：高等教育出版社，2010.6.

[23] 储节旺主编. 知识管理概论[M]. 北京：北方交通大学出版社，2006.3.

[24] 董传仪主编. 危机管理学[M]. 北京：中国传媒大学出版社，2010.10.

[25] 肖鹏英主编. 危机管理[M]. 广州：华南理工大学出版社，2008.7.